MW01256938

Le Russe

Collection Sans Peine

par Victoria **MELNIKOVA-SUCHET**

Illustrations de J.-L. GOUSSÉ

Le don des langues

B.P. 25
94431 Chennevières-sur-Marne Cedex
FRANCE

© ASSIMIL 2008
ISBN 978-2-7005-0382-1

Nos méthodes

sont accompagnées d'enregistrements sur CD audio ou mp3.

Collections Assimil

Sans Peine

L'Allemand - L'Anglais - L'Anglais d'Amérique - L'Arabe - L'Arménien - Le Bulgare - Le Chinois - L'Écriture chinoise - Le Coréen - Le Croate - Le Danois - L'Égyptien hiéroglyphique - L'Espagnol - L'Espéranto - Le Finnois - Le nouveau Grec - Le Grec ancien - L'Hébreu - Le Hindi - Le Hongrois - L'Indonésien - L'Italien - Le Japonais - Le Japonais : l'écriture kanji - Le Latin - Le Malgache - Le Néerlandais - Le Norvégien - Le Persan - Le Polonais - Le Portugais - Le Portugais du Brésil - Le Roumain - Le Russe - Le Suédois - Le Swahili - Le Tamoul - Le Tchèque - Introduction au Thaï - Le Turc - L'Ukrainien - Le Vietnamien - Le Yiddish

Perfectionnement

Allemand - Anglais - Espagnol - Italien - Arabe

Langues régionales

L'Alsacien
Le Basque unifié (initiation)
Le Breton
Le Catalan
Le Corse
Le Créole
L'Occitan

Affaires

L'Anglais des Affaires

Assimil English

L'Anglais par l'humour
Les expressions anglaises
Conjugaison anglaise

Sommaire

Introduction

Vous avez choisi d'apprendre le russe avec notre méthode et nous vous en félicitons. Les textes qui serviront de base à votre apprentissage présentent la langue telle qu'elle est parlée aujourd'hui. Ils vous feront découvrir, avec souvent un brin d'humour, la vie quotidienne, la littérature, l'histoire et les particularités du caractère russe.

Au fil des leçons, vous acquerrez les connaissances nécessaires pour communiquer au quotidien : correspondre et téléphoner, vous exprimer sur différents sujets, poser des questions, expliquer…

Ainsi, à la fin de votre étude, vous saurez vous débrouiller avec aisance dans les situations les plus diverses de la vie en Russie.

Notre méthode est basée sur un apprentissage intuitif qui vous permettra d'acquérir de bonnes bases en quelques mois seulement. Suivez les conseils que nous vous donnons au fil des leçons et laissez-vous guider dans cette belle aventure. Étudiez une demi-heure par jour, **tous les jours** – la régularité est le facteur essentiel de votre réussite. Si les leçons vous paraissent difficiles ou si vous manquez de temps, trouvez votre façon de travailler à la vitesse qui vous convient, mais n'interrompez pas le rythme quotidien.

Les dialogues sont construits à partir de situations tirées de la vie courante. Ils vous plongeront dans un univers qui vous est sans doute encore peu familier. N'essayez pas d'apprendre par cœur ; absorbez les phrases, répétez-les à plusieurs reprises et elles "rentreront" tout naturellement.

La transcription phonétique et les remarques de prononciation vous aident à acquérir de bons réflexes de lecture et à bien prononcer. **Les notes** vous apportent de manière très progressive les explications dont vous avez besoin. Prenez le temps de bien les lire – elles faciliteront votre apprentissage. **Les notes culturelles**, en fin de leçon, donnent des informations sur la vie en Russie, et sur la culture russe au sens large.

Le russe utilise **l'alphabet cyrillique**, ce qui est aussi le cas de nombreuses autres langues slaves comme l'ukrainien, le biélorusse, le serbe et le bulgare ou d'autre langues non slaves comme l'azéri, le kazakh, le turkmène, le tadjik, etc. Cet alphabet a été introduit au moment de l'évangélisation de la Russie par les moines Méthode et Cyrille (d'où son nom), deux frères nés en Macédoine et qui seront plus tard canonisés.

Il n'est pas évident de passer à un mode d'écriture inconnu, mais rassurez-vous, le cyrillique est beaucoup moins difficile qu'il n'y paraît. L'alphabet russe comporte 33 lettres, dont certaines sont semblables aux lettres grecques – gamma G, lambda L, pi P, ro R –, et d'autres aux caractères latins – A, C, K, M.

L'orthographe russe a été simplifiée après la révolution d'octobre 1917. Le cyrillique comporte des minuscules et des majuscules. Pour vous donner la possibilité de vous habituer rapidement à cette écriture, vous trouverez à la fin des premières leçons un **exercice de lecture et d'écriture**. De plus, comme les caractères manuscrits sont parfois assez différents de l'écriture d'imprimerie, nous vous proposerons également un petit entraînement.

Comment apprendre avec Assimil

Dans l'idéal, votre apprentissage sera quotidien. Essayez d'intégrer dans votre emploi du temps **une demi-heure chaque jour** pour votre apprentissage du russe. Si certains jours le temps vous manque, réécoutez ou relisez au moins le dialogue de la veille. L'assimilation d'une langue ne peut se faire qu'avec un lien continu.

Nos méthodes sont conçues par séries de sept leçons : **six leçons d'apprentissage** suivies d'**une leçon de révision** qui vous aidera à faire régulièrement le point sur les connaissances acquises.

1 Pour les six leçons d'apprentissage

1. Imprégnez-vous du dialogue et répétez
Si vous possédez **les enregistrements**, écoutez les dialogues attentivement, livre fermé. Imprégnez-vous des sonorités de la langue en essayant de comprendre, et répétez les phrases à haute voix, à plusieurs reprises. Les quatorze premiers dialogues sont enregistrés deux fois : dans le premier enregistrement, les phrases sont dites de manière lente et très articulée, pour vous permettre de

vous familiariser avec les sonorités de la langue ; dans le second, le rythme est plus enchaîné, proche de celui d'une conversation naturelle. Si vous ne disposez pas des enregistrements, appuyez-vous sur la transcription phonétique (rubrique **Prononciation**) : les premiers dialogues y sont repris intégralement. Cette aide à la prononciation disparaîtra peu à peu, quand vous serez capable de vous débrouiller tout seul.

2. Vérifiez votre compréhension
Reportez vous ensuite à la **traduction française** qui se trouve sur la page de gauche. Si la structure de la phrase française est différente de celle de la phrase russe, une traduction entre parenthèses vous donne le mot à mot. À mesure que vous avancerez, vous vous sentirez de plus en plus à l'aise et pourrez commencer à jongler avec les mots appris.

3. Complétez votre apprentissage au moyen des notes
Lisez attentivement les notes. Elles complètent de manière simple et progressive votre apprentissage et vous renseignent sur le fonctionnement de la langue.

4. Répétez le dialogue et faites les exercices
Répétez encore une fois le dialogue à voix haute puis passez aux **exercices**. Complément indispensable de votre apprentissage quotidien, ils conforteront vos connaissances.

2 Pour la leçon de révision

1. Lisez pour réviser
Les différents paragraphes de la leçon de révision reviennent sur les points importants abordés dans les six leçons qui précèdent. Ils apportent si nécessaire des explications complémentaires.

Lisez avec une attention particulière les aspects qui vous paraissent moins faciles.

2. Confirmez vos acquis grâce au dialogue de révision
Le dialogue de révision reprend des mots, tournures et éléments grammaticaux rencontrés dans les leçons précédentes. Lisez et/ou écoutez l'ensemble d'un trait puis traduisez chaque phrase.
Enfin, vous êtes prêt à passer à la série suivante !

Si à la fin de la leçon, certains points ne vous semblent pas encore tout à fait clairs, ne vous en inquiétez pas trop : dans la plupart des cas, des explications complémentaires viendront dans les nouvelles leçons, et la difficulté s'effacera au fil du temps.

3 Phase passive et phase active

Durant les 49 premières leçons, nous vous demandons essentiellement d'écouter, de répéter et de comprendre. C'est la première phase de votre apprentissage, que nous appelons **phase passive**. Durant cette phase, vous accumulez un certain nombre de connaissances qu'il vous faut maîtriser pour pouvoir ensuite parler (c'est-à-dire, entre autres, former vos propres phrases).

À la 50ᵉ leçon, vos connaissances sont suffisantes pour passer à la **phase active** et commencer à former vos propres phrases. Comment procéderez-vous ? Après avoir étudié, comme à l'accoutumée, votre leçon quotidienne, vous reviendrez chaque jour sur une leçon déjà étudiée (nous vous dirons chaque jour laquelle).

Cette fois, au lieu de vous contenter de répéter, de lire et de comprendre, nous vous demanderons de traduire le dialogue français en russe et de procéder de même pour l'exercice 1. Vous constaterez alors tous les progrès que vous avez faits et serez à même de vous lancer dans une petite conversation, de vous exprimer de manière simple et correcte.

Mais avant de passer à la première leçon, lisez le préambule sur la phonétique russe.

Prononciation et transcription phonétique

Voici **quelques remarques de prononciation et règles à connaître pour la lecture du russe**.

Ne cherchez pas à tout retenir d'emblée, mais lisez ce chapitre attentivement avant d'aborder les leçons.

• Toutes les lettres (sauf ь et ъ) se prononcent, y compris en fin de mot.
• Les sons nasaux (comme *an* de dans, *in* de lin, *on* de bon, etc.) n'existent pas en russe. Pour vous aider à vous en souvenir, dans

notre transcription phonétique, nous séparerons les voyelles des consonnes qui ont tendance à se nasaliser par un trait d'union.

Faites attention à bien prononcer séparément chaque lettre dans les combinaisons des lettres suivantes : a + n : **Александр** *Alexandre* (se prononce *[aliksa-ndR]*) ; o + n : **он** *lui* (se prononce *[o-n]*), etc.

• Une voyelle seule peut former une syllabe, tandis qu'une consonne doit toujours se rattacher à une voyelle pour former une syllabe.

• Les diphtongues n'existent pas en russe ; chaque voyelle forme une syllabe à part. Pour compter les syllabes dans un mot, il suffit de compter les voyelles : **амплуа** *[a-mpLoua]* *emploi* (trois syllabes) ; **Берлин** *[biRli-n]* *Berlin* (deux syllabes).

1 Les consonnes

La première colonne vous donne la lettre russe en majuscule et en minuscule, puis en écriture scripte.

La deuxième colonne vous donne la transcription phonétique que nous avons choisie. Pour une même lettre russe vous pouvez avoir deux transcriptions différentes selon la position de la lettre dans le mot.

Lettre russe	Trans-cription Assimil	Se prononce comme	Exemple Prononciation Traduction
Б б *Б б*	b p[1]	**b**arre **p**apa	**бак** *[bak]*, *bac* **юбка** *[ioupka]*, *jupe*
В в *В в*	v f[1]	**v**élo **f**roid	**вот** *[vot]*, *voilà* **остров** *[ostRaf]*, *île*
Г г *Г г*	g/gu k[1]	**g**orge/**gu**êpe **k**angourou	**груша** *[gRoucha]*, *poire* **круг** *[kRouk]*, *rond, bouée*
Д д *Д д*	d t[1]	**d**omino **t**ort	**дом** *[do-m]*, *maison* **мёд** *[miot]*, *miel*

---

[1] en fin de mot ou devant une consonne sourde

Ж ж *Ж ж*	j ch[1]	jeton/germe **chat**	живо́т [jyvot], ventre эта́ж [itach], étage
З з *З з*	z ss[1]	zoo **bosse**	зал [zaL], salle газ [gass], gaz
К к *К к*	k	képi	кот [kot], chat
Л л *Л л*	l L[2]	lié	лес [liéss], forêt ло́гика [Loguika], logique
М м *М м*	m	**m**ère	мост [most], pont
Н н *Н н*	n	note	нос [noss], nez
П п *П п*	p	pape	парк [paRk], parc
Р р *Р р*	R	r roulé[3]	ро́за [Roza], rose
С с *С с*	s ss z[4]	salut masse zoo	су́мка [sou-mka], sac краси́вый [kRassivyï], beau сде́лать [zdiéLat^s], faire
Т т *Т т*	t	torride	тари́ф [taRif], tarif
Ф ф *Ф ф*	f	fracas	фрукт [fRoukt], fruit
Х х *Х х*	H	son raclé[5]	хи́мия [Himïia], chimie

---

[1] en fin de mot ou devant une consonne sourde
[2] pas d'équivalent en français. Vous en saurez plus à la leçon 1.
[3] comme celui de l'italien : buongiorno, pronto
[4] la lettre sourde c devient sonore au contact du д sonore
[5] comme le doch allemand, Juan espagnol

Ц ц *Цу цу*	*ts*	mouche **ts**é-**ts**é, **ts**ar	**ц**вет *[tsviét]*, *couleur*
Ч ч *Чу ч*	*tch*	**tch**èque	**ч**ас *[tchass]*, *heure*
Ш ш *Шш шш*	*ch*	**ch**ar	**ш**акáл *[chakaL]*, *chacal*
Щ щ *Щу щу*	*chtch*	pas d'équiva- lent	бор**щ** *[boRchtch]*, *borchtch* **я́щ**ик *[iachtchik]*, *tiroir*

En lisant ce tableau, vous avez rencontré les termes "sourde" et "so-nore". Il s'agit de deux notions importantes en russe, car la nature d'une consonne influe sur sa prononciation. Certaines consonnes peuvent être sourdes ou sonores, d'autres sont toujours sourdes, et d'autres encore toujours sonores. Nous en reparlerons au fil des leçons.

2 Les voyelles

Lettre russe	Trans- cription Assimil	Se prononce comme	Exemple Prononciation Traduction
A a *А а*	*a* *i*[1]	**ha**cher	**á**вгуст *[avgoust]*, *août* час**ы́** *[tchissy]*, *montre*
E e *Е е*	*ié ou ié* *i* *y*[2,3] *ê*[3]	I**é**na r**i**z pas d'équivalent[4] m**ê**me	апт**é**ка *[aptiéka]*, *pharmacie* ан**е**кдóт *[anikdot]*, *blague* жен**и́**х *[jʸniH]*, *fiancé* ж**é**нщина *[jênchina]*, *femme*
Ё ё *Ё ё*	*io*	**i**d**io**t	д**ё**шево *[diochêvᵃ]*, *bon marché*

[1] si non accentué dans la syllabe avant celle accentuée
[2] si non accentué
[3] après **ж** et **ш**
[4] pas d'équivalent en français, pour plus d'explications, voir les remarques pour la lettre **ы** à la leçon 4.

И и *И и*	*i* *y* [2]	ivre pas d'équivalent [3]	икóна *[ikona]*, icône жить *[jyt*]*, vivre машúна *[machyna]*, voiture
О о *О о*	*o* *a* [1] *a* [4]	port	хорошó *[HaRacho]*, bien хорошó *[HaRacho]*, bien вéсело *[viéssiLᵃ]*, gai
У у *У у*	*ou*	boule	урóк *[ouRok]*, leçon
ы *ы*	*y*	son entre **ou** et **i** [5]	часы́ *[tchissy]*, montre
Э э *Э э*	*ê* *i* [1]	être pique	э́то *[êtᵃ]*, ce, c'est экзáмен *[ikzami-n]*, examen
Ю ю *Ю ю*	*iou*	pioupiou	ю́мор *[ioumaR]*, humour
Я я *Я я*	*ia* *i* [6] *ii* [7]	pédiatre piquer failli [7]	я́сно *[iasnᵃ]*, clair пятнáдцать *[pitnatsat*]*, quinze язы́к *[iizyk]*, langue

[1] si non accentué
[2] après **ж** et **ш**
[3] pas d'équivalent en français, pour plus d'explications, voir les remarques pour la lettre **ы** à la leçon 4.
[4] très atténué en fin de mot
[5] pour bien prononcer ce son, essayez de dire **ou** en étirant la bouche comme pour faire un **i**
[6] si non accentué et devant accent tonique
[7] non accentué en début de mot, le son se prononce un peu comme dans fa**illi**

3 Les autres lettres

La semi-consonne **й** (aussi appelée "i bref") apparaît seulement derrière les voyelles et ressemble au son des mots bons**aï** ou a**il**, f**ill**e.

Й й *Ŭ й*	*ï*	bonsaï, ail	**зимóй** *[zimoï], en hiver* **май** *[maï], mai*

Les signes **ь** et **ъ** n'ont pas de prononciation propre. Le signe mou (**ь**) modifie la consonne qui le précède en la rendant molle, et le signe dur (**ъ**) sépare la consonne de la voyelle qui suit en les rendant autonomes dans la prononciation. Autrement dit, le signe mou indique que la consonne qui le précède est molle alors que le signe dur indique qu'elle est dure.

Dans notre transcription phonétique, nous marquerons le signe dur par ° pour accentuer la pause : **съесть** *[s°iésts]*.

Le signe mou sera transcrit différemment selon la consonne qu'il suivra. Retenez simplement qu'il ramollira toujours cette consonne : *[ngne]* ; *[si]* ; *[ts]*, etc., sauf avec les lettres qui sont toujours dures ou bien s'il joue un rôle purement orthographique.

ъ *ъ*	°	pas de prononciation propre	**объясня́ть** *[ab°ïisniats], expliquer*
ь *ь*	*i* gne , s	pas de prononciation propre [1]	**о́бувь** *[oboufi], chaussures* **о́сень** *[ossigne], automne* **лишь** *[lich'], seulement* **лошадь** *[Lochats], cheval*

4 L'accent tonique

L'accent tonique est la partie du mot que l'on prononce de manière plus appuyée. Tout au long de cet ouvrage, pour vous aider à donner la bonne intonation aux mots, nous vous indiquerons l'accent tonique :

---

[1] pas de prononciation propre, ou prononciation atténuée dépendant du contexte

– soit par des caractères **gras** (dans les dialogues et les transcriptions phonétiques) :

Хоро**ш**ая и**де**я! *(Bonne idée !)*
Ha**Ro**cha*ia* i**dié**ia

– soit par un accent aigu (dans les notes et autres remarques) :

пого́да *[pagoda]*, **тепло́** *[tipLo]*, **тогда́** *[tagda]*, **хоро́шая** *[HaRocha*ia*]*.

Il s'agit là de conventions utilisées pour l'apprentissage de la langue. En Russie, seuls les livres pour les enfants et les dictionnaires appliquent parfois ces conventions, mais jamais les autres livres ni les journaux.

Retenez encore qu'un mot ne peut avoir qu'une seule voyelle accentuée (sauf les mots composés, où les deux mots liés gardent leur accentuation propre). Mais comme vous l'avez constaté en lisant le tableau des voyelles, l'accentuation d'une syllabe ne revient pas uniquement à prononcer celle-ci plus fort que le reste du mot ; elle peut également avoir une incidence sur la prononciation.

Nous reverrons bien sûr tout ce qu'il faut savoir sur la prononciation au fil des leçons. Il n'est pas question de tout retenir d'emblée. Plus tard, si vous en ressentez le besoin, vous pourrez trouver des compléments d'information dans l'appendice grammatical en fin d'ouvrage.

Vous avez à présent tous les éléments en main pour aborder votre première leçon de russe. Et nous vous souhaitons **Уда́чи!** *[oudatchi]*, *Bonne chance !*

Avant de commencer, lisez attentivement l'introduction qui précède, même si vous êtes faux débutant. Nous vous y présentons des éléments importants pour la prononciation et vous y expliquons comment procéder pour un apprentissage optimal.

Notre première série de leçons a pour but principal de vous familiariser avec les règles de prononciation du russe et les sonorités de la langue. Une fois que vous les aurez assimilées, vous saurez comment prononcer tous les mots que vous lirez. Nous vous recom-

---

1   Пе́рвый уро́к [pièRv^{yi} ouR**o**k]

Как дела́?

kak diLa

1 –   Добрый день ①, Надя!
     dobR^{yi} dié^{gne} nadia

2 –   Приве́т, Са́ша ②!
     pRiviét sacha

3   Как дела? ③
     kak diLa

Remarques de prononciation

(Les numéros correspondent à ceux des phrases du dialogue.)

Numéro de leçon N'oubliez pas que le *[R]* est roulé.

1 Le нь (день *[dié^{gne}]*) se prononce comme le **gn** dans besogne. Le signe mou ь (tout comme le signe dur ъ que nous verrons plus tard) ne se prononce pas, mais il modifie la prononciation de la consonne qui le précède. Ainsi, la consonne devient-elle "mouillée".

3 Devant une voyelle dure, comme **a**, л devient dur lui aussi : faites en sorte que la pointe de votre langue touche l'arrière de vos incisives (du haut) et prononcez "l". Dans notre transcription phonétique, ce "l dur" sera transcrit *[L]* : дела́ *[diLa]* (les affaires).

• **e** non accentué se prononce *[i]* bref : дела́ *[diLa]*.

mandons d'attacher une importance toute particulière aux "remarques de prononciation".

Attention : Dans les dialogues, l'accent tonique est indiqué en gras. Dans les notes en revanche, nous l'indiquons au moyen d'un accent aigu. Dans la traduction française des dialogues, les mots entre parenthèses ( ) correspondent à une traduction littérale, mot à mot, du russe. Les mots entre crochets [ ] sont des mots qui n'apparaissent pas dans la phrase russe mais qui sont nécessaires en français.

Première leçon   1

Comment ça va ?

1 –   Bonjour *(Bon jour)*, Nadia !
2 –   Salut, Sacha !
3   Comment ça va *(Comment affaires)* ?

Notes

① On salue par **добрый день** *[dobR^{yï} dié^{gne}]* dans la journée, approximativement jusqu'à six heures du soir.

② **Cáша** *[sacha]* est le diminutif de **Алекса́ндр** *[aliksa-ndR]*, où le son *[an]* n'est pas nasal et se prononce comme dans *âne* ou *banane*, tout comme **На́дя** *[nadia]* est celui de **Надéжда** *[nadiéjda]*. Et même si les deux versions d'un même prénom ne se ressemblent pas beaucoup, il faudra que vous vous y habituiez, car les Russes adorent les diminutifs et les utilisent beaucoup !

③ **Как дела?** *[kak diLa]*, littéralement "Comment [vont les] affaires ?", s'utilise très souvent dans la langue parlée. C'est l'équivalent du *Ça va ?* français. Mais ne vous étonnez pas si au lieu d'une réponse de politesse courte un Russe commence à vous raconter sa vie…

4 – Хорошо, спасибо.
HaRacho spassib^a

5 А у вас? ④
a ou vass

6 – Спасибо, всё хорошо.
spassib^a fsio HaRacho

4, 6 Rappelez-vous que le **x** est aspiré : **хорошо** *[HaRacho]*
• **o** non accentué se prononce *[a]* bref : **хорошо** *[HaRacho]*
• Quand il se trouve en syllabe accentuée, **o** se prononce comme dans boul**o**t : **хорошо** *[HaRacho]* ; **добрый** *[dobRyl]*
• À la fin des mots, quand la syllabe n'est pas accentuée, **o** se prononce comme un *[a]* atténué. Nous le transcrirons *^a* : **спасибо** *[spassib^a]*.
6 La consonne sonore (voir dans l'introduction, la prononciation des consonnes) **в** (habituellement prononcée *[v]*) s'assourdit devant la consonne sourde **с** *[s]* et se prononce *[f]* : **всё** *[fsio]*.

***

Упражнение 1 – Читайте и переводите
Exercice 1 – Traduisez

❶ – Саша, добрый день! – Привет! **❷** Как дела?
❸ Спасибо, Надя! **❹** Всё хорошо. **❺** Как у вас дела?

Упражнение 2 – Восстановите текст
Exercice 2 – Complétez

Chaque point remplace un caractère.

❶ Comment ça va ?
. . . дела?

❷ Bien, merci.
Хорошо, ...

4 – Bien, merci.

5   Et vous *(Et chez vous)* ?

6 – Merci, tout [va] bien.

Notes

④ En russe, l'ordre des mots dans la phrase est très souple. Au lieu de dire tout simplement **Как делá?** *[kak diLa]* vous pouvez ajouter **у вáс?** *[ou vass]* et intercaler cette expression de la façon suivante : **Как у вас делá?** *[kak ou vass diLa]*, *Comment allez-vous ?*

***

Corrigé de l'exercice 1

❶ – Bonjour Sacha ! – Salut ! ❷ Comment ça va ? ❸ Merci Nadia ! ❹ Tout va bien. ❺ Comment allez-vous ?

❸ Salut !

. . . . . . !

❹ Bonjour !

Добрый . . . . .

❺ Tout va bien.

. . . хорошо.

Corrigé de l'exercice 2

❶ Как – ❷ – спасибо ❸ Привет ❹ – день ❺ Всё –

À la fin des leçons, nous vous proposons deux exercices complémentaires – un exercice de lecture et un d'écriture. Vous y trouverez aussi bien des mots rencontrés dans les leçons précédentes que des mots inconnus et constaterez avec plaisir que ces caractères incompréhensibles au premier regard trouvent leur sens dès que vous avez réussi à les déchiffrer.

Dans l'exercice de lecture, la première ligne est en caractères d'imprimerie. La deuxième ligne, en écriture scripte, reproduit les lettres telles qu'on les écrit à la main. Vous verrez qu'il y a parfois des différences assez marquées entre les deux types d'écriture. Lisez chaque mot à haute voix et savourez les sonorités russes !

Le deuxième exercice est destiné à vous entraîner à l'écriture manuscrite. Nous vous conseillons de prendre un cahier d'écolier et d'écrire chaque mot plusieurs fois. À vous de jouer !

Lisez :

Саша, да, газ, спаси́бо, вы, жира́ф, о́пера.

Саша, да, газ, спасибо, вы, жираф, опера.

Écrivez et déchiffrez :

как, это, Надя, театр, стоп.

Corrigé (prononciation et traduction) :
*[**sa**cha] Sacha, [da] oui, [gass] gaz, [spass**i**ba] merci, [vy] vous,
[jy**Ra**f] girafe, [**o**piRa] opéra.*

Corrigé :
*как [kak] comment, это [**ê**to] ça, Надя [**n**adia] Nadia, театр
[tiatR] théâtre, стоп [stop] stop.*

Кто́ ① это?
ktoêtᵃ

1 – Здравствуйте! ②
zdRastvouïtié

2 – Кто это? ③
ktoêtᵃ

3 – Это ④ Надежда и Виктор.
êtᵃ nadiéjda i viktaR

4 Надя – журналистка ⑤.
nadia jouRnalistka

5 – А Виктор тоже журналист? ⑥
a viktaR tojᵉ jouRnalist

6 – Нет, он – студент.
niét o-n stoudiént
☐

Remarques de prononciation
Numéro de leçon : второ́й *[ftaRoï]* : devant la consonne sourde
т *[t]*, la consonne sonore в *[v]* s'assourdit et se prononce *[f]*.

Notes
① **кто** *[kto]*, *qui*, s'emploie pour désigner tout être animé (personnes et animaux).

② **здра́вствуйте!** est un mot très utile, car il peut être utilisé à tout moment de la journée pour saluer quelqu'un que l'on vouvoie. Il se traduit littéralement par *portez-vous bien*. Et puis… Félicitations : vous avez appris un des mots parmi les plus difficiles à prononcer de la langue russe…

③ Comme vous pouvez le constater (phrases 3-6), au présent de l'indicatif, à la forme affirmative ou interrogative, le verbe *être*, **быть** *[bytᵉ]*, n'est pas exprimé. À l'écrit, on le remplace souvent par un tiret. À l'oral, il est marqué par une pause. ▶

Qui est-ce ?

1 – Bonjour !
2 – Qui [est-] ce ?
3 – Ce [sont] Nadiejda et Victor.
4 Nadia [est] journaliste.
5 – Et Victor [est-il] aussi journaliste ?
6 – Non, il [est] étudiant.

Titre : Кто́ э́то? *[ktoêtª]* se prononce comme un seul mot, c'est la raison pour laquelle l'accent tonique est sur le **o**. On peut observer ce type de "liaison" avec des mots auxiliaires courts assez souvent. Du coup, on entendra les deux mots comme un seul, avec l'accent tonique du mot dont le sens est le plus important.

1 Le premier **в** de la suite de consonnes **-вств** ne se prononce pas (comme dans **здра́вствуйте**). Cette suite de consonnes se rencontre dans plusieurs mots russes. Pour faciliter la prononciation, décomposez le mot : *[zdRast-vouï-tié]*.
4 La lettre **л** devant une voyelle mouillée (**журнали́стка** *[jouRnalistka]*) devient molle et ressemble au "l" français.
5 Dans le mot **то́же** *[tojê]*, le **e** final est très court.
N'oubliez pas qu'en russe toutes les consonnes finales se prononcent.

▸ ④ Le pronom démonstratif **э́то** *[êtª]* se traduit comme *c'est* ou *ce sont*. Tout dépend du sujet. L'omission du verbe être au présent aide beaucoup : vous n'avez même pas à vous demander quelle forme utiliser (singulier ou pluriel), ou quel genre (masculin ou féminin). Facile !

⑤ **журнали́ст** *[jouRnalist]* / **журнали́стка** *[jouRnalistka]* se traduit par *un/une journaliste* ; mais faites attention : l'article n'existe pas en russe, et le genre des mots est indiqué par leur terminaison. En règle générale, les mots se terminant par une consonne : **журнали́ст** *[jouRnalist]*, **студе́нт** *[stoudiént]*, etc. sont du masculin, et ceux qui se terminent par **-a**, comme **журнали́стка** *[jouRnalistka]* sont du féminin.

⑥ L'ordre des mots dans une phrase interrogative peut rester le même que dans une phrase affirmative. Dans ce cas, seule l'intonation change.

Упражнение 1 – Читайте и переводите
Exercice 1 – Traduisez

❶ – Здравствуйте, Надя! – Добрый день, Виктор! ❷ – Это Надя. ❸ – Кто Виктор? – Он журналист. ❹ Нет, Надя журналистка. ❺ Это он.

Упражнение 2 – Восстановите текст
Exercice 2 – Complétez

❶ Bonjour !
 . . . . (. .) !
❷ Qui est-ce ?
 . . . это?
❸ Est-il journaliste ?
 Он . . . .
❹ Et Victor aussi est étudiant ?
 . Виктор . . . . студент?
❺ Non, c'est lui.
 . . . это . . .

Lisez :
Надя, мама, я, шок, роза, банан, оно.
Надя, мама, я, шок, роза, банан, оно.

Écrivez et déchiffrez :
Виктор, кто, здравствуйте, газ, я.

Corrigé de l'exercice 1

❶ – Bonjour Nadia ! – Bonjour, Victor ! ❷ – C'est Nadia.
❸ – Qui est Victor ? – Il est journaliste. ❹ Non, Nadia est journaliste. ❺ C'est lui.

Corrigé de l'exercice 2

❶ Здравствуйте ❷ Кто – ❸ – журналист ❹ А – тоже –
❺ Нет – он

Corrigé (prononciation et traduction) :

[nadia] Nadia, [mama] maman, [ia] moi, [chok] choc, [Roza] rose,
[bana-n] banane, [ano] il (neutre).

Corrigé :

Виктор [viktaR] Victor, кто [kto] qui, здравствуйте
[zdRastvouïtié] bonjour, газ [gass] gaz, я [ia] moi.

3   Тре́тий уро́к [tRiétⁱⁱ ouRok]

Dans cette leçon, vous pourrez constater pour la première fois l'existence des déclinaisons. Cela vous semble peut-être compliqué mais rassurez-vous, il y a une logique bien définie. Bientôt ces déclinaisons vous deviendront familières et ne vous feront plus peur !

Дава́йте знако́миться!
davaïtié znakomitsa

1 – Как ① вас зову́т?
   kak vass zavout

2 – Меня́ зову́т ② Ната́ша. А вас?
   minia zavout natacha. a vass

3 – Я ③ – Серге́й.
   ia – siRguiéï

4 – О́чень ④ прия́тно.
   otchi^{gne} pRï-iatn^a

5 – Мне ⑤ то́же.
   mnié toj^ê   □

Remarques de prononciation
Titre : знако́миться *[znakomitsa]* : la terminaison **-ться** se prononce *[tsa]*.
3, 4 Il est temps de dire quelques mots sur le fameux **p** roulé russe. Vous l'avez déjà rencontré dans les leçons précédentes. Pour bien le prononcer, touchez le palais avec la pointe de la langue et faites-la vibrer.
5 Le **ж** se prononce comme j de jardin.

Faisons connaissance
(Donnez faire-connaissance) !

1 –   Comment vous appelez-vous *(Comment vous appellent)* ?
2 –   Je m'appelle Natacha *(Me appellent Natacha)*. Et vous ?
3 –   Je [suis] Sergueï.
4 –   Enchantée *(Très agréable)*.
5 –   Moi de même *(À-moi aussi)*.

Notes

① Remarquez que **как** *[kak]* peut se traduire par *comment* : **Как делá?** *[kak diLa]*, *Comment ça va ?*, mais aussi par *comme* : **как он** *[kak o-n]*, *comme lui*, et par *que* dans les phrases exclamatives : **Как хорошó !** *[kak HaRacho]*, *Que c'est bien !* ; **Как приятно !** *[kak pRï-iatnª]*, *Que c'est agréable !*

② **звать** *[zvatˢ, appeler]*. Dans l'expression *je m'appelle... tu t'appelles*, etc., le verbe est à la 3ᵉ personne du pluriel (**зовут** : *ils appellent*) et les pronoms personnels compléments sont toujours à l'accusatif (cas du complément d'objet direct), changent de personne et de nombre : littéralement, *ils m'appellent, ils t'appellent*. Dans le dialogue vous avez rencontré : **меня зовýт** *[minia zavout]*, *je m'appelle*, et **вас зовýт** *[vass zavout]*, *vous vous appelez*. Vous connaîtrez les autres formes plus tard.

③ Les pronoms personnels français *je* et *moi* se traduisent tous les deux par **я**.

④ L'adverbe **óчень** *[otchiᵍⁿᵉ]*, *très*, *beaucoup*, *bien*, se place directement devant le mot qu'il qualifie.

⑤ **мне** *[mnié]* est le datif de **я**, *moi*. Nous en reparlerons plus tard.

Упражнение 1 – Читайте и переводите
❶ – Как вас зовут? – А вас? ❷ Я – студент.
❸ Очень приятно! ❹ Меня зовут! ❺ Вас зовут
Сергей.

Упражнение 2 – Восстановите текст

❶ Comment vous appelez-vous ?
. . . вас . . . . . ?

❷ Cela m'est très agréable !
Мне очень . . . . !

❸ Comme moi.
. . . я.

❹ Je suis journaliste.
. журналист.

❺ Très bien.
. . . . . хорошо.

Lisez :
Париж, он, стоп, бас, тип, нет, ананас.
Париж, он, стоп, бас, тип, нет, ананас.

Écrivez et déchiffrez :
Россия, студент, да, хорошо, очень.

Corrigé de l'exercice 1

❶ – Comment vous appelez-vous ? – Et vous ? ❷ Je suis étudiant.
❸ Enchanté ! ❹ Ils m'appellent ! ❺ Vous vous appelez Sergueï.

Corrigé de l'exercice 2

❶ Как – зовут ❷ – приятно ❸ Как – ❹ Я – ❺ Очень –

Corrigé (prononciation et traduction) :

[paRich'] Paris, [o-n] lui, [stop] stop, [bass] basse, [tip] type, [niét] non, [ananass] ananas.

Corrigé :

Россия [Rassï-ia] Russie, студент [stoudiént] étudiant, да [da] oui, хорошо [HaRacho] bien, очень [otchigne] très.

За́втрак

*za**f**tRak*

1 – Хоти́те ко́фе ①?

*Hatitié ko**f**^{fé}*

2 – Нет, оди́н чай, пожа́луйста ②.

*niét adi-n tcha**ï** paja**L**oust^a*

3 – Са́хар? ③

*sa**H**a**R***

4 – Да, пожа́луйста.

*da paja**L**oust^a*

5 – Пирожки́? Блины́?

*pi**R**ach**ki** bliny*

6 – Нет, спаси́бо, я на дие́те…

*niét spassiba ia na dï-**ié**tié*

☐

Remarques de prononciation

1, 3 Pour réussir le son *[H]*, difficile seulement au premier abord, dites *[r* en laissant l'air sortir entre la langue et le palais.

2 Le **y** ici est très court et le **й** ne se prononce pas : *[paja**L**oust^a]*.

5 Le **ы** (**блины́** *[bliny]* crêpes) : encore un son qu'il faudra apprivoiser. Le son **ы** ressemble à *[i]* mais est beaucoup plus fermé. Pour bien le prononcer placez la langue comme si vous alliez prononcer un *[i]* (il faut la bomber et la reculer) et faites le son *u* avec le fond de la gorge (mais toujours en tendant bien les lèvres pour le son *[y]*).

6 La combinaison des voyelles avec **-e** donne la prononciation suivante : **на дие́те** *[nadï-**ié**-tié]*.

Petit déjeuner

1 – [Vous] voulez [du] café ?
2 – Non, un thé, s'il vous plaît.
3 – [Du] sucre ?
4 – Oui, s'il vous plaît.
5 – [Des] pirojkis ? [Des] crêpes ?
6 – Non, merci, je suis au *(sur)* régime…

Notes

① Le mot **кófe** *[kofⁱé]*, *café*, comme tout mot d'origine étrangère et se terminant par une voyelle, est invariable. Pas de terminaisons à apprendre pour celui-ci ! Normalement, les mots qui se terminent par un **e** sont du neutre, mais **кófe** représente une exception : il est du masculin.

② Il n'y a pas de distinction entre le vouvoiement et le tutoiement pour le mot **пожáлуйста** *[pajaLoustᵉ]*. Ainsi peut-il se traduire par *s'il vous plaît* ou *s'il te plaît*.

③ Vous avez peut-être remarqué l'absence de l'article partitif (équivalent à notre *du*) dans la construction russe. Rappelons-nous que l'article n'existe pas en russe ; toute l'information sur le mot est donnée dans la terminaison.

4

Упражнение 1 – Читайте и переводите

❶ Вы на диете? ❷ Сахар, пожалуйста! ❸ Один кофе и один чай, пожалуйста. ❹ Мне тоже кофе. ❺ – Блины? – Нет, спасибо.

Упражнение 2 – Восстановите текст

❶ Un café, s'il te plaît !
Один кофе, ... !

❷ Non, merci.
Нет, ...

❸ Ce sont des crêpes et des pirojkis.
Это . . . . . и . . . .

Lisez :

Алекса́ндр, спорт, они́, ма́сса, поэ́ма, ты, краб
Александр, спорт, они, масса, поэма, ты, краб

Écrivez et déchiffrez :

Саша, блины, мама, он, сахар.

Bien sûr, vous connaissez les blinis, mais attention : si vous demandez un blini en Russie, non seulement on vous en apportera plusieurs (car c'est un pluriel), mais de plus ce seront des crêpes ! Блины́ [bliny] est le pluriel du блин [blin]... Ce qu'on appelle des

Corrigé de l'exercice 1

❶ Vous êtes au régime ? ❷ Du sucre, s'il vous/te plaît ! ❸ Un café et un thé, s'il vous plaît. ❹ Un café pour moi aussi. ❺ – Des crêpes ? – Non, merci.

❹ Oui, je suis au régime.
Да, . на . . . . . .

❺ Comment [sont] les crêpes ?
. . . блины?

Corrigé de l'exercice 2

❶ – пожалуйста ❷ – спасибо ❸ – блины – пирожки ❹ – я – диете ❺ Как –

Corrigé (prononciation et traduction) :

[aliksa-ndR] Alexandre, [spoRt] sport, [ani] eux, [massa] masse, [paêma] poème, [ty] tu, [cRap] crabe.

Corrigé :

Саша [sacha] Sacha, блины [bliny] blinis, мама [mama] maman, он [o-n] lui, сахар [saHaR] sucre.

blinis en France porte un autre nom en Russie. Vous connaissez peut-être également les pirojkis, ces petits pâtés russes. Souvent, ils sont fourrés de viande, de riz et de légumes (choux, pommes de terre ou carotte, souvent mélangés).

Пойдём гуля́ть!
païdiom gouliat^s

1 –   Сего́дня плоха́я пого́да.
sivodnia pLaHa^{ïa} pagoda

2   Там ве́тер и дождь... ①
tam viétiR i docht^s

3 –   Ты шу́тишь! Там тепло́ ②!
ty choutich' tam tipLo

4 –   Тогда́ пойдём гуля́ть ③.
tagda païdiom gouliat^s

5 –   Хоро́шая иде́я!
HaRocha^{ïa} idiéia

□

Remarques de prononciation

Titre, 4 Rappelez-vous que le **ё** est toujours accentué.

1 Le **г** se prononce habituellement *[g]* comme dans goût, sauf dans la combinaison **-его** où il se prononce *[v]*. Ainsi, **сего́дня**, *aujourd'hui*, se prononce *[sivodnia]*.

1, 3, 4, 5 N'oubliez pas que les voyelles ne se prononcent pas de la même manière selon qu'elles sont accentuées ou pas. Observez la lettre **о** dans différentes positions : **пого́да** *[pagoda]*, **тепло́** *[tipLo]*, **тогда́** *[tagda]*, **хоро́шая** *[HaRocha^{ïa}]*.

Notes

① Les expressions **там дождь** *[tam docht^s]*, *il pleut* ; **там тепло́** *[tam tipLo]*, *il fait bon* ; **там ве́тер** *[tam viétiR]*, *il y a du vent*, sont propres à la langue parlée. En disant **там** *[tam]*, *là-bas*, les Russes sous-entendent en réalité "dehors". On pourrait également dire, par exemple : **сего́дня тепло́** *[sivodnia tipLo]*, *il fait bon aujourd'hui*, en omettant **там**. ▶

Allons nous promener !

1 – Aujourd'hui, [il fait] mauvais *(mauvais temps)*.
2   Il y a du vent et il pleut *(Là-bas vent et pluie)*…
3 – Tu plaisantes ! Il fait bon *(Là-bas bon)* !
4 – Alors, allons [nous] promener.
5 – Bonne idée !

2 Rappelez-vous que les consonnes s'assourdissent en position finale ou devant une autre consonne sourde. Dans le mot **дождь**, on considère la sonore **д** finale, car le signe mou (qui ne se prononce pas), a seulement pour mission de ramollir le **д**. Ainsi, ce dernier s'assourdit et transmet cette qualité à la lettre voisine **ж** qui s'assourdit à son tour (comme toute consonne sonore devant une sourde). Prononcez bien : *[docht^s]*.

4 N'oubliez pas que le signe mou, même s'il est "muet" est très important et qu'il influe sur la consonne qui le précède. Dans l'infinitif **гулять** *[gouliat^s]*, *se promener*, le **т** sera mouillé et se prononcera comme s'il était suivi d'un petit **s** très atténué.

▶ ② **тепло́** *[tipLo]* est un adverbe. En russe les adverbes sont, comme en français, toujours invariables et se terminent souvent par **-o**. Mais pas toujours : **о́чень** *[otchi^{gne}]* *très*, *beaucoup*.

③ Attention, le verbe **гуля́ть** *[gouliat^s]*, *se promener*, n'est pas pronominal en russe.

5

Упражнение 1 – Читайте и переводите

❶ Там хорошая погода, пойдём гулять! ❷ Там сегодня тепло? ❸ Это очень плохая идея. ❹ – Ты шутишь? – Нет. ❺ Сегодня дождь.

Упражнение 2 – Восстановите текст

❶ Aujourd'hui, tu plaisantes.
   Сегодня ты . . . .

❷ Non, aujourd'hui, il y a du vent.
   Нет, сегодня . . . . . .

❸ C'est une mauvaise idée.
   Это . . . . . . идея.

❹ Allons nous promener, il fait bon.
   Пойдём . . . . . . , там . . . . . .

❺ Aujourd'hui, il fait mauvais *(mauvais temps)*.
   . . . . плохая погода.

Lisez :
Москва, код, борщ, футбол, дискета, концерт, она.

Москва, код, борщ, футбол, дискета, концерт, она.

Écrivez et déchiffrez :
тепло, Толстой, ты, идея, сегодня

1 • двадцать один *[dvatsatˢ adi-n]*

Corrigé de l'exercice 1

❶ Il fait beau, allons nous promener ! ❷ Fait-il bon aujourd'hui ?
❸ C'est une très mauvaise idée. ❹ – Tu plaisantes ? – Non.
❺ Aujourd'hui, il pleut.

Corrigé de l'exercice 2

❶ – шутишь ❷ – ветер ❸ – плохая – ❹ – гулять – тепло
❺ Сегодня –

Corrigé :

[maskva] Moscou, *[kot]* code, *[boRchtch]* borchtch, *[foutboL]* football, *[diskiéta]* disquette, *[ka-ntsêRt]* concert, *[ana]* elle.

Corrigé :

тепло [tipLo] bon, *Толстой [taLstoï]* Tolstoï, *ты [ty]* tu, *идея [idiéia]* idée, *сегодня [sivodnia]* aujourd'hui.

Споко́йной но́чи!
*spako**ï**n[ai] n**o**tchi*

1 – Что ① ты де́лаешь?
    *chto ty di**é**Laïéch'*

2 – Чита́ю. ②
    tchitaïou

3 – А мы идём ③ в ④ теа́тр.
    *a m**oui** id**io**m ftiat[e]R*

Remarques de prononciation

1, 2, 4, 5, 6 ч se prononce *[ch]* devant **т** (**что** *[chto]*) alors qu'il se prononce comme *[tch]* dans d'autres combinaisons de lettres. Observez : **что** *[chto]* ; **чита́ю** *[tchitaiou]* ; **хо́чешь** *[Hotchich']* ; **хочу́** *[Hatchou]* et **но́чи** *[notchi]*.

1, 3 En phonétique, nous transcrivons habituellement le **ы** (**ты** *[ty]*) par *[y]*. Mais dans la combinaison de lettres **мы**, il ressemble plutôt à *[moui]*. Souvenez-vous que ces trois lettres *[oui]*) ne font qu'un seul son. Cette phonétique est approximative, et bien sûr il s'agit du même son **ы**, mais la prononciation, dans ce cas précis, est plus claire avec cette transcription pour un francophone.

1, 4, 5 Comme nous l'avons vu dans la leçon précédente, le **т** de **-ть** (par exemple, du mot **спать** *[spat[s]]*, *dormir*, sera mouillé et se prononcera comme s'il était suivi d'un petit *[s]* très atténué. En revanche, derrière **ш** et **ж**, **ь** n'a qu'une valeur orthographique et

Notes

① Nous connaissons déjà le pronom interrogatif **кто** *[kto]*, qui désigne tous les êtres animés. Le pronom interrogatif **что** *[chto]* se traduit par *que*, *quoi*, et s'emploie pour tous les objets.

② En russe, le pronom personnel sujet peut être omis. Dans ce cas, le contexte et la terminaison du verbe nous donnent toute l'information nécessaire sur le sujet de la phrase. ▶

Bonne nuit !

1 – Que fais-tu *(Que tu fais)* ?
2 – [Je] lis.
3 – Et [nous], nous allons au théâtre.

ne modifie pas la prononciation de la consonne qui le précède :
делаешь *[diéLaïéch']*, **хочешь** *[Hotchich']*. Dans ce cas, nous
marquerons sa transcription par une simple apostrophe *[']* .
2 Dans le mot **читáю** *[tchitaiou]*, le *[iou]* ne fait qu'un son (ressemble à l'anglais "you").
3 La règle d'assourdissement fonctionne également pour l'en-
chaînement de deux mots. Dans **в теáтр**, le **в** sonore s'assourdit
au contact avec le **т** sourd : *[ftiat³R]*. Remarquez également que
les deux mots se prononcent comme un seul (voir **Remarques
de prononciation** de la leçon 2).

▶ ③ Le verbe **идём** (de **идтú** *[itti]*, *aller à pied*) peut être omis au
présent de l'indicatif. Donc, vous pourriez dire également : **а
мы – в теáтр** *[a moui ftiat³R]*, littéralement *Et nous au théâtre.*

④ La préposition **в** a plusieurs sens, mais ils sont toujours simi-
laires : *à, dans, en.*

4 Не ⑤ **хо**чешь с **на**ми?
ni Hotchich' s nami

5 – Нет, я уст**а**л и хоч**у** спать...
niét ia oustaL i Hatchou spat^s

6 – Ну ⑥, тогд**а** – спок**о**йной **но**чи!
nou tagda spakoïn^{aï} notchi

6 Remarquez que le troisième **o** dans **спок**ойной *[spakoïn^{aï}]* est un *[a]* affaibli.

***

Упражнение 1 – Читайте и переводите

❶ – Что это? – Это чай. ❷ – Что ты хочешь? – Я очень хочу спать. ❸ – Я читаю, а ты делаешь кофе. ❹ – Мы в театр. – А я нет. ❺ Я не хочу в театр, я читаю.

Упражнение 2 – Восстановите текст

❶ – Bonne nuit, Sergueï ! – Merci !
– . . . ., Сергей! – . . . . !

❷ Tu veux [aller] avec nous au théâtre ?
. . хочешь с . . . . в театр?

❸ Nous allons au théâtre. Tu ne [viens pas] avec nous ?
. . . . . . в театр. Ты . . с нами?

4   Tu veux venir avec nous *(ne veux avec nous)* ?   6
5 –   Non, je suis fatigué et je veux dormir …
6 –   Eh bien, alors bonne *(calme)* nuit !

Notes

⑤ La négation, en russe, ne pose pas de problème. Le mot **не** se place directement devant le mot sur lequel porte la négation : **Это не я**, *Ce n'est pas moi* ; **Ви́ктор не студе́нт**, *Victor n'est pas étudiant* ; **Ты не шу́тишь**, *Tu ne plaisantes pas.*

⑥ Le mot **ну** *[nou]* appartient à la langue parlée et peut se traduire différemment selon la situation : *eh bien, allons, mais voyons*, etc.

***

Corrigé de l'exercice 1

❶ – Qu'est-ce que c'est ? – C'est le/du thé. ❷ – Que veux-tu ? – J'ai très envie de dormir *(Je très veux dormir)*. ❸ – Je lis et toi, tu fais du café. ❹ – Nous allons au théâtre. – Et moi, non. ❺ Je ne veux pas [aller] au théâtre, je lis.

❹ As-tu sommeil *(Tu veux dormir)* ?
   Ты хочешь . . . . . ?

❺ Eh bien alors, bonne nuit !
   . . , ... – спокойной ночи!

Corrigé de l'exercice 2

❶ Спокойной ночи – спасибо ❷ Ты – нами – ❸ Мы идём – не – ❹ – спать ❺ Ну тогда –

Lisez :
Россия, чай, луна, мы, шанс, виза, костюм.
Россия, чай, луна, мы, шанс, виза, костюм.

Écrivez :
спать, Сергей, опера, вы, спорт.

---

7 Седьмо́й уро́к

Повторе́ние – Révision

Toutes les sept leçons, nous reverrons, en les complétant si néces-saire, les points importants abordés dans les leçons précédentes. Ne vous inquiétez pas si tout ne vous paraît pas encore clair. Faites une révision rapide des leçons déjà étudiées et attendez la suite : tout sera approfondi dans les leçons suivantes.

1 Prononciation

Nous avons vu dans les six premières leçons les principales règles de la phonétique russe. Vous avez appris à déchiffrer les caractères cyrilliques, et maintenant leur complexité n'est plus qu'apparente.
Rappelez-vous que l'accent tonique dans les mots russes n'est pas fixe et que les Russes ne l'indiquent jamais à l'écrit, il faut donc l'apprendre.
Il y a deux caractéristiques de l'accent russe. Premièrement, le chan-gement d'accent peut être important pour différencier deux mots qui s'écrivent de la même façon. Deuxièmement, l'accent varie se-lon les formes grammaticales d'un même mot (**хорошо́** – adverbe ; **хоро́шая** – adjectif ; **де́ло** – *une affaire* ; **дела́** – *des affaires*).
La syllabe accentuée se prononce nettement, avec plus d'intensité que les autres syllabes.

2 Consonnes

Les consonnes, à la fin des mots, se prononcent toujours, mais cer-taines d'entre elles subissent une modification à la fin du mot ainsi que devant une consonne sourde (privée de voix).

Corrigé :

[Rassï-ia] Russie, [tchaï] thé, [Louna] lune, [moui] nous [cha-ns] chance, [viza] visa, [kastioum] costume.

Corrigé :

спать [spats] dormir, Сергей [siRguiéï] Sergueï, опера [opiRa] opéra, вы [vy] vous, спорт [spoRt] sport.

Septième leçon   7

Les consonnes se subdivisent en sourdes et sonores. Elles constituent des "paires" :

sonore	б [b]	в [v]	г [gu]	д [d]	ж [j]	з [z]
↓	↓	↓	↓	↓	↓	↓
sourde	п [p]	ф [f]	к [k]	т [t]	ш [ch]	с [s]

Les consonnes **л, м, н, р** et **й** n'ont pas de paire et sont toujours sonores. Les consonnes **х, ц, ч** et **щ** n'ont pas de paire non plus et sont toujours sourdes.

3 Voyelles

Les voyelles se prononcent très nettement quand elles sont accentuées et changent de prononciation en position non accentuée : **о → а, е → и**, par exemple, **хорошó** *[HaRacho]*, bien ; **делá** *[diLa]*, affaires.
Elles se subdivisent en dures et molles et marchent également par paires :

dure	а [a]	о [o]	э [ê]	ы [y]	у [ou]
↓	↓	↓	↓	↓	↓
molle	я [ia]	ё [io]	е [ié]	и [i]	ю [iou]

4 Signe mou et signe dur

Le signe mou **ь** et le signe dur **ъ** n'ont pas de prononciation spécifique. Le signe dur **ъ** modifie la prononciation de la lettre qui le suit, tandis que le signe mou **ь** modifie la prononciation de celle qui le précède : **спать** *[spat^é]*, *dormir*.

5 Noms neutres empruntés

Les noms d'origine étrangère se terminant par une voyelle sont invariables : **кóфе** *[kof^é]*, *café*. Souvent, ces mots sont neutres. Remarquez pourtant que le mot **кóфе** est du masculin.

6 Le genre des noms

En russe, il existe trois genres : le masculin, le féminin et le neutre. L'absence d'article rend la terminaison du mot très importante. C'est la terminaison qui donnera toute l'information sur le genre du mot, sa forme, le cas et sa fonction dans la phrase.
Les noms féminins se terminent souvent par **-a**, le masculin généralement par une consonne et le neutre par **-o**. Certains masculins se terminent par une voyelle : **Сáша** qui est le diminutif d'**Алексáндр**.

7 Les adjectifs

Les adjectifs s'accordent avec les noms qu'ils qualifient. Ils se placent généralement devant le nom. Ils se divisent en adjectifs durs (si l'avant-dernière lettre de la terminaison est dure) et en mous (si l'avant-dernière lettre est molle). Ainsi, les terminaisons fonctionnent également par paires :

	dures	→	molles
Masculin	**-ый**		**-ий**
Féminin	**-ая**		**-яя**
Neutre	**-oe**		**-ee**

Par exemple, **Спокóйный студéнт** *[spakoïn^{yï} stoudiént]*, *un étudiant calme* (masculin) – **Хорóший журналúст** *[HaRoch^{yï} jouRnalist]*, *un bon journaliste*. **Спокóйная ночь** *[spakoïna^{ia} notch']*, *une nuit tranquille* ; **Хорóшая идéя** *[HaRocha^{ia} idiéia]*, *une bonne idée*. Un peu de patience pour les adjectifs féminins en

-яя : nous les étudierons plus tard, tout comme l'accord des adjectifs avec les mots neutres, que nous n'avons pas encore rencontrés.

8 Le verbe

Le verbe *être* peut ne pas être exprimé au présent de l'indicatif : **Я – студе́нт** *[ia stoudiént]*, *Je [suis] étudiant*. Le verbe *aller* peut également être omis au présent : **Мы в теа́тр** *[moui ftiatR]*, *Nous [allons] au théâtre*.

9 La négation

La négation, en russe, est assez simple : la particule négative **не** se place directement devant le mot sur lequel porte la négation : **Он не студе́нт**, *Il n'est pas étudiant* ; **Ты не шу́тишь**, *Tu ne plaisantes pas* ; **Мы не в теа́тр**, *Nous n'allons pas au théâtre (mais au cinéma...)*.
Remarquez que la langue russe utilise souvent une forme interro-négative en faisant une proposition simple comme **Не хо́чешь с на́ми?**, littéralement "Ne veux pas avec nous ?", alors que le français dira *Veux-tu venir avec nous ?* (inversion, présence du verbe).

10 Les pronoms personnels

Au cours des premières leçons, vous avez rencontré et sûrement retenu certains pronoms personnels. Complétons-les :

Я	*je, moi*	**МЫ**	*nous*
ТЫ	*tu, toi*	**ВЫ**	*vous*
ОН	*il, lui*	**ОНИ́**	*ils, elles, eux*
ОНА́	*elle*		
ОНО́	*"il"* neutre		

Remarquez qu'à la 3ᵉ personne, les terminaisons reproduisent le principe des noms : le masculin se termine par une consonne, le féminin par un **a** et le neutre par un **o**. Il n'y a pas de distinction selon les genres au pluriel.

1 – Надя, привет!
2 – Виктор! Как дела?
3 – Спасибо, всё хорошо.
4 – Это Сергей; он журналист.
5 – Очень приятно.
6 – Мне тоже.
7 – Мы идём в театр.
8 – Не хочешь с нами?
9 – Шутишь! Очень хочу!
10 – Это хорошая идея: сегодня плохая погода и дождь...

---

8   **Восьмо́й уро́к** [vass'moï ouRok]

На Кавка́зе

na kafkaz'ié

1 – Де́ти, что вам ① здесь нра́вится?
diéti chto vam zdiéss' nRavitsa

Remarques de prononciation
1, 5, 6 Dans **здесь** *[zdiéss']* ici, le signe mou ramollit le **с** qui va alors se prononcer avec un *[i]* très léger, comme dans le mot acier.

Traduction

1 Nadia, salut ! **2** Victor ! Comment ça va ? **3** Merci, tout [va] bien. **4** Voici Sergueï ; il est journaliste. **5** Enchantée. **6** Moi aussi. **7** Nous allons au théâtre. **8** *(Ne)* Veux-tu [venir] avec nous ? **9** Tu veux rire *(Tu plaisantes)* ! Bien sûr que je veux *(Très veux)*! **10** C'est une bonne idée : aujourd'hui [il fait] mauvais *(mauvais temps)* et il pleut *(pluie)*…

Huitième leçon   8

Vous savez maintenant qu'il n'y a pas d'article en russe, il n'est donc plus utile de vous les signaler entre crochets dans la traduction française.

Dans le Caucase

1 – Les enfants, qu'est-ce qui vous plaît ici *(que vous ici plaît)* ?

Notes

① En russe, il y a six cas. Ils correspondent aux différentes fonctions des mots dans la phrase. Observez les phrases suivantes : **Я – Сергéй** (leçon 3) (fonction de sujet) ; **Меня́ зову́т Ната́ша** (leçon 3) (complément d'objet direct – COD) ; et ici **что вам здесь нра́вится** (complément d'objet indirect – COI). Ces exemples permettent de voir quelle forme les pronoms personnels **я**, *je*, et **вы**, *vous*, prennent selon leur fonction dans la phrase. **вам** et **мне** sont donc les datifs, les COI de **вы** et **я**, et peuvent se traduire respectivement par *à vous, pour vous* et *à moi, pour moi*.

8

2 – Ему и мне нравится море ②.
ⁱᵉmou i mnié nRavitsa moRⁱᵉ

3 – А ей нравится лес.
a iéï nRavitsa liéss

4 – Им всё нравится!
im fsio nRavitsa

5 – Да, здесь очень хорошо. ③
da, zdiéssⁱ otchiⁱᵍⁿᵉ HaRacho

6 – Здесь есть ④ всё!
zdiéssⁱ iéstˢ fsio

---

2 • Quand il ne porte pas l'accent tonique et qu'il est en début de mot, **e** se prononce *[ⁱᵉ]* : **ему́** *[ⁱᵉmou]*, *lui*.
• Le **e** à la fin du mot, dans la syllabe non accentuée, est affaibli : **мо́ре** *[moRⁱᵉ]*, *mer*.

Notes

② La terminaison du mot **мо́ре** *[moRⁱᵉ]* indique son appartenance aux mots neutres qui se terminent souvent par un **-e** ou un **-o**.

③ Remarquez encore une fois que le verbe *être* (**быть**) est omis dans cette phrase.

④ **есть**, la 3ᵉ personne du singulier du verbe **быть**, *être*, n'est jamais utilisée au présent. Par ailleurs, **есть** s'utilise dans le sens de *il y a*.

***

Упражнение 1 – Читайте и переводите

❶ Кто им нравится? ❷ С нами очень хорошо. ❸ Мне нравится, что он журналист. ❹ Давайте пойдём в лес! ❺ На Кавказе есть море.

33 • тридцать три *[tRitsatˢ tRi]*

2 – À lui et à moi, c'est la mer *(À-lui et à-moi plaît mer)*.

3 – Quant à elle, c'est la forêt *(Et à-elle plaît forêt)*.

4 – Tout leur plaît *(À-eux tout plaît)* !

5 – Oui, ici on se sent bien *(ici très bien)*.

6 – Ici, il y a tout !

3 En début de mot, lorsque la syllabe est accentuée, le **e** se pronnonce comme dans le mot **y**en : **ей** *[iéï]*, *lui* (dans le sens de "à elle"), et comme dans **есть** *[iést²]*, *il y a*.

4 Nous avons déjà vu dans les remarques de prononciation de la première leçon, que le **в** du mot **всё** s'assourdit au contact du **с** : *[fsio]*.

5 N'oubliez pas de bien prononcer le **х** : *[H]*.

Давайте пойдём в лес!

***

Corrigé de l'exercice 1

❶ Qui leur plaît ? **❷** Avec nous, on se sent bien. **❸** Cela me plaît qu'il soit journaliste. **❹** Allons dans *(à)* la forêt ! **❺** Dans le Caucase, il y a la mer.

Упражнение 2 – Восстановите текст

❶ – Elle aime bien lire. – Moi aussi.
– Ей . . . . читать. – . . . тоже.

❷ Dans le Caucase, il y a des enfants.
На Кавказе . . . . дети.

❸ On est bien, chez vous.
У вас . . . .

❹ – Nous allons au théâtre. – Et nous, dans *(à)* la forêt.
– Мы идём в театр. – А мы – . . . . . .

❺ Cela ne lui plaît pas.
. . . это . . нравится.

Lisez :

лес, нам, здесь, урок, нравится, всё.
лес, нам, здесь, урок, нравится, всё.

Écrivez et déchiffrez :

Dorénavant, dans le corrigé de l'exercice d'écriture, nous ne don-nerons plus ni la prononciation, ni la traduction des mots, car vous les connaissez bien.

Кавказ, роза, какао, шок, ей.

Le Caucase, chaîne de montagnes du système alpin, s'étend sur 1 200 km, depuis le détroit de Kertch (mer Noire) jusqu'à la pres-qu'île d'Apchéron (mer Caspienne). Le Caucase est partagé entre la Géorgie, l'Arménie, l'Azerbaïdjan et la Russie (c'est-à-dire les républiques d'Adyguée, de Daghestan, d'Ingouchie, de Kabardino-Balkarie, d'Ossétie du Nord, de Karatchaïévo-Tcherkessie et de Tchétchénie). Il est souvent considéré comme marquant la sépara-tion entre l'Europe et l'Asie. Si on le considère européen, c'est le massif montagneux le plus élevé d'Europe. C'est aussi la région où le plus grand nombre de Russes partent en vacances. Situées sur le territoire de Stavropol, les cinq plus grandes villes d'eau sont

Corrigé de l'exercice 2

8

① – нравится – мне – ② – есть – ③ – хорошо ④ – в лес ⑤ ему – не –

Corrigé :

[liéss] forêt, *[nam]* à nous, *[zdiéss^i]* ici, *[ouRok]* leçon, *[nRavitsa]* plaît, *[fsio]* tout .

Corrigé :

Кавказ, роза, какао, шок, ей.

Miniéralnyé Vody, Yessentouki, Pyatigorsk, Zheleznovodsk et Kislovodsk. Cette dernière a bien conservé la tradition des cures thermales : on y boit l'eau de Narzan (l'eau minérale la plus connue en Russie), sur les traces de Lermontov, de Pouchkine et de Tolstoï. Le ski alpin s'y développe à grande vitesse. La station la plus connue est Krasnaya Poliana, située dans l'ouest du Caucase (à 600 m d'altitude), à une distance de 50 km de la ville de Sotchi et de ses plages. Sotchi et sa banlieue ont vu fleurir, depuis la fin des années 1990, des dizaines de complexes hôteliers et autres infrastructures touristiques, sans toutefois toucher à son cachet de ville-parc, avec ses squares, ses parcs tropicaux et autres plantations exotiques.

Экза́мены
ikzaminy

1 – Ты куда́ ①?
ty kouda

2 – У меня́ ② сейча́с экза́мен.
ouminia sitchass ikzami-n

3 – Како́й ③ экза́мен?
kakoï ikzami-n

4 – Снача́ла по фи́зике ④, а пото́м сдаю́ ⑤ матема́тику.
snatchaLa pa fizik^{ié}, a patom zdaïou matimatikou

5 – Ну, ни пу́ха, ни ⑥ пера́!
nou, ni pouHa ni piRa

6 – К чёрту!
ktchioRtou

☐

Remarques de prononciation
2 Dans **сейча́с** *[sitchass]*, *maintenant*, le **й** ne se prononce pas.
2, 3 N'oubliez pas que le son nasal n'existe pas en russe, prononcez bien le **н** d'**экза́мен** *[ikzami-n] examen*.
4 *[pa fizik^{ié}], de physique*.
• Le **с** de **сдаю́** devient sonore au contact du **д** sonore : *[zdaïou]*.

Notes
① L'adverbe **куда́** *[kouda]*, *où*, contient une notion de déplacement. On dit que c'est "le où avec mouvement". Cet adverbe exprime le lieu vers lequel on se dirige.

② Petite gymnastique de l'esprit – vous allez voir, c'est très simple : **у меня́**, littéralement "chez moi", peut former la construction **у меня́ есть ...** *chez moi, il y a...* ce qui va se traduire par *j'ai...* Et comme le verbe *être* peut être omis, on a : **У меня́ ... экза́мен**, *J'ai un examen* ; il suffit de le savoir !

▶

Examens

1 – Tu [vas] où ?
2 – J'ai *(Chez moi maintenant)* un examen, là.
3 – Quel examen ?
4 – D'abord celui de physique, et après je passe les maths.
5 – Alors, bonne chance *(ni duvet ni plume)* !
6 – Merci *(Au diable)* !

▸ ③ L'adjectif interrogatif **какóй (-áя, -óe)** *[kakoï]* signifie *quel, de quel genre, comment*, et s'accorde avec le nom auquel il se rapporte.

④ La préposition **по** a plusieurs traductions : *sur, par, selon, suivant, d'après, pour cause de* et *jusqu'au* ; dans les expressions exprimant le temps, elle ne se traduit pas. Nous n'avons pas marqué sa traduction littérale dans l'expression **по физи́ке** *[pa fizik^{ié}]*, car ici la préposition n'a pas de sens propre.

⑤ Remarquez que le pronom personnel peut être omis : **сдаю́** au lieu de **я сдаю́**, *je passe*. Il est toujours omis dans la réponse à une question dans laquelle le pronom sujet est annoncé, sauf si l'interlocuteur veut accentuer le sujet ou l'opposer à un autre. Comparez : – **Ты чита́ешь? – Чита́ю**, – *Tu lis ? – [Oui, je] lis.* – et – **Ты чита́ешь? – Я чита́ю, а ты?** – *[Oui, moi] je lis et toi ?* **сдаю́** *[zdaïou]* est la 1re personne du singulier du verbe **сдава́ть** *[zdavat^{ié}]*.

⑥ **ни… ни…** ressemble beaucoup à *ni… ni…* français : **Он ни студéнт, ни журнали́ст**, *Il n'est ni étudiant ni journaliste.*

9

Упражнение 1 – Читайте и переводите

❶ – Они куда? – В театр. ❷ Мне тоже сначала чай. ❸ Я сдаю экзамен по физике. ❹ Ей не нравится ни лес ни море. ❺ Пойдём потом гулять?

Упражнение 2 – Восстановите текст

❶ J'ai une bonne idée.
. . . . . хорошая идея.

❷ Quel type de forêt *(Quelle forêt)* lui *(à elle)* plaît ?
. . . . . лес . . нравится?

❸ Ici, il y a le thé et le café.
. . . . чай и кофе.

❹ – Bonne chance ! – Merci !
– Ни . . . . , ни . . . . ! – . чёрту!

❺ Maintenant, j'ai sommeil.
. . . . . . я хочу спать.

Lisez :
царь, экз**а**мен, к**о**фе, ф**и**зика, мим**о**за, текст.
царь, экзамен, кофе, физика, мимоза, текст.

Écrivez et déchiffrez :
куда, математика, сейчас, ни пуха!

***

*Eh oui, souvent, en allant à un examen, on entend **Ни пýха, ни пéрá!** Cette expression exprime un souhait de réussite et de succès dans une entreprise quelconque (examen, entretien d'embauche, etc.) comme on dirait " M... !" en français, ou encore "Bonne*

Corrigé de l'exercice 1

❶ – Où vont-ils ? – Au théâtre. ❷ Moi aussi [je voudrais] d'abord un thé. ❸ Je passe l'examen de physique. ❹ Ni la forêt ni la mer ne lui plaisent. ❺ On va se promener après ?

Corrigé de l'exercice 2

❶ У меня – ❷ Какой – ей – ❸ Здесь есть – ❹ – пуха – пера – к – ❺ Сейчас –

Экзамены.

Corrigé :

[tsaR] tsar, [ikzami-n] examen, [kofᵉ] café, [fizika] physique, [mimoza mimosa, [tiékst] texte.

Corrigé :

куда, математика, сейчас, ни пуха!

***

chance !". Parfois, on réduit l'expression à **Ни пу́ха!** *et on répond habituellement par :* **К чёрту!**, *Va au diable ! Rassurez-vous, dans ce cas on vous envoie au diable avec reconnaissance…*

Кака́я ① интере́сная кни́га!

kaka^{ia} i-ntiRiésna^{ia} kniga

1 — Что ты чита́ешь?

chto ty tchita ^{ié}ch'

2 — Я чита́ю кни́гу ② «Война́ и мир ③».

ia tchitaïou knigou vaïna i miR

3 — Как ④ интере́сно!

kak i-ntiRiésn^a

4 Ты всё понима́ешь? ⑤

ty fsio panima ^{ié}ch'

5 — Нет, но я понима́ю гла́вное ⑥.

nièt, no ia panimaïou gLavna^{ié}

6 К тому́ же, здесь есть фра́зы на францу́зском языке́ ⑦.

ktamoujè zdiéssⁱ iésts fRazy na fRa-ntsouskam yizykié ☐

Remarques de prononciation

3 Le **ин**, dans le mot **интере́сно** *[i-ntiRiésn^a]*, ne donne pas de son nasal !

6 Le **з**, dans le mot **францу́зском**, ne se prononce pas : *[fRa-ntsouskam]*.

• Pour faciliter la prononciation de la lettre **я** dans le mot **языке́** nous la transcrivons d'une manière inhabituelle : *[yizykié]*.

Notes

① Nous avons vu dans la leçon précédente l'adjectif **како́й, -а́я, -о́е** *[kakoï]* s'accordant avec le nom auquel il se rapporte. Ici il est au féminin, puisque **кни́га**, *livre*, est féminin en russe. Cet adjectif peut être interrogatif ou exclamatif. ▶

Quel livre intéressant !

1 –   Que lis-tu ?
2 –   Je lis le livre *Guerre et paix.*
3 –   Comme c'est intéressant !
4   Tu comprends tout *(Tu tout comprends)* ?
5 –   Non, mais je comprends l'essentiel.
6   De plus, *(ici)* il y a des phrases en français *(sur française langue).*

▶ ② Le cas du COD (complément d'objet direct) est l'accusatif. Pour former l'accusatif des mots féminins se terminant par un **-a**, il faut remplacer le **-a** par un **-y** : **кни́г -а** (nominatif) → **кни́г -у** (accusatif). Et comparez : dans **Мне нра́вится кни́га**, *Le livre me plaît*, "livre" est le sujet (donc au nominatif) ; en revanche, dans **Я чита́ю кни́гу**, *Je lis un livre*, "livre" est le complément d'objet direct (donc à l'accusatif).

③ La première signification du substantif masculin **мир** *[miR]* est *la paix*, mais il peut également signifier *le monde* (dans le sens de "planète").

④ Vous connaissez déjà le mot interrogatif **Как?** de **Как дела́?**, *Comment ça va ?* Dans des phrases exclamatives, **как** peut s'utiliser suivi d'un adverbe. On le traduira alors par *comme* : **Как интере́сно!**, *Comme c'est intéressant !* **Как тепло́!**, *Comme il fait bon !*

⑤ Observez l'ordre des mots : la phrase est interrogative mais il n'y a pas d'inversion dans les questions.

⑥ **гла́вное** *[gLavna^{ié}]* se traduit par *l'essentiel*, *le principal*, *le plus important*.

⑦ **францу́зский язы́к**, *la langue française* (est masculin en russe) ; **францу́зский**, *le français*. On aurait aussi pu dire, tout simplement, **фра́зы на францу́зском**, *des phrases en français*.

Упражнение 1 – Читайте и переводите

❶ У меня есть интересная книга. ❷ Ты понимаешь фразы на французском языке? ❸ Это книга по физике. ❹ К тому же, это интересно! ❺ Им нравится книга на французском языке.

Упражнение 2 – Восстановите текст

❶ Je lis et comprends tout.

. . . . . и всё . . . .

❷ De plus, tu plaisantes !

. . . . , ты шутишь!

❸ Ici, il y a des phrases intéressantes.

. . . . . есть интересные . . . . . .

❹ Mais ce n'est pas le plus important !

. . это не . . . . !

❺ D'abord, je lis les phrases en français *(sur la langue française)*.

. . . . я читаю фразы на французском . . . . . .

Lisez :

комп**ью**тер, фр**а**за, мин**у**та, Нат**а**ша, пож**а**луйста, гл**а**вное.

компьютер, фраза, минута, Наташа, пожалуйста, главное.

Écrivez et déchiffrez :

масса, шанс, ритм, чай, тип.

Corrigé de l'exercice 1

❶ J'ai un livre intéressant. ❷ Comprends-tu des phrases en français ? ❸ C'est un livre de physique. ❹ De plus, c'est intéressant ! ❺ Le livre en français leur plaît.

Corrigé de l'exercice 2

❶ читаю – понимаю ❷ К тому же – ❸ Здесь – фразы ❹ Но – главное ❺ Сначала – языке

Это книга по физике.

Corrigé :

[ka-mpiouteR] *ordinateur*, [fRaza] *phrase*, [minouta] *minute*, [natacha] *Natacha*, [pajaLoust^ə] *s'il vous plaît*, [gLavna^{ié}] *l'essentiel*.

Corrigé :

масса, шанс, ритм, чай, тип.

"Guerre et paix", épopée littéraire de Léon Tolstoï (comte Liév Nikolaïévitch Tolstoï, 1828-1910), un des plus célèbres classiques russes, écrit sur une période de six ans (1863-1869), est générale-ment considéré comme l'un des plus grands romans jamais écrits. Dans cette fresque immense, Tolstoï met en scène cinq cent cin-quante-neuf personnages, mais c'est essentiellement sur la vie de trois familles aristocratiques (les Bolkonski, les Rostov et les Bé-zoukhov), à l'époque de l'invasion napoléonienne, que porte le ré-cit. Le mot **мир***, paix, qui s'utilisait à l'époque également pour tout ce qui avait rapport à la vie quotidienne, est opposé par l'auteur au mot* **война***, guerre, pour mieux démontrer l'absurdité et l'inuti-lité de cette dernière. Ce chef-d'œuvre du réalisme tire sa force de la véracité des événements historiques, des portraits physiques et*

---

11   Оди́ннадцатый уро́к [adinatsat^{yi} ouRok]

Упря́мство
oupRiamstv^a

1 – Я ду́маю ①, что ② э́то о́чень хоро́ший фильм.
    *ia dou**ma**ïou chto êt^a **ot**chi^{gne} HaRoch^{yi} film*

2 – А мне он не нра́вится.
    a mnié on ni-nRavitsa

Remarques de prononciation

Numéro de leçon : Dans le mot **оди́ннадцатый** le deuxième д ne se prononce pas : *[adinatsat^{yi}]*.

1 Retenez une règle importante : la consonne **ш** est toujours dure (voir l'introduction) et ne peut pas être suivie d'une autre voyelle dure. Dans **хоро́ший** en revanche, la prononciation reste dure : *[HaRoch^{yi}]*.

2 Не нра́вится se prononce en un seul mot : *[ni-nRavitsa]* (voir remarques de prononciation leçon 2).

psychologiques des protagonistes qui traversent d'importantes ba-
tailles militaires et côtoient de célèbres figures de l'histoire. C'est
la description de toute une époque. Et comme à cette époque, l'aris-
tocratie russe parlait français on trouve dans le texte du roman une
quantité considérable de phrases en français. Le roman est écrit en
quatre tomes, ce qui peut faire peur, mais on est rapidement captivé
par l'histoire, qui se lit facilement.

Si vous possédez les enregistrements, écoutez-les bien et répétez
à haute voix. Souvenez-vous qu'en russe, l'ordre des mots n'est
pas strict. L'intonation, en revanche, joue un rôle important et
modifie parfois le sens de la phrase.

Onzième leçon   11

Entêtement

1 –   Je pense que c'est un très bon film.
2 –   Moi, il ne me plaît pas *(Et à-moi, il ne plaît).*

Notes

① **дýмаю** *[doumaïou]* est la 1re personne du singulier du verbe
дýмать *[doumat^s]* *penser, réfléchir, croire* : **Я дýмаю, что
э́то хорóший кóфе.** *[ia doumaïou chto êt^a HaRoch^yi kof^é],*
Je pense que c'est un bon café. – **Что ты дéлаешь?** *[chto ty
[diéLaïech']* – *Que fais-tu ?* – **Я дýмаю.** *[ia doumaïou]* – *Je
réfléchis.*

② Quand **что**, *que*, sert à introduire une proposition subordonnée, il est séparé par une virgule de la proposition dont il dépend.

3 – Почему ③?

patchimou

4 – Не нравится и всё!

ni-nRavitsa i fsio

5 – А ④ ты его ⑤ видел?

a ty ⁱᵉvo vidiL

6 – Нет... А зачем ③ смотреть
неинтересные ⑥ фильмы?

nièt... a zatchiém smatRiétˢ nii-ntiRiésnʸⁱᵉ filmy □

5 Le **г** se prononce habituellement *[g]* comme dans goût, sauf
dans la combinaison **его** où il se prononce *[v]* (voir remarque 1
de la leçon 5) : *[ⁱᵉvo]*.

Notes

③ **почему** *[patchimou]* et **зачём** *[zatchiém]* (phrase 6) peuvent se
traduire tous deux par *pourquoi ?* Cependant, il existe une différence fondamentale entre les deux : **почему** met l'accent sur la
cause de l'action, tandis que **зачём** accentue le but. Comparez :
Почему́ он ей нра́вится? *[patchimou o-n iéï nRavitsa]*, *Pourquoi lui plaît-il ?* (pour quelle raison, quelle cause), et **Зачём
мы идём в теа́тр?** *[zatchiém moui idiom ftiatR]*, *Pourquoi*
(dans quel but) *allons-nous au théâtre ?* (Nous savons que ce
n'est pas pour le spectacle !) ▶

***

Упражнение 1 – Читайте и переводите

❶ Зачем здесь книга по физике? ❷ Мне не
нравится смотреть неинтересные фильмы.
❸ Ты видел, они тоже здесь... ❹ Я думаю, им
здесь хорошо. ❺ Почему ты не хочешь в театр?

3 – Pourquoi ?

4 – [Il] ne [me] plaît [pas] et [c'est] tout !

5 – Mais tu l'as vu ?

6 – Non… À quoi bon aller voir *(Et pourquoi regarder)* des films inintéressants ?

④ Vous connaissez déjà le **a** qui se traduit par *et* ; le **a** d'opposition peut également se traduire par *mais*.

⑤ **его** est l'accusatif (cas du complément d'objet direct) de **он** : **Он студéнт**, *Il est étudiant* (sujet au nominatif) ; **Ты понимáешь егó**, *Tu le comprends* (COD à l'accusatif).

⑥ Dans la plupart des cas, vous pouvez former une forme négative en rajoutant tout simplement la particule de négation **не-** à l'adjectif : **не + интерéсные → неинтерéсные** (in + intéressants → *inintéressants*) ; **хорóший → нехорóший** (*bon → pas bon*).

***

Corrigé de l'exercice 1

❶ Pourquoi y a-t-il un livre de physique ici ? ❷ Regarder des films inintéressants ne me plaît pas. ❸ Tu as vu, ils sont là aussi… ❹ Ici ils sont bien, je pense. ❺ Pourquoi ne veux-tu pas [aller] au théâtre ?

Упражнение 2 – Восстановите текст

❶ Pourquoi se plaisent-ils *(ils sont bien)* dans le Caucase ?
. . . . . . им хорошо на Кавказе?

❷ Je ne veux pas, c'est tout !
Не . . . . и . . . !

❸ Les enfants, pourquoi *(dans quel but)* êtes-vous ici ?
Дети, ... вы здесь?

❹ N'as-tu pas vu le livre en français ?
Ты не . . . . . книгу . . французском?

❺ Et moi, je pense que c'est l'essentiel !
А я . . . . . , что это главное!

Lisez :
библиотека, радио, книга, здесь, на, телевизор.
библиотека, радио, книга, здесь, на, телевизор.

Écrivez et déchiffrez :
дети, почему, фильм, ананас, дискета.

---

12   **Двена́дцатый уро́к** *[dvinatsat^{yi} ouRok]*

Ру́сский язы́к

Roussk^{ij}_ïizyk

1 – Ты говори́шь по-ру́сски?
ty gavaRich' paRousski

2 – Да, немно́го ① говорю́ и почти́ всё
понима́ю.
da nimnog^a gavaRiou i patchti fsio panimaïou

❶ Почему – ❷ – хочу – всё ❸ – зачем – ❹ – видел – на –
❺ – думаю –

Corrigé :
[bibliatiéka] bibliothèque, *[radïo]* radio, *[kniga]* livre, *[zdiéss']* ici,
[na] sur, *[tilivizaR]* télé.

Corrigé :

дети, почему, фильм, ананас, дискета.

Douzième leçon   **12**

La langue russe

1 – Tu parles russe *(en-russe)* ?
2 – Oui, je parle un peu et je comprends presque
tout *(Oui, peu parle et presque tout comprends)*.

Notes

① **немно́го** *[nimnoga]*, peu, un peu, quelque peu.

12

3 – А они говорят по-русски?

a ani gavaRiat paRousski

4 – Да. Они все иностранцы, но хорошо говорят по-русски.

da. ani fsié inastRa-ntsy, no HaRacho gavaRiat paRousski

5 – Тогда давайте говорить ② по-русски!

tagda davaïtié gavaRit^s paRousski

6 – С удовольствием!

soudavolstvï-iém

□

Remarque de prononciation

6 Pour bien prononcer **с удовóльствием**, il faut le décomposer de façon suivante : *[souda-volst-vï-ié-m]*. Il est très important de ne pas sonoriser le *[st]*. Vous retrouverez le même son dans le mot que vous connaissez déjà : **Здрáвствуйте** (leçon 2).

Notes

② Vous connaissez déjà la construction **давáйте** (qui se traduit par *donnez* au sens premier) + verbe à l'infinitif : **Давáйте знакóмиться!** *Faisons connaissance !* (leçon 3). Cette construction va toujours se traduire comme une invitation à une action : **Давáйте говорúть!** *Parlons !* **Давáйте спать!** *Dormons !*

***

Упражнение 1 – Читайте и переводите

❶ Иностранцы говорят по-русски. ❷ Ты говоришь, что им хорошо. ❸ Вам нравится говорить по-русски? ❹ Я думаю, что они все здесь. ❺ У меня хороший русский язык.

3 – Et eux, ils parlent russe ?
4 – Oui. Ils sont tous étrangers mais parlent bien
   russe.
5 – Alors, parlons russe *(Alors donnez parler russe)* !
6 – Avec plaisir !

***

Corrigé de l'exercice 1

❶ Les étrangers parlent russe. ❷ Tu dis qu'ils se sentent bien.
❸ Aimez-vous parler russe ? ❹ Je pense qu'ils sont tous ici. ❺ J'ai
un bon [niveau de] russe.

12 Упражнение 2 – Восстановите текст

❶ Comprends-tu ce que je dis ?
Ты понимаешь, . . . я . . . . . . ?

❷ – Du thé ? – Avec plaisir !
– Чай? – С . . . . !

❸ J'aime presque tout.
Мне нравится . . . . . всё.

❹ – Sont-ils tous étrangers ? – Non, pas tous.
– Они все . . . . ? – Нет, не . . . .

❺ Je parle bien et comprends un peu.
Я хорошо . . . . . . и . . . . понимаю.

Lisez :
Гюг**о**, дискот**е**ка, зач**е**м, шоф**ё**р, ф**а**ра,
фотогр**а**фия.
Гюго, дискотека, зачем, шофёр, фара,
фотография.

Écrivez et déchiffrez :
всё, все, почти, борщ, Париж.

Corrigé de l'exercice 2

① – что – говорю **②** – удовольствием **③** – почти – **④** – иностранцы – все **⑤** – говорю – немного –

Corrigé :

[guiougo] Hugo, [diskatiéka] discothèque, [zatchiém] dans quel but, [chafioR] chauffeur, [faRa] phare, [fatagRafï-ia] photographie .

Corrigé :

всё, все, почти, борщ, Париж.

Где́ ① я?

gdié ia

1 – Прости́те ②, как пройти́ на ③ у́лицу
Арба́т?

pRastit^{ié} kak pRaïti na oulitsou aRbat

2 – О! Это о́чень про́сто:

o ! êtaotchi^{gne} pRost^a

3 иди́те пря́мо ④, пото́м – нале́во, по́сле ⑤
светофо́ра – напра́во,

idit^{ié} pRiam^a patom naliév^a posl^{ié} svitafoRa napRav^a

4 ещё нале́во, а там спроси́те ⑥...

ich'io naliév^a atam spRossit^{ié}

Remarques de prononciation

1 Le т final se prononce toujours : Арба́т [aRbat].
2, 4 Observez ces mots qui se lisent comme un seul (voir remarques de prononciation leçon 2).
4 Faites attention à l'accent tonique. Il permet, par exemple, de faire la différence entre **спро́сите** [spRossit^{ié}], *vous demanderez*, et **спроси́те** [spRossitié], *demandez !*

Notes

① L'adverbe **где** [gdié], *où*, est appelé "où sans mouvement". Il exprime le lieu où l'on est, par opposition à **куда́** [kouda], *où*, qui exprime l'endroit vers lequel on se dirige.

② Et voilà encore un mot bien utile ! **Прости́те** [pRastit^{ié}], *Excusez-moi*. Vous cherchez une rue ou bousculez par inadvertance quelqu'un dans le métro, vous voulez demander l'heure ou un renseignement dans la rue… Ce mot vous sera utile dans toutes ces situations !

③ La préposition **на** peut se traduire différemment selon le contexte : *pendant* ; *à* (quand) ; *pour* (période, somme) ; *à*, ▶

Où suis-je ?

1 – Excusez-moi, comment puis-je aller rue Arbat
     (Excusez, comment passer sur rue Arbat) ?
2 – Oh ! C'est très simple :
3   allez tout droit, ensuite à gauche ; après le feu, à
     droite,
4   encore à gauche, et là-bas vous demanderez…

▶ *en*, *dans*, *pour* (direction) ; *contre* (échange) ; *sur* (surface). Ne
cherchez pas à apprendre tout ça par cœur. Vous rencontrerez
cette préposition de nombreuses fois au fil des leçons et l'assimilation viendra petit à petit.

④ **пря́мо** *[pRiam³]* *tout droit, directement, carrément* : **Иди́те
прямо** *[idit³ pRiam³]*, *Allez tout droit* ; **Прямо здесь** *[pRiam³
zdiéss¹]*, *Carrément ici*.

⑤ **по́сле**, selon le contexte, peut se traduire par *après* ou *plus
tard*.

⑥ Souvent, les Russes sont vagues dans la manière dont ils indiquent le chemin. Vous entendrez donc plus d'une fois **А там
спроси́те** *[atam spRossit³]*, *Et là-bas, vous demanderez…*

13

5 – Спаси́бо...
spassib[a]

6 Я лу́чше возьму́ такси́ ⑦!
ia Loutch[ê] vaz[i]mou taksi

☐

6 Après le **з**, prononcez un *[i]* très bref car **з** est mouillé par le signe mou : **возьму́** *[vaz[i]mou]*.
• N'oubliez pas que le **ш** est toujours dur. De plus, dans **лу́чше**, le **e** qui suit la syllabe accentuée se prononce comme *[ê]* atténué : *[Loutch[ê]]*.

***

Упражнение 1 – Читайте и переводите
❶ Я ду́маю, по́сле светофо́ра – нале́во. ❷ Всё о́чень про́сто! ❸ Я лу́чше возьму́ кни́гу на францу́зском. ❹ – Пойдём на Арба́т! – А где э́то? ❺ Иди́те в лес!

Упражнение 2 – Восстановите текст
❶ Et après, je prendrai un taxi.
А . . . . . я . . . . . . такси́.

❷ À gauche, c'est le théâtre, et à droite, c'est la forêt.
. . . . . . – теа́тр, а . . . . – лес.

❸ Oh ! Ça, c'est encore simple !
О! Это ещё . . . . . . !

❹ Et là-bas, vous demanderez la rue Arbat.
А там . . . . улицу . . . . . .

❺ Excusez-moi, où suis-je ?
. . . ., . . . я?

5 – Merci…   13
6   Je ferais mieux de prendre un taxi *(Je mieux*
       prendrai taxi) !

Notes

⑦ N'oubliez pas que les mots neutres d'origine étrangère se terminant par une voyelle sont invariables : **такси** *[taksi]*, taxi.

$$***$$

Corrigé de l'exercice 1

❶ Je pense qu'après le feu c'est à gauche. ❷ Tout est très simple !
❸ Je ferais mieux de prendre un livre en français. ❹ – Allons à
l'Arbat ! – Mais où est-ce ? ❺ Allez dans la forêt !

Corrigé de l'exercice 2

❶ – потом – возьму – ❷ Налево – направо – ❸ – просто
❹ – спросите – Арбат ❺ Простите – где –

14 **Lisez :**

русский, икона, рубль, президент, им,
Ватикан.

русский, икона, рубль, президент, им,
Ватикан.

Écrivez et déchiffrez :

такси, по-русски, лучше, потом, блины.

*Il n'y a pas longtemps, la rue Arbat, vrai symbole du vieux Moscou,
fêtait ses 500 ans. Au XVᵉ siècle, on y croisait des caravanes de mar-
chands venus de l'Est et, au fil des siècles, plusieurs petits bourgs
s'y succédèrent. C'est vers le milieu du XVIIIᵉ siècle que l'Arbat
devint une des parties les plus aristocratiques, les plus chics, de
Moscou et l'endroit où se donnaient rendez-vous les intellectuels et
l'intelligentsia russe.*

---

14   Четы́рнадцатый уро́к

Повторе́ние – Révision

1 La déclinaison

À part les quelques noms neutres d'origine étrangère qui se terminent par une voyelle, les mots russes changent en fonction de
leur rôle dans la phrase. Le changement de la terminaison nous
indique le changement de <u>cas</u>. Il existe six cas, en russe. Nous
les apprendrons au fur et à mesure que nous les rencontrerons.
Vous les assimilerez tout à fait naturellement, mais il faudra tout
de même apprendre les terminaisons. Ne vous inquiétez pas, nous
vous les présenterons peu à peu !
Vous avez déjà rencontré :

• **Le nominatif**, c'est-à-dire les mots dans leur fonction sujet, la
forme que vous trouverez dans le dictionnaire : **мо́ре** (n) *mer*,
война́ (f) *guerre*, **лес** (m) *forêt*.

Corrigé :

*[**Rou**sskiï] russe, [ik**o**na] icône, [Roubl] rouble, [pR**ié**zid**ié**nt] pré-*
*sident, [i-m] leur, [vatik**a**-n] le Vatican.*

Corrigé :

такси, по-русски, лучше, потом, блины.

En 1986, l'Arbat fut entièrement rénové et devint alors la seule rue
piétonne de Moscou, avec de nombreux magasins, cafés et restau-
rants. Aujourd'hui, chaque immeuble et chaque recoin respirent
le vieux Moscou, témoignant d'une histoire inoubliable et incom-
parable. Cette artère est un des lieux de promenade favoris des
Moscovites. Des artistes y produisent des spectacles improvisés, les
peintres des vernissages...

Quatorzième leçon   14

• **Le datif** (cas du COI) **des pronoms personnels**. Complétons la liste :

Nominatif	Datif		
я	мне	нра́вится	*(il) me plaît*
ты	тебе́	нра́вится	*(il) te plaît*
он	ему́	нра́вится	*(il) lui plaît (COI masculin)*
она́	ей	нра́вится	*(il) lui plaît (COI féminin)*
оно́	ему́	нра́вится	*(il) lui plaît (COI neutre)*
мы	нам	нра́вится	*(il) nous plaît*
вы	вам	нра́вится	*(il) vous plaît*
они́	им	нра́вится	*(il) leur plaît*

• Avant de parler de l'accusatif, que vous avez déjà rencontré, nous devons dire quelques mots sur **la notion d'objet animé / inanimé**. Cette notion est très importante, car elle détermine le choix de la désinence des mots masculins à l'accusatif. Il est assez facile de distinguer les animés et les inanimés : tout ce qui est vivant et a une âme est animé et inversement. Par exemple : **экза́мен**, *examen* ; **бана́н**, *banane* ; **тип**, *type* (un certain type de chose) sont des inanimés ; **студе́нт**, *étudiant* ; **тип**, *type* (une personne) et **иностра́нец**, *étranger*, sont des êtres vivants et donc animés.

• **L'accusatif**, cas du complément d'objet direct. S'il s'agit d'un objet inanimé, sauf pour les mots au féminin singulier qui se terminent par une voyelle, le mot ne change pas de forme :
лес (m) *forêt*, **мо́ре** (n) → **Я ви́дел лес, мо́ре**, *J'ai vu la forêt, la mer.*
экза́мен (m) → **Я сдаю́ экза́мен**, *Je passe un examen.*
фи́льмы (pluriel du **фильм**) → **смотре́ть фи́льмы**, *regarder des films.*
Dans le cas du féminin singulier, le **-a** se remplace par un **-y** :
кни́га (f) → **Я чита́ю кни́гу**, *Je lis un livre.*
En ce qui concerne le masculin animé, nous y reviendrons plus tard.
Vous voyez d'ores et déjà que ce n'est pas très difficile !

2 Le verbe

• **Les phrases sans verbe** ne sont pas rares en russe. Souvent, ce sont des phrases dans lesquelles le verbe au présent est seulement sous-entendu, ou bien ce sont des phrases exclamatives :
Как интере́сно!, *Comme [c'est] intéressant !*
Le verbe est également sous-entendu quand l'interlocuteur peut le deviner sans ambiguïté : **Я – в лес**, *Je [vais] dans la forêt.*
Remarquons que le verbe **быть**, *être*, au présent de l'indicatif, est toujours omis : **Э́то интере́сно**, *C'[est] intéressant.* Mais il peut être utilisé pour mettre l'accent sur l'existence du sujet. N'oubliez pas qu'à l'écrit on met un tiret à la place du verbe ; à l'oral, on marque le verbe sous-entendu par une pause : **Он – студе́нт**, *Il est étudiant.*

• **есть**, la 3e personne du singulier du verbe **быть**, *être*, est utilisée dans la tournure impersonnelle *il y a*. Pour exprimer la possession on utilisera la tournure, **у меня́ есть …** (littéralement, "chez moi, il y a…") qui se traduira par *j'ai …* Il est possible de sous-entendre **есть** : **У меня́ экза́мен**, *J'ai un examen.* Remarquez que pour exprimer la possession d'un objet réel et matériel on n'omettra pas **есть** : **У меня́ есть ко́фе и чай**, *J'ai du café et du thé.*

• La construction **дава́йте** + **verbe à l'infinitif** se traduit comme une invitation à une action : **Дава́йте говори́ть!**, ("Donnez parler !") *Parlons !* ; **Дава́йте спать!**, ("Donnez dormir !") *Dormons !* ; **Дава́йте знако́миться!**, ("Donnez faire-connaissance !"), *Faisons connaissance !* Rappelez-vous que le verbe **дава́ть** se traduit par *donnez* au sens premier, **дава́йте** est donc l'impératif de **дава́ть**.
Cette construction diffère selon le vouvoiement ou le tutoiement :
1) **Дава́йте говори́ть!**, *Parlons !* s'emploie aussi bien quand on vouvoie une personne que quand on s'adresse à plusieurs personnes.
2) Pour tutoyer, il suffit d'enlever le **-те** à la fin du verbe **дава́йте** et on a l'impératif de la 2ᵉ personne du singulier : **дава́й говори́ть!**, *Parlons !*, ("Donne parler !") (mais en s'adressant à une seule personne qu'on tutoie).

3 L'adverbe

Il existe deux adverbes *où* : **куда́** *[kouda]*, "*où* avec mouvement" qui exprime le lieu vers lequel on se dirige, et **где** *[gdié]*, "*où* sans mouvement" exprimant le lieu où l'on est :
– Ты куда́? – На у́лицу Арба́т, – *Où vas-tu ? – Rue Arbat* (il y a l'idée du déplacement) **– Ты где? – Я здесь.** – *Où es-tu ? – Je suis ici* (je ne bouge pas, je communique mon emplacement actuel).

4 Interrogatif et exclamatif

• **како́й, -а́я, -о́е** *[kakoï]* signifie *quel, de quel genre, comment* et s'accorde avec le nom auquel il se rapporte. Il peut être interrogatif ou exclamatif : **Како́й экза́мен?**, *Quel examen ?* ; **Како́й лес!**, *Quelle forêt !* ; **Кака́я кни́га?**, *Quel livre ?* ; **Како́е мо́ре!**, *Quelle mer !*

• **как** peut être également interrogatif ou exclamatif : **Как ты?**, *Comment vas-tu ?* ; **Как интере́сно!**, *Comme c'est intéressant !* ; **Как дела́?**, *Comment ça va ?* ; **Как тепло́!**, *Comme il fait bon !*

14 Remarquez que **како́й**, **-а́я**, **-о́е** est un adjectif ; il va donc être suivi d'un nom ou d'un autre adjectif, tandis que **как** exclamatif va être suivi d'un adverbe.

5 La phrase

• Le pronom personnel sujet peut être omis : **Сдаю́ экза́мен** au lieu de **Я сдаю́ экза́мен**, *Je passe un examen*. C'est surtout le cas quand il s'agit d'une réponse à une question dans laquelle l'identité du sujet a été donnée ; il ne peut donc pas y avoir d'ambiguïté. La terminaison du verbe suffit à rappeler le sujet :
– Что ты де́лаешь? – Чита́ю. – А мы идём в теа́тр.
– Qu'est-ce que tu fais ? – Je lis. – Et nous, nous allons au théâtre.

• **что** sert à introduire une proposition subordonnée. Dans ce cas, il est toujours séparé par une virgule de la proposition dont il dépend.

6 *но* et *а*

Tous les deux peuvent se traduire par *mais*. Cependant, le degré d'opposition exprimé par ces deux mots est différent. Ainsi, le **а** peut également prendre le sens de *quant à*, *et* :
1) **Он, но не я**, *Lui, mais pas moi*.
2) **Он – в теа́тр, а я – в лес**, *Il va au théâtre et moi (et quant à moi), je vais dans la forêt*.
Dans la première phrase, on oppose les deux personnes tandis que dans la deuxième, on spécifie l'activité de l'un par rapport à l'autre.
Notez que **но** et **а** sont toujours précédés d'une virgule.

1 – Что ты читаешь?
2 – Кни́гу по фи́зике на францу́зском языке́.
3 – Заче́м?
4 – У меня́ экза́мен.
5 – И ты всё понима́ешь?
6 – Почти́... Я понима́ю гла́вное.
7 – Очень интере́сно.
8 – А ты куда́?
9 – Снача́ла – в лес, мне о́чень нра́вится лес.
10 – А мне нра́вится мо́ре... Но у меня́ экза́мен...
11 – Ну, а пото́м я в теа́тр!

Traduction

1 Que lis-tu ? **2** Un livre de physique en français. **3** Pour quoi faire ? **4** J'ai un examen. **5** Et tu comprends tout ? **6** Presque… Je comprends l'essentiel. **7** Très intéressant. **8** Et toi, où vas-tu ? **9** D'abord, je vais dans la forêt, j'aime beaucoup la forêt. **10** Et moi, j'aime bien la mer… Mais j'ai un examen… **11** Et puis ensuite, je vais au théâtre !

Очень интересно.

За столо́м
zastaLom

1 – Все за сто́л ①!
    fsié zastoL

2 – Немно́го сала́та ② «Оливье́»?
    nimnog^a saLata alivié

3 – Нет, спаси́бо. Лу́чше окро́шки...
    niét spassiba. LoutchÊ akRochki

4 – Окро́шки – само́ собо́й ③!
    akRochki samo saboï

Remarques de prononciation

1, 2, 3 Veillez à bien prononcer le *[L]* dur : **сто́л** *[stoL]*, *table* ; **сала́та** *[saLata]*, *salade* ; **лу́чше** *[LoutchÊ]*, *mieux*.
1, 6 за сто́л *[zastoL]*, **не хочу́** *[niHatchou]* se prononcent en un seul mot. La plupart des prépositions et des particules monosyllabiques se prononcent d'un trait avec les mots qui les suivent.

Notes

① Et voilà qu'on retrouve une notion déjà vue : la distinction entre "avec ou sans mouvement". Comparez : **За сто́л!** *[zastoL]*, *À table !* (avec mouvement, cette préposition exige l'emploi de l'accusatif) et **за столо́м** *[zastaLom]*, *à table* (sans mouvement, l'emploi d'un nouveau cas, l'instrumental). Nous en reparlerons.

② **немно́го**, *[nimnog^a]*, *un peu*, exige l'emploi du génitif. Il se traduira en français par la particule *de*. La formation du gé- ▶

À table

1 – Tout le monde à table *(Tous derrière table)* !
2 – Un peu de salade “Olivier”* ?
3 – Non, merci. Je préfère plutôt prendre de l’*okrochka (mieux okrochka)*.
4 – De l’*okrochka*, ça va de soi !

** La salade russe “Olivier” est peut-être une des plus connues en Russie. Les Russes pensent qu’elle a été “importée” de France, alors que les Français n’en ont jamais entendu parler !*

2 Faites attention à la terminaison **-ого** dans **немно́го** : *[nimnoga]*.
• Pratiquement tous les mots empruntés à la langue française portent l’accent tonique sur la dernière syllabe : **Оливье́** *[alivié]* ; **шофёр** *[chafioR]*.

nitif est assez simple. Pour les noms singuliers masculins et neutres, on rajoute **-а/-я**, et on remplace la voyelle de la terminaison d’un nom féminin par **-ы/-и** : **сала́т**, *la salade*, → **сала́т-а**, *de la salade* ; **окро́шка**, *l’okrochka* (soupe froide), → **окро́шки**, *de l’okrochka*. (Vous trouverez une explication plus détaillée dans la leçon de révision 21.)

③ L’expression complète est **Само́ собо́й разуме́ется** *[samo saboï razoumié iétsa]*, *Cela va de soi, bien entendu*. Mais dans la langue parlée, on entend souvent seulement **само́ собо́й**.

5 – И чуть-чу́ть икры́ и́ли во́дки? ④
i tchout^stchout^s ikRy ili votki

6 – Нет, пра́вда, я не хочу́... ⑤
niét pRavda ia niHatchou

7 – Это вку́сное мя́со.
êt^a fkousna^{ié} miass^a

8 – Ням-ням! Я так хочу́ есть ⑥!
niamniam ia tak Hatchou iést^s
□

---

5 чуть-чу́ть, *un tout petit peu*, est un mot très utilisé. N'oubliez pas de prononcer le signe mou que nous transcrivons par le *[s]* en exposant : *[tchout^stchout^s]*.
• Le **д** de **во́дки**, *de la vodka*, s'assourdit au contact du **к** sourd : *[votki]*.

Notes

④ Après **чуть-чу́ть**, *un tout petit peu*, tout comme après **немно́го**, c'est le génitif qui est employé : **икра́ и́ли во́дка**, *le caviar ou la vodka*, → **икры́ и́ли во́дки**, *du caviar ou de la vodka*.

⑤ Apprenez à dire **Нет, пра́вда, я не хочу́!** ou **Нет, спаси́бо, я пра́вда не хочу́!** *Non, merci, vraiment, je n'en veux pas !*. Les Russes ont pour habitude de tout proposer plusieurs fois, car ils considèrent souvent comme poli le fait de refuser une première fois avant d'accepter. De ce fait, ils insisteront douce- ▶

***

Упражне́ние 1 – Чита́йте и переводи́те

❶ – Дава́йте есть мя́со! – Нет, я на дие́те.
❷ Почему́ они́ все за столо́м? ❸ Мне то́же снача́ла чуть-чу́ть во́дки. ❹ – А сала́т "Оливье́ есть"? – Само́ собо́й! ❺ Ты так хо́чешь икры́?

5 – Et un tout petit peu de caviar ou de vodka ?
6 – Non, vraiment, je ne veux pas…
7 – Cette viande est délicieuse *(bonne)*.
8 – Miam-miam ! J'ai très faim *(Je tant veux manger)* !

Это вкусное мясо.

ment : "Tu es sûr ? Peut-être un tout petit peu ?" Donc, ne vous étonnez pas si l'on vous propose à nouveau la même chose, même après votre **Нет, спасибо!**, *Non merci !* Notez que le sens premier de **пра́вда** est *vérité*.

⑥ Voilà une expression indispensable : **хочу́** est la 1ʳᵉ personne du singulier du présent de l'indicatif du verbe **хоте́ть** *[Hatiét']*, *vouloir*. **хоте́ть** + **infinitif** se traduit par *j'ai envie de faire qqch.* : **я хочу́ есть**, *j'ai faim* (littéralement "je veux manger") ; **я хочу́ чита́ть**, *j'ai envie de lire* ; **я хочу́ спать**, *j'ai sommeil* (littéralement "je veux dormir").

***

Corrigé de l'exercice 1

❶ – Mangeons [de] la viande ! – Non, je suis au régime. ❷ Pour-quoi sont-ils tous à table ? ❸ Moi aussi, d'abord un petit peu de vodka. ❹ – Et y a-t-il de la salade "Olivier" ? – Bien entendu ! ❺ Tu as tellement envie de caviar ?

Упражнение 2 – Восстановите текст

❶ Quelle bonne viande !
Какое вкусное . . . . !

❷ – Encore un petit peu ? – Non, merci.
– Ещё . . . . - . . . ? – Нет, спасибо.

❸ C'est la table russe.
Это русский . . . . .

❹ – Un peu d'okrochka ? – Non, plutôt de la salade.
– Немного . . . . ? – Нет, лучше . . . .

❺ Vraiment, je n'ai pas faim.
Правда, я не . . . .

Lisez :
матч, соль, Лондон, ритм, шимпанзе.
матч, соль, Лондон, ритм, шимпанзе.

Écrivez et déchiffrez :
Оливье, окрошка, вкусный, есть, мясо.

---

16 Шестна́дцатый уро́к

[chysnatsat^{yi} ouRok]

Моя́ семья́

maïa simia

1 – Это моя́ **ма**ма и мой **па**па ①.

êt^a maïa mama i moï papa

2 Их зо**ву**т **На**дя и **Ви**тя.

iH zavout nadia i vitia

Notes

① па́па *[papa]*, *papa*, se termine par une voyelle, et, d'après la règle générale, devrait être un mot féminin ; mais en réa- ▶

Corrigé de l'exercice 2

❶ – мясо ❷ – чуть–чуть – ❸ – стол ❹ – окрошки – салата ❺ – хочу есть

Corrigé :

[match] match, [sol] sel, [Lo-nda-n] Londres, [Ritm] rythme, [chy-mpa-nzê] chimpanzé.

Corrigé :

Оливье, окрошка, вкусный, есть, мясо.

Ma famille

1 – Voici *(C'est)* ma maman et mon papa.
2 Ils s'appellent Nadia et Victor.

▸ lité, il est masculin, comme certains mots se terminant par une voyelle et désignant une personne de sexe masculin. Souvent, cette règle concerne les diminutifs masculins : **Серёжа** *[siRioja]* est le diminutif de Sergueï ; c'est par conséquent un masculin.

3 Это мой брат, его зовут Серёжа,
êtª moï bRat ¹ᵉvo zavout siRioja

4 и моя сестра, её зовут Ира. ②
i maïa sistRa ¹ᵉio zavout iRa

5 А это мой любимый ③ родственник
Шарик ④...
a êtª moï lioubim^yi Rotstv¹ᵉnik chaRik

6 — Но ведь это собака ⑤!
no vitˢ êtª sabaka

7 — Да, но он – самый добрый и самый
приятный из всех!
da no o-n sam^yi dobR^yi i sam^yi pRï-iatn^yi isfsiéH □

Remarques de prononciation

3 Le г se prononce *[v]* dans la combinaison **-его**.
5 Dans le mot **родственник**, le д s'assourdit au contact avec le
с sourd : *[Rotstv¹ᵉnik]*.
• Prononcez bien le **к** dur à la fin des mots : **родственник**,
Шарик.
6 Dans le mot **ведь**, le д est considéré comme la dernière lettre

Notes

② **На́дя** et **Ви́тя** sont les diminutifs de **Надéжда** *[nadiéjda]* et
Ви́ктор *[viktaR]* et **Ира** – celui de **Ири́на** *[iRina]*.

③ **Люби́мый (-ая, -ое)** *[lioubim^yi]* : **Люби́мый мой!** *[lioubim^yi
moï]*, *Mon [bien] aimé !* **Это моя́ люби́мая кни́га.** *[êtª maïa
lioubima^ia kniga]*, *C'est mon livre préféré (favori).* ▶

***

Упражнение 1 – Читайте и переводите

❶ – Кто здесь? – Это я, брат. ❷ Я думаю, что
семья – это самое главное. ❸ Ей очень нравится
моя собака. ❹ Это мой самый любимый
родственник. ❺ Мой папа очень добрый.

3   Voici *(C'est)* mon frère, il s'appelle Sirioja,
4   et ma sœur, elle s'appelle Ira.
5   Et voilà *(c'est)* mon parent préféré, Charik…
6 – Mais *(pourtant)* c'est un chien !
7 – Oui, mais il est le plus sympa *(généreux)* et le
      plus agréable de tous !

du mot, même s'il est suivi d'un signe mou. C'est pour cela qu'il
s'assourdit comme toute consonne sonore à la fin des mots :
[vitᵉ].
7 из всех se prononce d'un trait, comme s'il s'agissait d'un seul
mot. On peut observer toute une succession d'assourdissements :
le **в** s'assourdit au contact avec le **с** sourd et influe à son tour le
з sonore, *[isfsiéH]*.

④   **Шáрик** est le nom type d'un chien en Russie. Littéralement, il
      signifie *petit ballon*.

⑤   **собáка** se termine par une voyelle et par conséquent, c'est un
      nom féminin. Bien que ce nom puisse indifféremment désigner
      un chien ou une chienne (c'est un nom générique désignant un
      type d'animaux), il s'accorde toujours au féminin.

***

Corrigé de l'exercice 1

❶ – Qui est là ? – C'est moi, vieux *(frère)*. ❷ Je pense que la famille, c'est le plus important. ❸ Mon chien lui plaît beaucoup.
❹ C'est mon parent préféré. ❺ Mon papa est très bon.

Упражнение 2 – Восстановите текст

❶ C'est intéressant, le chien me comprend ?
Интересно, ... меня понимает?

❷ Quelle journée agréable aujourd'hui !
Какой сегодня . . . . день!

❸ De plus, il est le plus intéressant de tous.
К тому же, он . . . . . интересный . . . .

❹ Ma sœur vous plaît ?
Вам нравится моя . . . . . . ?

❺ Ma maman ne parle pas russe.
. . . . не говорит по-русски.

Lisez :
пальто, Гёте, родственник, кенгуру, эликсир.
пальто, Гёте, родственник, кенгуру, эликсир.

Écrivez et déchiffrez :
семья, приятный, день, собака, сестра.

---

17 **Семна́дцатый уро́к** *[simnatsat⁽ʸ⁾ ouRok]*

По́езд
po ⁱᵉst

1 – Оди́н биле́т до Москвы́, пожа́луйста.
adi-n biliét da maskvy pajaLoustᵃ

Corrigé de l'exercice 2

❶ – собака – ❷ – приятный – ❸ – самый – из всех ❹ – сестра
❺ Моя мама –

Моя семья.

Corrigé :

[palto] *manteau*, [gueutê] *Goethe*, [Rotstviénik] *parent*, [kingouRou] *kangourou*, [êliksiR] *élixir*.

Corrigé :

семья, приятный, день, собака, сестра.

Le train

1 –   Un billet pour *(jusqu'à)* Moscou, s'il vous plaît.

Remarques de prononciation

Titre : поезд *[poᵢᵉst]* : le д final s'assourdit comme toute consonne sonore à la fin des mots et ensuite, assourdit la consonne з voisine.

2 – Плацка́рта, купе́ или СВ? ①

platskaRtª koupê ili èsvê

3 – Купе́, ни́жнюю по́лку ②, е́сли мо́жно.

koupê nijniouiou poLkou iésli mojnª

4 – Да, коне́чно.

da kaniéchnª

5 Биле́т туда́-обра́тно ③?

biliét touda-abRatnª

6 – Нет, в оди́н коне́ц ④.

niét vadi-n kaniéts

7 – Ваш па́спорт, пожа́луйста.

vach paspaRt pajaLoustª

☐

2 • **купе́** est un mot emprunté au français et le **e** final se prononce *[ê]* : *[koupê]*.

• **CB** prend la prononciation des deux lettres séparées telles qu'on les épelle : *[èsvê]*.

Notes

① **плацка́рта, купе́ и СВ** sont les noms des différents types de billets. **плацка́рта** *[platskaRtª]*, mot emprunté à la langue allemande, littéralement *place-carte*, représente un billet de réservation pour un voyage en 3ᵉ classe ; **купе́** *[koupê]* est un compartiment à quatre couchettes qui peut être équivalent à la 2ᵉ classe ; **CB** est le sigle qui désigne un compartiment à deux places, ce qui est considéré comme la 1ʳᵉ classe en Russie.

② **ни́жнюю по́лку** *[nijniouiou poLkou]* est l'accusatif (cas du COD) de **ни́жняя по́лка** *[nijnîª poLka]*. **по́лка** *[poLka]*, nom ▸

Упражне́ние 1 – Чита́йте и переводи́те

❶ Е́сли мо́жно, я лу́чше до Москвы́.❷ Я хочу́ ни́жнюю по́лку. ❸ Пра́вда, что э́то ваш костю́м? ❹ Мне оди́н биле́т туда́-обра́тно, пожа́луйста. ❺ Коне́чно, им всё э́то о́чень интере́сно.

2 – [Un] billet de troisième classe *(place-carte)*, seconde *(compartiment)* ou première classe *(SV)* ?

3 – Seconde *(Compartiment)*, la place du bas *(inférieure planche)*, si possible.

4 – Oui, bien sûr.

5 Un aller-retour *(Billet là-bas-retour)* ?

6 – Non, un aller simple *(dans un sens)*.

7 – Votre passeport, s'il vous plaît.

4 La suite de consonnes **чн** se prononce généralement comme elle s'écrit, mais dans certains cas, on prononce *[chn]* : **конéчно** *[kaniéchnª]*.

▶ féminin, peut se traduire par *tablette*, *rayon* ou *planche*. Dans un train, il s'agit tout simplement d'une *couchette*.

③ **тудá-обрáтно** est une locution. **тудá** signifie *là-bas* (avec mouvement) tandis que **обрáтно** signifie *retour* ; *contrairement*, *inversement*. **тудá-обрáтно** se traduira par *aller-retour*.

④ Le mot **конéц** a plusieurs sens : *fin*, *extrémité*, *bout*. Comparez : **конéц фи́льма** *[kaniéts filma]*, *la fin d'un film* ; **конéц тéкста** *[kaniéts tiéksta]*, *le bout final d'un texte* ; **в концé у́лицы** *[fka-ntsê oulitsy]*, *au bout de la rue*.

Corrigé de l'exercice 1

❶ Si c'est possible, j'irai plutôt jusqu'à Moscou. ❷ Je veux la place *(planche)* du bas. ❸ C'est vrai que c'est votre costume ? ❹ Pour moi, un billet aller-retour, s'il vous plaît. ❺ Bien sûr, tout cela les intéresse beaucoup.

Упражнение 2 – Восстановите текст

❶ Si vous êtes étranger, alors où est votre passeport ?
. . . . вы иностранец, то где ваш . . . . ?

❷ Et après, on peut aller au cinéma.
А потом . . . . . пойти в кино.

❸ Votre frère est journaliste ?
. . . брат журналист?

❹ Quel billet voulez-vous : troisième, deuxième, ou première classe ?
Какой . . . . . вы хотите: плацкарта, ... или СВ?

❺ Pour vous, seulement un aller *(billet)* simple ?
Вам билет в один . . . . . ?

Lisez :

амплуа, шасси, Токио, антагонизм, клиника.
амплуа, шасси, Токио, антагонизм, клиника.

Écrivez et déchiffrez :

туда-обратно, плацкарта, паспорт, билет, конец.

Acheter un billet de train, en Russie, relève souvent de l'exploit. Les queues interminables dans les gares, les guichetières qui ne parlent presque toujours que le russe et ne font pas l'effort de comprendre les étrangers perdus… Mais une fois dans le train, vous plongez dans un autre univers. Souvent, les trains russes roulent de nuit. En effet, il est plus agréable de parcourir des kilomètres en dormant que de perdre beaucoup de temps avec des trajets de jour : les distances sont grandes et les trains sont lents.
*Il existe trois classes de wagons : la première classe ou SV – **CB** –, la seconde – **купе** –, qui se présente comme un compartiment fermé à quatre couchettes ; et puis la troisième classe, avec des couchettes dans des compartiments sans portes. Dans chaque wagon il y a une*

Corrigé de l'exercice 2

❶ Если – паспорт ❷ – можно – ❸ Ваш – ❹ – билет – купе – ❺ – конец

Corrigé :

[a-mpLoua] emploi, [chassi] châssis, [tokïo] Tokyo, [a-ntaganizm] antagonisme, [klinika] clinique.

Corrigé :

туда–обратно, плацкарта, паспорт, билет, конец.

hôtesse qui ne s'occupe que des passagers de son wagon. Dans certains trains, il existe encore une distinction entre les wagons avec ou sans services. Les wagons "avec services" sont plus chers, car un petit-déjeuner ou un dîner vous est servi et, avec un peu de chance, l'hôtesse sera même souriante…

Les trains russes, même neufs, ont l'aspect d'une ancienne locomotive (sauf le magnifique train à grande vitesse Strela, qui fait le trajet de Moscou à Saint-Pétersbourg) et s'arrêtent à d'innombrables stations… Dans les trains, les amitiés se créent assez facilement, c'est un univers à part, sans doute une chose à faire en Russie. Bon voyage, et surtout n'oubliez pas votre pièce d'identité. Il vous la faudra pour acheter le billet !

В рестора́не ①
vRistaRan^{ié}

1 – Что ты хо́чешь?

chtoty Hotch^{ié}ch'

2 – Стака́н воды́ ②.

staka-n vady

3 – И всё?

ifsio

4 – Я бо́льше ③ ничего́ не хочу́.

ia bolch^ê nitchivo niHatchou

5 – Как хо́чешь.

kak Hotch^{ié}ch'

6 А мне, пожа́луйста, пи́во и чи́псы!

amnié pajaLoust^a piv^a i tchipsy

Remarques de prononciation

3, 4, 6 N'oubliez pas que les mots courts tels que les particules (**не**) et les prépositions se lient au mot fort et se prononcent comme un seul mot avec ce dernier : **всё** *[ifsio]* ; **Не хочу́** *[niHatchou]* ; **И А мне** *[amnié]*.

4 Après le **ш** (toujours dur), la lettre **e** se prononce *[ê]* : **бо́льше** *[bolch^ê]*.

Notes

① **в рестора́не** : indication de l'endroit dans lequel on se trouve, sans mouvement. Vous avez déjà rencontré cette distinction avec **где** (sans mouvement) et **куда́** (avec mouvement). Pour les noms, on utilise l'accusatif (COD) quand il y a un déplacement et le prépositionnel (cas du complément circonstanciel de lieu), qui n'apparaît qu'après une préposition, le plus souvent, **в** et **на**, quand il n'y a pas de mouvement. Nous avons abordé ▶

Au restaurant

1 – Que veux-tu ?
2 – Un verre d'eau.
3 – Et [c'est] tout ?
4 – Je ne veux rien de plus.
5 – Comme tu veux.
6   Et pour moi, s'il vous plaît, une bière et des chips.

▸ la formation de l'accusatif à la leçon 14 et nous l'approfondirons plus tard. Nous verrons également le prépositionnel au cours des prochaines leçons.

② **стака́н воды́**, *un verre d'eau* : le génitif employé sans préposition est un complément du nom. S'il y a une indication de quantité, le nom qui désigne l'objet quantifié se met au génitif. Dans notre exemple, **стака́н** délimite une certaine quantité d'eau. Le génitif féminin se forme de la façon suivante : pour les durs la terminaison est **-ы** et pour les mous (et dans le cas d'incompatibilité orthographique, par exemple, après le **к**), **-и**. Par exemple, **вода́ → воды́** ; **во́дка → во́дки** ; **окро́шка → окро́шки**. Les noms masculins durs prennent la terminaison **-а** : **сала́т → сала́та**.

③ **бо́льше** a le sens de *plus, davantage* : **Ты бо́льше не хо́чешь воды́?** *[ty bolch^e niHotch^{ie}ch' vady]*, *Tu ne veux plus d'eau ?* ; **Мне стака́н воды́** *[mnié staka-n vad**y**]* – **А мне бо́льше** *[amn**ié** bo**l**ch^e]*, – *Pour moi un verre d'eau.* – *Et pour moi, davantage (plus).* **Мне чуть-чу́ть сала́та, а во́дки – бо́льше** *[mnié tchout^{e}tchout^e saLata avotki]* – *[bo**l**ch^e]*, *Pour moi, un peu de salade, mais davantage de vodka.*

7 Ты то́чно ④ ничего́ не хо́чешь?

ty totchna nitchivo niHotch^{ié}ch'

8 Я угоща́ю ⑤…

ia ougachtcha-iou

9 – Тогда́ мне то́же пи́во, чи́псы и борщ…

tagda mnié toj^é piv^a tchipsy i boRchtch'

10 раз ⑥ ты так наста́иваешь ⑦!

Rass ty tak nastaïva^{ié}ch'

9 Le щ est toujours mouillé, c'est pourquoi nous marquons la mouillure à la fin du mot : **борщ** *[boRchtch']*.

Notes

④ **то́чно** *[totchna]* est un adverbe qui a plusieurs sens très proches : *exactement, précisément, fidèlement*.

⑤ **угоща́ть** se traduit par *offrir, inviter* quelqu'un (payer à sa place).

***

Упражне́ние 1 – Чита́йте и переводи́те

❶ Почему́ ты так наста́иваешь? ❷ У меня́ ничего́ нет. ❸ Я то́же бо́льше не хочу́ есть. ❹ Я всех угоща́ю! ❺ Сала́та бо́льше нет, но есть чи́псы.

Упражне́ние 2 – Восстанови́те текст

❶ – Pour toi, un verre de vodka ? – Non, de l'eau.

– Тебе́ . . . . . . во́дки? – Нет, ...

❷ Bien sûr, la bière est meilleure.

Коне́чно, ... лу́чше.

❸ – Où est ta sœur ? – Elle est au restaurant.

– . . . твоя́ сестра́? – Она́ в . . . .

7 Tu es sûr de ne rien vouloir *(Tu sûrement rien ne veux)* ?

8 Je t'invite *(J'offre)*…

9 – Alors, pour moi aussi une bière, des chips et un borchtch…

10 puisque tu insistes tant !

▸ ⑥ **раз** *[Rass]* peut avoir plusieurs traductions : *alors, puisque,* mais aussi *fois* : **оди́н раз**, *une fois* .

⑦ **наста́иваешь** *[nastaïva^{ie}ch']* est la 2e personne du singulier du verbe **наста́ивать** *[nastaïvat^e]*, *insister, appuyer, persister.*

***

Corrigé de l'exercice 1

❶ Pourquoi insistes-tu tellement ? ❷ Je n'ai rien. ❸ Moi non plus *(aussi)* je n'ai plus faim. ❹ J'invite tout le monde *(tous)* ! ❺ Il n'y a plus de salade, mais il y a des chips.

❹ Alors, si tu ne veux plus rien !

. . . ты бо́льше . . . . . . не хо́чешь!

❺ – Ah ! C'est votre frère… – Exact !

– А! э́то ваш брат… – . . . . . !

Corrigé de l'exercice 2

❶ –стака́н–воды́ ❷ –пи́во– ❸ Где–рестора́не ❹ Раз–ничего́– ❺ – То́чно

18 **Lisez :**

антенна, бобина, лира, сарказм, мегаватт.

антенна, бобина, лира, сарказм,
мегаватт.

Écrivez et déchiffrez :

точно, больше, чипсы, борщ, угощать.

Il existe une multitude de potages russes, en général très riches
et bien consistants. On ne les passe jamais à la moulinette, et ils
sont très bons réchauffés. Le borchtch est préparé de façon un
peu différente dans chaque région et chaque famille, mais on le
reconnaît toujours à sa belle couleur rouge agrémentée d'un nuage
de crème fraîche. Apprenez vous aussi à préparer le borchtch !
Nous vous proposons de tester la recette suivante :
Faire bouillir 1 kg de poitrine de bœuf dans deux litres et demi d'eau
froide, porter lentement à ébullition, écumer. Pendant ce temps faire
revenir à la poêle, dans du beurre, un oignon, quelques carottes et
un poivron émincés, de l'ail et du persil. Couvrir à feu doux 10 mi-
nutes. Ajouter une betterave crue coupée en fines lamelles, ajouter
du concentré de tomate et faire mijoter pendant 5 minutes. Couper
500 g de chou blanc en lamelles. Au bout d'une heure, ajouter à la
viande des pommes de terre coupées en petits morceaux et le chou.
Retirer les pommes de terre cuites pour les écraser à la fourchette.
Une demi-heure après, y ajouter tous les légumes qui étaient dans

---

19 **Девятна́дцатый уро́к**

[divitnatsatʸⁱ ouRok]

Телефо́нный разгово́р
tilifonnʸⁱ RazgavoR

1 – Та́ня, тебя́ к телефо́ну, слы́шишь?
tania tibia ktilifonou sLychych'

2 – Алло́?
aLo

Corrigé :

[a-ntêna] antenne, [babina] bobine, [liRa] lyre, [saRkazm] sar-casme, [migavat] mégawatt.

Corrigé :

точно, больше, чипсы, борщ, угощать.

la poêle et laisser cuire encore une demi-heure (donc en tout, deux heures). 1/4 d'heure avant d'enlever le potage du feu, ajouter de l'aneth à volonté et une gousse d'ail râpée.
Servir le borchtch avec de la crème fraîche, et si possible accom-pagné de pirojkis.

Dix-neuvième leçon   19

Sans le remarquer vous avez déjà acquis un vocabulaire assez riche. À présent, nous allons commencer à voir les verbes russes. Malgré leur complexité apparente, vous constaterez qu'ils sont assez faciles à maîtri-ser : tous les temps se forment sur la base du présent ou de l'infinitif, et certaines terminaisons sont communes pour tous les groupes verbaux.

Conversation téléphonique

1 –   Tania, [on] te [demande] au téléphone, [tu] entends ?
2 –   Allô ?

3 – Добрый вечер, это Саша говорит.

dobR^{yi} viétch^{ié}R êt^a sacha gavaRit

4 – Какой Саша?

kakoï sacha

5 – Как какой ? Комов!

kak kakoï komaf

6 – Простите, но я вас не знаю ①!

pRastit^{ié} no ia vass niznaïou

7 – Это Таня Иванова?

êt^atania ivanova

8 – Нет, вы ошиблись номером.

niét vy achybliss' nomiRam

9 – Ой! Извините пожалуйста.

oï izvinit^{ié} pajaLoust^a

10 – Ничего страшного. ②

nitchivo stRachnav^a

☐

Remarques de prononciation

1, 8 Comme le **ш** est toujours dur, **слы́шишь** se prononce *[slychych']* et **оши́блись** – *[achybliss']*.

3 Nous n'avons pas marqué l'accentuation du mot **э́то**, car dans cette phrase il ne remplace pas un verbe et joue un rôle secondaire. Comparez : **Это Са́ша**, *C'est Sacha*, et **Э́то Са́ша говори́т**, *C'est Sacha qui parle*.

Notes

① La particule **не** s'écrit toujours séparément des verbes. Par exemple, **не зна́ю** *[niznaïou]*, *je ne sais pas*. ▸

Упражнение 1 – Читайте и переводите

❶ Я точно знаю, что это он. ❷ – Добрый вечер! – Здравствуйте! ❸ Ой! А я вас знаю! ❹ Извините, но больше ничего нет. ❺ – Вас к телефону. – Спасибо.

3 – Bonsoir *(Bon soir)*, c'est Sacha *([qui] parle)*.

4 – Quel Sacha ?

5 – Comment [ça] quel [Sacha] ? Komov !

6 – Excusez [-moi], mais je ne vous connais pas !

7 – Vous êtes *(C'est)* Tania Ivanova ?

8 – Non, vous vous êtes trompé de numéro.

9 – Oh ! Excusez-moi *(s'il vous plaît)*.

10 – Ce n'est rien *(Rien d'épouvantable)*.

6 Se liant à **зна́ю**, **не** perd toute autonomie, le **e** devient inaccentué et se prononce *[i]* : *[niznaïou]*.

9 Vous connaissez bien le mot **пожа́луйста** *[pajaLoustª]*. Sachez que dans la langue parlée, il peut se contracter en *[pajaLstª]*.

10 N'oubliez pas que dans les terminaisons **-его/-ого** le **г** se prononce **v** : **ничего́** *[nitchivo]* ; **стра́шного** *[stRachnava]*.

▸ ② **Ничего́ стра́шного** est une forme polie pour dire *Ce n'est rien, Ce n'est pas grave*. **стра́шного** *[stRachnavª]* est le génitif de l'adjectif **стра́шный** *[stRachnʸⁱ]* (**-ая**, **-ое**), *effrayant, épouvantable, horrible*.

Corrigé de l'exercice 1

❶ Je suis sûr *(Je sais sûrement)* que c'est lui. ❷ – Bonsoir ! – Bonsoir (générique) ! ❸ Oh ! mais je vous connais ! ❹ Excusez-moi, mais il n'y a plus rien. ❺ – Téléphone pour vous ! – Merci.

19 **Упражнение 2 – Восстановите текст**

❶ *(Aujourd'hui)* c'est une bonne soirée.
Сегодня хороший . . . . . .

❷ – Vous êtes Tania ? – Non, vous vous êtes trompé.
– Вы Таня? – Нет, вы . . . .

❸ Quelle conversation agréable !
Какой приятный . . . . !

❹ – Je ne sais pas où il est. – Cela ne fait rien.
– Я . . . ., где он. – Ничего страшного.

❺ – Allô ! C'est toi ? – Bien sûr [que c'est] moi !
– Алло! Это ты? – . . . . я!

Lisez :
лобби, жюри, сардина, габарит, мобилизация.
лобби, жюри, сардина, габарит,
мобилизация.

Écrivez et déchiffrez :
вечер, страшный, разговор, ничего, простите.

Les noms de famille russes se terminent souvent en **-в** *pour les hommes et en* **-ва** *pour les femmes, par exemple :* **Петро́в – Петро́ва**, **Ивано́в – Ивано́ва, Ушанёв – Ушанёва**. *Mais il existe d'autres terminaisons, comme par exemple* **-о** *(d'origine ukrainienne) :* **Виктор Фоме́нко, Ната́ша Коваленко**.
Vous savez déjà que la plupart des prénoms russes ont un diminutif. Voici une liste des prénoms suivis de leurs diminutifs les plus répandus :
Алекса́ндр – Са́ша ; Анастаси́я – На́стя ; А́нна – А́ня ; Бори́с – Бо́ря ; Ви́ктор – Ви́тя ; Викто́рия – Ви́ка ; Еле́на – Ле́на ; Ива́н – Ва́ня ; Мари́я – Ма́ша ; Наде́жда – На́дя ; Ната́лия

① – вечер **②** – ошиблись **③** – разговор **④** – не знаю –
⑤ – Конечно –

Corrigé :

[Lobi] lobby, [jouRi] jury, [saRdina] sardine, [gabaRit] gabarit,
[mabilizatsy-ia] mobilisation.

Corrigé :

вечер, страшный, разговор, ничего,
простите.

(Ната́лья) – Ната́ша ; О́льга – О́ля ; Пётр – Пе́тя ; Рома́н –
Ро́ма ; Серге́й – Серёжа ; Татья́на – Та́ня ; Ю́лия – Ю́ля.
Comme vous pouvez le constater, les diminutifs se terminent tou-
jours par une voyelle. Par conséquent, ils ne nous donnent pas d'in-
formation sur le genre de la personne. Bien sûr, cette liste n'est pas
exhaustive. Vous trouverez d'autres prénoms au cours de notre étu-
de du russe. Notez qu'il existe deux sortes de diminutifs : les vrais
diminutifs (le prénom raccourci, moins officiel), et des diminutifs
affectifs qui ne sont pas plus courts que les prénoms. Certains pré-
noms n'ont que ce type de diminutif : **Оле́г – Олёжка, Олёжек ;**
И́горь – Игорю́ша, Игорёк ; Анто́н – Анто́ша, *etc.*

В Сиби́ри ①
fsibiRi

1 – Алло́, И́горь?
*aLo igaR*ⁱ

2 – Да, приве́т!
*da pRivi*é*t*

3 – Я смотрю́ прогно́з пого́ды.
*ia smatR*iou *pRagn*o*ss pag*o*dy*

4 Говоря́т ②, у вас стра́шный хо́лод.
*gavaR*iat *ou vass stRachn*ʸⁱ *H*o*lat*

Remarques de prononciation

1 Nous avons marqué le signe mou par un *[*ⁱ*]* bref. Le **р** est toujours sonore et donc ne s'assourdit pas, même à la fin des mots. En revanche, il se ramollit au contact du signe mou : **И́горь** *[igaR*ⁱ*].*

3 прогно́з le **з** final s'assourdit : *[pRagn*o*ss].*

Notes

① **в Сиби́ри** *[fsibiRi]* : sans mouvement, on utilise donc le prépositionnel. La formation du prépositionnel n'est pas difficile : pour tous les genres au singulier on remplace la terminaison par **-е** : **рестора́н** → **в рестора́не** ; **теа́тр** → **в теа́тре**; **дие́та** → **на дие́те**. Pour le féminin se terminant par le signe mou ▶

En Sibérie

1 – Allô, Igor ?
2 – Oui, salut !
3 – Je suis en train de regarder la météo *(Je regarde pronostic du-temps)*.
4 On dit qu'il fait un froid de canard *(épouvantable)* chez vous.

ou **-ия** au nominatif, la terminaison est **-и** : **Сибирь** → **в Сибири** , *en Sibérie* ; **Россия** → **в России** , *en Russie*.

② **говорят** est la 3ᵉ personne du pluriel du verbe **говорить** que vous connaissez déjà. **говорят** sans sujet est l'équivalent de la construction impersonnelle française *on dit*.

5 – Да н**е**т, м**и**нус дв**а**дцать-двадцать п**я**ть…
*dani**é**t m**i**nouss dv**a**tsat[s] - dvatsatspi**a**t[s]*

6 – Да? А по телев**и**зору говор**я**т – м**и**нус ③ сорок п**я**ть…
*da a patil[ié]v**i**zaRou gavaR**ia**t m**i**nouss soRakpi**a**t[s]*

7 – А-а-а… Ну, так ④ **э**то, м**о**жет быть ⑤, на **у**лице!
*aaa nou tak**ê**t[a] m**o**j[ê]tbyt[s] na **ou**litsê*

5, 6 двадцать пя́ть, **сорок пя́ть** : les chiffres composés se prononcent comme un seul mot : *[dvatsatspi**a**t[s]]*, *[soRakpi**a**t[s]]*.
7 Le **ж** ainsi que le **ш** restent durs quelle que soit leur place dans le mot. Le **е** se prononce donc *[ê]* : **мо́жет** *[m**o**j[ê]t]*.

Notes

③ Le mot **ми́нус** a plusieurs sens : *moins* (arithmétique, température), *défaut*, *inconvénient*.

***

Упражнение 1 – Читайте и переводите

❶ На улице страшный холод. ❷ А что ты делаешь в Сибири? ❸ Я смотрю интересный фильм. ❹ Говорят, что ты иностранец. Это правда? ❺ Так ты с нами или нет?

Упражнение 2 – Восстановите текст

❶ Quelle terrible prévision !
Какой страшный . . . . !

❷ Peut-être, [allez-]vous jusqu'à Moscou ?
. . . . , вам до Москвы?

❸ Veux-tu regarder la météo à la télé ?
Хочешь смотреть . .   . .
прогноз . . . . . . ?

5 – Ben… non. Moins vingt, [moins] vingt-cinq…

6 – Ah bon ? Et à la télé on dit [qu'il fait] moins 45…

7 – Ah oui… Eh bien, ça, c'est peut-être dehors *(dans la rue)* !

④ **ну так...** est une expression de la langue parlée qu'on entend assez souvent. C'est une variante de **ну** de la leçon 6. Elle se traduit par *eh bien, alors*.

⑤ Dans la langue parlée **мóжет быть** peut être réduit à **мóжет** : **Мóжет, это óн?** *Peut-être que c'est lui ?*

***

Corrigé de l'exercice 1
❶ Dehors il fait un froid de canard. ❷ Et qu'est-ce que tu fais en Sibérie ? ❸ Je regarde un film intéressant. ❹ On dit que tu es étranger. C'est vrai ? ❺ Alors, tu es avec nous ou pas ?

❹ Peut-être qu'il vaut mieux que je prenne un taxi ?

. . . . . , я лучше возьму такси?

❺ C'est un film absolument *(très)* épouvantable !

Это очень . . . . фильм!

Corrigé de l'exercice 2
❶ – прогноз ❷ Может быть – ❸ – по телевизору – погоды ❹ Может – ❺ – страшный –

21 **Lisez :**

сат**и**р, м**е**бель, ком**е**та, шак**а**л, корид**о**р.

сатир, мебель, комета, шакал, коридор.

Écrivez et déchiffrez :

иностранец, двадцать, может быть, прогноз,
телевизор.

---

*Quand un Occidental entend le nom "Sibérie", il s'imagine des ours
se promenant sur d'immenses étendues blanches, un froid insuppor-
table et peut-être également le pétrole qui coule à flots… Quelques
précisions. Effectivement, la Sibérie est une immense région de la
Fédération de Russie (12 765 000 km²), qui s'étend de l'Oural à
l'océan Pacifique et qui compte environ 30 millions d'habitants.
Il est vrai que certaines régions de Sibérie possèdent de grandes
richesses (pétrole, or, fer, gaz naturel, etc.) et que la Yakoutie représente 25 % de la production mondiale de diamants. La Sibérie*

---

21 Двáдцать пéрвый урóк

Повторéние – Révision

1 Prononciation

• L'assourdissement des consonnes sonores
Vous savez déjà qu'en russe toutes les consonnes se subdivisent
en consonnes sonores et en consonnes sourdes. Retenez une règle
importante : une consonne sonore (**б, в, г, д, ж, з**) devient sourde
(**п, ф, к, т, ш, с**) à la fin des mots, ou devant une consonne sourde
→ **прогнóз** *[pRagnoss]* ; **вóдка** *[votka]*. Cette règle est valable
également pour les prépositions se terminant par une sonore au
contact de mots qui commencent par une sourde : **из всéх** *[isfsiéH]*.
Remarquez que si le mot se termine par un signe mou, c'est la
consonne précédant ce signe mou qui est considérée comme finale :
дождь *[dochtᵉ]*, *pluie*.

Corrigé :

[satiR] satyre, [miébil] meubles, [kamiéta] comète, [chakaL] chacal, [kaRidoR] corridor.

Corrigé :

иностранецъ, двадцать, можетъ быть, прогнозъ, телевизоръ.

*abonde en forêts (**тайга́**, la* taïga*), ce qui représente une réserve considérable de bois de qualité. Les hivers sibériens sont longs et froids (entre -15° et -40° C en moyenne) et les étés sont très courts (avec des températures entre 10° et 20° C).*

Les Russes ont commencé la conquête de ces terres au climat rude au XVIe *siècle et c'est à la fin du* XIXe *siècle que le Transsibérien (train qui parcourt 9 000 km entre Moscou et Vladivostok) a été mis en service. Et puis, durant l'époque stalinienne, la Sibérie est devenue la terre des goulags.*

Vingt et unième leçon   21

• **L'accent tonique des emprunts**

Généralement, le russe suit fidèlement l'accentuation d'origine des mots empruntés. Ainsi, dans les mots d'origine française, l'accent tonique reste sur la dernière syllabe comme en français : **купе́** *[koupê]* ; **Оливье́** *[alivié]* ; **шофёр** *[chafioR]*.

• **Les prépositions et les particules monosyllabiques**

Elles se prononcent d'un trait avec les mots qui les suivent comme s'il s'agissait d'un seul mot. Dans ce cas, elles ne sont jamais accentuées. Par exemple, **в теа́тр** *[ftiatR], au théâtre* ; **из всех** *[isfsiéH], de tous.*

Cette distinction est plus importante qu'elle n'y paraît au premier abord. Elle est présente partout, en commençant par les mots interrogatifs (**где**, *où ?* sans mouvement ; **куда**, *où ?* avec mouvement) et valable également pour beaucoup d'actions prévoyant ou non un déplacement. Cette distinction est essentielle pour le choix du cas utilisé après la préposition. Nous avons vu les trois prépositions **за**, **в** et **на**.

• Avec **в** et **на** on utilise <u>l'accusatif</u> (le cas du COD) quand il y a l'idée du déplacement et <u>le prépositionnel</u> (cas du complément de lieu ; il n'est employé qu'après une préposition) quand il n'y a pas de déplacement : **в театр** *[ftiatR]*, *au théâtre* (avec mouvement) – **в театре** *[ftiatR^{ié}]*, *au théâtre* (sans mouvement) ; **в Сибирь** *[fsibiR^j]*, *en Sibérie* (avec mouvement) – **в Сибири** *[fsibiRi]*, *en Sibérie* (sans mouvement).

• Avec la préposition **за** on utilise toujours <u>l'accusatif</u> s'il y a l'idée du déplacement (**за стол** *[zastoL]*, *à table*) et <u>l'instrumental</u> s'il n'y en a pas (**за столом** *[zastaLom]*, *à table*). Nous parlerons de l'instrumental plus tard quand nous aurons rencontré d'autres exemples.

3 Les déclinaisons

• Le prépositionnel
La formation du prépositionnel ne pose pas de problème particulier : pour tous les genres, au singulier, on remplace la terminaison par **-e** : **ресторан → в ресторане** ; **театр → в театре** ; **диета → на диете**. Pour le féminin se terminant par le signe mou **ь** et **-ия** au nominatif, la terminaison est **-и** : **Сибирь → в Сибири**, *en Sibérie* ; **Россия → в России**, *en Russie*.

• Le génitif
Le génitif est le cas du complément du nom. Le partitif français qui signifie une partie d'un tout (<u>de</u> l'eau, <u>du</u> pain, etc.) va se traduire en russe par le génitif. Il peut également contenir l'idée de quantité. Ainsi, après les mots indiquant la quantité (**чуть-чуть**, *un petit peu* ; **немного**, *un peu* ; **два**, *deux* ; **три**, *trois* ; **четыре**, *quatre* ; **стакан**, *un verre*, etc.) on utilise le génitif. Le génitif se traduit donc en français par la particule *de*, prise dans le sens

partitif ou dans celui de l'appartenance : **Я хочу́ воды́**, *Je veux de l'eau* ; **Э́то па́па И́ры**, *C'est le père d'Ira*. Dans **день рожде́ния**, *le jour de naissance, l'anniversaire*, le mot **рожде́ния** définit le mot **день**. Dans ce cas, on utilise également le génitif.

La formation du génitif n'est pas difficile :
- <u>Les mots masculins et les neutres durs</u> ont la terminaison **-a**, tandis que <u>les mous</u> prennent la terminaison **-я** : **сала́т**, *la salade* – **сала́та**, *de la salade* ; **мя́со**, *la viande* – **мя́са**, *de la viande* ; **дождь**, *la pluie* (signe mou à la fin du masculin, par conséquent, le masculin est mou) – **немно́го дождя́** *un peu de pluie*.
- <u>Les féminins durs</u> prennent la terminaison **-ы** et <u>les mous</u> **-и** : **вода́**, *l'eau* – **воды́**, *de l'eau* ; **иде́я**, *une idée* – **(две) иде́и**, *deux idées* ; **ночь**, *une nuit* – **(три) но́чи**, *trois nuits*.
Il est nécessaire de se rappeler qu'après **г, ж, к, х, ч, ш, щ** il ne peut pas y avoir de **-ы** en raison de la règle dite de l'incompatibilité orthographique. Par conséquent, la terminaison est **-и** : **во́дка**, *la vodka* – **во́дки**, *de la vodka* ; **окро́шка**, *l'okrochka* – **окро́шки** *de l'okrochka*. Nous parlerons du pluriel plus tard.

- **Le génitif/accusatif des pronoms personnels**
Vous l'avez déjà vu plusieurs fois, nous allons juste le résumer et compléter. Une bonne nouvelle : le génitif des pronoms personnels est absolument identique à leur accusatif !

я	меня́	он меня́ зна́ет	*il me connaît*
ты	тебя́	он тебя́ зна́ет	*il te connaît*
он	его́	он его́ зна́ет	*il le connaît*
она́	её	он её зна́ет	*il la connaît*
оно́	его́	он его́ зна́ет	*il le connaît*
мы	нас	он нас зна́ет	*il nous connaît*
вы	вас	он вас зна́ет	*il vous connaît*
они́	их	он их зна́ет	*il les connaît*

Quand les pronoms personnels de la 3ᵉ personne sont employés avec des prépositions, un **н** apparaît au début du mot : **у них**, *chez eux*.

Une règle très simple mais importante : la particule **не** s'écrit tou-jours séparément des verbes.

5 Le verbe

• **Le présent des verbes réguliers**
En russe, il existe deux conjugaisons. Pour former le présent, il faut ajouter les terminaisons suivantes à l'infinitif sans terminaison :

• **Pour la 1re conjugaison**
Дéла - ть [*diéLa - t^e*] *faire* se conjugue avec **дела** + les terminai-sons suivantes :

я	дéла + ю	мы	дéла + ем
ты	дéла + ешь	вы	дéла + ете
он			
онá	дéла + ет	они́	дéла + ют
онó			

Ид - ти́ [*it - ti* aller (à pied)] se conjugue avec **ид** + les terminaisons suivantes :

я	ид + у́	мы	ид + ём
ты	ид + ёшь	вы	ид + ёте
он			
онá	ид + ёт	они́	ид + у́т
онó			

Remarquez que la voyelle "thématique" pour la première conju-gaison est **e** hors accent (**ë** accentué), car elle se rencontre dans toutes les terminaisons (sauf deux) ; c'est cette voyelle qui fera la différence entre la première conjugaison et la deuxième.
Pour la première conjugaison, la voyelle de la terminaison de la 1re personne du singulier (**ю** ou **y**) apparaîtra dans la terminaison de la 3e personne du pluriel : **дéлаю – дéлают** ; **иду́ – иду́т**.

• **Pour la deuxième conjugaison**

слы́ш - ать *[sLych - at⁵] entendre* se conjugue avec **слыш** + les terminaisons suivantes :

я	слы́ш + у	мы	слы́ш + им
ты	слы́ш + ишь	вы	слы́ш + ите
он			
она́	слы́ш + ит	они́	слы́ш + ат
оно́			

говор - и́ть *[gavaR - it⁶] parler* : **говор** + les terminaisons suivantes :

я	говор + ю́	мы	говор + и́м
ты	говор + и́шь	вы	говор + и́те
он			
она́	говор + и́т	они́	говор + я́т
оно́			

La voyelle "thématique" de la deuxième conjugaison est **и** : on la retrouve de la 2ᵉ personne du singulier à la 2ᵉ personne du pluriel. Comme dans la première conjugaison, pour la deuxième conjugaison, la voyelle de la terminaison de la 1ʳᵉ personne du singulier influencera la terminaison de la 3ᵉ personne du pluriel. Ainsi, si elle est molle (**ю**), à la 3ᵉ personne du pluriel il y aura une molle : **говорю́** – **говоря́т** ; et si elle est dure (**у**), il y a une dure : **слы́шу** – **слы́шат**. Ce dernier exemple montre que dans le cas d'incompatibilité orthographique après certaines consonnes (par exemple, après **ш**, **ч**) il est impossible d'avoir un **-я** ou un **-ю**.

Nous vous conseillons de retenir pour chaque verbe trois de ses formes : l'infinitif (car c'est à l'infinitif que vous allez ajouter les terminaisons), la 1ʳᵉ personne du singulier (car elle peut être en **-у** ou en **-ю**) et la 2ᵉ personne du singulier (car cette forme vous indiquera la voyelle thématique pour toutes les autres formes).

• **Structures impersonnelles**

говоря́т est la 3ᵉ personne du pluriel du verbe **говори́ть** que vous connaissez déjà. **говоря́т** sans sujet est l'équivalent de la construction impersonnelle française *on dit*.

1 – Добрый вечер, Саша.
2 – Это моя сестра и мой брат.
3 – Очень прия́тно… Я так хочу́ есть!
4 – Я то́же. Что ты хо́чешь? Я угоща́ю.
5 – Мо́жет, немно́го икры́...
6   И чуть-чу́ть во́дки, е́сли мо́жно...
7 – Само собо́й! На у́лице стра́шный хо́лод!
8 – Ой!.. вы не Та́ня Ивано́ва?
9 – Коне́чно нет, вы оши́блись... Я вас не зна́ю.
10 – Извини́те, пожа́луйста!
11 – Ничего́ стра́шного.

Traduction

1 Bonsoir, Sacha. **2** Ce sont ma sœur et mon frère. **3** Enchanté…
J'ai tellement faim ! **4** Moi aussi. Que veux-tu ? C'est moi qui
invite. **5** Peut-être un peu de caviar… **6** Et un tout petit peu de
vodka, si c'est possible… **7** Cela va sans dire ! Dehors il fait un
froid de canard ! **8** Mais vous n'êtes pas Tania Ivanova ? **9** Bien
sûr [que] non, vous vous êtes trompé… Je ne vous connais pas.
10 Excusez-moi *(s'il vous plaît)* ! **11** Cela ne fait rien.

Дни недели ①

1 – Приходи к нам в понедельник ②!
2 – Боюсь ③, что в понедельник я не могу...
3 – Тогда – во вторник ④ или в четверг;
4 в среду мы уже идём в кино.
5 – А, может быть, в пятницу?
6 – Ну, если ты не можешь в другой день, то приходи в пятницу,
7 так как мы уезжаем на выходные ⑤.
8 – Жаль ⑥, я хотел предложить субботу или воскресенье!

Prononciation
dni nidiéli **1** *pRiHadi knam fpanidiélnik* **2** *baïoussⁱ chto fpanidiélnik ia nimagou* **3** *tagda vaftoRnik ili ftchitviéRk* **4** *fsRiédou my oujê idiom fkino* **5** *a moj^ét byt^s fpiatnitsou* **6** *nou iésli ty nimoj^êch' vdrougoï dié^{gne} to pRiHadi fpiatnitsou* **7** *takkak my ouiéjja^{ié}m navyHadny^{ié}* **8** *jal ia Hatiél pRidLajyt^s soubotou ili vaskRissié^{gnié}*

Remarques de prononciation
Vous avez rencontré plusieurs fois des mots qui se prononcent d'une seule émission de voix avec ceux qui les suivent. Comme nous l'avons souligné, il s'agit souvent de prépositions et de

Notes
① Vous avez déjà vu l'emploi du génitif (leçon 15). Le voici exprimant le complément du nom et se traduisant en français par *de* placé entre le nom et son complément : неделя [nidiélia] → дни недели [dni nidiéli], *une semaine → les jours de la semaine*.

② **в понедельник** : pour indiquer le jour où se passe l'action, on utilise la préposition **в** + l'accusatif (cas du COD).

③ **боюсь** est la 1re personne du singulier du verbe **бояться** [baïatsa], *avoir peur, craindre, appréhender.*

Vous vous habituez progressivement à l'alphabet cyrillique et avez fait de grands progrès en lecture. La transcription phonétique vous est encore utile, mais vous savez vous en passer pour bon nombre de mots. Essayez de lire le texte russe directement et reportez-vous à la prononciation seulement pour vérifier que vous avez bien assimilé.

Les jours de la semaine

1 –   Viens chez nous lundi !

2 –   J'ai peur de ne pas pouvoir *(que lundi je ne peux)*...

3 –   Alors, mardi ou jeudi ;

4   mercredi, nous allons déjà au cinéma.

5 –   Dans ce cas *(Et)*, peut-être vendredi ?

6 –   Eh bien, si tu ne peux pas un autre jour, alors viens vendredi,

7   car nous partons pour le week-end.

8 –   Dommage, je voulais proposer samedi ou dimanche !

particules monosyllabiques. Il y en a également dans la leçon d'aujourd'hui. Entraînez-vous à les prononcer à haute voix !

1, 2, 3 Prononcez bien le **к** à la fin des mots : il est dur !

3 Le **г** en position finale se prononce *[k]* : **четвѐрг** *[tchitviéRk]*.

8 **воскресѐнье** *[vaskRissié^gneïé]* : le signe mou renforce la mouillure et a surtout une valeur orthographique.

④ **во втóрник** : on ajoute le **о** à la préposition **в** pour rendre la prononciation plus fluide.

⑤ Bien que le mot *week-end* soit bien rentré dans la langue russe (**уикéнд** *[ouïkiénd]*), nous vous conseillons d'employer **выходны́е** *[vyHadny^ïé]*, qui reste plus usité et plus naturel.

⑥ **жаль** se traduit par *dommage, c'est dommage*. Le mot qui désigne la personne qui regrette se met au datif : **Мне так жаль!**, *Je regrette tellement !* **Емý óчень жаль**, *Il regrette beaucoup.*

22

Упражнение 1 – Читайте и переводите

❶ Вы ошиблись номером второй раз. ❷ Понедельник – первый день недели. ❸ Извините, но в другой день я не могу. ❹ В субботу мы не уезжаем. Приходи! ❺ Жаль, что ты не можешь в воскресенье.

Упражнение 2 – Восстановите текст

❶ On se sent bien ici car il y a tout.

Нам здесь хорошо, ... здесь всё есть.

❷ Si tu veux, viens chez nous.

. . . . хочешь, то приходи . . . . .

❸ Jeudi, nous partons pour le Caucase.

В . . . . мы . . . . на Кавказ.

❹ De plus, j'ai peur de lui !

К тому же я его . . . . . !

❺ Que fais-tu mardi ?

Что ты делаешь во . . . . ?

Lisez :

импрессиони**з**м, ласс**о**, маг, марк**и**з, ф**а**за, саркоф**а**г, муз**ей**.

импрессионизм, лассо, маг, маркиз, фаза, саркофаг, музей.

Écrivez et déchiffrez :

понедельник, вторник, среда, четверг, пятница, суббота, воскресенье.

Vos exercices d'écriture s'achèvent aujourd'hui. Cependant, rien ne vous empêche, si vous en avez envie, de reprendre les dialogues des leçons et de les transcrire à la main !

Corrigé de l'exercice 1

❶ Vous vous êtes trompé de numéro une deuxième fois. ❷ Lundi est le premier jour de la semaine. ❸ Excusez-moi, mais un autre jour je ne peux pas. ❹ Samedi, nous ne partons pas. Viens ! ❺ C'est dommage que tu ne puisses pas dimanche.

Corrigé de l'exercice 2

❶ – так как – ❷ Если – к нам ❸ – четверг – уезжаем – ❹ – боюсь ❺ – вторник

Понедельник — первый день недели.

Corrigé :

[i-mpRissïanizm] impressionnisme, [lasso], lasso, [mak] mage, [maRkiss] marquis, [faza] phase, [saRkafak] sarcophage, [mouziéï] musée.

Corrigé :

понедельник, вторник, среда, четверг, пятница, суббота, воскресенье.

Сон

1 – Доктор, у меня́ пробле́ма ① :
2 каждую ② ночь мне сни́тся ③ ,
3 что кры́сы игра́ют в футбо́л.
4 – Вот лека́рство; э́тот ④ кошма́р
прекрати́тся ⑤ .
5 – Спаси́бо, я приму́ лека́рство за́втра.
6 – А почему́ за́втра?
7 – А потому́, что сего́дня у ни́х ⑥ фина́л... □

Prononciation
so-n **1** *doktaR ouminia pRabliéma* **2** *kajdouïou notch' mnié
snitsa* **3** *chto kRyssy igRaïout ffoutboL* **4** *vot likaRstvᵃ êᵗt
kachmaR pRikRatitsa* **5** *spassibᵃ ia pRimou likaRstvᵃ zaftRa*
6 *a patchimou zaftRa* **7** *apatamouchtᵃ sivodnia ouniH finaL*

Notes

① Vous l'avez remarqué, le mot **пробле́ма** est du féminin, comme nous le montre la terminaison en **-a**.

② **ка́ждую** est l'accusatif de l'adjectif **ка́ждый, -ая, -ое**, *chaque, chacun (e)* : **ка́ждый день**, *chaque jour* ; **здесь ка́ждый хо́чет говори́ть по-ру́сски**, *Ici, chacun veut parler russe*.

③ **мне сни́тся, что...** *[mnié snitsa chto]*, *je rêve que...* Une autre construction est possible : **мне сни́тся сон** *[mnié snitsa so-n]*. Cette dernière est difficile à traduire car le verbe pronominal indique que l'action est produite par le sujet. On la traduira quasiment de la même manière que la première : *je fais un rêve* (littéralement "un rêve se fait").

▶

Un rêve

1 – Docteur, j'ai un problème :
2   chaque nuit, je rêve
3   que des rats jouent au foot.
4 – Voici un médicament ; ce cauchemar cessera.
5 – Merci, je prendrai le médicament demain.
6 – Mais pourquoi demain ?
7 – Eh bien, parce qu'aujourd'hui, c'est *(ils ont)* la finale...

Remarques de prononciation

2, 4 La combinaison de lettres **тся** que l'on trouve à la fin des verbes se prononce *[-tsa]* malgré le **я** mou : **снится** *[snitsa]*, **прекратится** *[pRikRatitsa]*.

3 Faites attention au son **ы** : **крысы** *[kRyssy]*.

④ **этот** *[êt⁴t]* est un pronom démonstratif qui varie en genre et en nombre et qui se décline. Observez les terminaisons, elles nous rappellent celles des noms : **этот** (masculin), *ce* ; **эта** (féminin), *cette* ; **это** (neutre), *ce* ; **эти** (pluriel de tous les genres), *ces*.

⑤ **прекратится** est le futur de **прекратиться** (eh oui, l'écriture est quasiment identique !) *[pRikRatitsa]*, *cesser*. Faites attention, ce verbe est réfléchi en russe alors qu'il ne l'est pas en français.

⑥ Dans les pronoms personnels de la 3ᵉ personne, devant une préposition, un **н** apparaît au début du mot pour faciliter la prononciation : **у них**, *chez eux*.

23 **Упражнение 1 – Читайте и переводите**

❶ Каждую среду они играют в футбол. ❷ Завтра у вас финал. ❸ – Почему завтра? – А потому, что в другой день я не могу. ❹ У них всё хорошо. ❺ Когда прекратится этот кошмар?

Упражнение 2 – Восстановите текст

❶ Voici mon train. Je pars.
   . . . мой . . . . . . Я . . . .

❷ Chaque nuit je fais ce rêve.
   . . . . . . ночь мне снится этот . . . .

❸ Et ça, c'est mon problème !
   А это моя . . . . !

❹ Je voulais ce médicament.
   Я хотел это . . . .

❺ Un seul problème : ici il y a des rats !
   Одна проблема: здесь . . . . . !

Lisez :

экран, инициалы, химия, шантаж, рента.

экран, инициалы, химия, шантаж, рента.

Corrigé de l'exercice 1

❶ Chaque mercredi, ils jouent au foot. ❷ Demain, vous avez la finale. ❸ – Pourquoi demain ? – Mais parce qu'un autre jour, je ne peux pas. ❹ Pour eux tout va bien. ❺ Quand ce cauchemar cessera-t-il ?

Corrigé de l'exercice 2

❶ Вот – поезд – уезжаю ❷ Каждую – сон ❸ – проблема ❹ – лекарство ❺ – крысы

Каждую среду они играют в футбол.

Corrigé :

[ikRa-n] écran, [initsyaLy] initiales, [Himï-ia] chimie, [cha-ntach] chantage, [Riénta] rente.

Кака́я жара́!

1 – На у́лице так ① жа́рко,
2   что я всё вре́мя хочу́ пить.
3 – Съешь моро́женое.
4 – Ду́маешь, по́сле моро́женого ② не
   хо́чется ③ пить?
5 – Не уве́рена ④,
6   но нет ничего́ лу́чше моро́женого в
   таку́ю ① жару́!   ☐

Prononciation

kakaïa jaRa 1 na oulits^é tak jaRk^a 2 chto ia fsio vRiémia Hatchou pit^s 3 s°iéch' maRoj^éna^{ié} 4 douma^{ié}ch' posl^é maRoj^én^av^a niHotchitsa pit^s 5 niouviéRina 6 no niét nitchiv^o Loutch^é maRoj^én^av^a ftakouïou jaRou

---

Notes

① Après **как** et **так** on emploie un adverbe, tandis qu'après **како́й** et **тако́й** (phrase 6) on emploie un adjectif ou un nom : **Как хорошо́!**, *Que c'est bien !* ; **Како́й он до́брый!** *Qu'il est bon !* ; **Здесь так ве́село!**, *Ici on s'amuse tellement ! (Ici, c'est si gai !)* ; **Сего́дня така́я жара́!**, *Aujourd'hui, il fait si chaud !*

② **по́сле** exige l'emploi du génitif : **моро́женое → по́сле моро́женого** ; **жара́ → по́сле жары́**.

③ **хо́чется** *[Hotchitsa]* : sans sujet, ce verbe pronominal indique une construction impersonnelle qui se traduira par *on a envie, on veut*. Pour indiquer le sujet logique (et non pas grammatical) on emploie le datif : **мне хо́чется** *[mnié Hotchitsa]*, *j'ai envie*.

④ **уве́рена** : c'est le féminin car le mot se termine par **-a**. Vous saurez former le masculin en enlevant le **a** : **уве́рен**, et le plu-▶

Quelle chaleur !

1 – Dehors *(sur la-rue)* [il fait] si chaud
2   que j'ai soif *(je veux boire)* tout le temps.
3 – Mange une glace.
4 – Tu penses [qu'] après une glace on n'a pas soif ?
5 – [Je ne suis] pas sûre,
6   mais il n'y a rien de mieux [qu'une] glace par
     une *(dans)* telle chaleur !

Remarques de prononciation

1 Le **ц** est toujours dur. Il n'est donc pas ramolli par le **e** qui le suit :
у́лице *[oulits^é]*.
3 C'est notre première rencontre avec le signe dur **ъ**. Comme vous
pouvez le constater, cette lettre n'apparaît pas très souvent. Elle
sépare une consonne d'une voyelle molle et permet ainsi à la première de rester dure : **съешь** *[s^{o}iéch']*.

riel en le remplaçant par le **-ы** (**-и** en cas d'incompatibilité orthographique) pour tous les genres : **уве́рены**.

24 **Упражнение 1 – Читайте и переводите**

❶ – Съешь немного салата. – Я не хочу ни есть, ни пить. ❷ Уверена, тебе хочется в кино. ❸ На улице такая жара! ❹ – Ты хочешь есть? – Нет, я хочу пить. ❺ Я смотрю прогноз погоды: завтра у вас жарко.

Упражнение 2 – Восстановите текст

❶ Par cette chaleur on a très soif.
В такую .... очень хочется .....

❷ Mais tu es sûre qu'il est ici ?
А ты ...., что он здесь?

❸ Après la glace on a soif.
.... хочется пить.

❹ Tu lis tout le temps !
Ты всё ..... читаешь!

❺ – Allons au cinéma ! – Non, je n'en ai pas envie.
– Пойдём . ....! – Нет, мне не ....

Lisez :

эго**и**ст, иммунит**е**т, фара**о**н, ситу**а**ция, те**о**рия.

эгоист, иммунитет, фараон, ситуация, теория.

Corrigé de l'exercice 1

❶ – Mange un peu de salade. – Je n'ai ni faim, ni soif. ❷ Je suis sûre que tu veux [aller] au cinéma. ❸ Dehors il fait si chaud ! ❹ – Est-ce que tu as faim ? – Non, j'ai soif. ❺ Je regarde la météo : demain, chez vous, il fera chaud.

Corrigé de l'exercice 2

❶ – жару – пить ❷ – уверена – ❸ После мороженого – ❹ – время – ❺ – в кино – хочется

Corrigé :

[igaïst] égoïste, *[imounitiét]* immunité, *[faRao-n]* pharaon, *[sitouatsy-ia]* situation, *[tioRï-ia]* théorie.

День рожде́ния

1 – Тама́ра, это тебе́!
2 – Спаси́бо большо́е! ①
3 – Ей уже́ подари́ли мо́ре цвето́в ②...
4 А вот ещё пода́рок.
5 – Но почему́ всё это ей, а мне – ничего́?
6 – Сего́дня у неё ③ день рожде́ния.
7 – А! Всё я́сно.
8 С днём рожде́ния ④, Тама́ра! ☐

Prononciation

dié^{gne} Rajdiénia 1 tamaRa êt^a tibié 2 spassib^a baLcho^{ié}
3 iéï oujê padaRili moR^{ié} tsvitof 4 a vot^{ié}chio padaR^ak
5 no patchimou fsio êt^a iéï a mnié nitchivo 6 sivodnia ou
nï-io dié ^{gne} Rajdiénia 7 a ! fsio iasn^a 8 zdniom Rajdiénia
tamaRa

Remarque de prononciation

8 La préposition **с** devient sonore au contact du **д** sonore :
с днём *[zdniom]*.

Notes

① **Спаси́бо большо́е!** *[spassib^a baLcho^{ié}]*. Vous pourriez également dire **Большо́е спаси́бо!**, car comme vous le savez,
l'ordre des mots est souple.

② **мо́ре цвето́в** : **цвето́в** est le génitif du pluriel **цветы́**, *les*
fleurs. Vous savez déjà qu'après les mots indiquant une quantité (même si l'on ne peut pas la mesurer), on emploie le génitif.

③ **у неё** : la préposition **у** exige l'emploi du génitif. Par exemple
Тама́ра → у Тама́ры. Remarquez également la présence de
н au début du pronom : il est rajouté pour faciliter la prononciation. ▶

Anniversaire *(Jour naissance)*

1 – Tamara, c'est pour *(à)* toi !
2 – Merci beaucoup *(Merci grand)* !
3 – On lui a déjà offert une tonne *(mer)* de fleurs...
4 Et voici encore un cadeau.
5 – Mais pourquoi tout cela pour *(à)* elle et rien pour *(à)* moi ?
6 – Aujourd'hui c'est son anniversaire *(chez elle jour naissance)*.
7 – Ah! Tout [est] clair.
8 Bon anniversaire, Tamara !

④ **С днём рождения** correspond à notre *Bon anniversaire !* La formule entière serait : **Поздравляю тебя с днём рождения!** *[pazdRavliaiou tibia zdniom Rajdiénia]*, *Je te félicite à l'occasion de (avec) ton anniversaire !*

25 **Упражнение 1 – Читайте и переводите**
❶ Тебе подарили море цветов! ❷ – Воды? – Спасибо большое, я так хочу пить. ❸ Всё ясно: ты шутишь? ❹ Приходи к нам, у Тамары день рождения. ❺ Ей подарили этот подарок.

Упражнение 2 – Восстановите текст

❶ – C'est quand ton anniversaire ? – Demain.
   – Когда у тебя . . . . ? – Завтра.
❷ C'est mon cadeau !
   Это мой . . . . !
❸ Bon anniversaire, [ma] sœur !
   . . . . . рождения, сестра!
❹ Ils lui ont offert un livre.
   Они . . . . ей книгу.
❺ Il est clair que pour elle tout va bien.
   . . . . , что у . . . всё хорошо.

Lisez :
экземпля́р, ре́плика, мавзоле́й, фаза́н, конститу́ция.

экземпляр, реплика, мавзолей, фазан, конституция.

Les deux fêtes les plus importantes pour les Russes sont sans doute le jour de l'An et l'anniversaire. Pour fêter l'anniversaire, on invite le plus souvent des amis à la maison et on leur prépare une belle table. Chacun apporte un cadeau, mais on n'ouvre généralement pas les paquets devant les invités, pour ne pas gêner ceux dont les cadeaux seraient plus modestes.

Corrigé de l'exercice 1

❶ On t'a offert une tonne de fleurs ! ❷ – De l'eau ? – Merci beaucoup, j'ai tellement soif. ❸ – Tout est clair : tu plaisantes ? ❹ Viens chez nous, c'est l'anniversaire de Tamara. ❺ On lui a offert ce cadeau.

Corrigé de l'exercice 2

❶ – день рождения – ❷ – подарок ❸ С днём – ❹ – подарили – ❺ Ясно – неё –

Corrigé :

[ikzêmpliaR] exemplaire, [Riéplika] réplique, [mavzaliéï] mausolée, [faza-n] faisan, [ka-nstitoutsy-ia] constitution.

*Les occasions de lever son verre sont nombreuses… le premier toast est porté en l'honneur de celui dont c'est l'anniversaire, le deuxième en l'honneur des parents, et le troisième souvent à l'amour.
Si on fait la fête dans un café ou un restaurant, traditionnellement, les invités ne paient pas. Mais les traditions s'occidentalisent… Le plus important est de toujours arriver avec un cadeau et, si on en a la possibilité, avec une bouteille de champagne !*

Замечáтельный ① вéчер

1 – Вчерá я былá ② у Тамáры на днé рождéния.
2 Онá приглаcи́ла свои́х друзéй ③.
3 Мы éли, пи́ли шампáнское, а потóм танцевáли.
4 Бы́ло óчень весело! ④
5 – А я вчерá был в óпере ⑤.
6 Пéрвый акт был таки́м скýчным...
7 – А вторóй?
8 – Не знáю : я заснýл срáзу ⑥ пóсле пéрвого.

Prononciation

zamitchat^ᵗᵉln^ʸⁱ viétchiR **1** *ftchiRa ia byLa ou tamaRy nadnié Rajdiénia* **2** *ana pRigLassiLa svaïH dRouziéï* **3** *moui iéli pili cha-mpa-nskaié a patom ta-ntsivali* **4** *byLᵃ otchè^ᵍⁿᵉ viéssiLᵃ* **5** *a ia ftchiRa byL vopiRⁱᵉ* **6** *piéRv^ʸⁱ akt byL takim skouchnym* **7** *a ftaRoï* **8** *niznaïou : ia zasnouL sRazou posl^ⁱᵉ piéRv^ᵉvᵃ*

Notes

① Observez la traduction de l'adjectif **замечáтельный, -ая, -ое** : **Это замечáтельная óпера**, *C'est un opéra remarquable* ; **Это замечáтельная поэ́ма**, *C'est un poème admirable* ; **Ты замечáтельный друг!**, *Tu es un ami exceptionnel !*

② Vous avez déjà rencontré des formes verbales au passé. Le passé russe est très facile, car les verbes de tous les groupes ont les mêmes terminaisons. Nous en reparlerons à la leçon 28.

③ **друзéй** est l'accusatif pluriel de **друг** (nominatif singulier) → **друзья́** (nominatif pluriel irrégulier). Nous avons déjà vu l'accusatif singulier des masculins inanimés (leçon 14). Dans le cas des êtres animés, le mot à l'accusatif prend la forme du génitif. Par exemple, **журнали́ст** (nominatif singulier) → **журнали́сты** ▸

Une soirée remarquable

1 – Hier, je suis allée *(j'étais)* chez Tamara pour son anniversaire *(sur jour naissance)*.

2 Elle a invité ses amis.

3 Nous avons mangé, bu du champagne, et après [nous] avons dansé.

4 On s'est bien amusé *(C'était très gaiement)* !

5 – Et moi, hier, je suis allé *(j'étais)* à l'opéra.

6 Le premier acte était tellement *(tel)* ennuyeux...

7 – Et le deuxième ?

8 – Je ne sais pas : je me suis endormi juste après le premier.

Remarques de prononciation

3 Souvenez-vous qu'il n'y a pas de son nasal en russe. Dans les combinaisons "voyelle + n ou m", prononcez bien chaque son séparément : **шампа́нское** *[cha-mpa-nska^ié]*, **танцева́ли** *[ta-nts^yvali]*... **6** La combinaison **чн** se prononce *[chn]* dans certains mots : **ску́чным** *[skouchnym]*. Néanmoins, vous entendrez également la prononciation *[skoutchnym]* qui est assez courante.

▸ (nominatif pluriel) : **я позва́л журнали́ста** (accusatif singulier) → **я позва́л журнали́стов** (accusatif pluriel). Vous n'avez donc rien de nouveau à apprendre, mais juste à réviser le génitif singulier ! Nous verrons le génitif pluriel progressivement.

④ **Бы́ло о́чень ве́село!** : le verbe "être", sans sujet, au neutre (au présent, il serait omis), forme une construction impersonnelle : *On s'est bien amusé, C'était très amusant !*

⑤ **в о́пере** *(on est) à l'opéra* : il s'agit du lieu où l'on est, sans mouvement. Par conséquent, l'emploi du prépositionnel est exigé. Avec mouvement, on dira **в о́перу**, *(on va) à l'opéra*, avec l'accusatif.

⑥ L'adverbe **сра́зу** a plusieurs significations : *immédiatement, d'un coup, de but en blanc.*

Упражнение 1 – Читайте и переводите

❶ Какой сегодня замечательный вечер! ❷ Кого ты пригласил на день рождения? ❸ – Ты вчера был у Тамары? – Нет, я был в опере. ❹ Мне здесь очень весело! ❺ Вчера мы ели икру и пили шампанское.

Упражнение 2 – Восстановите текст

❶ Je me suis endormie juste après le film.
Я . . . . сразу после фильма.

❷ Le premier acte était mieux.
Первый . . . . . . лучше.

❸ À l'anniversaire, on s'est [bien] amusé.
На дне рождения было . . . .

❹ Hier, nous avons dansé.
. . . . . мы танцевали.

❺ Oh, c'est un livre remarquable !
О, это . . . . книга!

Lisez :
коррупция, экономика, юмор, компресс, симметрия.

коррупция, экономика, юмор, компресс, симметрия.

Corrigé de l'exercice 1

❶ Quelle belle soirée aujourd'hui ! ❷ Qui as-tu invité à [ton] anniversaire ? ❸ – Tu es allé chez Tamara hier ? – Non, je suis allé à l'opéra. ❹ Je m'amuse bien ici ! ❺ Hier, nous avons mangé du caviar et bu du champagne.

Corrigé de l'exercice 2

❶ – заснула – ❷ – акт был – ❸ – весело ❹ Вчера – ❺ – замечательная –

Corrigé :

[kaRouptsy-ia] corruption, [ikanomika] économie, [ioumaR] humour, [ka-mpRess] compresse, [simiétRï-ia] symétrie.

Ве́жливая де́вочка

1 – Почему́ у тебя́ боли́т живо́т ①?
2 – Снача́ла Ната́ша дала́ мне пирожо́к.
3 Я его́ съе́ла.
4 Пото́м мне предложи́ли ② я́блоко,
5 и я не смогла́ ③ отказа́ться.
6 А по́сле бана́на, апельси́на и ды́ни ④
7 у меня́ заболе́л живо́т.
8 Но я не могла́ ⑤ отказа́ться:
9 я ве́жливая де́вочка! □

Prononciation

viéjliva^{ia} diévatchka **1** *patchimou outibia balit jyvot* **2** *snatchaLa natacha daLa mnié piRajok* **3** *ia ^{ie}vo s°iéLa* **4** *patom mnié pRidLajyli iabLak^a* **5** *i ia nismagLa atkazatsa* **6** *aposl^ié banana apilsina i dyni* **7** *ouminia zabaliéL jyvot* **8** *noïa nimagLa atkazatsa* **9** *ia viéjliva^{ia} diévatchka*

Remarques de prononciation

1, 4 Comme le **ж** est toujours dur, le **и** se prononcera *[y]* : **живо́т** *[jyvot]*, **предложи́ли** *[pRidLajyli]*.

3 Rappelez-vous que le signe dur est là pour "protéger" le **с** du **е**. Ainsi la consonne reste dure : **съе́ла** *[s°iéLa]*.

Notes

① Le verbe **боле́ть** signifie littéralement *faire mal*. Et pour indiquer à qui cela fait mal, on ajoute **у** + le génitif de la personne en question : **У меня́ боли́т живо́т**, *J'ai mal au ventre* ("Le ventre chez moi fait mal"). **У него́ всё боли́т!**, *Il a mal partout* ("Chez lui tout fait mal") *!*

② **предложи́ть** *[pRidLajyt^e]*, *proposer quelque chose* (accusatif) *à quelqu'un* (datif). Nous avons déjà rencontré **говоря́т** *[gavaRiat]*, verbe à la 3ᵉ personne du pluriel, qui, lorsqu'il n'est ▸

Une fille polie

1 –   Pourquoi as-tu mal au ventre *(chez toi ventre fait-mal)* ?
2 –   D'abord, Natacha m'a donné un *pirojok*.
3   Je l'ai mangé.
4   Ensuite, on m'a proposé une pomme
5   et je n'ai pas pu refuser.
6   Et après la banane, l'orange et le melon,
7   j'ai eu mal au ventre *(chez moi est-tombé-malade ventre)*.
8   Mais je ne pouvais pas refuser :
9   je [suis] une fille polie !

4 Observez le mot **яблоко** *[iabLaka]*. Vous constatez qu'il existe plusieurs prononciations possibles pour les **o** inaccentués. Pas de panique : si vous vous trompez, cela ne changera pas le sens du mot. Notez qu'en fin de mot, le **o** sera toujours moins net.
5 Faites attention à la prononciation de la terminaison : **отказа́ться** *[atkazatsa]*.
6 Une suite de sons très proches mais différents est souvent difficile à prononcer : **и дьı́ни** *[idyni]*. Entraînez-vous !
9 Apprenez à bien prononcer ce mot. Ce sera important pour la suite : **де́вочка** *[diévatchka]*.

▸   pas précédé du pronom **они́**, est parfois l'équivalent de *on dit*. Ici aussi, la 3ᵉ personne du pluriel indique une tournure impersonnelle : **Мне предложи́ли я́блоко**, *On m'a proposé une pomme*.

③   **смогла́** est le passé (au féminin) du verbe **смочь** *[smotch']*, *pouvoir*. C'est un passé irrégulier.

④   Rappelez-vous : **по́сле** + génitif. Remarquez que le génitif féminin mou est en **-и** : **дьı́ня** → **дьı́ни** , *melon, du melon*.

⑤   **могла́** est le passé irrégulier (au féminin) du verbe **мочь** *[motch']*, *pouvoir*.

Упражнение 1 – Читайте и переводите

❶ Съешь немного дыни и яблоко. ❷ Я не могла отказаться: они такие добрые! ❸ – Что у тебя болит? – Живот. ❹ Мне предложили пойти в кино. ❺ Наташа дала мне русскую книгу.

Упражнение 2 – Восстановите текст

❶ Je n'ai pas pu refuser.

   Я не смогла . . . .

❷ J'ai mangé deux bananes, trois oranges et quatre melons !

   Я съел два . . . . . . , три . . . . и четыре . . . . !

❸ Tania est une fille très polie.

   Таня – очень . . . . девочка.

❹ J'ai eu mal au ventre juste après le melon.

   У меня . . . . живот . . . . . после дыни.

❺ La petite fille m'a proposé un verre d'eau.

   . . . . предложила мне стакан воды.

Lisez :

пунктуация, хамелеон, корсар, эмоция, сардонический.

пунктуация, хамелеон, корсар, эмоция, сардонический.

Corrigé de l'exercice 1

❶ Mange un peu de melon et une pomme. ❷ Je ne pouvais pas refuser : ils sont si généreux *(si bons)* ! ❸ – Où tu as *(Qu'est-ce qui te fait)* mal ? – Au ventre. ❹ On m'a proposé d'aller au cinéma. ❺ Natacha m'a donné un livre russe.

Corrigé de l'exercice 2

❶ – отказаться ❷ – банана – апельсина – дыни ❸ – вежливая – ❹ – заболел – сразу – ❺ Девочка –

Corrigé :

[pounktouatsyia] ponctuation, [Hamilio-n] caméléon, [kaRsaR] corsaire, [imotsyia] émotion, [saRdanitchiéskiï] sardonique.

Повторе́ние – Révision

1 Prononciation

• **ж** et **ш** sont toujours durs, même suivis d'une voyelle molle. Ainsi, le **и** se prononcera [y] : **предложи́ли** *[pRidLajyli]*, **живо́т** *[jyvot]*.

• Vous savez que certains mots courts (des particules ou des prépositions) peuvent se prononcer d'une seule émission de voix avec le mot suivant. Dans ce cas, leur consonne finale peut s'assourdir au contact de la consonne initiale sourde du mot suivant. Le phénomène contraire existe aussi : les prépositions peuvent devenir sonores au contact d'une initiale sonore du mot suivant. Par exemple, **с дне́м** *[zdniom]*.

2 Les déclinaisons

• **Le nominatif pluriel** des masculins et féminins mous est en **-и** : **ды́ня** *(un melon)* → **ды́ни** *(des melons)*. Les neutres durs sont en **-а** : **лека́рство** *(un médicament)* → **лека́рства** *(des médicaments)*. Nous verrons la formation du pluriel régulier plus en détail dans la prochaine leçon de révision.
Certains noms masculins forment leurs pluriels en **-а** avec le déplacement de l'accent sur la fin du mot : **лес**, *forêt* → **леса́**, *forêts* ; **но́мер**, *numéro* → **номера́**, *numéros* ; **па́спорт**, *passeport* → **паспорта́**, *passeports* ; **ве́чер**, *soir* → **вечера́**, *soirs* ; **до́ктор**, *médecin* → **доктора́**, *médecins* ; **а́дрес**, *adresse* → **адреса́**, *adresses* ; **по́езд**, *train* → **поезда́**, *trains*.
On trouve également des pluriels irréguliers. Quelques exemples : **друг** (m), *ami* → **друзья́**, *amis* ; **цвето́к**, (m) *fleur* → **цветы́**, *fleurs* ; **я́блоко** (n), *pomme* → **я́блоки**, *pommes*.

• **L'accusatif des animés**
Vous connaissez l'accusatif des objets ou des mots *inanimés*. En ce qui concerne les animés masculins, leur accusatif prend la forme du <u>génitif</u> : **до́ктор**, *docteur* (animé) – **Я слы́шу до́ктора**,

J'entends le docteur ; **журнали́сты**, *journalistes* (animé) – **Ты слы́шишь журнали́стов**, *Tu entends les journalistes*. Rien de nouveau à apprendre !

• **Le génitif**
Vous connaissez déjà certains emplois du génitif et la formation du singulier. Le pluriel est un peu plus complexe. Ne refermez pas le livre ! Tout sera bien répété au cours des leçons et vous l'assimilerez sans même vous en apercevoir. Pour l'instant, nous vous proposons seulement la terminaison des masculins durs qui est en **-ов** : **бана́н**, *banane* → **бана́нов** ; **цветы́** (pluriel de l'irrégulier **цвето́к**, *fleur*) → **цвето́в**. Nous verrons le reste au cours des prochaines leçons.

3 Les jours de la semaine

Pour dire le jour de la semaine où se passe l'action, on utilise la préposition **в** + le nom du jour à l'accusatif (le cas du COD) : **в понеде́льник**, *lundi* ; **во вто́рник**, *mardi* (on ajoute le **o** à la préposition **в** pour faciliter la prononciation) ; **в сре́ду**, *mercredi* ; **в четве́рг**, *jeudi* ; **в пя́тницу**, *vendredi* ; **в суббо́ту**, *samedi* ; **в воскресе́нье** *dimanche*.

4 Constructions impersonnelles

• Les verbes pronominaux sans sujet représentent souvent des structures impersonnelles exprimant des envies involontaires (spontanées) ou des états. Par exemple, **хо́чется** *[Hotchitsa]*, *on a envie, on veut*. Pour indiquer le sujet logique (et pas grammatical) on emploie le datif : **мне хо́чется** *[mnié Hotchitsa]*, *j'ai envie*.

• Le mot **жаль** se rapporte à une personne et se traduit en rapport avec le sujet logique : **мне жаль** *[mnié jal]*, *j'ai pitié, je regrette*.

5 Le pronom démonstratif *э́тот*

э́тот *[ê^tat]* varie en genre et en nombre et se décline. Observez les terminaisons, elles nous rappellent celles des noms :

28

э́тот (masculin), *ce*
э́та (féminin), *cette*
э́то (neutre), *ce*
э́ти (pluriel de tous les genres), *ces*

Le pronom démonstratif **э́тот** s'accorde en genre et en nombre avec le mot auquel il se rapporte : **э́тот день**, *ce jour* ; **э́та де́вочка**, *cette fille* ; **э́то шампа́нское**, *ce champagne* ; **э́ти инициа́лы**, *ces initiales*.

6 Le passé des verbes

La formation du passé est très simple : on remplace la terminaison de l'infinitif par le suffixe **-л** et on rajoute les terminaisons que nous avons déjà vues pour les noms et l'adjectif démonstratif.

On ajoute donc la terminaison "zéro" au masculin, **-a** au féminin, **-o** au neutre, et **-и** au pluriel pour tous les genres et toutes les personnes.

Быть *[byt⁸]*, *être*

бы-л, *j'étais, tu étais* (masculin), *il était*
бы-л + **á**, *j'étais, tu étais* (féminin), *elle était*
бы́-л + **о**, *cela était* (neutre)
бы́-л + **и**, *nous étions / vous étiez / ils ou elles étaient* (pluriel)

Remarquez que les terminaisons sont communes pour les verbes de tous les groupes :

Де́лать *[diéLat⁸] faire* : **де́лал, де́лала, де́лало, де́лали**.

Слы́шать *[sLychat⁸] entendre* : **слы́шал, слы́шала, слы́шало, слы́шали**.

Говори́ть *[gavaRit⁸] parler* : **говори́л, говори́ла, говори́ло, говори́ли**.

Pour les verbes irréguliers, c'est souvent la forme entière qui change, mais la terminaison reste la même. Par exemple,

Идти́ *[itti] aller (à pied)* : **шёл, шла, шло, шли** ;
Мочь *[motch'], pouvoir* : **мог, могла́, могло́, могли́**.

Заключи́тельный диало́г

1 В четверг у меня был день рождения.
2 Я пригласила друзей и родственников.
3 Мы пили водку и шампанское...
4 В такую жару всегда хочется пить!

5   А потом мы танцевали.
6   Но вот проблема:
7   после шампанского у меня заболел живот.
8   Саша – доктор, он дал мне лекарство.
9   После лекарства живот больше не болел.
10 Потом все ели мороженое и шутили.
11 Было очень весело!

Traduction

1 Jeudi, c'était mon anniversaire. **2** J'ai invité des amis et des parents. **3** Nous avons bu de la vodka et du champagne… **4** On a toujours soif par cette chaleur ! **5** Et ensuite, nous avons dansé. **6** Mais voilà le problème : **7** Après le champagne, j'ai eu mal au ventre. **8** Sacha est médecin, il m'a donné un médicament. **9** Grâce au *(Après)* médicament je n'ai plus eu mal au ventre. **10** Ensuite, tout le monde a mangé de la glace en faisant des plaisanteries *(et a plaisanté)*. **11** On s'est bien amusé !

Мы пили водку и шампанское…

29 Двадцать девятый урок

[dvatsat^sdiviat^{yi} ouRok]

Новое платье

1 – Зачем тебе в магазин одежды? ①
2 – Мне нужно купить красивые брюки ②,
3 тёплый ③ свитер и зимнюю обувь.
4 А ещё – новое вечернее платье.
5 – У тебя целый шкаф платьев!
6 Поищи в шкафу, может, что-нибудь ④
найдёшь.

Prononciation

*nova^{ié} pLat^sié **1** zatchèm tibié vmagazi-n adiéjdy **2** mnié noujn^a koupit^s kRassivy^{ié} bRiouki **3** tiopL^{yi} svitêR i zimniouiou obouf **4** aïéch'io nova^{ié} vitchiéRnï^é pLat^sié **5** ou tibia tseL^{yi} chkaf pLat^siéf **6** pa-ïchtchy fchkafou moj^ét chtonibout^s naïdioch'*

Remarque de prononciation

3 Même si le mot **обувь** se termine par un signe mou, nous allons considérer, d'un point de vue phonétique, que le *[v]* est le son final du mot. C'est par conséquent lui qui s'assourdit. Pour bien prononcer ce *[f]* ramolli par le signe mou, dites un *[i]* extrêmement court et à voix basse : *[obouf]*.

Notes

① Nous avons déjà vu que les mots indiquant une quantité exigent l'emploi du génitif singulier ou pluriel (voir leçon 21) : **шкаф платьев**, *armoire de robes* (**платье → платьев** : génitif pluriel). Rappelez-vous qu'on utilise aussi le génitif pour les mots qui qualifient ou définissent un autre mot : **магазин одежды**, *magasin de vêtements* (**одежда → одежды** : génitif singulier, car le mot n'existe pas au pluriel). En français, les deux se traduisent par *de*.

② Certains mots sont toujours au pluriel, comme par exemple **брюки** *[bRiouki]*, *pantalon*. D'autres mots comme **обувь**▶

Vous entamez votre cinquième semaine de russe et savez déjà bien lire le cyrillique. À partir d'aujourd'hui, vous n'aurez plus d'exercice de lecture. N'hésitez pas à revenir aux leçons précédentes en cas de besoin !

Nouvelle robe

1 – Pourquoi [dois-tu aller] *(à-toi)* au magasin de vêtements ?

2 – Il faut que j'achète *(à-moi il-faut acheter)* un beau pantalon,

3 un pull chaud et des chaussures d'hiver.

4 Et aussi *(et encore)* une nouvelle robe de soirée.

5 – Tu as une armoire pleine *(entière armoire)* de robes !

6 Cherche dans l'armoire, peut-être [que] tu trouveras quelque chose.

▶ [*obouf'*], *chaussures* et **одéжда** [*adiéjda*], *vêtements*, sont toujours au singulier. L'adjectif s'accorde en genre et en nombre avec le nom : **красивая одéжда → красивые брюки**. Attention ! Il ne faut pas que la traduction française vous induise en erreur quant au nombre (pluriel !) : **красивая одéжда** se traduit en français par *de beaux vêtements* et **красивые брюки** par *un beau pantalon* (singulier !).

③ Observez la traduction de l'adjectif **тёплый** dans les phrases suivantes : **тёплый свитер**, *un pull chaud* ; **тёплый чай**, *un thé tiède*.

④ **чтó-нибудь** s'emploie pour un objet non identifié : *quelque chose, n'importe quoi*. Vous pouvez ajouter **нибудь** aux adverbes interrogatifs pour exprimer cette idée de quelque chose d'indéfini. Ainsi, vous pouvez dire **ктó-нибудь**, *quelqu'un* ; **гдé-нибудь**, *quelque part*, etc. Remarquez que **нибудь** "s'attache" avec un trait d'union.

7 Как говори́тся ⑤,
8 но́вое – э́то хорошо́ забы́тое ста́рое!   □

7 kak gavaRitsa 8 nova^{ié} êt^a HaRacho zabyta^{ié} staRa^{ié}

Notes

⑤ **говори́тся**, *se dit*, est une structure impersonnelle qui se traduit généralement par *on dit*.

***

Упражнение 1 – Читайте и переводите
❶ – Что тебе нужно? – Зимний свитер. ❷ У тебя очень красивые брюки. ❸ Съешь что-нибудь. ❹ Как говорится, ни пуха ни пера! ❺ – Где твои новые брюки? – Поищи в шкафу.

Упражнение 2 – Восстановите текст

❶ – Tu as une nouvelle robe ? – Oui, encore une.
– У тебя новое . . . . . . ? – Да, ещё одно!

❷ Voilà toute une armoire de vêtements.
Вот . . . . . шкаф . . . .

❸ À quoi te sert ce vieux pull ?
Зачем тебе этот . . . . . . свитер?

❹ J'ai besoin d'aller au magasin.
Мне . . . . . в . . . .

7 Comme on dit,

8 on peut faire du neuf avec du vieux *(le neuf c'est du vieux bien oublié)* !

***

Corrigé de l'exercice 1

❶ – De quoi as-tu besoin ? – D'un pull d'hiver. ❷ Tu as un très beau pantalon. ❸ Mange quelque chose. ❹ Comme on dit, m… ! ❺ – Où est ton nouveau pantalon ? – Cherche dans l'armoire.

❻ Quelle belle robe ! Elle est neuve ?

Какое . . . . платье! . . . новое?

Corrigé de l'exercice 2

❶ – платье – ❷ – целый – одежды ❸ – старый – ❹ – нужно – магазин ❺ – красивое – Оно –

Но́вое пла́тье : В магази́не (продолже́ние)

1 – Ой, смотри́, кака́я краси́вая и недорога́я ю́бка...

2 – Ты счита́ешь, что э́то дёшево?!

3 А по-мо́ему, здесь це́ны куса́ются ①.

4 Посмотри́ ②, ско́лько сто́ят э́ти бе́лые сапоги́ ③

Prononciation
*nova^{ié} pLatié (pRadaLj**ê**nïié) vmagaz**i**nié* **1** *oï smatRi kaka^{ia} kRassiva^{ia} i nidaRaga^{ia}* ***i**oupka* **2** *ty chtchita^{ié}ch' chto ê**t**^a d**i**och**ê**v^a* **3** *apamo**ï**émou zdiéssⁱ tsény koussa-ioutsa* **4** *pasmatRi skolka sto**ï**at êti bié**L**y^{ié} sapagui*

Remarques de prononciation
2 • Le **ё** est toujours accentué : **дёшево** *[diochêv^a]*.

• Combinées, les consonnes **сч** peuvent être considérées comme

---

Notes

① **куса́ются** est la 3e personne du pluriel du verbe **куса́ться** *[koussatsa]*, *mordre*. Attention : en français, le verbe n'est pas pronominal !

② Aujourd'hui nous nous attaquons à une notion très importante : l'aspect. Le russe n'a qu'un seul temps passé et un seul futur. Il compense cette "pauvreté temporelle" par la distinction perfectif / imperfectif. Ainsi, à un verbe français vont correspondre deux verbes russes : un premier verbe au perfectif et un deuxième à l'imperfectif. Dans le dialogue d'aujourd'hui par exemple, nous avons deux verbes *regarder* : **смотре́ть** (phrase 1) et **посмотре́ть** (phrase 4). Retenez pour commencer que l'imperfectif exprime une action répétée, une action dans le passé sans résultat définitif, ou une action prise dans son déroulement. Le verbe perfectif ne décrit pas un déroulement mais plutôt une action momentanée, dans un moment▶

Nouvelle robe : Dans le magasin (suite)

1 –   Oh, regarde, quelle belle jupe pas chère !
2 –   Tu trouves que c'est bon marché ?!
3   À mon avis *(Et quant-à-moi)*, ici c'est le coup
          de massue *(ici prix se-mordent)*.
4   Regarde combien coûtent ces bottes blanches,

une entité homogène. Ensemble, elles donnent un son semblable
à **щ** : **счита́ешь** *[chtchita^{ie}ch']*, *tu considères, tu trouves que.*
Le signe mou à la fin du mot n'a qu'une valeur orthographique.
2, 3, 5, 6 N'oubliez pas que **ц, ш** et **ж** sont toujours durs.
3 Rappelez-vous que la terminaison des verbes pronominaux
-тся se prononce *[tsa]* malgré la présence d'un **я** : **куса́ются**
[koussa-ioutsa].

donné, et qui a un résultat. Ainsi, dans le premier cas, on invite
juste l'interlocuteur à regarder la belle jupe. On emploie donc
смотри́, imperfectif, car on ne se préoccupe pas du résultat
de l'action. A la phrase 4 en revanche, on emploie le perfectif
посмотри́ parce qu'on met l'accent sur le résultat de l'action,
on invite son interlocuteur à tirer une certaine conclusion de
l'action qu'on invite à faire ("Regarde combien coûtent ces
bottes…"). Si tout ça ne vous semble pas très clair, ne vous
inquiétez pas : c'est la notion la plus difficile de la langue russe
et nous y reviendrons tout au long de notre étude.

③ Le pluriel des adjectifs est assez facile. Pour les adjectifs durs
masculins en **-ый** (**-о́й** si l'accent tombe sur la dernière syllabe, comme dans l'adjectif interrogatif **како́й** *quel*), féminins
en **-ая**, neutres en **-ое** le pluriel est en **-ые** : **обы́чный**, *ordinaire* ; **обы́чные магази́ны**, *magasins ordinaires*. Pour les
adjectifs mous en **-ий, -яя** et **-ее** le pluriel est en **-ие** : **си́ний**
сапо́г, *botte bleue* → **си́ние сапоги́**, *bottes bleues.*

30

5 или даже обычные синие джинсы!
6 Да даже эта некрасивая куртка…
7 И вообще, тебе нужно ④ платье!

5 ili daj^é abytchny^{ié} sini^{ié} djynsy **6** dadaj^é êt^a nikRassiva^{ia} kouRtka **7** ivapchtchié tibié nouj^{na} pLatié

Notes

④ **ну́жно**, *nécessaire*, s'accorde en genre et nombre avec le sujet (ici la robe). Pour marquer la personne qui ressent le besoin, on emploie le datif (nous verrons la formation de ce cas pour les adjectifs et les noms plus tard) : **им ну́жен сви́тер** (mas-▸

***

Упражнение 1 – Читайте и переводите

❶ По-моему, тебе нужно в магазин. ❷ Ты считаешь, это красивая куртка? ❸ Я хочу купить белые сапоги и синие джинсы. ❹ Вообще, здесь всё очень дёшево. ❺ В этом магазине одежды цены кусаются.

Упражнение 2 – Восстановите текст

❶ Elle a des vêtements pas chers mais beaux.
У неё . . . . , но красивая одежда.

❷ De quelle robe as-tu besoin : une bleue ou une blanche ?
Какое тебе нужно платье: . . . . . или
. . . . . ?

❸ Hier, j'ai été dans un nouveau magasin de vêtements.
Вчера я была в новом . . . . одежды.

❹ Regarde, quel beau blouson d'hiver !
. . . . , какая красивая зимняя . . . . . . !

5 ou même un simple *(bleu)* jean !

6 Et même ce blouson [qui n'est] pas beau…

7 Et puis vraiment *(Et généralement)*, tu as bien besoin d'une robe *(à-toi nécessaire robe)* !

▶ culin), *Ils ont besoin d'un pull* ; **ей нужна́ ю́бка** (féminin), *Elle a besoin d'une jupe* ; **тебе́ ну́жно пла́тье** (neutre), *Tu as besoin d'une robe* ; **ему́ нужны́ брю́ки** (pluriel), *Il a besoin d'un pantalon*. Observez les terminaisons : pas de surprise, n'est-ce pas ? Elles ressemblent aux terminaisons des noms : une consonne pour le masculin, **-a** pour le féminin, **-o** pour le neutre et **-ы** pour le pluriel.

***

Corrigé de l'exercice 1

❶ À mon avis, tu as besoin d'aller au magasin. ❷ Tu trouves que ce blouson est beau ? ❸ J'ai envie d'acheter des bottes blanches et un jean *(bleu)*. ❹ En général, ici, tout est bon marché. ❺ Dans ce magasin de vêtements, c'est le coup de massue *(les prix se-mordent)*.

Вообще, здесь всё очень дёшево.

❺ Dans l'armoire il y a une veste, un jean et une jupe.

В шкафу́ есть ку́ртка, ... и . . . . .

Corrigé de l'exercice 2

❶ –недорога́я– ❷ –си́нее–бе́лое ❸ –магази́не– ❹ Посмотри́*–ку́ртка ❺ – джи́нсы – ю́бка

* смотри́ est également possible.

31 Тридцать пе́рвый уро́к

[tRitsat^spiéRv^{yi} ouRok]

Недоразуме́ние

1 Молодо́й па́па кача́ет ① коля́ску.
2 В коля́ске пла́чет ребёнок.
3 – Возьми́ себя́ в ру́ки!
4 Успоко́йся ②, Оле́г! Не паннику́й!
5 Прохо́жий: – Послу́шайте ③!
6 Прекрати́те говори́ть с ва́шим Оле́гом:

Prononciation

nidaRazoumiéní^{ié} **1** *maLadoï papa katcha^{ié}t kaliaskou*
2 *fkaliask^{ié} pLatchiét Ribion^ak* **3** *vazⁱmi sibia vRouki*
4 *ouspakoïsia aliék ! nipanikouï* **5** *pRaHoj^{yi} pasLouchaït^{ié}*
6 *pRikRatit^{ié} gavaRit^s svachim aliégam*

Notes

① **кача́ет** est la 3e personne du verbe **кача́ть** *[katchat^s]*, *agiter*, *balancer*. Dans l'expression **кача́ть коля́ску**, nous l'avons traduit par *remuer doucement le landau* (avec un mouvement de va-et-vient, en berçant l'enfant).

② Lisez d'abord la note **(3)** qui vous donnera la base pour cette explication. **успоко́йся** est l'impératif du verbe pronominal **успоко́иться** *[ouspakoïtsa]*, *se calmer*. La formation de l'impératif des verbes pronominaux est la même que pour les autres verbes, sauf qu'après le **и** on ajoute **-сь** et après **й**, on ajoute **-ся**. Pour le pluriel on ajoute **-сь** après le те (voir note 3).

③ **послу́шайте** est l'impératif du verbe **послу́шать** *[pasLouchat^s]*, *écouter*. La formation de l'impératif est très simple : on prend le radical du présent de la 2e personne du singulier et on ajoute **-й** si le verbe se termine par une voyelle, ou **-и** s'il se termine par une consonne. Ainsi par exemple **послу́шать** : **послу́ша - ешь → послу́ша + й → послу́шай**, *écoute* ; **идти́ : ид - ёшь → ид + и → иди́**, *va*.

Un malentendu

1   Un jeune papa remue doucement un landau.
2   Dans le landau un bébé pleure.
3 – Ressaisis-toi *(Prends toi-même en mains)* !
4   Calme-toi, Oleg ! Ne panique pas !
5   Un passant : – Écoutez !
6   Arrêtez de parler à votre Oleg :

Remarque de prononciation

3, 8 Habituellement, l'accent tombe sur le mot porteur du sens et pas sur les prépositions ou les mots monosyllabiques. Mais certaines expressions ne suivent pas cette règle. Ainsi, dans **в рýки**, nous pouvons observer une accentuation "normale" du mot **рýки** : *[vRouki]* ; tandis que dans **нá руки**, l'accent se déplace sur la préposition : *[naRouki]*.

Pour former la 2ᵉ personne du pluriel, il faut faire encore un ajout : **-те**. Cette terminaison du pluriel est valable pour tous les verbes sans exception : **послýшай** + **те** → **послýшайте**, *écoutez* ; **идй** + **те** → **идйте**, *allez*.

7 ребёнок вас не понимает.
8 Лучше возьмите ④ его на руки.
9 – Понимаете, Олег – это я! □

*7 Ri**bi**onak vass nipanima**i**ét 8 Lou**tch**ê va**z**'mitié ^{ié}**vo** na**Rou**ki
9 panimaïét^{ié} aliék êt^a ia*

Notes

④ **возьми** est l'impératif du verbe **взять** *[vziatˢ], prendre.*
C'est un verbe perfectif. Vous savez maintenant que le perfectif ne peut pas exprimer le déroulement ou la durée d'une
action. Par conséquent, il n'a pas de présent mais un futur.▸

***

*Jusqu'à présent, dans les exercices, nous vous donnions exclusive-
ment des mots tels qu'ils avaient été utilisés dans les dialogues. À
partir d'aujourd'hui, vous y trouverez les mêmes mots, mais parfois
déclinés d'une autre façon. De cette manière, vous vous habituerez
progressivement à manier les déclinaisons, car c'est un point important de la langue russe.*

Упражнение 1 – Читайте и переводите
❶ Ничего страшного, это просто недоразу-
мение. ❷ У тебя очень молодой папа.
❸ Мальчик качает коляску, а ребёнок плачет.
❹ – У меня сейчас экзамен... – Успокойся, ты
всё знаешь! ❺ Какой у вас приятный ребёнок!

Упражнение 2 – Восстановите текст

❶ Écoutez, ressaisissez-vous !
   Послушайте, возьмите . . . . в руки!

❷ Regarde, ce passant pleure...
   (. .) . . . . . . , этот . . . . плачет...

7 l'enfant ne vous comprend pas.

8 Prenez-le plutôt dans les bras *(Mieux prenez le sur bras)*.

9 – [C'est que] voyez-vous *(Comprenez)*, Oleg, c'est moi !

▶ La conjugaison du futur du verbe perfectif **взять** est la suivante : **возьму́** *[vaz'mou]*, **возьмёшь** *[vaz'mioch']*, **возьмёт** *[vaz'miot]*, **возьмём** *[vaz'miom]*, **возьмёте** *[vaz'miotié]*, **возьму́т** *[vaz'mout]*. L'impératif est donc : **возьм - ёшь →** **возьм + и → возьми́**. Dans la phrase 8, vous avez l'impératif de la 2ᵉ personne du pluriel du même verbe : **возьми + те →** **возьми́те**, *prenez*.

***

Corrigé de l'exercice 1

❶ Ce n'est rien, c'est un simple malentendu. ❷ Tu as un père très jeune. ❸ Le garçon secoue doucement le landau, et l'enfant pleure. ❹ – J'ai un examen, là… – Calme-toi, tu sais tout ! ❺ Quel enfant agréable vous avez !

❸ Arrêtez ! Il ne vous comprend pas !

. . . . ! Он вас не . . . . !

❹ Prenez l'enfant dans les bras.

. . . . ребёнка на руки.

❺ Vous comprenez, aujourd'hui, c'est le jour de mon anniversaire.

. . . . , сегодня мой день рождения.

Corrigé de l'exercice 2

❶ – себя – ❷ (По)смотри – прохожий – ❸ Прекратите – понимает ❹ Возьмите – ❺ Понимаете –

На вечеринке

1 – Я только что видела ① одного ② парня...
2 Он молод и так красив ③!
3 А Таня сказала, что он ещё и богат.
4 Я так хотела бы ④ с ним познакомиться!
5 – Если хочешь, могу познакомить.
6 – Ты его знаешь?
7 – Немного... Это мой жених!   □

Prononciation

navitchiRinkié **1** *ia tolka chto vidiLa adnavo paRnia* **2** *o-n moLat i tak kRassif* **3** *atania skazaLa chtoo-n ich'io ibagat* **4** *iatak HatiéLaby snim paznakomitsa* **5** *iésli Hotchich' magou paznakomit^s* **6** *ty ^{ié}vo znaiéch'* **7** *nimpog^a... êt^a moï j^{y}niH*

Notes

① **видела** est le passé du verbe imperfectif **видеть** *[vid^{ié}t^s]*, *voir*. Relisez la note **(2)** de la leçon 26.

② **одного** est le génitif masculin de **один** *[adi-n]*, *un*. Eh oui, les numéraux cardinaux se déclinent aussi !

③ **молод** et **красив** sont des adjectifs courts. Leur formation est très simple. Pour le masculin, il suffit d'enlever la terminaison : **молод** – **ой**, **красив** – **ый**, **богат** – **ый**. Pour le féminin, on ajoute **-а** : **молод** + **á**, **красив** + **а**, **богат** + **а**. Pour le neutre, on ajoute **-о** : **молод** + **о**, **красив** + **о**, **богат** + **о** ; et pour le pluriel **-ы** : **молод** + **ы**, **красив** + **ы**, **богат** + **ы**. Les adjectifs courts s'utilisent en fonction d'attribut. Ils sont obligatoires après les exclamatifs **так** et **как** : **как он молод!**, *Qu'il est jeune !* ; **Они так богаты!**, *Ils sont si riches !* ▶

Dans une soirée

1 – Je viens de voir *(je seulement que vu)* un jeune
homme…
2   Il est jeune et si beau !
3   Et Tania a dit qu'en plus il était riche *(que il
aussi et riche)*.
4   Je voudrais tellement faire sa connaissance
(avec lui faire-connaissance) !
5 – Si tu veux, je peux [te le] présenter.
6 – Tu le connais ?
7 – Un peu… C'est mon fiancé !

Remarques de prononciation
2 N'oubliez pas que les consonnes sonores s'assourdissent en
position finale : **мо́лод** *[moLat]*, **краси́в** *[kRassif]*.
7 Немно́го *[nimnog^a]* : un mot dans lequel **-ого** se prononce
[og^a].

▶ ④   **хоте́ла бы** : voici le premier emploi du conditionnel. Encore
une fois, nous allons vous dire que c'est facile… et c'est vrai !
Le conditionnel se forme à l'aide de la particule **бы** placée devant ou derrière le verbe au passé. Par exemple, **он сказа́л бы**,
il dirait (il aurait dit) ; **мы бы хоте́ли**, *nous voudrions (nous
aurions voulu)*. Ce n'est pas difficile, vous en conviendrez.

Упражнение 1 – Читайте и переводите

❶ На вечеринке было так весело! ❷ Если он богат, то я хочу с ним познакомиться. ❸ Ты видел этого парня? ❹ – Почему она так молода? – Не знаю. ❺ Ты хотел бы быть в жюри?

Упражнение 2 – Восстановите текст

❶ Mon fiancé est si jeune !
Мой жених так . . . . . !

❷ – Tu sais qui c'est ? – Non, mais il est beau.
– Ты знаешь, кто это? – Нет, но он . . . .

❸ J'ai déjà vu ce beau jeune homme.
Я уже видела этого красивого . . . . . .

---

33   Тридцать тре́тий уро́к

[tRitsat⁵tRiét^ij ouRok]

Сосе́ди ①

1 –   Вы меня не узнаёте ②?

Prononciation
sassiédi 1 vy minia nïouznaïotié

Notes

① **сосе́ди** est le pluriel irrégulier (car normalement, après д, une consonne dure, on s'attendrait à un pluriel en **-ы**) de **сосе́д** *[sassiét]*, *voisin*. Le féminin singulier est **сосе́дка** *[sassiétka]*.

② **узнаёте** est la 2ᵉ personne du pluriel du verbe **узнава́ть** *[ouznavat⁵]*, *reconnaître*. Vous trouverez la conjugaison des verbes avec le suffixe **ва** dans la leçon de révision. Retenez que le verbe **узнава́ть** nécessite l'emploi de l'accusatif.

Corrigé de l'exercice 1

❶ On s'est tellement amusé à la soirée ! ❷ S'il est riche, *(alors)* je veux faire sa connaissance. ❸ As-tu vu ce jeune homme ? ❹ – Pourquoi est-elle si jeune ? – Je ne sais pas. ❺ Tu voudrais être dans le jury ?

❹ Tania a dit que c'était ton fiancé.

Таня . . . . , что это . . . . жених.

❺ Elle voudrait aller au cinéma.

Она . . . . пойти в кино.

Corrigé de l'exercice 2

❶ – молод ❷ – красив ❸ – парня ❹ – сказала – твой – ❺ – хотела бы –

Trente-troisième leçon   33

Les voisins

1 –   Vous ne me reconnaissez pas ?

Соседи.

2 Мы раньше ③ жили рядом ④, на улице Чапыгина.

3 – Ах, конечно! Я и сейчас там живу.

4 А вы теперь где живёте ⑤?

5 – На Невском проспекте, в ⑥ самом центре Питера ⑦!

6 Я оставлю ⑧ вам мой новый адрес:

7 будете рядом, заходите ⑨! ☐

2 my Ra^gne^chê jyli Riad^a^m naoulits^é tchipyguina **3** aH kani**é**chn^a^! ia i sitchass tam jyv**ou 4** a vy tip**ié**R^j^ gdié jyvio**tié 5** nan**ié**vskam pRaspi**é**ktié fsamam tsêntRié pit^ié^Ra **6** iaastavliou vam moï nov^yi^ adr^ié^ss **7** bouditié Riad^a^m zaHaditié

Notes

③ L'adverbe **ра́ньше** a plusieurs significations : *avant, aupara-vant, plus tôt*.

④ Après **ря́дом**, *côte à côte, près de*, on emploie la préposition **c** + l'instrumental.

⑤ **жи́ли** (ph. 2) et **живёте** sont des formes verbales de **жить** *[jyt^s^]*, *vivre* : **живу́, живёшь, живёт, живём, живёте, живу́т**. N'oubliez pas que le **ё** est toujours accentué.

⑥ Les prépositions **на** (phrase 2) et **в** peuvent s'employer avec l'accusatif ou avec le prépositionnel. Suivies de l'accusatif, elles indiquent le lieu vers lequel on se dirige : **я на у́лицу, на проспе́кт**, *Je vais dans la rue/l'avenue* ; **в центр**, *au centre* ▶

***

Упражнение 1 – Читайте и переводите

❶ На Невском проспекте есть большой магазин одежды. ❷ Я живу в самом центре. ❸ – Вы узнаёте этого парня? – Это Сергей. ❹ Раньше мы жили рядом. ❺ – Я оставлю вам яблоко и банан. – Спасибо.

2 Avant, nous habitions à côté, dans la rue
Tchapyguine.

3 – Oh, bien sûr ! J'habite toujours là-bas *(Je et
maintenant là-bas habite)*.

4 Et vous, [vous] habitez où maintenant ?

5 – Avenue Nevsky, en plein centre *(au même
centre)* de Saint-Pétersbourg !

6 Je vais vous laisser mon adresse :

7 si jamais vous êtes *(serez)* à côté, passez !

Remarques de prononciation

2 Dans **чапы́гина** *[tchipyguina]*, le **a** de la syllabe qui précède
la syllabe accentuée se prononce *[i]*.

6 я оста́влю le **я** et le **o** (qui en position non accentuée se transforme en *[a]*) se lient en un seul son qui devient long à cause de
la présence des deux voyelles : *[iaastavliou]*.

▶ *(on se dirige vers)* ; **в Москву́**, *à Moscou (je vais à)*. Suivies
du <u>prépositionnel</u>, elles indiquent le lieu où l'on est : **на у́лице,
на проспе́кте**, *dans la rue, dans l'avenue (on est)* ; **в це́нтре**,
au centre (on est au).

⑦ **Пи́тер** n'est rien d'autre que **Санкт-Петербу́рг** *[sa-nkt
pitiRbourk]*, *Saint-Pétersbourg*, dans la langue parlée.

⑧ **оста́влю** est la 1ʳᵉ personne du singulier du verbe perfectif
оста́вить *[astavitᵉ]* *laisser*. Remarquez qu'à la 1ʳᵉ personne du
singulier (et pas aux autres personnes), un **л** apparaît après le **в** :
оста́влю, оста́вишь, оста́вит, оста́вим, оста́вите, оста́вят.

⑨ Le premier sens du verbe **заходи́ть** *[zaHaditᵉ]* est *entrer*, mais
il peut aussi se traduire par *passer chez quelqu'un*.

***

Corrigé de l'exercice 1

❶ Sur l'avenue Nevsky, il y a un grand magasin de vêtements.
❷ J'habite en plein centre. ❸ – Reconnaissez-vous ce jeune homme ? – C'est Sergueï. ❹ Avant nous habitions à côté. ❺ – Je vous
laisserai une pomme et une banane. – Merci.

34 Упражнение 2 – Восстановите текст

❶ Voici ma nouvelle adresse. Passez !

Вот мой новый . . . . !

❷ – Vous me reconnaissez ? – Bien sûr, nous sommes voisins.

– Вы меня . . . . ? – Конечно, мы –
. . . .

❸ – Il habite à Moscou ? – Non, en plein centre de Saint-Pétersbourg !

– Он живёт в Москве? – Нет, в . . . . .
. . . . . . Питера!

❹ Si vous êtes sur l'avenue Nevsky, passez. J'y habite.

. . . . . . на Невском, заходите. Я там . . . . .

❺ Avant vous habitiez ici, et maintenant, où habitez-vous ?

. . . . . . вы . . . . здесь, а теперь где . . . . . . ?

---

34 Тридцать четвёртый уро́к

[tRitsat⁵tchitvioRtʲⁱ ouRok]

Разочарова́ние

1 – Ма́ма, сего́дня сли́шком хо́лодно,
2   я не могу́ идти́ в шко́лу...

Prononciation

RazatchiRavaniʲé 1 mama sivodnia slichkam HoLadnᵃ 2 ia nimagou itti fchkoLou

Remarques de prononciation

Titre : разочарова́ние *[RazatchiRavaniʲé]* – Faites attention à la prononciation du *a* suivant le *ч* : retenez que dans cette longue suite de voyelles inaccentuées il se prononce *i*.

147 • сто со́рок семь

❶ – адрес – Заходите ❷ – узнаёте – соседи ❸ – самом центре –
❹ Будете – живу ❺ Раньше – жили – живёте

En Russie, sur les enveloppes, l'adresse s'écrit dans l'ordre suivant : pays, code postal (sauf s'il y a des petites cases prévues à cet effet en bas de l'enveloppe), ville, rue, numéro de l'immeuble, numéro de l'appartement et enfin, nom et prénom du destinataire (au datif). Un exemple :

Россия,
394086, г. Воронеж,　　г. *signifie* **го́род**, ville
ул. Южно-Моравская,　ул. *signifie* **у́лица**, rue
д.5, кв.26　　　　　　д. *signifie* **дом**, bâtiment *(litt. "maison")*
Ушанёву Сергею　　　кв. *signifie* **кварти́ра**, appartement

Trente-quatrième leçon　34

Déception

1 – Maman, aujourd'hui, il fait trop froid,
2 je ne peux pas aller à l'école…

34

3 — Да, сын**о**к, ты прав ①.

4 — Ах, как мне жаль ②!

5   Кн**и**ги, уч**е**бники, тетр**а**ди,

6   пр**а**вила и уравн**е**ния ③...

7   Я так любл**ю** шк**о**лу!

8 — Б**е**дный ребёнок ④!

9 — Ну, ничег**о** не под**е**лаешь.

10   Позвон**ю** ⑤ Серёже и позов**у** ег**о** игр**а**ть в сн**е**жки...

                             □

3 da synok typRaf **4** aH kak mnié jal **5** knigui outchiébniki titRadi **6** pRaviLa i ouRavniénï-ia **7** ia tak lioubliou chkoLou **8** biédn^{yi} Ribionak **9** nou nitchivo nipadiéLa^{ié}ch' **10** pazvaniou siRiojê i pazavou ^{ié}vo igRat^s fsnichki

Notes

① on retrouve les terminaisons habituelles pour accorder **прав** avec le sujet : pour le féminin, c'est **права́** ; pour le neutre, **пра́во** ; et pour le pluriel, c'est **пра́вы** .

② Ici, on peut traduire **жаль** par *(c'est) dommage*. Dans d'autres contextes, on le traduit également par *regretter*, ou encore *avoir pitié de*. Dans ce dernier cas, pour marquer la personne qui a pitié ou qui plaint, on utilise le datif devant **жаль**, et l'accusatif pour désigner la personne objet de ce sentiment : **Мне жаль его́**, *Je le plains* (ou **мне его́ жаль**). Notez aussi **Мне жаль**, *Je suis désolé (e)*.

③ Vous connaissez déjà le pluriel des noms. Observez bien les mots suivants : **кни́га → кни́ги** (le mot est dur au singulier, mais il ne peut pas y avoir de **ы** après le **г**), **уче́бник** (masculin en **к**) → **уче́бники** (rappelez-vous qu'après **г**, **к**, **ш** on ne trouve jamais de **ы**), **тетра́дь → тетра́ди** (remarquez qu'un mot "mou" au singulier va forcément garder cette caractéristique au pluriel), **пра́вило → пра́вила**, **уравне́ние → уравне́ния**. ▶

3 – Oui, mon garçon *(fils)*, tu as raison.
4 – Oh, que c'est dommage !
5 Les livres, les manuels, les cahiers,
6 les règles et les équations…
7 J'aime tant l'école !
8 – Pauvre enfant !
9 – Eh bien, rien à faire *(rien ne tu-feras)*.
10 Je vais téléphoner à Serioja pour l'inviter à une partie de *(et appelerai lui jouer aux)* boules de neige…

4, 7 N'oubliez pas de faire la distinction entre les deux **л**. Dans **жаль** *[jal]*, il ressemble au *[l]* français, tandis que dans **шко́лу** *[chkoLou]*, c'est un *[l]* dur.
9 N'oubliez pas que le **г** dans **-его** se prononce *[v]* : **ничего́** *[nitchivo]*.

▸ ④ **ребёнок** : vous connaissez déjà le pluriel irrégulier de ce mot **де́ти** *[diéti]*.

⑤ **позвони́ть** *[pazvanit]*, *téléphoner*, est un verbe perfectif qui nécessite l'emploi du datif. Le datif sans préposition correspond souvent au cas du complément d'attribution (complément d'objet indirect qui se traduira en français à l'aide de la préposition *à*). Le datif des masculins et des neutres durs est en **-у**, les mous l'ont en **-ю** : **Он позвони́л сосе́ду** (**сосе́д** : dur), *Il a téléphoné au voisin* ; **Это пода́рок музе́ю** (**музе́й** : mou), *C'est le cadeau pour le musée*. Le datif des féminins est semblable à leur prépositionnel : il est en **-e**, sauf les féminins qui se terminent par **-ь** qui ont le datif en **-и** et les féminins en **-ия**, dont le datif est en **-ии** : **позвони́ Серёже** (**Серёжа** est un diminutif masculin, mais il se termine par un **а** et se décline donc comme un féminin), *Téléphone à Serioja* ; **но́чи** (**ночь**), *à la nuit* ; **всё Росси́и** (**Росси́я**), *tout est pour la Russie*.

34 **Упражнение 1 – Читайте и переводите**

❶ Ты прав, мне больше ничего не нужно.
❷ Бедный ребёнок! Мне его жаль. ❸ Они знают
все правила и уравнения. ❹ Я так тебя люблю!
❺ – Ты куда? – В школу.

Упражнение 2 – Восстановите текст

❶ Désolé, mais je ne vous reconnais pas.
Мне . . . . , но я вас не . . . .

❷ Il veut acheter des livres, des manuels et des cahiers.
Он хочет купить . . . . . , ... и
. . . .

❸ Allons jouer aux boules de neige.
Пойдём . . . . . в . . . .

❹ Rien à faire : aujourd'hui, je ne peux pas.
. . . . . . не поделаешь: сегодня я не могу.

❺ Tu as raison, il fait trop froid.
Ты . . . . (.) , там . . . . холодно.

*Quand la température descend très bas, les enfants russes ne vont
pas à l'école. Cependant, il n'existe pas de législation bien définie
concernant cette question : presque chaque administration régio-
nale applique ses propres règles. Ce n'est pas étonnant : regardez
le territoire de la Russie sur une carte et vous comprendrez vite
que les températures moyennes varient beaucoup en fonction de
l'endroit, sur cet immense territoire. La législation de la région de
Voronej par exemple, prescrit l'annulation des cours si la température dans la classe descend en dessous de 18°C. Et bien sûr les*

Corrigé de l'exercice 1

❶ Tu as raison, je n'ai plus besoin de rien. ❷ Pauvre enfant ! Je le plains. ❸ Ils connaissent toutes les règles et les équations. ❹ Je t'aime tant ! ❺ – Où vas-tu ? – À l'école.

Corrigé de l'exercice 2

❶ – жаль – узнаю ❷ – книги учебники – тетради ❸ – играть – снежки ❹ Ничего – ❺ – прав(а) – слишком –

autorités locales doivent surveiller la température extérieure, car les enfants ne doivent pas sortir de chez eux si dehors il fait trop froid (aux environs de 20 degrés en dessous de zéro). L'interdiction de sortie est liée à des conditions météorologiques complexes : la température, le vent et l'humidité sont pris en compte. Lors de ces journées si froides les enfants attendent patiemment le départ des parents au travail et ensuite... ils vont jouer dehors avec leurs camarades de classe !

Повторе́ние – Révision

1 Le nom

• Le pluriel des noms

Le nominatif pluriel des <u>masculins qui se terminent par -й ou -ь</u> (masculins mous) forment le pluriel en **-и** : музе́й, *un musée* → музе́и, *des musées* ; дождь, *la pluie* → дожди́, *des pluies*. Les <u>féminins qui se terminent par -я ou -ь</u> (féminins mous) ont le pluriel en **-и** : ды́ня, *un melon* → ды́ни, *des melons* ; ночь, *une nuit* → но́чи, *des nuits*.

Comme vous le savez déjà, <u>les noms neutres en -о</u> (neutres durs) forment leur pluriel en **-а** : де́ло, *une affaire* → дела́, *des affaires*. Les <u>noms neutres en -е</u> (neutres mous) ont le pluriel en **-я** : мо́ре, *la mer* → моря́, *les mers*.

Vous connaissez déjà les lettres (г, к, ж, х, ч, ш, щ) après lesquelles il ne peut pas y avoir de ы et donc, là, on retrouvera la terminaison и au lieu de ы : сапо́г, *une botte* → сапоги́ *des bottes* ; ку́ртка, *une veste* → ку́ртки, *des vestes*.

• Le datif

Les noms masculins et neutres durs forment le datif en **-у** et les mous en **-ю** : дал кни́гу сосе́ду (сосе́д + у), *Il a donné le livre au voisin* ; дождь, *pluie* (malgré le signe mou à la fin, c'est un masculin !) → дождю́, *à la pluie*. Le datif des féminins est égal à leur prépositionnel : en **-е**, sauf pour les féminins se terminant en **-ь** qui ont le datif en **-и** et les féminins en **-ия** avec le datif en **-ии**. Par exemple : позвони́ ма́ме (ма́ма), *téléphone à maman* ; но́чи (ночь : féminin), *à la nuit* ; конститу́ции (конститу́ция : féminin), *à la constitution*.

2 Les adjectifs

• Le pluriel

Le pluriel des adjectifs est assez facile, car il n'y a que deux terminaisons pour tous les genres : une dure et une molle.

Pour les <u>adjectifs durs</u> en **-ый** (**-ой** si l'accent tombe sur la dernière syllabe, comme dans l'adjectif interrogatif **како́й**, *quel*), en **-ая**, et en **-ое** le pluriel est en **-ые** : **краси́вый** (masculin) **ребёнок**, *bel enfant* → **краси́в**ые **де́ти**, *beaux enfants* ; **бе́лая** (féminin) **ку́ртка**, *blouson blanc* → **бе́л**ые **ку́ртки**, *blousons blancs* ; **но́вое пла́тье**, *nouvelle robe* (neutre) → **но́в**ые **пла́тья**, *nouvelles robes*.

Pour les <u>adjectifs mous</u> en **-ий**, **-яя** et **-ее**, le pluriel est en **-ие** : **си́няя ю́бка**, *jupe bleue*, → **си́н**ие **ю́бки**, *jupes bleues*. Les adjectifs mous n'ont jamais d'accentuation finale.

Et bien sûr, n'oubliez pas les règles de l'incompatibilité orthographique : pas de **ы** après **г, к, ж, х, ч, ш**, et **щ**. Ainsi, nous avons : **како́й** (adjectif dur) → **как**ие (adjectif dur mais avec la terminaison d'un mou en raison de l'incompatibilité orthographique).

• Les adjectifs courts
Vous avez déjà rencontré des adjectifs longs mous et durs qui s'accordent avec les noms auxquels ils se rapportent. Vous connaissez leurs terminaisons (voir la leçon 7). Certains adjectifs qualificatifs peuvent devenir courts, et dans ce cas ils jouent le rôle d'attribut. Pour le masculin il suffit d'enlever la terminaison : **молод** – **о́й**, **хоро́ш** – **ий**, **до́бр** – **ый**. Pour le féminin, on ajoute **-а**, pour le neutre **-о** et pour le pluriel **-ы** (**-и** après **г, к, ж, х, ч, ш** et **щ**). Remarquez que l'accent du féminin est final : **молода́**, **хороша́**, **добра́**. Le neutre des adjectifs courts correspond à l'adverbe : **хорошо́**, *bien* ; **пло́хо**, *mal*.

3 Le pronom/adjectif possessif

• Pour le nominatif :

Masculin	Féminin	Neutre	Pluriel
мой *ton*	**моя́** *ta*	**моё** *ton*	**мои́** *mes*
твой *ton*	**твоя́** *ta*	**твоё** *ton*	**твои́** *tes*
свой *son*	**своя́** *sa*	**своё** *son*	**свои́** *ses*

35 Tous ces possessifs se ressemblent suivant le genre. L'adjectif **свой** est utilisé pour toutes les personnes lorsque la possession appartient au sujet de la proposition (l'agent de l'action). Si le possesseur n'est pas le sujet de la proposition, on utilise **егó** pour le masculin et **её** pour le féminin. Attention, dans ce cas, l'adjectif s'accorde avec le possesseur.

Par exemple, **э́то её жени́х**, *c'est son fiancé* (c'est son fiancé à elle ; même si **жени́х** est du masculin, le possessif est au féminin, car il s'accorde avec le possesseur sous-entendu – ici une femme) ; **э́то егó кни́га**, *c'est son livre* (c'est son livre à lui ; même si **кни́га** est du féminin, le possessif est au masculin, car il s'accorde avec le possesseur sous-entendu – ici un homme).

En ce qui concerne les possessifs pluriels, ce n'est pas difficile non plus :

Masculin	Féminin	Neutre	Pluriel
наш *notre*	**на́ша** *notre*	**на́ше** *notre*	**на́ши** *nos* (pour tous les genres)
ваш *votre*	**ва́ша** *votre*	**ва́ше** *votre*	**ва́ши** *vos* (pour tous les genres)

Le pluriel de la 3ᵉ personne est le même pour tous les genres : **их**, *leur, leurs*. Par exemple, **их кни́га**, *leur livre* (féminin singulier), **их де́ти**, *leurs enfants* (pluriel), **их ре́плики**, *leurs répliques* (féminin pluriel), **их до́ктор**, *leur médecin* (masculin).

4 Les temps

• L'aspect

Le verbe russe existe sous deux "aspects" : le perfectif et l'imperfectif.

Chaque verbe français aura donc dans la plupart des cas deux traductions en russe. Retenez que c'est le point de vue sous lequel on envisage l'action qui détermine le choix de l'aspect. Ainsi, l'imperfectif exprime une action en mettant l'accent sur son caractère répétitif ou sur son déroulement sans se préoccuper de son résultat.

Le verbe perfectif décrit plutôt une action ponctuelle, circonstanciée, et qui a un résultat. Ainsi, au présent, on utilise l'imperfectif, car le perfectif ne peut pas décrire un déroulement actuel (il n'a pas de présent mais un futur).

La notion de l'aspect est bien complexe mais elle s'éclaircira petit à petit. Nous y reviendrons à plusieurs reprises.

• L'impératif

Pour former l'impératif, il faut prendre le radical du présent de la 2ᵉ personne du singulier et ajouter **-й** si le verbe se termine par une voyelle, ou bien **-и** s'il se termine par une consonne. Par exemple, **узнава́ть**, *reconnaître* : **узна - ёшь + й → узна́й!**, *Reconnais !* ; **идти́**, *aller à pied* : **ид - ёшь + и → иди́**, *Va !* Pour former l'impératif pluriel, ajoutez **-те** au singulier : **иди́те! ** *Allez !*

• Conditionnel

Le conditionnel est très facile à former : la particule **бы** se place devant ou derrière le verbe au passé. Ainsi, il est possible de dire : **я (бы) хоте́л бы пойти́ в кино́**, *Je voudrais (j'aurais voulu) aller au cinéma* ; **они́ (бы) купи́ли бы э́то лека́рство**, *Ils achèteraient (auraient acheté) ce médicament.*

• La conjugaison des verbes avec le suffixe ва

Pour former le présent des verbes avec le suffixe **ва**, il faut enlever le suffixe et la terminaison **ть** et rajouter les terminaisons habituelles. Retenez qu'au lieu de **e**, un **ё** apparaît.

Par exemple, **дава́ть**, *donner* : **да-ю́, да-ёшь, да-ёт, даём, да-ёте, да-ю́т**. Attention, le suffixe est conservé au passé : **дава́л, дава́ла, дава́ло, дава́ли**.

Ты знаешь его адрес?

1 – Я то́лько что ви́дела Серге́я. Позвони́ ему́.
2 – Заче́м?
3 – Тебе́ ну́жно купи́ть брю́ки? Ему́ то́же.
4 Иди́те пря́мо сейча́с.
5 – То́чно! Мне ну́жно но́вое пла́тье!
6 – Послу́шай, у тебя́ це́лый шкаф пла́тьев...
7 По-мо́ему, тебе́ нужны́ краси́вые брю́ки.
8 – Ты зна́ешь его́ а́дрес?
9 – Да, он живёт в це́нтре, на Не́вском проспе́кте.
10 – Там ря́дом есть недорого́й магази́н!
11 Ты права́.
12 Позвоню́ ему́ и позову́ его́ в магази́н оде́жды.

---

36 **Три́дцать шесто́и уро́к**

[tRitsat^echystoï ouRok]

Кто ла́ет?

1 – Игорёк ①, как мя́укает кот?
2 – Мя́у-мя́у.

Prononciation
kto La^{ié}t 1 igaRiok kak mïouka^{ié}t kot 2 miaou-miaou
Remarques de prononciation
1 мя́укает *[mïouka^{ié}t]* : n'oubliez pas que le **я** non accentué,
quand il se trouve devant la syllabe accentuée, se prononce *i*.

Traduction

1 Je viens de voir Sergueï. Appelle-le. **2** Pour quoi faire ? **3** Tu as besoin d'acheter un pantalon ? Lui aussi. **4** Allez-y tout de suite. **5** Exact ! J'ai besoin d'une nouvelle robe ! **6** Écoute, tu as une pleine armoire de robes… **7** À mon avis, tu as [plutôt] besoin d'un beau pantalon. **8** Connais-tu son adresse ? **9** Oui, il habite au centre, avenue Nevsky. **10** *(Là-bas)* À côté, il y a un magasin pas cher ! **11** Tu as raison. **12** Je vais lui téléphoner pour l'inviter *(mot à mot vu en leçon)* [à aller] au magasin de vêtements.

Trente-sixième leçon   36

Qui aboie ?

1 – Igoriok, comment miaule le chat ?
2 – Miaou, miaou.

Notes

① **Игорёк** est le diminutif du prénom **Игорь**, *Igor*.

3 – А как мыч**и**т ② кор**о**ва?

4 – М**у**!

5 – А как крич**и**т пет**у**х?

6 – Кукарек**у**!

7 – Молод**е**ц, всё зн**а**ешь!

8 А кто зло г**а**вкает «гав-гав»? Соб**а**ка?

9 – Нет, б**а**бушка!

10 Когд**а** д**е**душка не помог**а**ет б**а**бушке ③ мыть пос**у**ду ④... □

3 akak mytchit kaRova 4 mou 5 akak kRitchit pitouH 6 koukaRikou 7 maLadiéts fsio znaïéch' 8 akto zLo gafka^{ié}t gaf-gaf ? sabaka 9 niét babouchka 10 kagda diédouchka nipamaga ^{ié}t babouchk^{ié} myt^s passoudou

Notes

② Rappelez-vous qu'on ne peut jamais avoir de **ы** après le **ч** en raison de l'incompatibilité orthographique : **мыч**и**т**.

③ **помог**а**ть** est un verbe qui nécessite l'emploi du datif : **д**е**душка не помог**а**ет б**а**бушке**, *Le grand père n'aide pas la grand-mère*. Le datif des féminins qui se terminent en **-а/ -я** est en **-e**.

④ **пос**у**да**, *vaisselle*, est un des mots qui sont toujours au singulier.

***

Упражнение 1 – Читайте и переводите

❶ Почему он так зло кричит? ❷ – У тебя есть кот? – Нет, у меня есть корова. ❸ Мой дедушка очень добрый. ❹ Почему твоя собака всё время гавкает? ❺ – Когда у тебя экзамены? – Ещё не знаю.

3 – Et comment meugle la vache ?

4 – Meuh !

5 – Et comment crie le coq ?

6 – Cocorico !

7 – Bravo, tu sais tout *(tout sais)* !

8 Et qui aboie hargneusement *(méchamment)* "ouah-ouah" ? Le chien ?

9 – Non, [c'est] grand-mère !

10 Quand grand-père n'aide pas grand-mère *(n'aide à grand-mère)* à faire *(laver)* la vaisselle…

***

Corrigé de l'exercice 1

❶ Pourquoi crie-t-il si méchamment ? ❷ – As-tu un chat ? – Non, j'ai une vache. ❸ Mon grand-père est très bon. ❹ Pourquoi ton chien aboie-t-il tout le temps ? ❺ – Quand as-tu tes *(les)* examens ? – Je ne sais pas encore.

Упражнение 2 – Восстановите текст

❶ – Tu sais tout ? – Je pense que oui. – Bravo !
– Ты всё . . . . . . ? – Думаю, да. – . . . . !

❷ C'est bien de sa part : il aide grand-mère et son frère.
Он молодец: . . . . бабушке и брату.

❸ Le chien aboie et le chat miaule.
Собака . . . . , а . . . мяукает.

❹ – Qui crie ici ? – Ah ! C'est papa…
– Кто здесь . . . . . . ? – А! Это папа...

❺ Tu sais comment je m'appelle ?
Ты знаешь, . . . меня . . . . . ?

---

37   Тридцать седьмо́й уро́к

[tRitsat⁵sid'moï ouRok]

На приёме ① у врача́

1 – На что жалуетесь?
2 – Доктор, у меня часто болит ② голова.
3 – Хорошо.
4 – Ещё у меня слабый желудок

Prononciation
napRï-iom^{ié} ou vRatcha 1 nachto jaLou^{ié}t^{ié}ssⁱ 2 doktaR ouminⁱa tchast^a balit gaLava 3 HaRacho 4 ^{ié}chio ouminⁱa sLab^{yi} jyLoudak

Remarques de prononciation
1 Souvenez-vous que le **ч**, dans le mot **что**, se prononce [ch] : [chto].

Notes
① **приём** signifie littéralement *accueil, réception*. Mais on traduit **На приёме у врача́** par *En consultation chez le médecin,*

❶ – знаешь – молодец ❷ – помогает – ❸ – лает – кот –
❹ – кричит – ❺ – как – зовут

Consultation chez un médecin

1 –   De quoi vous plaignez-vous ?
2 –   Docteur, j'ai souvent mal à la tête.
3 –   Bien.
4 –   Et puis *(encore)* j'ai un estomac faible

▶ ② Vous connaissez déjà le verbe **болит**. À présent, nous allons
vous livrer un petit secret : en russe, il y a deux verbes **болеть**
identiques à l'infinitif. Le premier signifie *faire mal, avoir mal
quelque part*, et le deuxième signifie *être malade*. Attention,
leur conjugaison est différente. Pour l'instant, étudions celui
que vous avez déjà rencontré. Il se conjugue à la 3e personne
du singulier ou du pluriel. Par exemple, **У бабушки** (génitif)
болит живот, *Grand-mère a mal au ventre* ; **У нас** (génitif)
болят животы, *Nous avons mal au ventre*.

5   и проблемы с пищеварением ③.
6 – Хорошо...
7 – Расшатанная нервная система...
8 – Хорошо...
9 – Я часто впадаю в депрессию...
10 – Очень хорошо...
11 – Доктор, да что же здесь хорошего?
12 – Хорошо, что у меня всего этого нет ④!   □

5 ipRabli**é**my spichtchivaRi**é**n**ᶦᵉ**m   **6**   HaRach**o**
7 Raschatanaïa ni**é**Rvna**ⁱᵃ** sisti**é**ma **8** HaRach**o 9** ia tchast**ᵃ**
fpadaïou vdipRi**é**ssï-iou **10** otchi**ⁱᵍⁿᵉ** HaRach**o 11** doktaR
d**ᵃ**chtoj**ᵉ** zdi**é**ss**ⁱ** HaRoch**ʸ**v**ᵃ 12** HaRach**o** chto oumini**a** fsiv**o**
ê**t**av**ᵃ** ni**é**t

11 Vous savez déjà que la terminaison **-его** se prononce *[-iva]*.
Dans le mot **хорошего**, le **е** non accentué se prononce *[i]*, mais
comme il est précédé du **ш** qui est toujours dur, il va se prononcer comme un **ʸ** léger. Remarquez que le **о** final est très atténué :
*[HaRoch**ʸ**v**ᵃ**]*.

***

Упражнение 1 – Читайте и переводите
❶ Очень хорошо, что у вас этого нет. ❷ – Он
так молод! – Да, но у него уже слабый желудок.
❸ – Что у вас болит? – Голова. ❹ Вы так часто
жалуетесь! ❺ – Алло! Ты где? – На приёме у
врача.

5 et des problèmes [de] *(avec)* digestion.

6 – Bien…

7 – Le système nerveux détraqué…

8 – Bien…

9 – Je suis souvent déprimé *(Je souvent tombe dans dépression)*…

10 – Très bien…

11 – Docteur, mais qu'y a-t-il donc *(là)* de bien dans tout cela ?

12 – [C'est] bien que *(chez)* moi, je n'aie pas tout cela *(tout cela il-n'y-a-pas)* !

Notes

③ La préposition **с**, *avec*, nécessite l'emploi de l'instrumental. Les masculins et les neutres mous ont l'instrumental en **-ем** : **пищеварéние** (neutre mou) → **с пищеварéнием**.

④ **всегó э́того нет.** Vous savez que l'ordre des mots en russe est assez libre. Pour bien comprendre la structure de cette phrase, il faut tout d'abord "retourner" les mots : **нет всегó э́того**, *il n'y a pas tout cela*. Vous savez sûrement dire *tout cela* : **всё э́то** *[fsio ét³]*. Ceci est le nominatif. Après une négation exprimant l'absence, on utilise le génitif : **всегó э́того**.

***

Corrigé de l'exercice 1

❶ C'est très bien que vous n'ayez pas cela. ❷ – Il est si jeune ! – Oui, mais il a déjà l'estomac fragile. ❸ – Où avez-vous mal ? – À la tête. ❹ Vous vous plaignez si souvent ! ❺ – Allô ! Où es-tu ? – En consultation chez le médecin.

Упражнение 2 – Восстановите текст

❶ Grand-mère a souvent mal à la tête.
У бабушки часто болит . . . .

❷ – De quoi vous plaignez-vous ?
– На что . . . . ?

❸ Il a l'estomac fragile.
У него слабый . . . .

❹ Tu le connais : il est souvent déprimé.
Ты его знаешь: он . . . . впадает в
. . . .

❺ Le grand-père a le système nerveux détraqué.
У . . . . расшатанная . . . . система.

---

38 Тридцать восьмо́й уро́к
[tRitsatᵉvassⁱmoï ouRok]

Медици́нский осмо́тр

1 – Что вас беспоко́ит?
2 – Ничего́. У меня́ всё в поря́дке.
3 – Вы ку́рите? Пьёте ①?

Prononciation
*miditsi-nskⁱⁱ asmotR 1 chto vass bispakoïт 2 nitchivo. ouminia
fsio fpaRiatkié 3 vy kouRitⁱᵉ piotⁱᵉ*

Remarques de prononciation
2 Faites attention aux consonnes sonores qui s'assourdissent : **в
поря́дке** *[fpaRiatkié]*, **в семь** *[fsiémⁱ]*.

Corrigé de l'exercice 2

❶ – голова ❷ – жалуетесь – ❸ – желудок ❹ – часто – депрессию
❺ – дедушки – нервная –

На приёме у врача.

Trente-huitième leçon   38

Prenez le temps de lire les notes. Elles sont conçues pour vous évi-
ter l'apprentissage de la grammaire d'une manière trop scolaire.
Nous vous y rappelons souvent des points que vous avez déjà vus
tout en les complétant petit à petit. C'est grâce à cette progressivité
que vous assimilerez la grammaire sans trop d'effort.

Examen *(inspection)* médical

1 – Qu'est-ce qui ne va pas *(vous dérange)* ?
2 – Rien. Tout va bien *(Chez moi tout en ordre)*.
3 – Vous fumez ? Vous buvez ?

Notes

① Le verbe **пить** *[pit⁽ᵉ⁾]*, *boire*, est un irrégulier du premier groupe
(car on retrouve les terminaisons de la première conjugaison).
Voici sa conjugaison : **я пью, ты пьёшь, он пьёт, мы пьём,**
вы пьёте, они пьют.

4 – Нет, никогда не курил и не пил,
5   даже по праздникам: берегу здоровье.
6 – Вас мучает бессонница?
7 – Нет, сплю ② óчень хорошо:
8   ложусь ③ в девять, а встаю ④ в семь.
9   Ем только здоровую пищу.
10   Не читаю и не смотрю телевизор:
11   берегу зрение.
12   Не смеюсь, так как боюсь морщин.
13 – Да... жить вы будете ⑤ долго,
14   если не умрёте от скуки ⑥!   □

---

4 niét nikagda nikouRiL i nipiL **5** dajê papRaznikam biRigou zdaRovié **6** vass moutcha^{ie}t bissonitsa **7** niét spliou otchi^{gne} HaRacho **8** Lajoussⁱ vdiévit^s a fstaïou fsiémⁱ **9** iém tolka zdaRovouïou pichtchou **10** nitchitaïou i nismatRiou tilivizaR **11** biRigou zRiéni^{ié}

Notes

② **спать** [spat^s], *dormir* (2e groupe), se conjugue comme suit : **я сплю, ты спишь, он спит, мы спим, вы спи́те, они́ спят.** Remarquez que l'irrégularité n'apparaît qu'à la 1re personne du singulier, comme dans la conjugaison du verbe **оста́вить** (cf. la note 9 de la leçon 33).

③ La conjugaison des verbes pronominaux n'est pas difficile : elle est la même que celle des verbes "normaux", sauf qu'il faut ajouter **-сь** ou **-ся** à la fin, derrière les terminaisons habituelles. Observez la conjugaison d'un verbe pronominal du deuxième groupe et comparez les terminaisons avec le verbe du deuxième groupe de la note (2) : **я ложу́сь, ты ложи́шься, он ложи́тся, мы ложи́мся, вы ложи́тесь, они́ ложа́тся.** Les seules différences (à part la présence de la particule propre aux verbes réfléchis) sont les variations **а / я** et **у / ю** à la 1re personne du singulier et à la 3e personne du pluriel, ce qui est dû à la distinction entre les terminaisons dures et molles qui, à son tour, est due à l'incompatibilité orthographique (pas de **ю** ni de **я** après le **ж**). ▸

4 – Non, je n'ai jamais fumé ni bu,
5   même les jours de fête : je protège *(préserve)* [ma] santé.
6 – Vous souffrez d'insomnie *(Vous tourmente l'insomnie)* ?
7 – Non, je dors très bien :
8   je me couche à neuf [heures] et me lève à sept [heures].
9   Je mange seulement de la nourriture saine.
10   Je ne lis pas et je ne regarde pas la télé :
11   je préserve ma vue.
12   Je ne ris pas, car j'ai peur des rides.
13 – Oui… vous allez vivre longtemps,
14   si vous ne mourez *(mourrez)* pas d'ennui !

12 nismï-*iou*ssⁱ takkak baïou*ss*ⁱ maRchtchi-n **13** da jyt^s vy b**o**uditié d**o**Lg^a **14** **ié**sli nioumRiot^{ié} atsk**o**uki

5 • **пра́здникам** *[pRaznikam]* : le д au milieu du mot ne se prononce pas.
• **здоро́вье** *[zdaRov'ié]* : la présence du signe mou est marquée par le petit *['ï]* qu'on prononce comme un *[i]* très bref.

▶ ④ **встава́ть** *[fstavat^s]*, *se lever*. Attention, ce verbe n'est pas pronominal en russe !

⑤ **жить вы бу́дете...** Après une petite manipulation avec l'ordre des mots (vous y êtes déjà habitué, n'est-ce pas ?), nous retrouvons la phrase suivante : **вы бу́дете жить**. Si on traduit littéralement, on aura "vous serez vivre", sauf que nous n'allons pas chercher la traduction littérale ! Permettez-nous de vous présenter un nouveau temps russe : le futur composé. Il ressemble par sa forme au futur immédiat français dans lequel le verbe *aller* perd également son sens premier et devient auxiliaire. **бу́дете** est, comme vous pouvez le deviner, le verbe *être* qui est devenu auxiliaire. Nous allons voir la formation du futur composé dans la leçon de révision.

⑥ Après la préposition **от**, on utilise le génitif. C'est une préposition qui indique ou le lien causal ou la provenance : **от ску́ки**, *d'ennui* ; **от меня́**, *de ma part, de chez moi*.

38 **Упражнение 1 – Читайте и переводите**

❶ – Как дела?– У меня всё в порядке. ❷ Когда я смотрю телевизор, я смеюсь... ❸ – Хотите мороженое? – Нет, я ем только здоровую пищу. ❹ Я не читаю, так как берегу зрение. ❺ – Вы курите? – Нет, берегу здоровье.

Упражнение 2 – Восстановите текст

❶ – Avez-vous une bonne vue ? – Je ne m'en plains pas.
   – У вас хорошее . . . . . . ? – Не . . . .

❷ Je ne fume pas et je ne bois pas.
   Я не . . . . и не . . . .

❸ – Vous riez souvent *(en général)* ? – Non ! J'ai peur des rides.
   – Вы вообще . . . . ? – Нет! Я . . . . .
   морщин.

❹ Même les jours de fête, je me couche à neuf heures.
   Даже по . . . . я . . . . . в девять.

❺ – Vous lisez ? – Non, je regarde la télé.
   – Вы . . . . ? – Нет, ... телевизор.

Les notes vous présentent parfois la conjugaison d'un verbe. Il ne s'agit pas de l'apprendre par cœur, mais d'en faire la connaissance. Lisez-la une ou deux fois à voix haute : la prochaine fois que vous rencontrerez une de ces formes, elle vous semblera déjà familière et l'assimilation se fera plus facilement. Si, ultérieurement, vous souhaitez revoir une conjugaison, reportez-vous à l'index grammatical (en fin d'ouvrage) : il vous indiquera à quelle leçon vous pourrez la retrouver.

Corrigé de l'exercice 1

❶ – Comment ça va ? – Pour moi tout va bien. ❷ Quand je regarde la télé, je ris… ❸ – Voulez-vous une glace ? – Non, je ne mange que de la nourriture saine. ❹ Je ne lis pas car je préserve ma vue. ❺ – Fumez-vous ? – Non, je veille sur ma santé.

Corrigé de l'exercice 2

❶ – зрение – жалуюсь ❷ – курю – пью ❸ – смеётесь – боюсь – ❹ – праздникам – ложусь – ❺ – читаете – смотрю –

Ему́ не повезло́ ①!

1 – Ско́лько тебе́ лет ②, Са́шенька?
2 – Мне пять лет.
3 – А ско́лько лет твое́й сестре́?
4 – Ей два го́да.
5 – А твоему́ бра́ту? ③
6 – Ему́ три неде́ли.
7 – А почему́ он так си́льно пла́чет?
8 – Как же ему́ не пла́кать?
9 У него́ нет ни воло́с, ни зубо́в, ④

Prononciation

ⁱᵉmou nipavizLo **1** *skolkᵃ tibié liét, sachyᵍⁿᵉka* **2** *mnié piatᵉ liét* **3** *askolkᵃ liét tva-iéï sistRié* **4** *iéï dva goda* **5** *atvaïmou bRatou* **6** *ⁱᵉmou tRi nidiéli* **7** *a patchimou o-n tak silⁿᵃ pLatchit* **8** *kakjᵉ* *ⁱᵉmou nipLakatᵉ* **9** *ounivo niét nivaLoss nizoubof*

Notes

① Le verbe perfectif **повезти́** *[pavisti]* signifie *avoir de la chance*. La personne qui a eu de la chance (ou qui n'en a pas eu) se met au datif. Ainsi, nous traduirons **мне не повезло́** par *Je n'ai pas eu de chance*. Ici, le verbe est au passé.

② En répondant à la question **Ско́лько тебе́ лет?**, *Quel âge as-tu ?*, il faut être bien attentif. Après les chiffres 2, 3 et 4, on utilise **го́да** *[goda]*, le génitif singulier de **год** *[got]*, *an*, *année* : **два го́да**. À partir de 5, on utilise le génitif pluriel irrégulier **лет** *[liét]* : **мне пять лет**.

③ **Ско́лько тебе́ лет?** (ph. 1) est construit avec le datif **(тебе́)**, et la réponse nécessite donc également l'emploi du datif : **Мне**▸

Il n'a pas eu de chance !

1 – Quel âge as-tu *(Combien à-toi années)*, Sachenka ?
2 – J'ai *(à-moi)* cinq ans.
3 – Et quel âge a *(combien années à-)* ta sœur ?
4 – Elle a *(À-elle)* deux ans.
5 – Et *(à-)* ton frère ?
6 – Il a *(À-lui)* trois semaines.
7 – Mais pourquoi pleure-t-il si fort ?
8 – Comment pourrait-il ne pas pleurer *(Comment donc à-lui ne-pas pleurer)* ?
9   Il n'a ni cheveux ni dents,

Ему не повезло !

▸   **пять лет** (ph. 2). Ainsi, dans la phrase **А твоему́ бра́ту?**, on retrouve le datif de **брат**. Remarquez que l'expression elle-même **(Ско́лько лет)** est sous-entendue.

④   Pour exprimer l'absence (exprimée en français par "il n'y a pas…"), on utilise la construction **нет** + génitif. En fait, il s'agit de la contraction de **не есть** (la 3e personne du singulier de **быть**, *être*) qui n'existe plus que sous cette forme : **Нет уро́ка**, *Il n'y a pas de cours* ; **У нас нет пробле́м**, *Nous n'avons pas de problèmes*.

10 ноги ⑤ не держат, и руки не слушаются...
11 На его месте ⑥ вы бы ещё не так
заплакали ⑦!

        ☐

Notes

⑤ Curieusement, le mot **ногá** *[naga]* peut se traduire soit par *pied*, soit par *jambe*, selon le contexte !

⑥ La préposition **на** peut indiquer l'endroit sur lequel se trouve l'objet ou la personne (sans mouvement), ou l'endroit vers la surface duquel on déplace l'objet (avec mouvement). S'il s'agit du premier cas (sans mouvement), on utilise le prépositionnel après la préposition : **на мéсте**, *sur place*. Dans l'expression du dialogue **на егó мéсте**, *à sa place*, le sens est bien sûr figuré. Vous pouvez revoir la formation du prépositionnel singulier en consultant la leçon 21.

     ▶

***

Упражнение 1 – Читайте и переводите

❶ – Сколько тебе лет? – А тебе? ❷ У дедушки нет ни волос, ни зубов. ❸ Ну, тебе просто не повезло! ❹ – Почему она плачет? – У неё болит живот. ❺ Почему ты на моём месте?

Упражнение 2 – Восстановите текст

❶ Je suis si fatigué que je ne tiens pas debout !
Я так . . . . . , что меня . . . . не держат!

❷ – Quel âge a ta sœur ? – Trois semaines.
– Сколько . . . твоей сестре? – Три . . . .

❸ – À votre place… – Vous n'êtes pas à ma place !
– . . вашем месте... – Вы . . на моём . . . . . !

❹ Comment peut-il ne pas pleurer ? Il n'a vraiment pas eu de chance !
Как же ему не . . . . ? Ему так не
. . . . !

10 il ne peut pas se tenir debout *(jambes ne tiennent)* et ses bras ne [lui] obéissent pas…

11 À sa place vous pleureriez encore bien davantage *(encore pas comme ça)* !

10 *nogui nidiéRjat i Rouki nisLoucha-ioutsa* **11** *naïévo miést^{ié} vyby ichtchio nitak zapLakali*

⑦ Comparez ces deux verbes qui sont traduits par *pleurer* : **плáчет** (ph. 8) est le verbe **плáкать** *[pLakat^s]* à la 3e personne du singulier au présent, et **заплáкали** *[zapLakat^s]* est le verbe **заплáкать** au passé. La différence est que le premier est imperfectif et le deuxième perfectif. Pour vous remémorer cette différenciation, relisez la note (2) de la leçon 30.

***

Corrigé de l'exercice 1

❶ – Quel âge as-tu ? – Et toi ? ❷ Le grand-père n'a ni cheveux, ni dents. ❸ Eh bien, tu n'as simplement pas eu de chance. ❹ – Pourquoi pleure-t-elle ? – Elle a mal au ventre. ❺ Pourquoi es-tu à ma place ?

❺ – Quel âge a Grand-mère ? – Je ne sais même pas…
– . . . . лет . . . . ? – Даже не знаю...

Corrigé de l'exercice 2

❶ – устал – ноги – ❷ – лет – недели ❸ На – не – месте ❹ – плакать – повезло ❺ Сколько – бабушке –

Идеа́льный пода́рок

1 – До́брый день, де́вушка ①!
2 – Чем могу́ помо́чь?
3 – Я ищу́ ② пода́рок для моего́ жениха́ ③.
4 – Подари́те ему́ га́лстук.
5 – Нет... Он почти́ не но́сит га́лстуки.
6 – Тогда́, мо́жет быть руба́шку?

Notes

① **де́вушка** signifie *jeune fille, adolescente.* On emploie aussi ce mot pour s'adresser à une jeune femme dans la rue et souvent à une vendeuse, même si elle n'est pas très jeune.

② **ищу́** est la 1re personne du singulier du verbe imperfectif **иска́ть** *[iskat^s], chercher.* La conjugaison de ce verbe est irrégulière car il change de consonne "thématique" (cf. leçon 21, § 5) : **(я) ищу́** *[ichiou]*, **(ты) и́щешь** *[ichich']*, **(он) и́щет** *[ichit]*, **(мы) и́щем** *[ichim]*, **(вы) и́щете** *[ichit^ié]*, **(они́) и́щут** *[ichiout]*. Mais comme vous pouvez le constater, les terminaisons de ce verbe appartiennent à la première conjugaison, avec la voyelle de base en **-e**.

③ Après la préposition **для**, on utilise le génitif. Remarquez que le possessif est également décliné : **для моего́ жениха́**, *pour mon fiancé.*

Un cadeau idéal

1 – Bonjour, Mademoiselle *(jeune-fille)* !
2 – Que puis-je faire pour vous *(Par-quoi puis-je aider)* ?
3 – Je cherche un cadeau pour mon fiancé.
4 – Offrez-lui une cravate.
5 – Non… Il ne porte pratiquement pas de cravates.
6 – Alors, peut-être une chemise ?

Remarques de prononciation

2 помочь *[pamotch']* : l'apostrophe à la fin du mot marque la présence du signe mou qui a une simple valeur orthographique.
4 Souvenez-vous que le **к** en fin de mot prend un son très dur : **галстук** *[gaLstouk]*.

Он писатель.

7 – У него много рубашек ④...
8 – Подарите ему что-нибудь нужное,
9 например, что-нибудь для его ⑤ работы.
10 Кем ⑥ работает ваш жених?
11 – Он писатель.
12 – Отлично! Подарите ему вот эту корзину для мусора!

☐

7 ou nivo mnoga Roubach^{ié} ^{ié}k **8** padaRit^{ié} ^{ié}mou chto-nibout^s noujna^{ié} **9** napRimiéR chtonibout^s dlia ^{ié}vo Raboty **10** kiém Rabota^{ié}t vach' j^yniH **11** o-n pissat^{ié}l **12** atlitchn^a ! padaRit^{ié} ^{ié}mou vot**ê**tou kaRzinou dlia moussaRa

Notes

④ Après le mot **много**, on utilise le génitif pluriel : **рубáшка**, *chemise* → **мнóго рубáшек**, *beaucoup de chemises*. Observez le féminin **рубáшка**. Certains mots russes ont une voyelle mobile qui disparaît devant une terminaison en voyelle. ▸

***

Упражнение 1 – Читайте и переводите

❶ – Он носит галстуки? – Почти нет. ❷ Я ищу что-нибудь нужное для работы. ❸ У него так много галстуков и рубашек. ❹ – Простите, пожалуйста... – Чем могу помочь? ❺ – Кем он работает? – Он писатель.

Упражнение 2 – Восстановите текст

❶ – Ton frère a une cravate ? – Je pense que oui.
  – . твоего ..... есть ....? – Думаю, да.
❷ Mademoiselle, je voudrais cette corbeille à papier.
  ...., я хочу вот эту корзину для ....
❸ Je cherche une cravate et une chemise pour mon frère.
  Я ... галстук и .... моего брата.

7 – Il a *(Chez lui)* beaucoup de chemises…
8 – Offrez-lui quelque chose d'utile *(nécessaire)*,
9 par exemple quelque chose pour [son] travail.
10 Que fait *(En-tant-que-qui travaille)* votre fiancé ?
11 – Il est écrivain.
12 – Parfait ! Offrez-lui *(voilà)* cette corbeille à papier *(à ordure)* !

⑤ Le génitif du possessif masculin singulier **его** *[ʲévo]* est… **его**. Facile ! Et encore une bonne nouvelle : le pronom possessif **его** a la même forme à tous les cas.

⑥ Le verbe **работать** *[Rabotatʲ]*, travailler, exige l'emploi de l'instrumental quand on veut dire *travailler en tant que/comme*. Par conséquent, le mot interrogatif sera également à l'instrumental. Ainsi **кем** est l'instrumental de **кто**, *qui*. L'instrumental de **что**, *quoi*, sera **чем** (voir la phrase 2 du dialogue). Ce n'est pas difficile, n'est-ce pas ?

***

Corrigé de l'exercice 1

❶ – Il porte des cravates ? – Pratiquement pas. ❷ Je cherche quelque chose d'utile pour le travail. ❸ Il a tant de cravates et de chemises. ❹ – Excusez-moi… – En quoi puis-je vous aider ? ❺ – Que fait-il comme métier ? – Il est écrivain.

❹ – Quel métier fait votre sœur ? – Elle est médecin.
 – Кем . . . . ваша сестра? – Она . . . . .
❺ Parfait ! Je peux vous aider.
 . . . . ! Я . . . . вам . . . .

Corrigé de l'exercice 2

❶ У – брата – галстук – ❷ Девушка – мусора ❸ – ищу – рубашку для – ❹ – работает – врач ❺ Отлично – могу – помочь

Напряжённый грáфик ①

1 – Во скóлько мы мóжем встрéтиться ?
2 – Сейчáс посмотрю расписáние...
3   Я встаю в семь часóв двáдцать пять
минут. ②
4   Зáвтракаю без десяти ③ вóсемь.
5   Рóвно в вóсемь я иду на рабóту.
6   В два часá у меня обéд.
7   Закáнчиваю рабóтать в пять вéчера.
8   И до ужина, то есть до семи ④, я
совершéнно свобóден.

Prononciation

*napRijonn^{yi} gRafik **1** vaskolk^a my moj^ěm fstRiétitsa
2 sitchass pasmatRiou Raspissan^{ité} **3** ia fstaïou fsiém^i
tchissof dvatsat^spiat^s minout **4** zaftRakaïou bizdissiti
vossiém^i **5** Rovn^a vossiém^i ia idou naRabotou **6** vdva tchissa
oumin**ia** abi**é**t **7** zaka-ntchivaïou Rabotat^s fpiat^s viétchiRa
8 ida**ou**jyna toïést^s dassimi ia saviRchênn^a svabodién*

Notes

① La traduction de **грáфик** est approximative. On peut le traduire de différentes façons selon le contexte : *horaires, planning,
courbe, grille, graphique, calendrier…*

② N'oubliez pas qu'avec les chiffres de 2 à 5, on utilise le génitif
singulier et qu'à partir de 5, on emploie le génitif pluriel. Ainsi,
on dira **однá минýта**, *une minute* ; **одѝн час**, *une heure* ;
две минýты, *deux minutes* ; **три часá** *trois heures* ; **пять
минýт**, *cinq minutes* ; **дéсять часóв**, *dix heures.* ▶

Emploi du temps serré *(tendu)*

1 – À quelle heure *(À combien)* peut-on se voir ?
2 – *(Maintenant)* je vais regarder mon planning.
3   Je me lève à sept heures vingt-cinq.
4   Je prends le petit-déjeuner à huit [heures] moins dix.
5   À huit [heures] précises, je vais au travail.
6   À deux heures, je déjeune *(j'ai déjeuner)*.
7   Je termine le travail *(travailler)* à cinq [heures] du soir.
8   Et jusqu'au dîner, c'est-à-dire, jusqu'à sept [heures], je suis absolument *(parfaitement)* libre.

③ Après la préposition **без**, *sans*, on emploie le génitif : **десять → без десяти**.

④ La préposition **до**, *avant*, *jusque*, nécessite l'emploi du génitif : **семь → до семи**.

9 Можешь прийти с пяти сорока пяти до половины седьмого.

10 – А сколько сейчас времени?

11 – Без двадцати шесть.

12 Мы можем встретиться через пять минут.

13 – Но ты же ⑤ не занят!..

14 – График есть график!

☐

---

9 mojêch' priïti spiti saRaka piati dapaLaviny sid'mova
10 askolk^a sitchass vRiémini **11** bizdvat-tsati chêst^s
12 **m**oui moj^em fstRiétitsa tchiéR^{ié}ss piat^s minout **13** notyj^é
nizaniat **14** gRafik iést^s gRafik

***

Упражнение 1 – Читайте и переводите

❶ У него такой напряжённый график! ❷ – Ты занят? – Сейчас посмотрю расписание. ❸ Я работаю с пяти до половины седьмого. ❹ До ужина я совершенно свободен. ❺ Я завтракаю в восемь, а в два у меня обед.

Упражнение 2 – Восстановите текст

❶ – Quelle heure est-il ? – Six heures moins dix.
– Сколько . . . . ? – . . . десяти шесть.

❷ À quelle heure finis-tu de travailler ?
. . . . ты заканчиваешь работать?

❸ – Mais tu n'es pas occupé à neuf heures du soir ! – Si, je suis occupé !
– Ты же не . . . . . в девять . . . . . . ! – Нет, занят!

9   Tu peux venir à partir de cinq [heures] quarante-cinq jusqu'à six [heures] trente *(la demie de la septième).*

10 –   Et quelle heure est-il maintenant *(Et combien maintenant de-temps)* ?

11 –   Six [heures] moins vingt.

12   Nous pouvons nous rencontrer dans cinq minutes.

13 –   Mais tu n'es pas occupé !

14 –   Le planning c'est le planning !

Notes

⑤ **же** ne se met jamais au début de la phrase. Cette particule souligne ce qui est dit en apportant une touche d'irritation, d'agacement ou de mécontentement, car ce qui est dit est évident ou a déjà été dit. Par exemple : **Ты же э́то зна́ешь!**, *Tu le sais bien !*

***

Corrigé de l'exercice 1

❶ Il a un planning tellement chargé ! ❷ – Tu es occupé ? – Je vais regarder le planning. ❸ Je travaille de cinq heures à six heures et demie. ❹ Jusqu'au dîner, je suis absolument libre. ❺ Je prends le petit-déjeuner à huit heures, et à deux heures j'ai le déjeuner.

❹ – Peux-tu venir à huit heures précises ? – Non, j'ai un dîner.
    – Можешь прийти . . . . . в восемь? – Нет, у меня . . . . .

❺ Pouvons-nous nous voir dans cinq minutes ?
    Мы . . . . . встретиться . . . . . пять . . . . . ?

Corrigé de l'exercice 2

❶ – времени – Без – ❷ Во сколько – ❸ – занят – вечера – ❹ – ровно – ужин ❺ – можем – через – минут

42 Со́рок второ́й уро́к

Повторе́ние – Révision

1 Le nom

• **Le datif des noms**

C'est le cas du complément d'attribution. On le traduit en français à l'aide de la préposition "à" qui précède le nom (ou le pronom). Pour l'instant nous ne verrons que la formation du singulier qui, vous le comprendrez très vite, n'est pas du tout difficile. Nous avons déjà vu le datif singulier à la leçon 35. Récapitulons :

Le datif des masculins et des neutres est en **-у** ou en **-ю** (respectivement pour les durs et les mous) : **брат**, *frère* → **ско́лько лет твоему́ бра́ту?**, *Quel âge a ton frère ?* ; **писа́тель**, *écrivain* → **Они́ помога́ют писа́телю**, *Ils aident l'écrivain*.

Le datif des féminins qui se terminent en **-а/ -я** est en **-е** : **ма́ма**, *maman* → **Дай кни́гу ма́ме!**, *Donne le livre à maman !*

Les féminins se terminant par **-ь** prennent **-и** au datif et ceux qui se terminent par **-ия** prennent **-ии** : **о́бувь**, *chaussure* → **о́буви** ; **ситуа́ция**, *situation* → **ситуа́ции**.

Comme vous pouvez le constater, ce n'est pas très difficile. Vous assimilerez tout ça à l'usage.

• **Le génitif pluriel des féminins**

Vous connaissez déjà le génitif pluriel des masculins durs. Complétons un peu le génitif.

Vous avez rencontré le génitif pluriel des féminins. Sachez que les féminins durs, tout comme les neutres durs, ont la terminaison "zéro" : **морщи́на**, *ride* → **морщи́н** ; **фра́за**, *phrase* → **фраз**.

Les féminins en -я prennent la terminaison **-ь** : **неде́ля**, *semaine* → **неде́ль**, tandis que les féminins en -ия et les neutres en -ие ont la terminaison **-ий** : **ситуа́ция**, *situation* → **ситуа́ций** ; **удово́льствие**, *plaisir* → **удово́льствий**. Et souvenez-vous que les noms féminins dont le radical se termine par une succession de deux consonnes peuvent intégrer une voyelle mobile au génitif pluriel : **руба́шка** (nominatif singuler), *chemise* → **руба́шек** (génitif pluriel).

• **L'instrumental singulier**

L'instrumental est le cas du circonstanciel. Il peut s'employer avec ou sans préposition. Pour l'instant, nous l'avons vu avec la préposition **с**, *avec*, qui introduit une personne ou un phénomène qui accompagne l'action.

Voici comment le former :

<u>Les masculins et les neutres durs</u> ont leur instrumental en **-ом** : **Я в кино́ с бра́т**ом , *Je vais au cinéma avec [mon] frère*.

<u>Les masculins et les neutres mous</u> ont l'instrumental en **-ем** : **пробле́мы с пищеваре́ни**ем, *des problèmes de digestion*. Quand l'accent est final, au lieu de **-ем** nous aurons **-ём** : **с дожд**ём, *avec la pluie*.

<u>Les féminins durs</u> ont l'instrumental en **-ой** et <u>les mous</u> (sauf ceux se terminant en **-ь**) l'ont en **-ей** (ou en **-ёй** si l'accent est final) : **Де́ти сего́дня с ба́бушк**ой, *Les enfants sont avec grand-mère aujourd'hui* ; **Здесь больши́е пробле́мы с корру́пци**ей, *Ici, il y a de gros problèmes de corruption*.

<u>Les féminins en -ь</u> prennent la terminaison **-ью** : **А что де́лать с ме́белью?**, *Et que faire avec les meubles ?*

2 Le pronom démonstratif

э́тот, que nous avons déjà vu au nominatif, se décline. Dans les dernières leçons, nous avons rencontré son datif et son génitif :

	Masculin/ Neutre	Féminin	Pluriel
Nominatif	**э́тот/э́то**	**э́та**	**э́ти**
Génitif	**э́того**	**э́той**	**э́тих**
Datif	**э́тому**	**э́той**	**э́тим**

3 L'instrumental des mots interrogatifs

Nous avons vu l'instrumental de **кто** et **что** au cours des dernières leçons : **кто**, *qui*, devient **кем**, et **что**, *quoi*, devient **чем**.

Comme vous avez déjà vu plusieurs fois quelques pronoms personnels à l'instrumental, nous vous proposons le récapitulatif :

Nominatif	Instrumental		
Я	**мно́й**	**он со* мно́й**	*il est avec moi*
ты	**тобо́й**	**он с тобо́й**	*il est avec toi*
он **оно́**	**им**	**он с ним**	*il est avec lui*
она́	**éю**	**он с не́ю**	*il est avec elle*
мы	**на́ми**	**он с на́ми**	*il est avec nous*
вы	**ва́ми**	**он с ва́ми**	*il est avec vous*
они́	**и́ми**	**он с ни́ми**	*il est avec eux* *il est avec elles*

* Le **о** apparaît pour faciliter la prononciation.

Remarquez que **на́ми** et **ва́ми** se déclinent de la même manière. Quand les pronoms personnels de la 3e personne sont employés avec des prépositions, n'oubliez pas qu'un **н** apparaît au début du mot : **с ним**, *avec lui*.

Masculin/Neutre	Féminin	Pluriel
моему́ *au mien*	**мое́й** *à la mienne*	**мои́м** *aux miens*
твоему́ *au tien*	**твое́й** *à la tienne*	**твои́м** *aux tiens*
своему́ *au sien*	**свое́й** *à la sienne*	**свои́м** *aux siens*
на́шему *au nôtre*	**на́шей** *à la nôtre*	**на́шим** *aux nôtres* (pour tous les genres)
ва́шему *au vôtre*	**ва́шей** *à la vôtre*	**ва́шим** *aux vôtres* (pour tous les genres)

Le pluriel de la 3e personne est pareil pour tous les genres : **его́** (singulier) et **их** (pluriel).

6 Verbes perfectifs et imperfectifs

• Le futur des verbes perfectifs se forme d'après les règles du présent des verbes imperfectifs : on retrouve les même terminaisons et les mêmes groupes de verbes. Mais comme le perfectif, s'intéressant au résultat de l'action, ne peut pas décrire de déroulement actuel, il n'a pas de présent. Comparez la conjugaison des verbes **есть**, *manger* (verbe imperfectif) / **съесть**, *manger* (verbe perfectif), et **знако́миться**, *faire connaissance* (verbe imperfectif) / **познако́миться**, *faire connaissance* (verbe perfectif).

Présent de **есть** : я ем, ты ешь... они́ едя́т.
Futur de **съесть** (car comme tous les perfectifs il n'a pas de présent) **съесть** : я съем, ты съешь... они́ съедя́т.

Présent de **знако́миться** : я знако́млюсь, ты знако́мишься... они́ знако́мятся;
Futur de **познако́миться** (car il n'a pas de présent) **познако́миться** : я познако́млюсь, ты познако́мишься... они́ познако́мятся.

Retenez que les verbes qui indiquent la durée d'une action ou un état (pris dans la durée) n'ont pas de perfectif. C'est par exemple le cas de **жить**, *vivre*, *habiter*.

7 Verbes irréguliers

Nous avons rencontré quelques verbes irréguliers (ou partiellement irréguliers). Complétons un peu :

жить (imperf.) 1er groupe *vivre*, *habiter* (la racine change) :
я живу́, ты живёшь, он живёт, мы живём, вы живёте, они живу́т

пла́кать (imperf.) 1er groupe *pleurer* (attention à l'accent, sinon, la confusion avec un autre verbe est possible !) :
я пла́чу, ты пла́чешь, он пла́чет, мы пла́чем, вы пла́чете, они пла́чут

иска́ть (imperf.) *chercher* 1er groupe (**ск** est remplacé par **щ** à toutes les personnes) :
я ищу́, ты и́щешь, он и́щет, мы и́щем, вы и́щете, они и́щут

есть (imperf.) *manger* 2e groupe (entièrement irrégulier) :
я ем, ты ешь, он ест, мы еди́м, вы еди́те, они едя́т

носи́ть (imperf.) *porter* 2e groupe (**с** est remplacé par **ш** à la 1re personne du singulier) :
я ношу́, ты но́сишь, он но́сит, мы но́сим, вы но́сите, они но́сят

ви́деть (imperf.) *voir* 2e groupe (**д** est remplacé par **ж** à la 1re personne du singulier) :
я ви́жу, ты ви́дишь, он ви́дит, мы ви́дим, вы ви́дите, они ви́дят

8 Les prépositions

Souvenez-vous :
• Les prépositions **в** et **на** peuvent s'utiliser avec l'accusatif si elles indiquent le lieu vers lequel on se dirige, comme *à*, *dans* avec mouvement, et avec le prépositionnel si elles indiquent le lieu où on est, comme *à*, *dans* sans mouvement : **в Москву́**, *à Moscou* (avec mouvement) / **в Москве́**, *à Moscou* (sans mouvement) ; **на**

стол, *sur la table* (mettre quelque chose) / **на столе́**, *sur la table* (sans mouvement : il y a quelque chose sur la table).

• La préposition **для** s'utilise avec le génitif et indique le destinataire ou le but d'une action : **для меня́**, *pour moi* ; **для вече́ринки**, *pour la soirée*.

• **с** *avec* s'utilise avec l'instrumental et comporte l'idée d'accompagnement : **со мной**, *avec moi* ; **во́дка с икро́й**, *la vodka avec du caviar*.

Заключи́тельный диало́г

1 – Как ты?
2 – Всё в поря́дке.
3 – Во ско́лько мы мо́жем встре́титься ве́чером?
4 – Бою́сь, я не за́нят то́лько до у́жина.
5 Я ищу́ пода́рок для ма́мы.
6 – А где твой брат и почему́ он тебе́ не помога́ет?
7 – Он рабо́тает... да́же по пра́здникам.
8 – Жаль! У меня́ боли́т голова́ и сла́бый желу́док...
9 – Но чем я могу́ тебе́ помо́чь?
10 – Кем рабо́тает твой брат?
11 – Он врач... А! Тепе́рь я понима́ю!..
12 На твоём ме́сте я бы то́же пошёл к врачу́.

Traduction
1 Comment ça va ? **2** Tout va bien. **3** À quelle heure peut-on se rencontrer [ce] soir ? **4** Je crains d'être libre uniquement avant le dîner. **5** Je cherche un cadeau pour maman. **6** Et où est ton frère et pourquoi est-ce qu'il ne t'aide pas ? **7** Il travaille... même les jours fériés. **8** Dommage ! J'ai mal à la tête et [j'ai] l'estomac fragile... **9** Mais en quoi puis-je t'aider ? **10** Que fait ton frère comme travail ? **11** Il est médecin... Ah ! Maintenant je comprends ! **12** À ta place, j'irais aussi chez un médecin.

43 Со́рок тре́тий уро́к [soRaktRiétⁱ ouRok]

Мечты́

1 Же́нщина объясня́ет подру́ге ①,
2 како́го ② му́жа ей хоте́лось бы име́ть:
3 – Он до́лжен ③ быть ве́жливым ④,
4 име́ть разносторо́нние интере́сы,
5 люби́ть живо́тных,

Prononciation

mitchty 1 jênchtchina ab°ié sniaiét padRougué 2 kakovª mouja iéï HatiéLasi by imiéts 3 o-n doLjên byts viéjlivy-m 4 imiéts RaznastaRonnié intiRiéssy 5 lioubits jyvotnyH

Remarques de prononciation

1, 3, 5, 9 N'oubliez pas qu'après ж, même les voyelles molles se prononcent comme des dures. Ainsi, dans **же́нщина, до́лжен, ну́жен** nous avons *[jê]* : *[jênchtchina], [doLjên], [noujên]*, et dans **живо́тных** *[jy]* : *[jyvotnyH]*.

Notes

① Le verbe **объясня́ть** nécessite l'emploi du datif. Ainsi, nous avons **подру́га** (nominatif, féminin), *une amie* → **объясня́ет подру́ге** (datif), *[il] explique à une amie*. Pour les désinences (terminaisons) des noms au datif singulier, voir leçon 42, § 1.

② Vous connaissez l'adjectif **како́й, -а́я, -ое**, *quel*. Les adjectifs se déclinent aussi. Le verbe **име́ть**, *avoir (qqch)* nécessite l'emploi de l'accusatif (COD). Pour les animés, l'accusatif est égal au génitif. Ainsi, nous avons : **муж** (nominatif, masculin), *mari* → **име́ть му́жа** (accusatif = génitif), *avoir un mari*. L'adjectif s'accorde avec le nom auquel il se rapporte, donc il est également à l'accusatif-génitif, qui, pour le masculin singulier dur, se forme à l'aide de la terminaison **-ого** : **како́й – ой → как + ого → како́го му́жа**, *quel mari* (COD). ▶

Les rêves

1   Une femme explique à [son] amie
2   quel mari elle voudrait avoir :
3 – Il doit être poli,
4   s'intéresser à plein de choses *(avoir des intérêts variés)*,
5   aimer les animaux,

1, 7 Voici à nouveau le signe dur. Vous l'avez déjà vu à la leçon 24. Remarquez que la suite du mot, après le signe dur, se prononce comme une séquence distincte et n'influence donc pas la lettre qui précède le signe dur. Observez : **объясня́ет** *[ab°ⁱᵉsniaⁱᵉt]*. Le **б** reste dur, car il est séparé de **я** mou par le signe dur. Remarquez également que le premier **я** inaccentué se trouvant au "début de la nouvelle séquence" se prononcera comme *[ⁱᵉ]*.

③ **до́лжен** se traduit par *devoir*. **до́лжен** est un adjectif court, il s'accorde avec le nom ou le pronom en genre et nombre : **он до́лжен** *[o-n doLjên]*, *il doit* ; **она́ должна́** *[ana daLjna]*, *elle doit* ; **они́ должны́** *[ani daLjny]*, *ils doivent*.

④ Après le verbe **быть** et quelques autres verbes que vous rencontrerez plus tard, l'adjectif se met à l'instrumental. L'instrumental des adjectifs <u>masculins et neutres durs au singulier</u> se forme avec la terminaison **-ым** : **ве́жлив – ый → ве́жлив + ым → быть ве́жливым**, *être poli*. Observez cet exemple : **Когда́ де́душка был молоды́м, он был о́чень краси́вым**, *Quand grand-père était jeune, il était très beau.*

6 рассказывать мне забавные истории ⑤,

7 разъяснять международную обстановку

8 и никогда меня не перебивать.

9 – В таком ⑥ случае, тебе нужен не муж, а
телевизор!

□

6 *Raskazyvat⁵ mnié zabavny⁽ⁱᵉ⁾ istoRii* **7** *Raz°ⁱᵉsniat⁵
mijdounaRodnouïou apstanofkou* **8** *i nikagda miniа
nipiRibivat⁵* **9** *ftakom sLoutchi⁽ⁱᵉ⁾ tibié noujên nimouch a
tilivizaR*

Notes

⑤ Le verbe **рассказывать** nécessite l'emploi du datif et de l'accusatif : *raconter qqch. à qqn.* Pour les noms et les adjectifs
inanimés au pluriel, l'accusatif est identique au nominatif.
забавные истории, *les histoires drôles* (nominatif pluriel),
→ **рассказывать забавные истории**, *raconter des histoires drôles* (accusatif pluriel).

⑥ **такой**, *tel*, se décline à l'image de **какой**, *quel*. Après la préposition **в** on utilise le prépositionnel (sans mouvement). Le
prépositionnel des adjectifs masculins durs se forme en **-ом** :
так – ой → так + ом → в таком случае, *dans ce (tel) cas*.
Le mot **случай** signifie *cas, occasion*.

***

Упражнение 1 – Читайте и переводите

❶ Мы очень любим животных. ❷ Мне бы
хотелось иметь телевизор. ❸ – Знакомьтесь, это
мой муж! – А я думал, что это ваш сын... ❹ Они
совершенно не понимают международную
обстановку. ❺ Всё это только мечты!

6   me raconter des histoires drôles,
7   [être capable de m'] expliquer la situation
       internationale
8   et ne jamais m'interrompre.
9 –   Dans ce cas, tu [n'] as [pas] besoin d'un mari
       (à-toi nécessaire non mari) mais d'un téléviseur !

***

Corrigé de l'exercice 1

❶ Nous aimons beaucoup les animaux. ❷ Je voudrais avoir une télé. ❸ – Faites connaissance, c'est mon mari ! – Et moi, je pensais que c'était votre fils… ❹ Ils ne comprennent absolument pas la situation internationale. ❺ Ce ne sont que des rêves !

44   **Упражнение 2 – Восстановите текст**

❶ Il raconte des histoires amusantes sur des animaux.
   Он   . . . .   забавные   . . . . . .   о
   животных.

❷ Dans ce cas, tu dois être poli.
   В таком . . . . . ., ты . . . . . быть вежливым.

❸ Tu dois lui expliquer la situation.
   Ты должен . . . . ему . . . .

---

44   Со́рок четвёртый уро́к

[soRaktchitvioRt[yi] ouRok]

Евге́ний Оне́гин

1 – Отку́да ты така́я счастли́вая?
2 – Из о́перного теа́тра.
3   О́пера была́ ① – про́сто чу́до!

Prononciation
[ié]vguiéniï aniégui-n **1** atkouda ty takaïa chtchislivaïa
2 izopiRnava tiatRa **3** opiRa byLa pRost[a] tchioud[a]
Remarques de prononciation
1 счастли́вая [chtchislivaïa] : la combinaison **сч** se prononce
[chtch] et le **т** ne se prononce pas.

Notes
① Vous savez que le verbe *être* n'apparaît pas au présent et qu'il est
   sous-entendu. Au passé, les auxiliaires s'accordent en genre et
   en nombre avec le sujet :
   Вчера́ па́па был в о́пере. *Hier papa a été à l'opéra.*
   О́пера была́ – про́сто чу́до. *L'opéra était super.*
   Бы́ло о́чень ве́село. *C'était très gai.*

④ Elle s'intéresse à plein de choses.   44
   У неё разносторонние . . . .

⑤ Je n'ai jamais voulu [aller] à Moscou.
   . . . никогда не . . . . в Москву.

Corrigé de l'exercice 2

❶ – рассказывает – истории – ❷ – случае – должен –
❸ – объяснить – обстановку ❹ – интересы ❺ Мне – хотелось –

Quarante-quatrième leçon   44

Eugène Onéguine

1 – D'où [viens-]tu, si heureuse ?
2 – De *(du théâtre de)* l'opéra.
3   L'opéra était une vraie merveille *(simplement miracle)* !

44

4 – И на какую о́перу ты ходи́ла ②?

5 – «Евге́ний Оне́гин».

6 – Я чита́ла кни́гу; она́ хоро́шая, но скоре́е гру́стная...

7 Помню, я пла́кала, когда́ Татья́на отказа́ла Оне́гину.

8 – Мне так понра́вился муж Татья́ны,

9 что я чуть не ③ зааплоди́ровала,

10 хотя́ все в за́ле пла́кали! ☐

---

4 inakakou**iou** o**piRou ti HadiLa 5 ᵢᵉ**vgui**é**nï an**ié**gui-n
6 ia tchitaLa knigou ana HaRocha**ia** no skaRié ᵢᵉ gRou**s**naia
7 pomniou ia pLakaLa kagda tatiana atkazaLa aniéguinou
8 mnié tak pa-nRaviLsia mouch tatiany **9** chto ia tchout**ᵉ** ni
zaapLadiRavaLa **10** Hatia fsié vzalié pLakali

Notes

② Vous connaissez déjà le verbe imperfectif **идти́**, *aller à pied [dans une direction précise]*. Le verbe **ходи́ть** est également imperfectif et signifie *aller à pied [sans direction précise]* ou indique une action répétée. En russe, on distingue 14 paires de verbes de déplacement. Chaque paire correspond à un moyen précis de déplacement (à pied, en voiture, en avion, etc.). Tous ces verbes sont imperfectifs. On les appelle "verbes détermi-▸

***

Упражне́ние 1 – Чита́йте и переводи́те

❶ Ты тако́й счастли́вый: она́ тебя́ лю́бит! ❷ По́мнишь, мне хоте́лось име́ть соба́ку? ❸ – Мне так понра́вился фильм! – А на како́й фильм ты ходи́л? ❹ Я чуть не засну́ла в пе́рвом а́кте. ❺ По́сле конце́рта все в за́ле зааплоди́ровали.

4 – Et quel opéra as-tu vu *(Et à quel opéra tu es allée)* ?

5 – "Eugène Onéguine".

6 – J'ai lu le livre ; il est bien, mais plutôt triste...

7 Je me rappelle, j'ai pleuré quand Tatiana a repoussé *(refusé)* Onéguine ?

8 – J'ai tellement aimé le mari de Tatiana,

9 que j'ai failli applaudir

10 même si *(bien-que)* toute la salle *(tous dans la salle)* pleurait !

---

5 N'oubliez pas que le **e** au début des mots se prononce *[¹ᵉ]* : **Евгéний** *[¹ᵉvguiénï]*.

6 грýстная *[gRousnaïa]* : le **т** ne se prononce pas.

8 Pensez à assourdir les consonnes sonores à la fin des mots : **муж** *[mouch]*.

▸ nés" et "indéterminés". Par exemple, **я идý в парк**, *je vais dans le parc* : verbe déterminé, car il y a une direction précise et définie (je vais dans le parc maintenant). En revanche, **я хожý в парк** sous-entend que "je vais dans le parc et que je reviens", ou bien que je fais cette action souvent.

③ La construction **чуть не** + verbe perfectif au passé se traduit par *faillir [faire qqch.]* : **Я чуть не взял эту кнúгу**, *J'ai failli prendre ce livre.*

*** ***

Corrigé de l'exercice 1

❶ Tu es si heureux : elle t'aime ! ❷ Tu te rappelles que je voulais avoir un chien ? ❸ – J'ai tellement aimé le film ! – Et quel film es-tu allé voir ? ❹ J'ai failli m'endormir au premier acte. ❺ Après le concert, tout le monde dans la salle a applaudi.

Упражнение 2 – Восстановите текст

1 – D'où viens-tu ? – Du cinéma.

– Ты . . . . . . ? – Я . . кино.

2 Eh bien, c'est plutôt une histoire triste…

Ну, это . . . . . . грустная история...

3 Il nous plaît, bien qu'il ne soit pas poli.

Он нам нравится, ... он и не . . . .

4 Ils ont failli tomber malades après ce froid.

Они . . . . . . заболели после этого холода.

5 Tu es un amour *(un miracle)* : tu m'aides tout le temps.

Ты просто . . . . : всё время мне . . . .

"Eugène Onéguine" est un roman en vers d'Alexandre Pouchkine (1799-1837), poète russe, fondateur de la nouvelle littérature russe, père du russe moderne. Le livre, commencé en 1823 et terminé en 1831, dresse un portrait fidèle de la vie de l'aristocratie russe. Le héros principal, Eugène, est un jeune homme blasé et futile qui s'ennuie "de la ville et de la campagne". Il se retire à la campagne où il hérite d'une maison et se lie d'amitié avec un jeune romantique, Lenski. Ce dernier est fiancé avec Olga qui a une sœur cadette,

❶ – откуда – из – ❷ – скорее – ❸ – хотя – вежливый
❹ – чуть не – ❺ – чудо – помогаешь

Tatiana. Tatiana s'éprend d'Onéguine et lui adresse une très célè-bre lettre d'amour que tous les Russes connaissent. Onéguine re-pousse son amour et fait la cour à Olga, ce qui provoque un duel. Après le duel lors duquel il tue son meilleur ami, Eugène part voya-ger. À son retour, il retrouve Tatiana – qui a beaucoup changé – et tombe amoureux d'elle. Il lui adresse une lettre à son tour. Tatiana, à présent femme mariée, refuse dignement son amour. Les Russes ont fait de Tatiana une sorte d'héroïne nationale.

45   Со́рок пя́тый уро́к

[soRakpiat^{yi} ouRok]

Жа́дина

1 – Не понима́ю, почему все ду́мают, что я жа́дный...

2 – Наве́рное ①, потому́ что ты никому́ ② ничего́ не даёшь ?

3 – Это не пра́вда!

4 – Дава́й прове́рим.

5 Дай ③ мне твой слова́рь!

6 – У меня́ сейча́с нет словаря́.

7 – Тогда́ дай сигаре́ты и спи́чки ④.

8 – Нет ни сигаре́т ни спи́чек ⑤...

Prononciation

jadina 1 nipanimaïou patchimou fsié douma-iout chto ia jadn^{yi}
2 naveRna^{ié} patamou chto ty nikamou nitchivo nidaïoch'
3 êt^anipRavda 4 davaï pRaviéRim 5 daï mnié tvoï sLavaR^i
6 ouminia sitchiass niét sLavaRia 7 tagda daï sigaRiéty i
spitchki 8 niét nissigaRiét nispitch^{ié}k

Remarques de prononciation

1, 2 Rappelez-vous que **ч** dans **что** se prononce *[ch]* : *[chto]*.
6 Le **й** de **сейча́с** ne se prononce pas : *[sitchiass]*.

Notes

① Sachez que **наве́рное**, *probablement*, a une autre forme, **наве́рно** *[naviéRn^a]*, qui ne diffère que par l'absence du **e** à la fin du mot.

② **никому́** est le datif du pronom négatif **никто́** *[nikto]* . Ce pronom est formé sur la base du pronom interrogatif **кто** et a la même déclinaison.

③ **дава́й** et **дай** sont les impératifs des deux verbes qui se traduisent en français par *donner*. Vous avez déjà rencontré l'impératif du verbe imperfectif **дава́ть** (leçons 3 et 12). Relisez sa conjugaison ▶

Le pingre

1 – Je ne comprends pas pourquoi tout le monde
pense *(tous pensent)* que je suis avare…
2 – Probablement parce que tu ne donnes rien à
personne ?
3 – Ce n'est pas vrai *(Ce ne-pas vérité)* !
4 – Vérifions.
5 – Donne-moi ton dictionnaire !
6 – Je n'ai pas de dictionnaire *(maintenant)*.
7 – Alors, donne[-moi] des cigarettes et des allumettes.
8 – Je n'ai *(Il-n'y-a)* ni cigarettes, ni allumettes…

*Давай проверим,
кто здесь русский.*

▸ à la fin de la leçon 35. L'impératif **дай** est celui du perfectif **дать**
[*datᵉ*] (vous l'avez rencontré au passé à la leçon 27).

④ Vous savez que le pluriel de la plupart des noms durs est en
-ы – et donc logiquement le pluriel du féminin dur **спичка**
devrait se former en **-ы**. Mais attention, en raison de la règle
d'incompatibilité orthographique (pas de **ы** après **к**), son pluriel est **спички**.

⑤ Vous avez déjà rencontré des mots avec une voyelle mobile
(leçon 40 note 4). En voici encore un exemple : **спичка** (nominatif singulier) → **спичек** (génitif pluriel). Cette voyelle
n'apparaît que dans les cas où la terminaison se compose de
plusieurs consonnes qui se suivent.

45

9 – Ну, хорошо. У тебя есть апельсин.
10 Если бы у меня был ⑥ апельсин,
11 я бы с тобой поделился...
12 – Жаль, что у тебя нет апельсина! ☐

Notes

⑥ Observez la structure **у меня́ есть**, *j'ai* ("à moi est"), au passé : **у меня́ был**, *j'avais* ("à moi était"). Le verbe *être* s'accorde avec son sujet : **у меня́ был апельси́н** (masculin singulier), *j'avais* "à moi était" *une orange* ; **у меня́ была́ кни́га** (féminin singulier), *j'avais* ("à moi était") *un livre* ; **у меня́ бы́ли пробле́мы** (pluriel), *j'avais* ("à moi étaient") *des problèmes*.

***

Упражнение 1 – Читайте и переводите

❶ – Ты жадина! – Это не правда! ❷ Жаль, что ты мне ничего не даёшь. ❸ – Где твой словарь? – У меня его нет. ❹ Это правда, что он любит апельсины? ❺ Давай проверим, кто здесь русский.

Упражнение 2 – Восстановите текст

❶ Quelle pingre ! Elle n'a même pas partagé avec toi !
Какая . . . . . . ! Даже . тобой не поделилась!

❷ Regarde, ici il y a beaucoup de cigarettes et d'allumettes.
Смотри, здесь много . . . . и . . . .

❸ Il ne raconte rien à personne.
Он . . . . не рассказывает.

❹ – J'aurais partagé avec toi. – C'est vrai ?
– Я бы с тобой . . . . – . . . . ?

❺ Ils pensent sûrement qu'il est avare.
. . . . (.) , они думают, что он . . . .

201 • двести один

9 – Bon, d'accord *(Eh, bien)*. Tu as une orange.
10 Si j'avais une orange,
11 je [la] partagerais avec toi…
12 – Dommage que tu n'aies *(n'as)* pas d'orange !

9 nou HaRach**o**. outib**ia** iést⁵ apilsi-n **10** i**é**sliby oumin**ia**
byL apilsi-n **11** i**a**by stabo**ï** padiliLsia **12** jal chto outib**ia** niét
apils**i**na

***

Corrigé de l'exercice 1

❶ – Tu es un pingre ! – Ce n'est pas vrai ! ❷ Dommage que tu
ne me donnes rien. ❸ – Où est ton dictionnaire ? – Je ne l'ai pas.
❹ C'est vrai qu'il aime les oranges ? ❺ Vérifions qui est russe, ici.

Corrigé de l'exercice 2

❶ – жадина – с – ❷ – сигарет – спичек ❸ – ничего никому –
❹ – поделился – Правда ❺ Наверно(е) – жадный

*Vous l'avez peut-être remarqué, les traductions françaises de-
viennent progressivement moins littérales, car à présent vous
faites plus facilement le lien entre la manière dont on s'exprime
en russe et celle dont on dit les choses en fançais. Félicitations,
vous avez franchi une étape de votre apprentissage !*

46   Сорок шестой урок

[soRakchystoï ouRok]

Какие планы?

1 – Куда ты идёшь?
2 – Не «куда», а «откуда»: из библиотеки. ①
3 – А я с почты ②: отправляла письмо маме.
4   Теперь иду к подруге ③.
5 – А мне нечем ④ заняться.

Prononciation

kaki^ié pLany 1 kouda ty idioch' 2 ni kouda aatkouda izbibliatiéki 3 a ia spotchty atpRavliaLa pis'mo mamié 4 tipiéR^i idou kpadRouguié 5 amnié niétchié-m zaniatsa

Remarques de prononciation

5 N'oubliez pas que **-ться**, à la fin des infinitifs, prend une prononciation dure, malgré la présence du signe mou et d'un **я** : *[tsa]*. Dites **заня́ться** *[zaniatsa]*.

Notes

① Les mots interrogatifs **куда́** et **отку́да** font porter la question sur la direction. Dans le premier cas il s'agit de la destination et dans le second, de la provenance : **Куда́ ты идёшь?**, *Où vas-tu ?* ; **Отку́да они́ иду́т?**, *D'où viennent-ils ?*

② La préposition **с** est suivie du génitif et indique la provenance : **Я с по́чты**, *Je viens de la poste.*

③ La préposition **к**, *vers*, *chez*, est suivie du datif et indique la destination (avec mouvement) : **Они́ иду́т к подру́ге**, *Ils vont chez une amie.*

④ Le verbe **заня́ться**, *s'occuper*, nécessite l'emploi de l'instrumental. **не́чем** est l'instrumental de **не́чего** *[niétchiv^a]* , *rien*. Remarquez que les mots négatifs se forment à l'aide des parti-▶

Quel sont [tes] projets ?

1 –   Où vas-tu ?
2 –   [Ce n'est] pas "où vas-tu", mais "d'où viens-
        tu" : de la bibliothèque.
3 –   Et moi, [je rentre] de la poste : j'ai envoyé une
        lettre à [ma] mère.
4   Maintenant, je vais chez une amie.
5 –   Et moi, je n'ai rien à faire.

▶   cules négatives **не** et **ни**. Comparez : **когда́**, *quand* ; **никогда́**,
jamais ; **кто**, *qui* ; **никто́**, *personne*. Les pronoms négatifs
formés avec la particule **ни** s'utilisent dans les phrases com-
prenant un verbe négatif (**не** + verbe) pour accentuer la négation, exprimée par le verbe : **Я ничего́ не зна́ю**, *Je ne sais
rien*. Donc, **ни** est une particule de renforcement. **не** est aussi
une particule négative et s'emploie dans les structures impersonnelles. Le préfixe est toujours accentué : **Мне не́чего
боя́ться**, *Je n'ai rien à craindre*.

6 Пойду в парк, там сейчас красиво:
   фонтаны, цветы...

7 – Если хочешь, пойдём со ⑤ мной ⑥.

8   Я к подруге на минуту,

9   а от ⑦ неё – вместе пойдём в парк.

10 – Отличная идея!   □

6 païdou fpaRk tam sitchiass kRassivᵃ fa-ntany tsvity 7 iésli Hotchich' païdiom samnoï 8 ia k padRouguié naminoutou 9 aatnï-io – vmiéstié païdiom fpaRk 10 atlitchnaⁱᵃ idiéïa

6, 9 Rappelez-vous que le **к** final est toujours dur : **парк** *[paRk]*.

Notes

⑤ Vous connaissez déjà la préposition **с** *avec*, qui régit l'instrumental. Souvent, pour faciliter la prononciation, on ajoute un **о** après le **с**. Nous verrons cette règle plus en détail dans la leçon de révision. Deux exemples : **со мной,** *avec moi* ; **со всéми,** *avec tout le monde.* ▶

***

Упражнение 1 – Читайте и переводите

❶ – Откуда у тебя эти книги?– Из библиотеки.

❷ – Привет, ты к нам? – Да, но только на минуту!

❸ От меня они к подруге, после – в библиотеку.

❹ Какие у вас планы после экзамена? ❺ Когда я отправлял письмо, я видел маму.

6 Je vais aller *(j'irai)* au parc, c'est joli en ce

moment *(là-bas maintenant [c'est] beau)* : [il y a] des fontaines, des fleurs…

7 – Si tu veux, viens *(allons)* avec moi.

8 Je [vais] chez [ma] copine vite fait *(pour une minute)*,

9 et de chez elle [on peut aller] ensemble au parc.

10 – [C'est] une super idée !

▸ ⑥ Le russe utilise la phrase redondante **Пойдём со мной**, littéralement *Allons avec moi.* C'est une tournure très courante.

⑦ Si vous observez attentivement les deux mots interrogatifs de la note 1, vous comprendrez sans problème que la préposition **от** indique la provenance : *de.* Elle est suivie du génitif :
– **Откуда они?** *D'où viennent-ils ?*
– **От подруги.** *De chez une copine.*

***

Corrigé de l'exercice 1

❶ – D'où tiens-tu ces livres ? – De la bibliothèque. ❷ – Salut, tu viens chez nous ? – Oui, mais juste pour une minute ! ❸ De chez moi il vont chez une amie et après, à la bibliothèque. ❹ Quels projets avez-vous après l'examen ? ❺ Quand j'ai envoyé *(j'envoyais)* la lettre, j'ai vu maman.

Упражнение 2 – Восстановите текст

❶ Dans le parc, c'est joli maintenant.

В . . . . . сейчас . . . .

❷ Si tu veux, nous pouvons aller chez mon amie.

. . . . хочешь, пойдём . моей . . . .

❸ – Quels sont tes projets ? – Je vais au parc.

– . . . . . у тебя . . . . . ? – Я в парк.

❹ – Tu reviens déjà de la poste ? – Oui, et toi, tu vas où ?

– Ты уже с . . . . . ? – Да, а ты . . . . ?

❺ Je viens du parc, je m'y promenais.

Я . . парка, я там . . . . . .

---

47   **Сóрок седьмóй урóк**

[soRaksid'moï ouRok]

Общежи́тие

1 – Отку́да ты?
2 – Из **А**нглии: я англича́нин.
3 – И на ско́лько ты здесь?
4 – Я здесь **на** год ①.
5 – А я ду́мал, ты америка́нец...

Prononciation
apchtchijyti^{té} **1** atkou̯da ty **2** iza-nglii ia a-nglitchani-n
3 i na skolk^a ty zdiéssⁱ **4** ia zdiéssⁱ nagat **5** a ia doumaL ty
amiRikaniéts

Remarques de prononciation
4 Vous savez que, normalement, les mots courts tels que les prépositions ne sont pas accentués. Ici pourtant, l'accent tombe sur
la préposition : **на́ год** [nagat].

❶ – парке – красиво ❷ Если – к – подруге ❸ Какие – планы –
❹ – почты – куда ❺ – из – гулял*

гуляла est également possible.

Quarante-septième leçon   47

Le foyer

1 –   D'où [viens-] tu ?
2 –   D'Angleterre : je suis anglais.
3 –   Et combien [de temps] restes-tu *(Et sur combien tu ici)* ?
4 –   Je suis ici pour un an.
5 –   Et moi [qui] pensais [que] tu [étais] américain...

Notes

① La préposition **на** suivie d'un accusatif sert à indiquer la quantité de temps qu'on veut passer quelque part : **Он в Москву на неделю**, *Il part à Moscou pour une semaine* ; **Тамара здесь на год**, *Tamara est ici pour un an.*

6 – Ты случайно не из Германии?

7 – Да, я немец из Берлина.

8 А моя подруга – китаянка.

9 Её муж тоже китаец.

10 Мои соседи слева – итальянцы, а справа – испанцы! ②

11 – А кто здесь японец ③?

12 – Японцев ④ в этом году нет...

13 – Боже ⑤ мой, как много здесь иностранцев!

14 – Чему ⑥ ты удивляешься?

15 Мы в международном общежитии! ☐

---

6 *ty sLoutcha**ï**n*ᵃ *niizguiRmanii* **7** *da ia ni**é**miéts izbiRlina*
8 *ama**ï**a padR**o**uga kita**ï**a-nka* **9** *ⁱᵉio mouch toj*ᵉ *kitaiéts*
10 *ma-**ï** sassi**é**di sli**é**va italia-ntsy aspRava – ispa-ntsy*
11 *akto zdiéss*ⁱ *yiponiéts* **12** *yipo-nts**ê**f v**ê**t*ᵉ*m gad**o**u niét*
13 *boj**ê** mo**ï** kak mnog*ᵃ *zdiéss*ⁱ *inastRa-ntséf* **14** *tchim**o**u ty
oudivlia*ⁱᵉ*ch'sia* **15** *m**o**ui vmijdounaR**o**dnam apchtchij**y**tii*

Notes

② Vous savez déjà dire *à gauche* et *à droite* <u>avec mouvement</u> (voir leçon 13) : **идите прямо, потóм – налéво, а пóсле светофóра – напрáво**, *Allez tout droit, ensuite à gauche, et après le feu, à droite*. Maintenant, nous vous proposons les mêmes directions mais <u>sans mouvement</u> : **Бáбушка слéва, а дéдушка спрáва**, *Grand-mère est à gauche et grand-père est à droite*.

③ Parmi les mots désignant la nationalité, seul le mot **рýсский**, *russe*, est un nom et un adjectif : **рýсский язы́к**, *la langue russe* ; **рýсские**, *les Russes*. Pour les autres nationalités, le nom diffère de l'adjectif : **францýзская кни́га**, *un livre français* ; **францýженка**, *une Française* ; **онá францýженка** peut se traduire par *elle est française*. Remarquez que les noms des nationalités s'écrivent toujours avec une minuscule.

④ Observez le singulier et le pluriel de ces mots à la voyelle mobile : **америкáнец**, *un Américain* (masculin, nominatif singu-▸

6 – Tu [ne viens pas] d'Allemagne, par hasard *(par hasard d'Allemagne)* ?

7 – Oui, je suis allemand, de Berlin.

8 Et ma copine [est] chinoise.

9 Son mari aussi [est] chinois.

10 Mes voisins de gauche [sont] italiens, et [ceux] de droite espagnols !

11 – Et qui est japonais ici ?

12 – Il n'y a pas de Japonais cette année...

13 – Mon Dieu, que d'étrangers ici *(comme beaucoup ici d'étrangers)* !

14 – Qu'est-ce qui t'étonne *(À-quoi tu t'étonnes)* ?

15 Nous [sommes] dans un foyer international !

---

11 Nous vous donnons encore une fois cette transcription pour le **я** non accentué au début des mots (voir les remarques de prononciation de la leçon 10) : **япóнец** *[yiponiéts]*.

12, 13 N'oubliez pas que le **ц** est toujours dur. Les voyelles molles se prononcent donc comme des dures : **япóнцев** *[yipo-ntsêf]*, **иностра́нцев** *[inastRa-ntsêf]*.

▸ lier) → **америка́нцы**, *des Américains* (masculin, nominatif pluriel) ; **италья́нец**, *un Italien* (masculin, nominatif singulier) → **италья́нцы**, *des Italiens* (masculin, nominatif pluriel) ; **испа́нец**, *un Espagnol* (masculin, nominatif singulier) → **испа́нцы**, *des Espagnols* (masculin, nominatif pluriel) ; **япóнец**, *un Japonais* (masculin, nominatif singulier) → **нет япóнцев**, *pas de Japonais* (masculin, génitif pluriel).

⑤ **Бóже мой!**, *Mon Dieu !* Le mot **Бóже** vient du mot **Бог**, *Dieu*. Comme vous le savez, le **г** à la fin des mots se prononce habituellement *[k]*. En revanche, dans ce mot, il se prononce *[H]* : *[boH]*. Il est utile de le savoir, car les Russes l'utilisent souvent !

⑥ **чему́?** est le datif de **что?**, *que, quoi*… Eh oui, les interrogatifs se déclinent aussi, ne vous étonnez plus ! Le verbe **удивля́ться** *[oudivliatsa]* nécessite donc l'emploi du datif : – **Чему́ ты удивля́ешься?** – *Qu'est-ce qui t'étonne ?* – **Я удивля́юсь твоему́ упря́мству!** – *Je m'étonne de ton acharnement !*

Упражнение 1 – Читайте и переводите

❶ В этом году мы переводим интересные тексты. ❷ – Где живут эти студенты? – В общежитии. ❸ Я удивляюсь: ты боишься экзамена, хотя всё знаешь. ❹ Я здесь на год. А вы? ❺ – Вы японец? – Нет, здесь нет японцев.

Упражнение 2 – Восстановите текст

❶ Et son amie n'est pas chinoise, par hasard ?

А его подруга . . . . не . . . . ?

❷ – Je pensais que vous étiez espagnols. – Non, nous sommes italiens.

– Я думал, что вы . . . . **.** – Нет, мы
– . . . . **.**

❸ Cette année, tous les étrangers vivent au foyer.

. этом . . . . все . . . . живут в общежитии.

❹ Mes voisins sont italiens.

Мои . . . . итальянцы.

❺ Qu'est-ce qui l'étonne ? C'est son idée !

. . . . он . . . . ? Это его идея!

Corrigé de l'exercice 1

❶ Cette année, nous traduisons des textes intéressants. ❷ – Où habitent ces étudiants ? – Au foyer. ❸ Cela *(Je)* m'étonne : tu as peur de l'examen bien que tu saches tout. ❹ Je suis ici pour un an. Et vous ? ❺ – Vous êtes japonais ? – Non, ici il n'y a pas de Japonais.

Corrigé de l'exercice 2

❶ – случайно – китаянка ❷ – испанцы – итальянцы ❸ В – году – иностранцы – ❹ – соседи – ❺ Чему – удивляется –

Но́вый год

1 – Ско́ро Но́вый год, а за ним ① и
  Рождество́!
2 – Эх, не́ было печа́ли ②!
3 – Почему́ ты так говори́шь?
4 Пра́здники – это прекра́сно!
5 – Да уж ③... я ещё не купи́л пода́рки...
6 – На сле́дующей неде́ле у тебя́ бу́дет ④
  мно́го вре́мени ⑤.

Prononciation

nov^{yï} got **1** *skoR^a nov^{yï} got azanim i Rajdistvo* **2** *êH niébyL^a pitchali* **3** *patchimou ty tak gavaRich'* **4** *pRazniki – êt^a pRikRasn^a* **5** *daouch ia ichio nikoupiL padaRki* **6** *na sliédouïouchtchiéï nidiél^{ié} outibia boudit mnoga vRiémini*

Notes

① La préposition **за** régit l'instrumental et se traduit par *derriè-re, après* (sans mouvement) : **за ни́м**, *derrière lui* ; **де́душка идёт за ба́бушкой**, *Grand-père va derrière grand-mère* (la suit sans mouvement car il n'y a pas de changement de position par rapport à "derrière elle").

② L'emploi du génitif s'explique par la négation (au passé) : **печа́ль** (féminin) → **печа́ли**. La traduction littérale de **не́ было печа́ли!** ressemble plutôt à "il n'y avait pas de chagrin" mais comme c'est une expression, nous la traduisons par *Il ne manquait plus que ça !*

③ **уж** est une particule de renforcement, souvent avec une désapprobation, une crainte ou un désaccord sous-entendus : **И когда́ уж у тебя́ бу́дет вре́мя?**, *Et quand est-ce que tu auras le temps ? (Je te reproche de ne jamais avoir le temps).* ▶

Nouvel an

1 – Bientôt [c'est] le nouvel an, et après *(derrière lui)* [c'est] Noël !

2 – Oh, il ne manquait [plus] que ça !

3 – Pourquoi dis-tu cela ?

4 Les fêtes, c'est super !

5 – Oui, oui… je n'ai pas encore acheté les cadeaux…

6 – *(Sur)* La semaine prochaine, tu auras *(chez toi il-y-aura)* beaucoup de temps.

Remarques de prononciation

2 La particule négative **не** n'est en principe pas accentuée, sauf avec le verbe *être* au passé : **нé было** *[niébyLª]*.

4 Le д dans le mot **прáздник** ne se prononce pas : *[pRaznik]*.

▸ – **Зáвтра тебé бýдет лýчше. – Да уж !** – *Demain, tu iras mieux. – Oui, c'est ça ! (J'acquiesce mais je ne suis pas d'accord).*

④ Vous savez que la structure impersonnelle **у меня есть…** se traduit par *j'ai…* La voici au futur : **у тебя бýдет**, *tu auras…* Remarquez que le verbe être s'accorde avec son sujet en nombre : **у тебя бýдет прáздник** (singulier), *tu auras une fête* ; **у тебя бýдут проблéмы** (pluriel), *tu auras des problèmes.*

⑤ **врéмени** est le génitif singulier (cas requis par le quantitatif **мнóго** *beaucoup*) du mot **врéмя** *[vRiémia]*, *temps.* C'est un des mots russes neutres (il y en a à peu près dix) qui se terminent par **-мя**. Au pluriel **временá** *[vRimina]* se traduit par *les temps* dans le sens de *l'époque.* Vous trouverez la déclinaison complète de ce mot à la leçon 49.

7 – Нет, не будет!
8 У меня три совещания и командировка.
9 – Какой ужас!
10 Когда же ты будешь покупать подарки?
11 – А я напишу письмо Деду Морозу.
12 У Снегурочки ⑥ хороший вкус,
13 она поможет ⑦ ему выбрать... ☐

*7 niét niboudit 8 ouminia tRi savichtchani^ia i kama-ndiRofka
9 kakoï oujass 10 kagdajê ty boudich' pakoupat^s padaRki
11 aïa napichou pis'mo diédou maRozou 12 ousnigouRatchki
HaRoch^yi fkouss 13 ana pamojêt ^iémou vybRat^s*

Notes

⑥ **У Снегу́рочки** : **у** + génitif se traduit littéralement par *chez Sniégourotchka* ; on peut aussi traduire par *Sniégourotchka a...* Comparez :

– **Где ты? – У па́пы.** – *Où es-tu ? – Chez papa.*
У па́пы хоро́ший вкус (у па́пы + accusatif), *Papa a bon goût.*

⑦ Vous savez déjà que le perfectif n'a pas de présent. **я напишу́** (ph. 11) et **она́ помо́жет** sont des verbes perfectifs et expriment le futur : *j'écrirai, elle aidera*. Comparons les deux ver-▶

***

Упражнение 1 – Читайте и переводите

❶ – Ты уже купила подарки? – Ещё нет. ❷ Какой ужас, я просто не могу выбрать! ❸ Новый Год на следующей неделе... А где подарки? ❹ Не было печали! ❺ Три совещания, командировка... Какой у него напряжённый график!

7 – Non, je n'en aurai pas *(il n'y aura pas)* !

8 J'ai *(chez moi)* trois réunions et [je pars en] une mission.

9 – Quelle horreur !

10 Quand [est-ce que] tu vas acheter les cadeaux ?

11 – Eh bien, j'écrirai une lettre au père Noël *(grand-père Froid)*.

12 Sniégourotchka a bon goût,

13 elle l'aidera à choisir…

▶ bes qui se traduisent tous les deux par *aider* : **Помога́ть** (imperfectif, donc il a un présent) : **я помога́ю, ты помога́ешь, он помога́ет, мы помога́ем, вы помога́ете, они́ помога́ют** et **помо́чь** (perfectif, donc pas de présent mais un futur) : **я помогу́, ты помо́жешь, он помо́жет, мы помо́жем, вы помо́жете, они́ помо́гут**. Rappelez-vous que la conjugaison des perfectifs n'a pas de terminaisons propres. Elle peut se rapporter au même groupe que celle des imperfectifs. Comparez les terminaisons : ici, le perfectif **помо́чь** et l'imperfectif **помога́ть** sont tous les deux de la première conjugaison. (Voir leçon 21, point 5.)

∗∗∗

Corrigé de l'exercice 1

❶ – As-tu déjà acheté des cadeaux ? – Pas encore. ❷ Quelle horreur, je n'arrive pas du tout à choisir ! ❸ Le Nouvel An est la semaine prochaine… Et où sont les cadeaux ? ❹ Il ne manquait plus que ça ! ❺ Trois réunions, un voyage d'affaires… Quel planning chargé il a !

Упражнение 2 – Восстановите текст

❶ Bientôt c'est le nouvel an ; il faut acheter des cadeaux.

. . . . . Новый . . . ; нужно покупать . . . .

❷ – Tu écriras une lettre à [ton] frère ? – Oui, la semaine prochaine.

– Ты . . . . письмо брату? – Да, на . . . . неделе.

❸ Tu as bon goût : tout ce que tu as choisi est parfait !

У тебя хороший . . . . : всё, что ты . . . . . . (.) – прекрасно!

❹ – La semaine prochaine c'est Noël. – Super !

– . . следующей . . . . . . Рождество. – . . . . !

❺ Quand tu auras beaucoup de temps, viens !

. . . . . у тебя . . . . . много . . . . , приходи!

Les fêtes de fin d'année revêtent une grande importance, en Russie. Jadis, la nouvelle année commençait le 1er mars, puis le 1er septembre à partir du XVe siècle. Mais depuis l'oukase de Pierre le Grand en 1699, on la fête le 1er janvier. Il faut cependant savoir qu'à cette époque, en Russie, on vivait avec le calendrier julien et que par conséquent le jour de l'an était décalé par rapport aux pays catholiques qui vivaient d'après le calendrier grégorien.

En 1919, la Russie adopta le calendrier grégorien et depuis, le jour de l'an se fête donc le même jour que dans les pays de tradition catholique. De nos jours, c'est une fête plus importante que Noël, et les Russes sont d'ailleurs en congé du 1er au 5 janvier.

Quant au sapin de Noël, il vécut des jours paisibles jusqu'en 1920, lorsqu'il fut interdit par le pouvoir soviétique qui y voyait un symbole religieux à éliminer. Il fut de nouveau autorisé en 1936 sous le nom de "sapin du nouvel an"…

❶ Скоро – Год – подарки ❷ – напишешь – следующей – ❸ – вкус – выбрал(а) – ❹ На – неделе – Прекрасно ❺ Когда – будет – времени –

De nos jours, les enfants viennent découvrir au pied du sapin les cadeaux apportés par le père Froid (l'équivalent du père Noël) et par sa petite-fille, Sniégourotchka, jolie jeune fille toujours vêtue de bleu.

Peu avant minuit, le Président du pays adresse son discours annuel au peuple. À minuit, Kouranty (nom de la pendule principale du pays, qui se trouve dans une des tours du Kremlin) sonne la nouvelle année. L'hymne national est alors diffusé à la télévision, et chacun lève son verre et se souhaite la bonne année.

Le Noël russe, quant à lui, se fête le 7 janvier.

*Ceci dit, les Russes n'ont pas tout à fait oublié leur ancienne tradition et fêtent également le "vieux nouvel an" (**Ста́рый Но́вый Год** [staRʸⁱ noٰvʸⁱ got]) du 13 au 14 janvier (c'est-à-dire le 1ᵉʳ janvier du calendrier julien).*

Повторе́ние – Révision

Reprenons les points importants que nous avons vus cette semaine. Si vous avez un peu de temps, relisez ou réécoutez les dialogues des leçons 43 à 48 avant d'entreprendre la lecture de cette leçon.

1 Phonétique

Vous avez vu que parfois la préposition **c** prend la forme **co**. Retenez qu'on emploie **co** avec le pronom **мной** et avec toutes les formes de **весь** : **со мно́й**, *avec moi* ; **со все́ми**, *avec tout le monde*.

2 Les neutres en -мя

Il existe en russe certains noms à terminaison particulière. **вре́мя**, *le temps*, est un des dix noms neutres en **-мя**. Voici sa déclinaison :

	Singulier	Pluriel
Nom.	**вре́мя**	**времена́**
Gén.	**вре́мени**	**времён**
Dat.	**вре́мени**	**времена́м**
Acc.	**вре́мя**	**времена́**
Inst.	**вре́менем**	**времена́ми**
Prép.	**вре́мени**	**времена́х**

3 La déclinaison des adjectifs

Vous avez déjà vu plusieurs cas de la déclinaison des adjectifs. Voici la déclinaison complète du singulier. Bien sûr, répétons-le, il ne s'agit pas d'apprendre par cœur toutes ces terminaisons – l'assimilation des déclinaisons se fait à l'usage –, mais les récapitulatifs que nous vous donnons ici vous serviront de repère le jour où vous aurez un doute quant à la déclinaison d'un mot.

• **Génitif** : le masculin et le neutre forment leur génitif en **-ого** pour les durs, et en **-его** pour les mous et les terminaisons non accentuées en **ц, ж, ч, ш, щ**. Le féminin a le génitif en **-ой** pour les durs, et en **-ей** pour les mous et les terminaisons non accentuées précédées de **ц, ж, ч, ш, щ**.

• **Accusatif** : la forme du masculin et du neutre inanimés est égale à celle du nominatif. Le masculin animé a la forme identique au génitif. Le féminin se termine en **-ую** pour les durs et **-юю** pour les mous.

• **Datif** : le masculin et le neutre ont la terminaison **-ому** pour les durs et **-ему** pour les mous et les terminaisons non accentuées précédées de **ц, ж, ч, ш, щ**. Les féminins durs ont la terminaison **-ой** ; pour les mous et les terminaisons non accentuées précédées de **ц, ж, ч, ш, щ**, la terminaison est **-ей**.

• **Instrumental** : le masculin et le neutre durs forment leur instrumental en **-ым**. Pour les mous et les terminaisons non accentuées précédées de **ц, ж, ч, ш, щ**, la terminaison est **-им**. Les féminins durs prennent la terminaison **-ой**, alors que les mous et les terminaisons non accentuées précédées de **ц, ж, ч, ш, щ** prennent **-ей**.

• **Prépositionnel** (ou **locatif**) : les masculins et les neutres durs prennent la terminaison **-ом** et le mous **-ем**. Le féminin se termine en **-ой** pour les durs, et en **-ей** pour les mous ainsi que pour les terminaisons non accentuées précédées de **ц, ж, ч, ш, щ**.

Comme vous le constatez, la déclinaison des adjectifs masculins et neutres est quasiment identique, et plusieurs formes du féminin ont la même terminaison. C'est plutôt rassurant, non ?

Récapitulons au moyen d'exemples :
• Les adjectifs durs : **бедный, -ая, -ое**, *pauvre*
• Les adjectifs mous : **синий, -яя, -ее**, *bleu foncé*

	Singulier			
	masculin, neutre	féminin	masculin, neutre	féminin
Nom.	**бедный, бедное**	**бедная**	**синий, синее**	**синяя**

Gén.	бéдного	бéдной	сѝнего	сѝней
Dat.	бéдному	бéдной	сѝнему	сѝней
Acc.	comme le N ou le G*	бéдную	comme le N ou le G*	сѝнюю
Inst.	бéдным	бéдной	сѝним	сѝней
Prép.	бéдном	бéдной	сѝнем	сѝней

Les adjectifs **такóй** et **какóй** dont nous avons rencontré la déclinaison au cours des dernières leçons, se déclinent comme tous les adjectifs qui ont un accent tonique final, par exemple, **большóй**.
* Comme le nominatif si le nom est inanimé, et comme le génitif s'il est animé.

4 Le pronom négatif *никтó*

Le pronom négatif **никтó** a la même déclinaison que l'interrogatif **кто**. Son datif est **комý** :
– Комý ты дал книѝгу? – Никомý.
À qui as-tu donné le livre ? – À personne.

5 Le pronom interrogatif/relatif *что*

Le datif du pronom interrogatif/relatif **что** est **чемý** : **Чемý ты удивляѝешься**, *De quoi t'étonnes-tu ?* (littéralement *À quoi ...*)

6 Les prépositions

Vous avez vu plusieurs prépositions, au cours de ces dernières leçons. Chacune s'emploie avec un cas bien précis. Résumons :
• **от** et **с** s'utilisent avec le **génitif** et indiquent la provenance d'un objet ou le lieu d'où on vient : **от брáта**, *de chez mon frère* ; **от меняѝ**, *de ma part* (ou *de chez moi*) ; **с пóчты**, *de la poste*.
• **к** est suivie du **datif** et indique la destination *vers*, *chez* avec mouvement : **Мы идём к врачý**, *Nous allons chez le médecin*.
• **за** dans le sens de *après*, *derrière*, est suivie de l'**instrumental** : **Возьмиѝ корзиѝну для мýсора за столóм**. *Prends la corbeille à papier derrière la table* ; **Вы за мнóй?**, *Êtes-vous derrière moi ?*
• Pour indiquer une durée, une quantité de temps, ou encore le

temps qu'on va passer quelque part, on utilise la préposition **на** suivie d'un **accusatif** : **Он дал мне кни́гу на неде́лю**, *Il m'a donné le livre pour une semaine* ; **Вы в Росси́и на́ год**, *Vous êtes en Russie pour un an*.

• La préposition **у** suivie d'un **génitif** indique l'appartenance ou la localisation chez quelqu'un : **У меня́ (есть) хоро́шая иде́я**, *J'ai une bonne idée* ; **У моего́ му́жа есть брат**, *Mon mari a un frère* ; **у подру́ги**, *chez une copine*.

7 Le futur

Vous avez fait connaissance avec le futur. Il existe deux futurs, en russe : un futur simple et un futur composé.
Vous avez rencontré le futur du verbe **быть**, *être*. Voici sa conjugaison complète :

я бу́ду *je serai*	**мы бу́дем** *nous serons*
ты бу́дешь *tu seras*	**вы бу́дете** *vous serez*
он бу́дет *il sera*	**они́ бу́дут** *ils seront*

Comme vous pouvez le constater, il prend les terminaisons de la première déclinaison.

• **Le futur simple est celui des verbes perfectifs.** Ce futur s'intéresse au résultat de l'action dans le futur, à l'accomplissement absolu de l'action. Les terminaisons sont les mêmes que celles des verbes imperfectifs au présent. Par exemple, **пойти́**, *aller à pied* (perfectif) :

я пойду́, *j'irai*	**мы пойдём**, *nous irons*
ты пойдёшь, *tu iras*	**вы пойдёте**, *vous irez*
он пойдёт, *il ira*	**они́ пойду́т**, *ils iront*

Comparez sa conjugaison avec celle du verbe **идти́**, *aller à pied*, imperfectif (voir la leçon 21).

• **Pour les verbes imperfectifs, le futur est composé.** Il se forme avec le verbe **быть**, *être*, au futur, auquel on ajoute l'infinitif du verbe imperfectif. Ce futur-là exprime une action qui se prolonge ou se répète dans le futur. Par exemple :

Я бу́ду чита́ть э́ту кни́гу на сле́дующей неде́ле.
Je vais lire ce livre la semaine prochaine (on ne sait pas si je lirai le livre entièrement – s'il y aura le résultat ou pas –, mais on sait que je vais faire cette action, j'en ai annoncé l'intention).

8 La ponctuation

Encore quelques petites règles de ponctuation.
• La proposition principale est séparée de la subordonnée par une virgule. Par exemple :
Я не зна́ю, где он. *Je ne sais pas où il est.*
• Comme en français, les termes multiples sont séparés par une virgule. Le dernier va être précédé par un **и** devant lequel on ne met pas de virgule :
Ма́ма дала́ мне я́блоко, бана́н и анана́с.
Maman m'a donné une pomme, une banane et un ananas.
Это ну́жная, интере́сная и недорога́я кни́га.
C'est un livre utile, intéressant et pas cher.

Заключи́тельный диало́г

1 – Скоро Новый год.
2 – Какие у тебя планы на следующей неделе?
3 – Ещё не знаю. У меня будет моя подруга китаянка.
4 – Может быть, мы пойдём на вечеринку в международное общежитие.
5 – А мне хотелось бы иметь друга из Англии!
6 – В таком случае, пойдём со мной:
7 – там будет много иностранцев.
8 – Наверное, я не могу: должен быть у сестры на Новый год.
9 – Хотя… я к ней на минуту, а потом – к вам!
10 – Дай мне адрес общежития.
11 – Какой ужас! Я не помню, где оно…

Traduction

1 Bientôt, c'est le Nouvel An. **2** Quels sont tes projets pour la semaine prochaine ? **3** Je ne sais pas encore. Il y aura mon amie chinoise chez moi. **4** Peut-être que nous irons à la soirée au foyer international. **5** Et moi, je voudrais avoir un ami anglais ! **6** Dans ce cas, viens avec moi : **7** là-bas, il y aura beaucoup d'étrangers. **8** Je ne pourrai probablement *(Probablement, je ne peux)* pas : je dois être chez ma sœur pour le nouvel an. **9** Quoique *(bien-que)*… j'irai chez elle juste pour une minute, et après je viendrai chez vous ! **10** Donne-moi l'adresse du foyer. **11** Quelle horreur ! Je ne me rappelle pas où il est…

La deuxième vague

Vous voici au seuil de ce que nous appelons la "deuxième vague", c'est-à-dire la phase plus active de votre apprentissage.
À ce stade, vos progrès sont déjà importants : vous disposez d'une assise grammaticale consistante, votre vocabulaire s'est bien étoffé, vous maîtrisez un assez grand nombre d'expressions courantes, vous avez atteint un certain niveau de compréhension et vous êtes même déjà en mesure de construire des phrases relativement simples. Vous êtes donc prêt pour entamer cette **deuxième vague** *qui vous permettra de vous rendre compte par vous-même des progrès que vous avez faits, tout en vous aidant à les consolider.*
Nous vous en rappellerons le mode d'emploi à la leçon 50. Félicitations !

*À partir d'aujourd'hui, vous ne trouverez plus la transcription pho-
nétique complète des dialogues : vous n'en avez plus besoin ! Cette
béquille devient encombrante pour vous qui savez maintenant courir dans les prairies du cyrillique. Nous vous aiderons, bien entendu, avec des mots difficiles ou irréguliers dont vous pourrez vérifier*

---

50 Пятидеся́тый уро́к

Хи́трость

1 – Дай мне, пожа́луйста, твою́ ру́чку!
2 – Почему́ ты хо́чешь и́менно ① мою́
      ру́чку?
3 – Поду́май сам: па́па пи́шет
      карандашо́м ②,
4   ма́ма печа́тает ③ на компью́тере,
5   а мне нужна́ ру́чка!

Remarques de prononciation

Numéro de leçon : Пятидеся́тый *[pitidissiat^(y')]*.

10 Pour bien lire le russe, souvenez-vous que les **e** non accentués
se prononcent comme un léger *[i]* et que les **o** non accentués
se prononcent *[a]*. N'oubliez pas non plus que les consonnes
sonores, en fin de mot ou devant une sourde, s'assourdissent :
оши́бки *[achypki]*.

Notes

① Le mot **и́менно**, *exactement, justement*, est souvent employé
en association avec **и**, *et*, dans le sens *c'est justement ce que...*
Observez :
И́менно э́ту кни́гу я и хочу́!
C'est justement ce livre que je veux !
И́менно э́то он мне и сказа́л.
C'est exactement ce qu'il m'a dit.

② L'instrumental est le cas circonstanciel. Sans préposition, il
exprime le moyen de l'action :

▶

la prononciation à la rubrique "Remarques de prononciation". En revanche, nous continuons à indiquer l'accent tonique. N'hésitez pas à revoir les règles de prononciation de l'introduction si jamais vous avez un doute.

Cinquantième leçon 50

La ruse

1 – Donne-moi ton stylo, s'il te plaît !
2 – Pourquoi veux-tu justement mon stylo ?
3 – C'est simple *(Réfléchis toi-même)* : papa écrit avec un crayon,
4   maman travaille *(imprime)* sur l'ordinateur,
5   et moi, j'ai besoin d'un stylo !

▶   **Ты пи́шешь ру́чкой и́ли карандашо́м?**
Tu écris avec un stylo ou avec un crayon ?
Pour vous rappeler la formation de l'instrumental singulier, référez-vous à la leçon 42. À propos, un détail intéressant : le mot **каранда́ш** a été introduit dans la langue russe au XVIIIe siècle. Il est formé par l'agglutination de deux mots turcs : *cara*, noir, et *dache*, pierre, ardoise. Peut-être la marque Caran d'Ache s'est-elle inspirée de ces mots à son tour ?

③   Le verbe imperfectif **печа́тать** (imperf.) peut se traduire par *taper [à la machine]*, *imprimer* ou *faire publier*.

6 Та́ня и Ро́ма ④ вообще́ не уме́ют
писа́ть ⑤:

7 зна́чит ⑥ у них нет ру́чки…

8 – Так почему́ ты не пи́шешь ⑦ свое́й
ру́чкой?

9 – Мне на́до де́лать ⑧ дома́шнее ⑨ зада́ние,

10 а моя́ ру́чка постоя́нно де́лает оши́бки! ☐

Notes

④ **Та́ня** et **Ро́ма** sont des diminutifs de **Татья́на** et **Рома́н**.

⑤ **уме́ть** suivi d'un infinitif équivaut à la structure *savoir [faire quelque chose]*. C'est un verbe régulier du 1er groupe (voir les terminaisons dans la leçon 21 point 5). On peut répondre à une question du genre **Ты уме́ешь писа́ть?**, *Sais-tu écrire ?* par **Да, уме́ю**, *Oui, je sais [le faire]*, sans avoir à répéter le verbe qui suit **уме́ть**.

⑥ **зна́чит** est la 3e personne du singulier du verbe **зна́чить**, *signifier*. Il se traduit naturellement par *(cela) signifie*, mais également par *donc, alors*, quand il est employé sans sujet :
Что э́то зна́чит?, *Qu'est-ce que cela signifie ?*
Зна́чит, э́то был ты…, *Donc, c'était toi…*

⑦ Dans beaucoup de vieux verbes russes provenant du slavon (ancienne langue russe), la dernière consonne du radical change dans la conjugaison. Le verbe **писа́ть**, *écrire*, en est un bon exemple : **с** est remplacé par **ш** à toutes les personnes. Vous trouverez un exemple de ce type de conjugaison dans la prochaine leçon de révision. ▶

***

Упражне́ние 1 – Чита́йте и переводи́те

❶ Поду́май сам: мне ну́жно но́вое пла́тье. ❷ Они́ уме́ют печа́тать на компью́тере? ❸ Э́то моя́ ру́чка, а где твоя́? ❹ Ве́чером мне на́до де́лать дома́шнее зада́ние. ❺ Так почему́ ма́ма не пи́шет письмо́?

6   Tania et Roma *(généralement)* ne savent pas du
tout écrire :

7   donc, ils n'ont pas de stylo…

8 –   Alors pourquoi n'écris-tu pas avec ton [propre]
stylo ?

9 –   [C'est que] je dois faire mes devoirs *(de maison)*,

10   et mon stylo fait constamment des fautes !

---

⑧ **на́до** suivi d'un infinitif forme une structure impersonnelle
et se traduit par *il faut*, *il est nécessaire*. Pour "personnaliser"
de telles structures, on ajoute au datif la personne pour qui
l'action est nécessaire :

Мне на́до идти́ домо́й, *Je dois aller à la maison.*

Ба́бушке на́до мыть посу́ду. *Grand-mère doit faire la vaisselle.*

⑨ Observez la traduction de l'adjectif **дома́шний, -яя, -ее,** *domestique*, *de famille*, *de maison* dans les phrases suivantes :

У него́ есть дома́шняя библиоте́ка.
Il a une bibliothèque familiale (de famille).

Она́ де́лает дома́шнее зада́ние.
Elle fait ses devoirs (littéralement "le devoir de maison").

Вот мой дома́шний а́дрес.
Voici mon adresse (de la maison).

Это их дома́шние живо́тные.
Ce sont leurs animaux domestiques.

***

Corrigé de l'exercice 1

❶ Réfléchis : j'ai besoin d'une nouvelle robe. ❷ Savent-ils taper à
l'ordinateur ? ❸ Ça, c'est mon stylo, et où est le tien ? ❹ Ce soir,
je dois faire mes devoirs. ❺ Mais pourquoi maman n'écrit-elle pas
la lettre ?

50 Упражнение 2 – Восстановите текст

① J'écris avec un crayon, et toi, avec un stylo.
   Я пишу . . . ., а ты . . . .

② Donc, il a besoin d'aller au magasin.
   . . . . . ., ему надо в магазин.

③ Il fait tout le temps des fautes.
   Он . . . . делает . . . .

④ – Sais-tu écrire ? – Pas encore.
   – Ты . . . . . . писать? – Ещё нет.

⑤ Décide *(Réfléchis,)* quel stylo tu veux exactement.
   . . . ., какую . . . . . . ручку ты хочешь.

Вечером мне надо делать домашнее задание.

❶ – карандашом – ручкой ❷ Значит – ❸ – постоянно – ошибки
❹ – умеешь – ❺ Подумай – именно –

Deuxième vague, mode d'emploi

Vous entamez aujourd'hui la phase active de votre apprentis-sage. Comment procéder ? C'est très simple : après avoir étudié la leçon du jour comme d'habitude, vous reprendrez chaque jour une leçon en commençant depuis le début (nous vous indi-querons laquelle).

Après avoir revu cette leçon brièvement, vous traduirez à haute voix le texte français en russe.

Ne soyez pas timide ! Parlez bien fort et en articulant. Revenez plusieurs fois sur une prononciation si nécessaire.

Ce travail de "deuxième vague", loin d'être fastidieux, vous permettra de vérifier ce que vous avez déjà appris et d'asseoir solidement vos connaissances sans presque vous en aperce-voir.

Deuxième vague : 1ʳᵉ leçon

51 Пятьдесят пе́рвый уро́к

На вкус и цвет това́рищей нет!

1 – Како́е вре́мя го́да тебе́ нра́вится бо́льше
 всех ①?

2 – Мне нра́вится ле́то.

3 Ле́том мы е́здим ② на мо́ре.

4 – А я предпочита́ю о́сень.

5 О́сенью всё так споко́йно и ти́хо ③…

6 – В Росси́и о́чень краси́вая зима́.

7 Зимо́й мо́жно ката́ться на лы́жах ④.

***

Notes

① Nous avons déjà rencontré une structure superlative : **са́мый
 до́брый и са́мый прия́тный из всех** (leçon 16), *le plus
 sympa et le plus agréable de tous*. On peut aussi exprimer la
 notion de superlatif à l'aide du comparatif d'un adjectif suivi
 du génitif du pronom **весь**, *tout*. **бо́льше** est le comparatif
 irrégulier de **мно́го**, *beaucoup*, et **всех** est le génitif pluriel de
 весь : **Он мне нра́вится бо́льше всех.** *Il me plaît le plus, je
 le préfère aux autres.*

② Nous avons déjà parlé des verbes de mouvement (voir la leçon
 44, note 2). Le verbe **е́здить** en est un. Il se traduit par *aller
 [avec un moyen de locomotion]* (en voiture, en train, etc.). Ce
 verbe est irrégulier et nous verrons sa conjugaison à la leçon
 56.

③ Les mots **споко́йно** et **ти́хо** se traduisent tous les deux par
 tranquillement, *calmement*, et **ти́хо** se traduit souvent par *doucement*.

▶

Les goûts et les couleurs ne se discutent pas !
(Pour goût et couleur camarades il-n'y-a-pas !)

1 – Quelle est ta saison préférée *(Quel temps de-l'année te plaît plus de-tous)* ?
2 – C'est *(Me plaît)* l'été.
3   En été, nous allons à la mer.
4 – Et moi, je préfère l'automne.
5   En automne tout est si calme et paisible…
6 – En Russie, l'hiver est très beau.
7   En hiver, on peut faire du ski.

***

▶ ④ Le verbe imperfectif **катáться** régit la préposition **на** suivie du prépositionnel (également appelé locatif) *se promener en*. L'expression **катáться на лы́жах** se traduit par *faire du ski*. Ainsi, **лы́жах** est le prépositionnel du mot **лы́жи**, *les skis*.

8 – Нет уж ⑤, позвольте ⑥!

9 Весна – самое красивое время года!

10 Именно весной природа просыпается,

11 и вся ⑦ жизнь возрождается. □

Notes

⑤ **уж** est une particule de renforcement qu'on emploie souvent après **да** et **нет**. **Нет уж!** *Ah non !* **Да уж!** *Vraiment !* ou *Eh bien !*

⑥ **позвольте** est l'impératif du verbe **позволять**, *permettre*. Rappelez-vous que pour obtenir l'impératif du tutoiement il suffit d'enlever le **-те** final : **позволь!**, *Permets-moi !*

⑦ **вся** est le féminin du pronom **весь**, *tout*. Vous connaissez déjà le neutre et le pluriel de ce pronom : **всё** se traduit par *tout* et **все** par *tous*.

***

Упражнение 1 – Читайте и переводите

❶ На вкус и цвет товарищей нет! ❷ – Ты любишь кататься на лыжах? – Очень! ❸ Зимой здесь так спокойно! ❹ Приходит весна и жизнь возрождается. ❺ Нет уж, позвольте! Вы не правы!

Упражнение 2 – Восстановите текст

❶ C'est l'été qui leur plaît le plus.

. . . . . всего им нравится . . . . .

❷ – Du thé ? – Non, merci, je préfère le café.

– Чай? – Нет, спасибо, я . . . . кофе.

❸ En été, nous allons à la mer, et vous ?

Летом мы . . . . . на море, а вы?

8 – Ah non, attendez *(permettez)* !
9 Le printemps est la plus belle saison *(le-plus beau temps)* de l'année !
10 [C'est] justement au printemps [que] la nature se réveille
11 et [que] toute la vie renaît.

***

Corrigé de l'exercice 1

❶ Les goûts et les couleurs ne se discutent pas ! ❷ – Aimes-tu faire du ski ? – Beaucoup ! ❸ En hiver, ici, c'est si calme ! ❹ Le printemps arrive et la vie renaît. ❺ Ah non, attendez ! Vous avez tort !

❹ La plus belle saison de l'année est l'hiver.

. . . . . красивое время года – это . . . . .

❺ En été et au printemps, chez nous, il fait bon.

. . . . . и . . . . . . у нас тепло.

Corrigé de l'exercice 2

❶ Больше – лето ❷ – предпочитаю – ❸ – ездим – ❹ Самое – зима ❺ Летом – весной –

Deuxième vague : 2ᵉ leçon

Ле́тний рома́н

1 — Кому́ ты постоя́нно пи́шешь пи́сьма ①?
2 — Одному́ ми́лому ② молодо́му ③
    челове́ку...
3 — Ой! А я его́ зна́ю?
4   Хоте́лось бы посмотре́ть,
5   кто понра́вился тако́й ми́лой молодо́й ③
    де́вушке!
6 — Да, ду́маю, ты его́ ви́дела про́шлым ④
    ле́том.
7 — Где?

Remarques de prononciation
Titre : **Пятьдесят второ́й** *[pit^{e}dissiatftaRoi]*.
4 хоте́лось бы *[HatiéLasby]*.

Notes

① Rappelez-vous que les noms neutres durs forment leur pluriel en **-a**. Avec cela, l'accent se déplace : **окно́**, *une fenêtre*, → **о́кна**, *des fenêtres* ; **письмо́**, *une lettre*, → **пи́сьма**, *des lettres*.

② L'adjectif **ми́лый, -ая, -ое** peut se traduire par *gentil*, *aimable*, *agréable* ou *mignon*.

③ Le datif des adjectifs est formé avec la terminaison **-ому** pour le masculin dur, et **-ой** pour le féminin dur :
Вы доверя́ете э́той молодо́й де́вушке?
Avez-vous confiance en cette jeune femme ?

▶

Histoire *(Roman)* **d'un été**

1 – À qui écris-tu des lettres tout le temps
   (constamment) ?
2 – À un agréable jeune homme…
3 – Oh ! Et je le connais ?
4 – Je voudrais [bien] voir
5 – qui a plu à une si mignonne jeune fille !
6 – Oui, je pense [que] tu l'as vu l'été dernier.
7 – Où ?

Ему никогда не хотелось быть богатым.

④ **прóшлым** est l'instrumental de l'adjectif dur **прóшлый**,
passé, dernier, ancien. La terminaison du masculin est
-ым et celle du féminin **-ой** :
Я пишý краси́вым карандашóм, а ты краси́вой рýчкой.
J'écris avec un beau crayon, et toi avec un beau stylo.

8 – На даче у Маши.

9 – Так вот о ком ты постоянно мечтаешь ⑤!

10 Никогда нельзя ⑥ доверять мимолётному ⑦ впечатлению...

11 – Никогда не говори «никогда»!

12 Мы встречаемся каждые выходные уже полгода!

12 полгода [poLgoda].

Notes

⑤ Le verbe **мечта́ть**, *rêver*, est suivi de la préposition **о** avec le prépositionnel : **Он мечта́ет о пра́зднике.** *Il rêve d'une fête.*

⑥ Vous savez qu'en russe, pour former un mot négatif, on rajoute souvent la particule **не** : **хо́лодно → нехо́лодно, вку́сный → невку́сный**. Mais attention : **мо́жно**, *on peut*, que vous ▶

***

Упражнение 1 – Читайте и переводите

❶ Мне так понравился этот фильм! ❷ Каждое лето они встречаются. ❸ Ничего не говори этой милой молодой девушке. ❹ Ему никогда не хотелось быть богатым. ❺ Они в Москве уже полгода.

Упражнение 2 – Восстановите текст

❶ On ne peut pas faire confiance à ce jeune homme.

..... молодому .... нельзя ....

❷ Je voudrais voir qui lui a plu.

.... бы посмотреть, кто ей ....

❸ Chaque week-end, nous allons à la datcha.

...... выходные мы ..... на дачу.

8 – À la datcha, chez Macha.

9 – Voilà donc *(Ainsi voilà)* à qui tu rêves constamment !

10 – Il ne faut jamais se fier *(avoir-confiance)* à une impression éphémère...

11 – Ne dis jamais "jamais" !

12 – Nous sortons ensemble *(nous rencontrons)* chaque week-end depuis déjà six mois !

▶ connaissez déjà, ne peut pas s'utiliser avec la particule négative **не**. Ainsi, il existe un mot à part pour dire *on ne peut pas* : **нельзя́**. Ce mot exprime l'impossibilité ou l'interdiction de faire quelque chose : *on ne peut pas* ou *il est interdit/impossible [de faire qqch.]*.

⑦ Le verbe **доверя́ть**, *avoir confiance*, régit le datif. Par conséquent, **мимолётному** est le datif de l'adjectif **мимолётный, -ая, -ое**, *éphémère, passager*.

* * *

Corrigé de l'exercice 1

❶ J'ai tellement aimé ce film ! ❷ Ils se rencontrent chaque été. ❸ Ne dis rien à cette gentille jeune fille. ❹ Il n'a jamais voulu être riche. ❺ Ils sont à Moscou depuis déjà six mois.

❹ L'été dernier, les enfants étaient à la datcha chez leur grand-mère.

. . . . летом дети были . . даче . бабушки.

❺ À qui rêves-tu en permanence ?

О . . . ты постоянно . . . . ?

Corrigé de l'exercice 2

❶ Этому – человеку – доверять ❷ Хотелось – понравился ❸ Каждые – ездим – ❹ Прошлым – на – у – ❺ – ком – мечтаешь

La да́ча est une maison de campagne. Beaucoup de Russes en ont une. Ils y passent leurs week-ends et y vont en vacances pour se reposer… Enfin, en réalité le repos est rare dans les datchas, car on y va surtout pour travailler au potager. Seuls les gens aisés peuvent se permettre d'avoir la vraie datcha des romanciers russes de la fin du XIXe siècle, celle de la noblesse qui y prenait ses quartiers d'été, fuyant la chaleur étouffante des grandes villes. Aujourd'hui, les datchas se sont multipliées. De taille plutôt modeste, elles sont souvent construites selon un même modèle. Très simples, parfois même rudimentaires, elles sont juste un endroit où l'on peut passer la nuit avant de repartir en ville après un travail fatigant sur la minuscule parcelle du potager.

---

53 Пятьдеся́т тре́тий уро́к

Желе́зная ① ло́гика

1 – Ты куда́-то ② спеши́шь?
2 – Да нет ③, я до́лжен был быть в о́фисе в че́тверть ④ пе́рвого.

Notes

① **желе́зный, -ая, -ое** se traduit littéralement par *de fer*, mais il existe d'autres traductions dans différentes expressions, par exemple, **желе́зная ло́гика**, *logique implacable*.

② L'adverbe **куда́-то** indique une direction indéfinie avec mouvement : *quelque part, n'importe où*.

③ L'expression **да нет** appartient à la langue parlée. Elle se traduit par *mais non, ben non*. Surtout ne traduisez pas chaque mot littéralement !

④ **че́тверть**, *un quart*, (mot féminin) a pour deuxième sens *trimestre* :
В шко́ле начала́сь пе́рвая че́тверть.
À l'école, le premier trimestre a commencé.
Observez comment on dit "et quart" quand il s'agit de l'heure.

Le plus souvent, les datchas sont situées assez près des villes, plus rarement dans un vrai village. Pour la plupart des gens, elles représentent une source supplémentaire de revenus, voire un moyen de survie : les légumes et les fruits qu'on y cultive constituent un bon soutien à l'alimentation d'une famille moyenne. Bien sûr, il existe aussi des datchas plus luxueuses. Celles des "nouveaux Russes" (traduction littérale de nouveaux riches russes) ressemblent à de petits châteaux ou de belles isbas (maisons traditionnelles en bois) avec piscine, bania (le sauna russe) et court de tennis. Ces datchas-là ne sont évidemment faites que pour le repos et la fête...

Deuxième vague : 3ᵉ leçon

Cinquante-troisième leçon   53

Une logique implacable

1 – Tu es pressé *(Tu quelque-part te-presses)* ?
2 – Ben non, j'aurais dû être *(je dois étais être)* au bureau à midi et quart *(à un-quart de-la-première [heure])*.

3 У нас совещание.

4 – А говори́шь, не спеши́шь!

5 Ты уже́ опозда́л на полчаса́!

6 – Мину́та, две мину́ты, два́дцать мину́т или час…

7 Тепе́рь это уже́ не име́ет никако́го ⑤ значе́ния ⑥.

8 Совеща́ние начало́сь ;

9 зако́нчится ⑦ оно́ то́лько часа́ через полтора́ ⑧.

10 Так что ⑨ е́сли хо́чешь, мо́жем ⑩ попи́ть ко́фе! ☐

Remarques de prononciation
5 полчаса́ *[poLtchissa]*.
7 никако́го *[nikakova]*.
9 часа́ *[tchissa]*.

Notes

⑤ Souvent, les verbes à la forme négative régissent le géni-tif. Ici **никако́го** est le génitif de l'adjectif **никако́й, -а́я, -о́е**, *aucun, nul*. Remarquez que la terminaison du nominatif masculin est **-о́й** (et pas **-ый**), car elle est accentuée.

⑥ **значе́ния** est le génitif du neutre en **-е значе́ние**, *significa-tion, sens, importance*.

⑦ **зако́нчится** est la 3ᵉ personne du singulier du verbe perfectif pronominal **зако́нчиться**, *se terminer, finir*. Attention, la pro-nonciation de ces deux formes est identique : *[zakon^gnetchitsa]*. ▶

***

Упражне́ние 1 – Чита́йте и переводи́те

❶ Да уж, у вас желе́зная ло́гика! ❷ Совеща́ние уже́ начало́сь, а его́ ещё нет. ❸ Скоре́е! Ты ещё не опозда́ла. ❹ Уро́к зако́нчится то́лько через полчаса́. ❺ – Ты где? – В о́фисе. У нас совеща́ние.

3   Nous avons une réunion.   **53**

4 – Et tu dis [que] tu n'es pas pressé !

5   Tu es déjà en retard d'une demi-heure !

6 – Une minute, deux minutes, vingt minutes ou une heure…

7   Maintenant, cela n'a plus *(déjà)* aucune importance *(signification)*.

8   La réunion a commencé ;

9   elle se terminera seulement dans une heure et demie environ.

10   Donc, si tu veux, on peut [aller] prendre *(boire)* un café !

---

⑧ Vous avez déjà rencontré la préposition **через**, *dans*. Elle est suivie de l'accusatif et indique le temps qui passera avant que l'événement en question ne se produise : **через час**, *dans une heure* ; **через четы́ре неде́ли**, *dans quatre semaines*. Pour exprimer l'heure approximative, on place l'indicateur temporel (le nom indiquant l'unité de durée : **мину́та**, **час**, **неде́ля**, **год**, etc.) avant le chiffre : **через два часа́**, *dans deux heures* → часа́ **через два́**, *dans deux heures environ* ; **через де́сять мину́т**, *dans dix minutes* → мину́т **через де́сять**, *dans dix minutes environ* ; **через три неде́ли**, *dans trois semaines* → неде́ли **через три́**, *dans trois semaines environ*.

⑨ La conjonction **так что** se traduit par *donc*, *par conséquent*.

⑩ Le verbe **мочь**, *pouvoir*, est irrégulier. Vous trouverez sa conjugaison dans la prochaine leçon de révision.

***

Corrigé de l'exercice 1

❶ Eh bien, vous avez une logique implacable ! ❷ La réunion a déjà commencé et il n'est pas encore là. ❸ Plus vite ! Tu n'es pas encore en retard. ❹ La leçon se terminera seulement dans une demi-heure. ❺ – Où es-tu ? – Au bureau. Nous avons une réunion.

54 Упражнение 2 – Восстановите текст

1 Viens dans une heure et demie environ.
Приходи .... через ....

2 Il est toujours en train de courir quelque part.
Он постоянно .... - .. спешит.

3 Cela n'a pas d'importance.
Это .. имеет .... !

4 Quelle horreur, je suis en retard pour l'examen !
Какой ...., я ...... (.) на экзамен!

5 Je dois *(m.)* être chez toi dans vingt minutes environ.
Я ...... быть у тебя ..... через двадцать.

---

54 Пятьдесят четвёртый уро́к

Закоренéлый холостя́к

1 – Почему́ ты развёлся с жено́й ①?
2 – Из-за ② еды́ ③...
3 Она́ никогда́ не замеча́ла, что все реце́пты в кулина́рной кни́ге

Remarques de prononciation
Numéro de leçon : *[pit^sdissiatchitvio**R**t^{yi} ou**R**ok]*.
2 из-за еды́ *[izza^{ié}d**y**]*.

Notes
① **развести́сь**, *divorcer*. Faites attention à la préposition employée : alors qu'en français on dit *divorcer de*, en russe la préposition employée est **с**, *avec*. Elle est suivie de l'instrumental : **Он развёлся с жено́й.** *Il a divorcé de sa femme*.

② Après la préposition **из-за**, on emploie le génitif. Cette préposition a de multiples traductions : *à cause de*, *à la suite de*, *en* ▶

❶ – часа – полтора ❷ – куда-то – ❸ – не – значения ❹ – ужас – опоздал(а) – ❺ – должен – минут –

Deuxième vague : 4ᵉ leçon

Cinquante-quatrième leçon   54

Célibataire endurci *(invétéré)*

1 – Pourquoi as-tu divorcé de ta *(avec)* femme ?
2 – À cause de la nourriture…
3   Elle ne remarquait jamais que toutes les recettes dans [son] livre de cuisine *(culinaire)*

▶   *raison de.* Et nous en verrons encore d'autres plus tard.
   Всё это из-за меня. *Tout cela est ma faute* ("à cause de moi").

③   Le mot **еда́,** *la nourriture,* s'emploie toujours au singulier. Il peut également signifier *un repas.*

4 бы́ли рассчи́таны ④ на двена́дцать челове́к ⑤.

5 Поэ́тому ⑥ всю неде́лю мы е́ли одно́ и то же ⑦ блю́до!

6 – Тепе́рь ты гото́вишь сам?

7 – Нет, тепе́рь я ем ⑧ в столо́вой ⑨…

8 – Почему́?

9 – Я взял её кулина́рную кни́гу ⑩,

10 но, о го́ре ⑪! все реце́пты начина́ются одина́ково:

11 «Возьми́те чи́стую таре́лку…» ☐

---

4 рассчи́таны [Rachtchitany].

Notes

④ **рассчи́таны** est le participe passé passif, au pluriel, du verbe perfectif **рассчита́ть** *prévoir, calculer*. Observez ces exemples :

У меня́ всё рассчи́тано на неде́лю.
J'ai tout calculé (prévu) pour une semaine.
Кни́ги бы́ли рассчи́таны на де́сять ученико́в.
Les livres étaient prévus pour dix élèves.

⑤ **челове́к**, *homme, personne*, a un pluriel irrégulier que vous rencontrerez plus tard. La forme ancienne du pluriel, **челове́ки**, s'utilise parfois dans des contextes humoristiques, mais nous vous déconseillons de l'employer. Retenez simplement que ce mot a deux génitifs pluriels. Nous nous arrêterons pour l'instant sur celui qui s'utilise avec des nombres, et seulement avec des nombres : sa forme coïncide avec celle du nominatif singulier. Ainsi nous dirons **оди́н челове́к** (nominatif), *une personne* ; **два челове́ка** (génitif singulier), *deux personnes* ; **пять челове́к**, *cinq personnes* (génitif pluriel après "cinq").

⑥ **поэ́тому** exprime la suite causale et se traduit par *c'est pourquoi*.

⑦ Retenez la locution **оди́н и то́т же**, *le même*, qu'on trouve ici à l'accusatif singulier du neutre, **одно́** s'accorde avec **блю́до**. ▸

4	étaient prévues pour douze personnes.
5	Du coup *(C'est-pourquoi)*, toute la semaine, nous mangions le même plat !
6	– Maintenant tu cuisines *(prépares)* toi-même ?
7	– Non, maintenant, je mange à la cantine…
8	– Pourquoi ?
9	– J'ai pris son livre de cuisine…
10	mais, ô malheur, toutes les recettes commencent de la même manière *(pareil)* :
11	"Prenez une assiette propre…"

▸ ⑧ **ем** est la 1ʳᵉ personne du singulier du verbe imperfectif **есть**, *manger*. La forme de l'infinitif coïncide avec la 3ᵉ personne du singulier du verbe **быть**, *être*, couramment utilisée dans le sens de *il y a*. Ne les confondez pas ! Vous trouverez la conjugaison de ce verbe dans la leçon de révision.

⑨ Vous savez que la préposition **в** peut indiquer l'endroit où l'on est (sans mouvement) – et dans ce cas elle régit le prépositionnel (voir la leçon 21). **столóвая**, *cantine*, *réfectoire*, mais aussi *salle à manger*, est un adjectif qui est devenu nom ; il garde donc la déclinaison des adjectifs : **в столóвой**, *à la cantine*. Pour revoir la déclinaison des adjectifs, reportez-vous à la leçon 49.

⑩ Le verbe **взять** régit l'accusatif. Ainsi, dans **я взял её кулинáрную кнúгу**, *J'ai pris son livre de cuisine*, l'adjectif et le nom sont à l'accusatif. Vous connaissez déjà la formation de l'accusatif pour les noms, dont seuls les masculins animés et les féminins changent de forme (les autres gardent la forme du nominatif). Les adjectifs masculins et neutres (s'ils se rapportent aux choses et non aux êtres animés) restent également invariables à l'accusatif, tandis que les féminins durs ont la terminaison **-ую** :
Он взял мой нóвый (la même forme qu'au nominatif) **карандáш и мою нóвую рýчку.**
Il a pris mon nouveau crayon et mon nouveau stylo.

⑪ Le mot **гóре** est du neutre. Il se traduit par *malheur*, *chagrin* :
У негó большóе гóре. *Il a un grand chagrin.*
Какóе гóре! *Quel malheur !*

54   **Упражнение 1 – Читайте и переводите**

❶ Таня, дай мне, пожалуйста, чистую тарелку. ❷ У нас всё рассчитано на неделю. ❸ В столовой постоянно готовят одно и то же блюдо. ❹ По-моему, все летние романы начинаются одинаково. ❺ Если хочешь, возьми её кулинарную книгу.

Упражнение 2 – Восстановите текст

❶ Mais tu le connais : c'est un célibataire endurci.

Да ты его . . . . . . : он закоренелый . . . .

❷ Toute la semaine, ils ont mangé des bananes.

Всю . . . . . . они . . . бананы.

❸ – Tamara, mais qui cuisine chez vous ? – Moi-même.

– Тамара, а кто у вас . . . . ? – Я . . . . . .

❹ On dit qu'il a divorcé de sa femme.

Говорят, он . . . . с . . . . . .

❺ À cause de la nourriture, ils ont mal au ventre.

. . - . . . . . у них болит живот.

Corrigé de l'exercice 1

❶ Tania, donne-moi une assiette propre, s'il te plaît. ❷ Chez nous, tout est prévu pour une semaine. ❸ À la cantine, on prépare tout le temps le même plat. ❹ À mon avis, tous les romans d'été commencent de la même manière. ❺ Si tu veux, prends son livre de cuisine.

Закоренелый холостяк.

Corrigé de l'exercice 2

❶ – знаешь – холостяк ❷ – неделю – ели – ❸ – готовит – сама
❹ – развёлся – женой ❺ Из-за еды –

Deuxième vague : 5ᵉ leçon

Солида́рность

1 В шко́ле учи́тель говори́т ученика́м ①:
2 – У меня́ никогда́ ещё не́ было тако́го
плохо́го кла́сса ②!
3 Вы ничего́ не понима́ете!
4 Я объясни́л теоре́му три ра́за.
5 Да́же я сам ③ её по́нял!
6 Кто из вас счита́ет себя́ по́лным тупи́цей ④?
7 Вста́ньте!
8 – По́сле до́лгой па́узы поднима́ется ⑤ оди́н
учени́к:

Remarque de prononciation
2 не́ было [*niébyLᵃ*].

Notes

① Le datif pluriel des mots durs de tous les genres se forme en
-ам, et celui des mous en **-ям** :
Я дал кни́гу его́ ро́дственникам. *J'ai donné le livre à ses
parents.*
Le nom est dur, même si le nominatif pluriel se termine en **-и** –
ро́дственники –, à cause de l'incompatibilité orthographique
qui rend impossible la présence de **я** après **к**.
Челове́к до́лго объясня́л де́тям (nominatif pluriel : **де́ти**
enfants) **и их се́мьям** (nominatif pluriel : **се́мьи** *familles*),
кто он. *L'homme a longuement expliqué aux enfants et à leurs
familles qui il était.*

② Au passé, l'absence de quelque chose est exprimée par la structure impersonnelle formée à partir du verbe être au passé à la
forme neutre **не́ было** (neutre) et du génitif : **У неё никогда́
не́ было бра́та**, *Elle n'a jamais eu de frère.* Ainsi, le mot masculin dur **класс**, *classe, groupe,* est au génitif. ▶

Solidarité

1 À l'école, le professeur dit aux élèves :

2 – Je n'ai encore jamais eu une si mauvaise classe !

3 Vous ne comprenez rien !

4 J'ai expliqué le théorème trois fois.

5 Même moi *(je soi-même)*, je l'ai compris !

6 Ceux d'entre vous qui se considèrent comme des imbéciles complets *(Qui de vous considère soi-même complet imbécile ?)*,

7 levez-vous !

8 – Après un long silence *(pause)* un élève se lève *(monte)* :

▶ ③ Le pronom **сам** s'emploie avec des noms animés ou inanimés et se traduit par *soi-même*. Vous trouverez sa déclinaison dans l'appendice grammatical en fin d'ouvrage. Le pronom s'accorde en genre et en nombre avec le nom auquel il se rapporte : **он сам**, *lui-même* ; **она сама́**, *elle-même* ; **оно́ само́** (neutre) ; **они́ са́ми** (*eux-mêmes* ou *elles-mêmes*, pour tous les genres).

④ L'attribut du complément d'objet direct se met à l'instrumental (pour l'instrumental des adjectifs, voir la leçon 49).

⑤ Révisons la conjugaison des verbes pronominaux (voir la leçon 38) à travers l'exemple du verbe **поднима́ться**, *monter* : **я поднима́юсь, ты поднима́ешься, он поднима́ется, мы поднима́емся, вы поднима́етесь, они́ поднима́ются**.

9 – Значит, ты счита́ешь себя ⑥ тупи́цей?

10 – Ну, не совсе́м…

11 но ка́к-то ⑦ нело́вко ⑧, что вы оди́н стои́те.

☐

Notes

⑥ Le verbe **счита́ть** est suivi d'un nom ou d'un pronom à l'accusatif.

⑦ **ка́к-то** peut se traduire de différentes façons : *tout de même, dans une certaine mesure, d'une certaine manière, on ne sait pas comment.*

⑧ L'adverbe **нело́вко**, *gênant*, forme une structure impersonnelle. Vous connaissez déjà ce genre de structure. La person-▸

***

Упражне́ние 1 – Чита́йте и переводи́те

❶ Учи́тель объясня́ет ученика́м междунаро́дную обстано́вку. ❷ Кто из вас счита́ет себя́ краси́вым? ❸ Я никогда́ не ви́дел тако́го плохо́го кла́сса. ❹ Он тако́й тупи́ца: никогда́ ничего́ не понима́ет! ❺ Из-за тебя́ я не поняла́ теоре́му.

Упражне́ние 2 – Восстанови́те текст

❶ J'étais gêné car il a mis longtemps à me reconnaître *(il ne m'a longtemps pas reconnu).*

Мне бы́ло . . . . , так как он меня́ . . . . . не узнава́л.

❷ – Qui parmi vous a vu ce film ? – Nous l'avons tous vu.

– Кто . . вас . . . . . э́тот фильм? – Мы . . . его́ ви́дели.

❸ Levez-vous, ce n'est pas votre place !

. . . . , э́то не . . . . ме́сто!

9 – Donc, tu te considères comme un imbécile ?   55

10 – Ben, pas vraiment…

11   mais c'est tout de même gênant que vous soyez *(êtes)* debout [tout] seul.

ne "sujette" à un état ou sentiment se met au datif : **мне так нелóвко**, *je suis si gêné (c'est gênant pour moi)*. **нелóвко** se traduit aussi par *maladroitement, de manière maladroite* : **онá дéлает всё óчень нелóвко**. *Elle fait tout de manière très maladroite (maladroitement).*

***

Corrigé de l'exercice 1

❶ Le professeur explique aux élèves la situation internationale. ❷ Qui parmi vous se croit beau ? ❸ Je n'ai jamais vu une si mauvaise classe. ❹ Il est tellement idiot : il ne comprend jamais rien ! ❺ À cause de toi, je n'ai pas compris le théorème.

❹ Nous n'avons encore jamais eu un si bon professeur.

У нас никогда ещё не . . . . такого . . . . учителя.

❺ Je t'ai déjà tout expliqué, tu comprends ?

Я уже всё тебе . . . . (.) , ты . . . . ?

Corrigé de l'exercice 2

❶ – нелóвко – дóлго – ❷ – из – вúдел – все – ❸ Встáньте – вáше – ❹ – бýло – хорóшего – ❺ – объяснúл(а) – понимáешь

Deuxième vague : 6ᵉ leçon

двести пятьдесят два • 252

56   Пятьдесят шестой урок

Повторение – Révision

1 La déclinaison des noms

Vous avez déjà acquis certaines connaissances dans le domaine des déclinaisons russes. Complétons-les encore un peu.

• **L'accusatif**

Vous connaissez déjà l'accusatif, cas du COD. Ajoutons qu'au singulier, les noms se terminant par **-ь**, qu'ils soient masculins, féminins, animés ou inanimés, gardent leur forme du nominatif : **жизнь** (féminin) → **на це́лую жизнь**, *pour toute la vie*.

Vous avez déjà vu la formation de l'accusatif pour les féminins durs. Pour les féminins mous, le **-я** du nominatif devient **-ю** : **неде́ля** (féminin mou) → **Я здесь на неде́лю.** *Je suis là pour une semaine.*

• **Le pluriel du datif**

C'est facile : pour tous les noms durs, il est formé en **-ам**, tandis que pour les mous il est en **-ям** (mais attention aux cas d'incompatibilité orthographique !):

По-мо́ему, он о́чень нра́вится его́ подру́гам. *À mon avis, il plaît beaucoup à ses amies.*

Учи́тель говори́т де́тям де́лать дома́шнее зада́ние. *Le professeur dit aux enfants de faire leurs devoirs.*

• **Le pluriel de l'intrumental**

Vous connaissez déjà la formation de l'instrumental singulier, cas qui correspond souvent au complément circonstanciel de moyen. L'instrumental pluriel est lui aussi facile : pour tous les noms durs il se forme en **-ами**, et pour les mous en **-ями** (sauf cas d'incompatibilité orthographique) :

Они́ до́лго говори́ли с ученика́ми и учителя́ми.

Ils ont longuement parlé aux élèves et aux professeurs.

Mais attention : **но́чь → ноча́ми** (incompatibilité orthographique).

Il existe quelques exceptions avec un instrumental pluriel en **-ьми**. Vous connaissez par exemple **дети**, *les enfants* :
Я в кино́ с детьми́. *Je vais au cinéma avec les enfants.*

Félicitations ! Maintenant vous connaissez quasiment tous les cas, il ne nous restera à voir que le prépositionnel pluriel.

2 La déclinaison des adjectifs

Nous avons observé le schéma général de la déclinaison des adjectifs au singulier à la leçon 49. À présent, voyons un peu le pluriel :
• **Le génitif** des adjectifs durs est en **-ых** et celui des mous en **-их**.
• **L'accusatif** des adjectifs animés au pluriel est identique à leur génitif, l'accusatif des inanimés est identique au nominatif.
• Le **datif** : la terminaison pluriel est **-ым** pour les adjectifs durs, et **-им** pour les mous .
• **L'instrumental** : le pluriel dur est en **-ыми** et le mou en **-ими**.
• Le **locatif** (ou **prépositionnel**) : le pluriel dur est en **-ых** et le mou en **-их**.

Voici le schéma récapitulatif. Prenons comme exemple les adjectifs suivants :
• <u>adjectif dur</u> : **бе́дный, -ая, -ое**, *pauvre*
• <u>adjectif mou</u> : **си́ний, -яя, -ее**, *bleu*

Pluriel (pour tous les genres)		
Nominatif	**бе́дные**	**си́ние**
Génitif	**бе́дных**	**си́них**
Datif	**бе́дным**	**си́ним**
Accusatif	N ou G*	
Instrumental	**бе́дными**	**си́ними**
Prépositionnel (locatif)	**бе́дных**	**си́них**

56 Comme vous pouvez le constater, les terminaisons des adjectifs mous et durs sont quasiment identiques (il y a juste l'opposition dur/mou : **ы/и**).

* Identique au nominatif si le nom est inanimé, et au génitif s'il est animé.

3 La déclinaison des démonstratifs

Vous connaissez déjà le génitif et le datif des pronoms-adjectifs démonstratifs.

• À **l'accusatif**, le masculin singulier et le pluriel de tous les genres ont la forme du nominatif s'ils se rapportent aux objets (inanimés), et celle du génitif s'ils se rapportent aux êtres (animés) :

Я ви́жу э́тот стол, э́того учи́теля и э́тих ученико́в.

Je vois cette table, ce professeur et ces élèves.

Le neutre reprend la forme du nominatif et le féminin a la terminaison en **-y** :

Учи́тель объясня́ет э́то пра́вило и э́ту теоре́му.

Le professeur explique cette règle et ce théorème.

• Quant à **l'instrumental**, il ressemble beaucoup à celui des adjectifs : la terminaison du masculin et du neutre ainsi que celle du pluriel de tous les genres est la même que pour les adjectifs mous, tandis que la terminaison du féminin est la même que pour les adjectifs féminins durs :

Она́ пи́шет э́тим карандашо́м, а я э́той ру́чкой.

Elle écrit avec ce crayon, et moi avec ce stylo.

Они́ пи́шут э́тими карандаша́ми.

Ils écrivent avec ces crayons.

	Masculin, Neutre	Féminin	Pluriel
Nominatif	э́тот, э́то	э́та	э́ти
Génitif	э́того	э́той	э́тих
Datif	э́тому	э́той	э́тим
Accusatif	N ou G	э́ту	N ou G
Instrumental	э́тим	э́той	э́тими

Vous avez déjà rencontré la particule **-то**. Cette particule, apposée à certains pronoms et adverbes, en fait des indéfinis :

когда́, *quand* → **когда́-то**, *un jour* (on ne sait pas quand) ;

где, *où* (sans mouvement) → **где́-то**, *quelque part* (sans mouvement) ;

куда́, *où* (avec mouvement) → **куда́-то**, *quelque part* (avec mouvement) ;

кто, *qui* → **кто́-то**, *quelqu'un* ;

что, *quoi* → **что́-то**, *quelque chose*, etc.

5 L'absence exprimée au présent et au passé

Pour exprimer l'absence de quelque chose, on utilise :
• **au présent**, le mot **нет** accompagné d'un génitif :
Его́ нет. *Il n'est pas là.*
Нет воды́. *Il n'y a pas d'eau.*
• **au passé** , la particule négative **не** avec le neutre du verbe *être*, **быть**, au passé :
Его́ не́ было. *Il n'était pas là.*
У неё не́ было воды́. *Elle n'avait pas d'eau.*
Не́ было воды́. *Il n'y avait pas d'eau.*

Remarquez que la particule **не** dans la structure **не́ было** est toujours accentuée.

6 Verbes de déplacement

Nous avons déjà commencé à parler des verbes de déplacement à la leçon 44. Rappelez-vous qu'on distingue 14 paires de verbes de déplacement et que chaque paire indique un moyen précis de déplacement (à pied, en voiture, en avion, etc.). Tous ces verbes sont imperfectifs, mais ils ont leur perfectif. Vous avez déjà rencontré **идти́** (imperfectif), **пойти́** (perfectif), *aller à pied* ; **éздить** (imperfectif), *aller en moyen de locomotion* ; **приходи́ть** (imperfectif), **прийти́** (perfectif), *arriver à pied*, et quelques autres verbes. Pour l'instant, nous en resterons là et vous proposons juste la conjugaison du verbe **éздить** au paragraphe 9 de cette leçon.

Le verbe d'état **стоя́ть**, *être debout*, se conjugue comme les verbes réguliers de la deuxième conjugaison : **я стою́, ты стои́шь,
он стои́т, мы стои́м, вы стои́те, они́ стоя́т**. Faites attention
à l'accent tonique, car un autre verbe russe a la même forme au
présent, et seul l'accent permet de les distinguer : il s'agit du verbe
сто́ить, *coûter* (leçon 30) : **сто́ит** (3ᵉ pers. du singulier).

8 Perfectifs, imperfectifs

Vous connaissez déjà la distinction entre verbes imperfectifs et perfectifs. Pour certains verbes, le perfectif se distingue de l'imperfectif seulement par la présence d'un préfixe, une particule qui se
rajoute au début du mot. D'autres verbes ont une forme de perfectif
qui est tout à fait différente. Observez les verbes ci-dessous et lisez-
les deux ou trois fois à voix haute pour vous en imprégner.
• *boire* : **пить** (imperfectif) : **я пью, ты пьёшь, он пьёт, мы
пьём, вы пьёте, они́ пьют** (présent) ; **попи́ть** (perfectif) **я
попью́, ты попьёшь, он попьёт, мы попьём, вы попьёте,
они́ попью́т** (futur) ;
• *manger* : **есть** (imperfectif) **я ем, ты ешь, он ест, мы еди́м,
вы еди́те, они́ едя́т** (présent) ; **съесть** (perfectif) **я съем, ты
съешь, он съест, мы съеди́м, вы съеди́те, они́ съедя́т** (futur) ;
• *parler/dire* : **говори́ть** (imperfectif) **я говорю́, ты говори́шь,
он говори́т, мы говори́м, вы говори́те, они́ говоря́т** (présent) ;
сказа́ть (perfectif) **я скажу́, ты ска́жешь, он ска́жет, мы
ска́жем, вы ска́жете, они́ ска́жут** (futur).

9 La palatalisation

Vous avez déjà rencontré plusieurs verbes dont la consonne de la
base changeait quand ils se conjuguaient au présent. Il s'agit du
phénomène de la palatalisation (appelé ainsi parce que la consonne
changée se prononce avec la participation du palais).

Pour la première conjugaison, le changement concerne toutes les
formes, tandis que pour la deuxième conjugaison, on observe le
changement seulement à la 1ʳᵉ personne du singulier.
Sachez que la palatalisation concerne des consonnes qui forment une paire avec une autre. Ainsi par exemple, le **д** devient **ж**,

comme dans le verbe **éз́дить** (imperfectif, indéterminé) *aller en moyen de locomotion* : **я éз́жу, ты éз́дишь, он éз́дит, мы éз́дим, вы éз́дите, они́ éз́дят.**

Pour les verbes de la première conjugaison en **-чь**, le changement se fait d'abord en **г**, ensuite en **ж** et de nouveau en **г** à la 3e personne du pluriel :
• **берéчь**, *garder, veiller sur* : **я берегу́, ты бережёшь, он бережёт, мы бережём, вы бережёте, они́ берегу́т.**
• **мочь**, *pouvoir* : **я могу́, ты мо́жешь, он мо́жет, мы мо́жем, вы мо́жете, они́ могут.** Faites également bien attention au changement d'accent.
Le verbe de la première conjugaison **писа́ть**, *écrire*, change le **с** en **ш** à toutes les personnes : **я пишу́, ты пи́шешь, он пи́шет, мы пи́шем, вы пи́шете, они́ пи́шут.** Là encore, notez le changement d'accent.

10 Le verbe *есть*

Le verbe **есть**, *manger*, est irrégulier : **я ем, ты ешь, он ест, мы еди́м, вы еди́те, они́ едя́т.** Soyez là aussi très attentif avec l'accentuation, apprenez-la même par cœur, car ce verbe ressemble à un autre (vous le rencontrerez plus tard) et seule l'accentuation les distingue.

1 – Прошлым летом мы были у бабушки на даче.
2   Было так хорошо. Она отлично готовит !
3 – А ты умеешь готовить?
4 – Да, конечно!
5 – Ты готовишь вкусные блюда?
6 – Ну, не знаю... На вкус и цвет товарищей нет!
7 – А мы ездим к бабушке не летом, а зимой, кататься на лыжах.
8 – Мне хотелось бы ездить к ней всё время: зимой, весной, летом и осенью!
9 – Ой! Извини, мне надо в офис: совещание уже началось!
10 – Ты всегда куда-то спешишь...
11 – Что делать? Работа есть работа!

Traduction

1 L'été dernier, nous avons été chez grand-mère, dans sa datcha. **2** C'était vraiment *(si)* bien. Elle cuisine merveilleusement ! **3** Et toi, tu sais cuisiner ? **4** Oui, bien sûr ! **5** Tu prépares de bons plats ? **6** Eh bien, je ne sais pas… Les goûts et les couleurs ne se discutent pas ! **7** Et nous, nous allons chez [notre] grand-mère non pas en été, mais en hiver, [pour] faire du ski. **8** Je voudrais aller chez elle tout le temps : en hiver, au printemps, en été et en automne ! **9** Oh ! excuse[-moi], je dois aller au bureau : la réunion a déjà commencé ! **10** Tu es toujours en train de courir *(Tu toujours quelque part te hâtes)*… **11** Qu'est-ce que je peux y faire *(Que faire)* ? Le travail [c']est le travail !

Deuxième vague : 7ᵉ leçon

Сбо́ры

1   По́сле двух ① часо́в сбо́ров
2   же́нщина спра́шивает своего́ му́жа ②:
3 – Дорого́й, како́е пла́тье мне наде́ть?
4   Э́то и́ли то ③?
5 – Да они́ вро́де ④ о́ба ⑤ ничего́.

Remarques de prononciation
Titre : сбо́ры [zboRy].
1 часо́в [tchissof].
2 своего́ [sva^{ie}vo].
4 и́ли то́ [ilito].

Notes

① **двух** est le génitif de **два**. Au paragraphe 3 de la leçon 21, nous
avons vu qu'après les cardinaux **два**, **три**, **четы́ре**, il convenait
d'employer le génitif singulier. C'est effectivement le cas lorsque
ces cardinaux sont au nominatif ou à l'accusatif. Si le cardinal
est à un autre cas, tous les mots qui se rapportent à ce dernier se
mettent au même cas et au même nombre que lui. Comparez :
я съел два (accusatif) **бана́на** (génitif singulier), *j'ai mangé
deux bananes*, et **по́сле двух** (génitif ; deux = pluriel) **часо́в**
(génitif pluriel) **сбо́ров**, *après deux heures de préparatifs*,
complément de temps qui se met au génitif en raison de la présence de la préposition **по́сле**. Dans ce dernier cas, les cardinaux se déclinent aussi. Vous trouverez une explication plus
exhaustive sur les cardinaux à la leçon 69.

② **спра́шивать**, *demander*, *poser une question*, régit l'accusatif,
alors qu'en français "demander à" régit un complément d'objet
indirect. Comparez :
Учи́тель спра́шивает ученико́в, где А́нглия.
Le professeur demande aux élèves, où [se trouve] l'Angleterre. ▶

Les préparatifs

1   Après deux heures de préparatifs,

2   une dame demande à son mari :

3 –   Chéri *(Cher)*, quelle robe dois-je mettre *(quelle robe à-moi mettre)* ?

4   Celle-ci ou celle-là ?

5 –   Ben… elles ont l'air toutes les deux pas mal *(rien)*…

▸ ③ **это** et **то** sont les formes neutres des démonstratifs **э́тот**, *celui-ci,* et **тот**, *celui-là,* à l'accusatif. Ils ont pratiquement la même déclinaison :
– **Како́го пла́тья у тебя́ нет? – Ни э́того ни того́!**
– *Quelle robe n'as-tu pas ? – Ni celle-ci, ni celle-là !*
Vous en trouverez la déclinaison complète à la prochaine leçon de révision.

④ Le mot **вро́де** appartient à la langue parlée. Il s'emploie dans deux sens différents :
– D'abord pour la comparaison. Dans ce cas, le mot avec lequel se fait la comparaison est au génitif :
Она́ вро́де тебя́, о́чень хоро́шая подру́га.
Elle est, comme toi, une très bonne amie.
– **вро́де** s'emploie aussi dans le sens de *il semble, apparemment.* Il a une variante : **вро́де бы**.
Observez les phrases suivantes :
Он вро́де (бы) не бога́тый.
Il n'a pas l'air riche (d'après ce que je sais, il n'est pas riche).
Вы вро́де в Москве́ живёте ?
Mais vous habitez à Moscou [me semble-t-il], non ?

⑤ **о́ба**, *(tous) les deux,* s'utilise aussi bien avec les animés que les inanimés. La forme du féminin, *toutes les deux,* est **о́бе**. Cet adjectif se décline. Le nom qui suit se met au génitif singulier :
Не могу́ вы́брать, поэ́тому куплю́ о́ба сви́тера.
Je ne peux pas choisir, c'est pourquoi j'achèterai les deux pulls.

6 – Ничего? ⑥
7 Я не хочу выглядеть «вроде ничего».
8 Я хочу выглядеть потрясающе ⑦!
9 – Тогда надень ⑧ сразу оба.
10 Будет потрясающе ⑨! □

Notes

⑥ Comme vous le savez, le sens premier du mot **ничего** est *rien*, mais il est également employé dans le sens de *pas mal*, en langage familier.
– Как дела? – Ничего. – *Comment ça va ? – Pas mal.*

⑦ **выглядеть потрясающе**, *être (paraître) époustouflant* : **потрясающе** est un adjectif court au neutre qui est devenu adverbe. Dans la langue parlée, on pourra le traduire par *super*, *géant*.

⑧ **надень** est l'impératif d'un verbe perfectif dont vous avez vu l'infinitif dans la phrase 3 : **надеть**, *mettre*, *enfiler*.

⑨ **будет** (3ᵉ personne du singulier du verbe **быть** *être*) + adjectif court au neutre forment une structure impersonnelle au futur. Rappelons-nous que ce type de structures impersonnelles appelle couramment le datif :
Там нам будет хорошо. *Là-bas, nous serons bien.*

***

Упражнение 1 – Читайте и переводите

❶ – Надень этот костюм и синий галстук. – Этот или тот? ❷ Я иду в театр и хочу выглядеть потрясающе. ❸ Надень белую куртку и синие джинсы. ❹ Она постоянно спрашивает своего мужа, что ей надеть. ❺ – Кто из них ваш сын? – Оба!

6 – Pas mal *(Rien)* ?
7 Je ne veux pas être "pas mal" *(paraître "rien")* !
8 Je veux être *(paraître)* époustouflante !
9 – Alors, mets les deux à la fois.
10 Ce sera époustouflant !

***

Corrigé de l'exercice 1

❶ – Mets ce costume et cette cravate bleue. – Celui-ci ou celui-là ?
❷ Je vais au théâtre et je veux être époustouflant(e). ❸ Mets la
veste blanche et le jean bleu. ❹ Elle demande tout le temps à son
mari ce qu'elle doit mettre. ❺ – Lequel *(Qui)* d'entre eux est votre
fils ? – Les deux !

58 Упражнение 2 – Восстановите текст

❶ – Quel jeune homme te plaît plus ? – Ils sont pas mal tous les deux…

– .... парень нравится .... больше? – Они ... ничего...

❷ Chéri, allons à cette soirée, là-bas, ce sera tout simplement super !

.... , пойдём на эту вечеринку, там .... просто ....!

❸ Après deux heures de préparatifs, tu ne sais pas quelle robe mettre ?

После двух .... сборов ты не ...... , какое платье ......?

---

58 Пятьдесят восьмой урок

Вор

1 В суде:
2 – Вы утверждаете, что вы не знаете,
3 как этот кошелёк оказался ① в вашем кармане ②?
4 – Совершенно верно.

Notes

① Vous connaissez déjà le présent des verbes pronominaux : **устра́иваться** (imperf.), *s'installer* ; **смея́ться** (imperf.), *rire* ; **нра́виться** (imperf.), *plaire*, etc. Pour la formation du passé, c'est très facile : on met le verbe au passé tout à fait normalement, à l'aide des terminaisons **-л** au masculin, **-ла** au féminin, **-ло** au neutre et **-ли** au pluriel, et on ajoute **-ся** après une consonne (le masculin est le seul à se terminer en consonne **-л**) ou **-сь** après une voyelle (féminin, neutre et pluriel) : ▸

④ – Salut, tu es époustouflante ! – Merci.

   – Привет, ... потрясающе! – Спасибо.

⑤ Les deux robes sont très belles.

   . . . . очень красивые.

Corrigé de l'exercice 2

❶ Какой – тебе – оба – ❷ Дорогой – будет – потрясающе
❸ – часов – знаешь – надеть ❹ – выглядишь – ❺ Оба платья –

Deuxième vague : 8ᵉ leçon

Cinquante-huitième leçon   58

Le voleur

1   Au tribunal :
2 – Vous affirmez que vous ne savez pas
3   comment ce porte-monnaie s'est retrouvé dans votre poche ?
4 – Exactement *(Parfaitement exact)*.

▶   **Он оказа́лся здесь случа́йно.**
Il s'est retrouvé ici par hasard.
Так мы оказа́лись в э́той ситуа́ции.
C'est ainsi que nous nous sommes retrouvés dans cette situation.

② Rappelez-vous que la préposition **в**, quand elle indique l'emplacement d'une personne ou d'une chose sans mouvement, est suivie du prépositionnel.

5 – Как вам не сты́дно ③?

6 Здесь сидя́т ④ шесть свиде́телей ⑤,

7 кото́рые ⑥ ви́дели, как вы укра́ли

8 у э́того господи́на кошелёк.

9 – Ну, и что?

10 Я могу́ привести́ ⑦ ещё сто челове́к,

11 кото́рые э́того не ви́дели! □

Notes

③ Encore une construction impersonnelle qui se forme avec le verbe *être* (qui est omis au présent), le datif de la personne éprouvant un sentiment ou se trouvant dans un certain état (le sujet en français) et l'adjectif court au neutre :

– Мне о́чень сты́дно. – А мне хорошо́.
– J'ai vraiment honte. – Moi, je me sens bien.

④ **сидя́т** est la 3ᵉ personne du pluriel du verbe imperfectif **сиде́ть**, *être assis*. C'est le deuxième verbe de position que nous rencontrons, après **стоя́ть** *être debout* (leçon 56, § 7). Ces verbes expriment donc, comme le dit bien leur nom, la position dans laquelle se trouve le sujet. Nous vous donnons la conjugaison de **сиде́ть** dans la leçon de révision.

⑤ Nous avons déjà vu qu'en position de sujet ou de COD, après les numéraux **два**, *deux*, **три**, *trois* ou **четы́ре**, *quatre*, le nom se met au génitif singulier. Après les chiffres de cinq à vingt, on emploie le génitif pluriel. Ainsi, après **шесть**, *six*, on emploie le génitif pluriel. Le masculin mou **свиде́тель** forme son génitif pluriel en **-ей** : **шесть свиде́телей**, *six témoins*. ▶

***

Упражне́ние 1 – Чита́йте и переводи́те

❶ – Вы журнали́ст? – Соверше́нно ве́рно. ❷ Вы утвержда́ете, что зна́ете э́ту же́нщину. ❸ – Я уве́рен, что вы уже́ ви́дели э́того господи́на. – Ну, и что? ❹ – Како́й краси́вый кошелёк! – Это пода́рок па́пы. ❺ Я могу́ привести́ к вам мои́х друзе́й.

5 – Vous n'avez pas honte *(Comment à-vous pas honteux)* ?

6   Ici il y a *(sont-assis)* six témoins

7   qui vous ont vu voler *(qui ont-vu comment vous avez-volé)*

8   [le] porte-monnaie de ce monsieur *(à ce monsieur porte-monnaie)*.

9 – Et alors ?

10   Je peux [vous] amener encore cent personnes

11   qui[, elles,] ne m'ont *(l'ont)* pas vu !

▸ ⑥ Le pronom relatif **кото́рый** s'emploie dans des phrases complexes pour relier la proposition principale et la relative. Vous connaissez déjà quelques relatifs :
Я не зна́ю, кто они́. *Je ne sais pas qui ils sont.*
Па́па сказа́л, что ку́пит на Но́вый год.
Papa a dit ce qu'il achèterait pour le nouvel an.
Le relatif **кото́рый** peut avoir la fonction de sujet ou de complément. Comparez :
стол, кото́рый я купи́ла, *la table que j'ai achetée* (COD),
et **стол, кото́рый стои́т в ко́мнате**, *la table qui est dans la chambre*. Pour l'instant nous allons nous contenter de **кото́рый** dans sa fonction sujet. Nous le verrons plus tard dans d'autres fonctions et à d'autres cas (prépositionnel, datif, etc.).

⑦ Nous avons déjà parlé des verbes de déplacement, très nombreux en russe. Le perfectif **привести́**, *amener*, est formé à partir de l'imperfectif déterminé **вести́**, *conduire, accompagner quelqu'un qui marche*, et du préverbe **при**, qui exprime la progression d'un mouvement, d'une action vers un but final :
Они́ привели́ всех друзе́й. *Ils ont amené tous leurs amis.*

***

Corrigé de l'exercice 1

❶ – Êtes-vous journaliste ? – Parfaitement exact. ❷ Vous affirmez que vous connaissez cette femme. ❸ – Je suis sûr que vous avez déjà vu ce monsieur. – Et alors ? ❹ – Quel beau porte-monnaie ! – C'est le cadeau de papa. ❺ Je peux amener mes amis chez vous.

Упражнение 2 – Восстановите текст

❶ Ce sont les enfants qui ont vu le voleur.
Это дети, ... видели . . . . .

❷ Mais comment s'est-il retrouvé ici ?
Но как он . . . . здесь?

❸ – As-tu une poche ? – Oui, deux.
– У тебя есть . . . . . . ? – Да, ...

❹ – Tu affirmes que tu as vu cent personnes, là-bas ? – Tout à fait
exact.
– Ты . . . . , что видел там . . .
человек? – Совершенно . . . . . .

❺ – Vous n'avez pas honte ? – Je n'ai pas honte, et vous ?
– . . . не стыдно? – Мне не . . . . . . , а вам?

---

59 Пятьдесят девя́тый уро́к

Разу́мное реше́ние

1 Разгова́ривают две ① подру́ги.
2 Одна́ не́рвно ку́рит одну́ сигаре́ту за ②
друго́й.

Notes

① Le féminin du cardinal **два**, *deux*, est **две**. La forme du neutre
est identique à celle du masculin. Comparez : **два за́втрака**,
deux petits-déjeuners ; **два окна́**, *deux fenêtres* ; **две но́чи**,
deux nuits.

② La préposition **за** dans le sens de *après* est suivie de l'instru-
mental :
Сра́зу за бра́том пришла́ ба́бушка.
Juste après [mon] frère, grand-mère est arrivée.

➊ – которые – вора ➋ – оказался – ➌ – карман – два
➍ – утверждаешь – сто – верно ➎ Вам – стыдно –

Я могу привести к вам моих друзей.

Deuxième vague : 9ᵉ leçon

Cinquante-neuvième leçon 59

Une décision raisonnable

1   Deux amies discutent.
2   L'une fume nerveusement une cigarette après
    l'autre.

Разумное решение.

3 Её подруга спрашивает:

4 – Надя, почему ты так часто куришь?

5 – Да вот ③, волнуюсь, переживаю ④...

6 – За что?

7 – Да за здоровье своё ⑤ переживаю...

8 – Если ты так переживаешь за ⑥ своё здоровье,

9 сначала брось ⑦ курить! □

Notes

③ Vous avez déjà vu l'expression appartenant à la langue parlée **да нет**, *ben non, mais non*. En voici une autre : **да вот**, *ben voilà*. Elle ne se traduit pas non plus littéralement.

④ **волнуюсь** est la 1ʳᵉ personne du singulier du verbe imperfectif **волноваться**, *s'inquiéter*, et **переживаю** est la 1ʳᵉ personne du singulier du verbe imperfectif **переживать**, *s'inquiéter, s'angoisser* ou, plus soutenu, *se tourmenter*. Vous trouverez leurs conjugaisons à la prochaine leçon de révision.

⑤ Vous connaissez déjà bon nombre de possessifs. En voici encore un dont nous avions brièvement parlé à la leçon 35 paragraphe 3 : **своё** est la forme neutre à l'accusatif du possessif **свой** qui indique l'appartenance à toutes les personnes (1ʳᵉ, 2ᵉ et 3ᵉ). Ce pronom s'utilise quand il se rapporte au sujet de l'action. Attention, on ne l'emploie pas au nominatif. Comparez : **Его брат много ест.** *Son frère mange beaucoup* (c'est son frère qui est l'agent de l'action). ▸

***

Упражнение 1 – Читайте и переводите

❶ За что ты так переживаешь? ❷ Это очень разумное решение. ❸ – Ты их знаешь? – Да, они – подруги моей сестры. ❹ Сначала брось курить, а потом будем разговаривать! ❺ – А он курит? – Да, очень много!

3 Son amie [lui] demande :
4 – Nadia, pourquoi fumes-tu autant *(si souvent)* ?
5 – Ben, c'est que *(Ben voilà)* je m'inquiète, je m'angoisse…
6 – Pourquoi *(Pour quoi)* ?
7 – Ben, pour ma santé, je m'angoisse…
8 – Si tu t'angoisses tant pour ta santé,
9 commence par arrêter de fumer *(d'abord jette fumer)* !

Он о́чень лю́бит своего́ бра́та. *Il aime beaucoup son frère* (c'est lui-même qui est l'agent de l'action et son frère est le complément d'objet direct).
Ле́том его́ сестра́ уезжа́ет на да́чу. *En été, sa sœur part à la datcha* (c'est sa sœur qui est l'agent de l'action).
Он уезжа́ет на да́чу к свое́й сестре́. *Il part à la datcha chez sa sœur* (c'est lui qui est l'agent de l'action et sa sœur est le complément d'objet indirect). **свой** se décline comme le possessif **твой**, *ton*. Nous verrons leur déclinaison plus tard.

⑥ Le verbe imperfectif **пережива́ть за**, *s'inquiéter pour* ou, selon le contexte, *s'angoisser*, est suivi de l'accusatif :
Они́ так пережива́ют за свои́х дете́й.
Ils s'inquiètent tellement pour leurs enfants.

⑦ **брось** est l'impératif du verbe perfectif **бро́сить**, *jeter*. La construction **бро́сить** + l'infinitif d'un verbe imperfectif se traduit par *arrêter de faire quelque chose* :
Он совсе́м бро́сил пить во́дку.
Il a complètement arrêté de boire de la vodka.

***

Corrigé de l'exercice 1
❶ Pourquoi est-ce que tu t'inquiètes autant ? ❷ C'est une décision très raisonnable. ❸ – Les connais-tu ? – Oui, ce sont des amies de ma sœur. ❹ D'abord, arrête de fumer, et après on parlera ! ❺ – Et il fume ? – Oui, vraiment beaucoup !

60 Упражнение 2 – Восстановите текст

❶ Ils me demandent souvent comment vous allez.

Они часто . . . . меня, как вы.

❷ Je m'inquiète pour la santé de grand-mère.

Я . . . . за . . . . бабушки.

❸ – Pourquoi fume-t-il autant ? – Il s'inquiète pour son examen.

– Почему он так много . . . . . ? – Он переживает . . свой экзамен.

❹ Ne t'inquiète pas : tu n'es pas encore en retard !

Не . . . . : ты ещё не . . . . !

❺ Il lit un livre après l'autre.

Он . . . . книгу за другой.

---

60 Шестидеся́тый уро́к

Диле́мма

1   У одно́го ① челове́ка бессо́нница.
2   Он лежи́т ② и ду́мает:

Remarques de prononciation
1 одного́ [adnavo].

Notes

① Comme vous le savez, la préposition **у** nécessite l'emploi du génitif. Ainsi, **одного́** est le génitif du **оди́н**, *un*.

② Vous avez déjà vu les verbes de position **стоя́ть**, *être debout*, et **сиде́ть**, *être assis*. Retenez à présent **лежи́т**, 3e personne du singulier du verbe imperfectif **лежа́ть**, *être allongé, être couché*. Ces verbes sont importants, car le russe localise les objets en précisant la façon dont ils occupent l'espace (s'ils sont à la▶

❶ – спрашивают – ❷ – переживаю – здоровье – ❸ – курит – за –
❹ – переживай – опоздал ❺ – читает одну –

Deuxième vague : 10ᵉ leçon

Soixantième leçon   60

Dilemme

1 Un homme a une insomnie.
2 Couché dans son lit, il réfléchit *(Il est-allongé et réfléchit)* :

verticale – donc debout –, à l'horizontale – couchés –, s'ils sont
suspendus, etc.) :
Кни́га лежи́т на столе́.
Le livre est sur la table (horizontalement).
Кни́га стои́т на по́лке.
Le livre est sur l'étagère (verticalement).
Vous retrouverez la conjugaison de ces verbes à la leçon de
révision.

3 – Есть Бог **и**ли нет?
4 Как бы л**ю**ди ③ жили без ④ Бога?
5 Хот**я** я л**и**чно в не**го** не в**е**рю ⑤…
6 **И**ли всё-таки есть?
7 К**а**ждому челов**е**ку нужн**а** в**е**ра ⑥!
8 **И**ли всё-таки нет?
9 **И**ли есть?
…
10 Вдруг сл**ы**шит св**е**рху раздражённый г**о**лос:
11 – Нет мен**я**, нет!
12 Спи и не меш**а**й ⑦ друг**и**м!!! ☐

---

3 Бог *[boH]*.
5 л**и**чно *[litchnª]*.
6, 8 всё-таки *[fsiotaki]*.

Notes

③ л**ю**ди, *les gens* est le pluriel irrégulier de **челов**е**к**, *personne*, *homme*. Nous vous proposerons sa déclinaison complète dans la leçon de révision.

④ Vous connaissez la préposition **без**. Rappelez-vous qu'elle est suivie du génitif :
Мы идём в кино без них. *Nous allons au cinéma sans eux.*

⑤ **в**е**рить в**, *croire en*, est suivi de l'accusatif :
Я ве**рю в теб**я**!** *Je crois en toi !*
Они не в**е**рят в Б**о**га.** *Ils ne croient pas en Dieu.*
Curieusement, on peut utiliser ce verbe sans préposition et avec le datif. Dans ce cas, son sens changera légèrement :
– Ты ве**ришь мне? – Коне**ч**но, я теб**е** в**е**рю. – Спас**и**бо, друг!**
– Me crois-tu ? – Bien sûr, je te crois. – Merci, mon ami !

⑥ Vous avez déjà rencontré des propositions très courantes du type **Челов**е**ку нужн**а** в**е**ра**, *L'homme a besoin de foi.* Mettons en parallèle les structures des phrases française et russe : sur le plan du sens, le nom au datif correspond au sujet dans ▸

3 – Dieu existe-il ou pas *(Il-y-a Dieu ou il-n'y-a-pas)* ?

4 Comment les gens vivraient[-ils] sans Dieu ?

5 Bien que personnellement je ne croie *(crois)* pas en lui…

6 Et s'il existait tout de même *(Ou tout-de-même il-y-a)* ?

7 Tout homme a besoin de croire *(À-chaque homme est-nécessaire foi)* !

8 Et si pourtant il n'existait pas *(Ou tout-de-même il-n'y-a-pas)* ?

9 Et s'il existait *(Ou il-y-a)* ?
…

10 Tout à coup il entend une voix irritée [venant] d'en haut :

11 – Non, non, je n'existe pas *(Il-n'y-a-pas moi, il-n'y-a-pas)* !

12 Dors et ne dérange pas les autres !!!

---

la phrase française : **человéку**, *l'homme*, tandis que l'adjectif court, accordé en genre et nombre avec le sujet au nominatif, correspond au verbe et au complément du français **нужнá вéра**, *a besoin de foi*. Comparez :

Моемý брáту нýжен телевúзор.
Mon frère a besoin d'une télé.

Егó друзья́м нýжно значéние э́того слóва.
Ses amis ont besoin de la signification de ce mot.

Мне нужны́ нóвые брю́ки. *J'ai besoin d'un nouveau pantalon.*

Le sujet peut être représenté par un infinitif. Dans ce cas, l'adjectif court s'accorde au neutre singulier :

Мне нáдо бóльше спать. *J'ai besoin de dormir plus.*

⑦ Le verbe imperfectif **мешáть** a plusieurs significations. Quand il est suivi du datif, il se traduit par *empêcher qqn de faire qqch.* ; *embêter, déranger qqn*. Observez la traduction des phrases suivantes :

Он мешáет вам? *Vous embête-t-il ?*

Дéти мешáют пáпе читáть.
Les enfants empêchent papa de lire.

60 **Упражнение 1 – Читайте и переводите**

❶ Папа, скажи, есть Бог или нет? ❷ Почему у тебя такой раздражённый голос? ❸ Каждому человеку хочется хорошо жить. ❹ – Алло, Таня? – Нет, это не Таня. Её нет. А кто говорит? ❺ Как можно жить без веры?

Упражнение 2 – Восстановите текст

❶ Tu crois en Dieu ? Moi, personnellement, non.
Ты . . . . . . в Бога? . . . . . я – нет.

❷ – Tu ne veux pas dormir, ne dérange pas les autres !
– Не хочешь . . . . . , не мешай . . . . . . !

❸ Comment ces gens comprendraient-ils cela sans lui ?
Как бы эти . . . . поняли это без него?

❹ Ils sont tout de même arrivés en retard à la réunion.
Они . . . - . . . опоздали на . . . .

❺ – Je veux sortir, mais je ne sais pas où : au théâtre ou à l'opéra... – En voilà un dilemme !
– . . . . пойти, но не знаю, ... : в театр или в оперу... – Вот . . . . !

Vous avez l'impression de peiner sur les déclinaisons ? Ne vous en faites pas : à force de les fréquenter, vous les assimilerez tout naturellement. Un petit conseil : Revenez de temps à autre sur les exercices qui vous ont semblé moins faciles et refaites-les. Vous verrez que certains automatismes se mettent en place sans que vous vous en aperceviez.

Coïncidence

1 Un homme arrête un taxi, s'installe à l'arrière *(sur siège d'arrière)*

2 et commence à somnoler, bercé par *(sous)* une musique calme [et] agréable.

3 Après un certain temps, il veut demander quelque chose au chauffeur

4 et il lui tape sur l'épaule.

5 Le conducteur pousse un cri terrible et s'évanouit *(avec terrible cri s'évanouit)* ;

➡ Ces deux variantes ont la même valeur, mais on utilise plutôt la construction **спрашивать/спросить** + **у** + génitif si un COD est présent (sous forme de nom ou de proposition subordonnée) :
Мама спросила у сына, кто его друзья.
La maman a demandé à son fils qui étaient ses amis.
Mais : **Почему ты ничего не говоришь? Я тебя спрашиваю!** *Pourquoi ne dis-tu rien ? Je te le demande à toi !*

④ L'instrumental avec la préposition **c** exprime l'idée d'accompagnement :
Хотите с нами? *Voulez-vous [venir] avec nous ?*
Там дождь с ветром. *Il pleut et il y a du vent* ("Il pleut avec du vent").
La même structure peut caractériser l'état ou l'action qui accompagne l'action principale :
Я делаю это с удовольствием! *Je le fais avec plaisir !*
С криком он бросил свой галстук. *Dans* ("Avec") *un cri, il a jeté sa cravate.*

⑤ **падает** est la 3e personne du singulier du verbe imperfectif **падать**, *tomber*. Mais attention, on ne le traduira pas littéralement ici, car encore une fois, nous avons affaire à une expression toute faite. **падать в обморок** signifie *s'évanouir*.

6 машина выезжает ⑥ на обочину.
7 Водитель приходит в себя ⑦,
8 а пассажир в недоумении спрашивает у него:
9 – Что с вами?
10 – Простите, пожалуйста!
11 Последние десять лет я водил ⑧ катафалк…   □

---

6 выезжа́ет [*vyijja^{lé}t*].

Notes

⑥ **выезжа́ет** est la 3ᵉ personne du singulier du verbe imperfectif **выезжа́ть**, *partir*, *sortir* (en voiture ou en train, mais pas à pied).

⑦ Que d'expressions, dans cette leçon ! C'est normal. Vous avez acquis de bonnes bases et pouvez maintenant commencer à approfondir vos connaissances. **приходи́ть в себя́**, littéralement "arriver-à-pied en soi", signifie *se reprendre, revenir à soi, retrouver ses esprits*.

⑧ **води́ть** est un verbe de déplacement indéfini (le déplacement a lieu plusieurs fois sans direction précise, ou est habituel) qui signifie : 1. *mener qqn (par la main)* ; 2. *conduire qqch. (voiture, bateau, etc.)*. Comme d'autres verbes que nous avons rencontrés (**е́здить**, **ходи́ть**), son radical **вод-** subit la palatalisation (alternance de consonnes) uniquement à la 1ʳᵉ personne du singulier (**вожу́**). À toutes les autres personnes, il se conjugue comme un verbe normal de la deuxième conjugaison avec accent initial.

***

Упражне́ние 1 – Чита́йте и переводи́те

❶ Она́ о́чень ча́сто па́дает в о́бморок. ❷ Я всегда́ начина́ю дрема́ть под таку́ю ти́хую му́зыку. ❸ Води́тель хо́чет что́-то у вас спроси́ть.

Corrigé de l'exercice 1

❶ Papa, dis, est-ce que Dieu existe ou pas ? ❷ Pourquoi as-tu une voix si irritée ? ❸ Tout le monde *(chaque personne)* veut vivre bien. ❹ – Allô, Tania ? – Non, ce n'est pas Tania. Elle n'est pas là. Qui est à l'appareil *(Et qui parle)* ? ❺ Comment peut-on vivre sans foi ?

Corrigé de l'exercice 2

❶ – веришь – Лично – ❷ – спать – другим ❸ – люди – ❹ – всё-таки – собрание ❺ Хочу – куда – дилемма

Deuxième vague : 11ᵉ leçon

61 Шестьдесят пе́рвый уро́к

Совпаде́ние

1 Мужчи́на ло́вит такси́ ①, устра́ивается на за́днем сиде́нии

2 и начина́ет дрема́ть под ② ти́хую прия́тную му́зыку.

3 Че́рез не́которое вре́мя он хо́чет что-то спроси́ть у води́теля ③

4 и хло́пает его́ по плечу́.

5 Води́тель с ди́ким кри́ком ④ па́дает в о́бморок ⑤;

Remarques de prononciation

1 мужчи́на [mouchchinª].
3 че́рез не́которое [tchⁱᵉRizniékatªRaⁱᵉ].

Notes

① La traduction littérale du verbe imperfectif **ло́вить** (deuxième conjugaison) est *attraper*. Mais ne traduisez pas mot à mot ! **ло́вить такси́** signifie *prendre un taxi*.

② On emploie l'accusatif après la préposition **под** qui exprime ici un rapport d'accompagnement de l'action par un élément sonore, et qui se traduit souvent par *au rythme de, au son de, sur*, ou encore *avec* :
Мы танцу́ем под му́зыку. *Nous dansons sur une musique.*
под a aussi le sens localisateur de *sous, dessous*, que nous verrons plus tard.

③ **спра́шивать** (imperfectif) et **спроси́ть** (perfectif) appartiennent à une classe de verbes qui peuvent régir plusieurs cas. Ces deux verbes régissent l'<u>accusatif</u> ou le <u>génitif</u> (avec la préposition **у**). Comparez :
Он спра́шивает меня́, куда́ я иду́. *Il me demande où je vais.*
Спроси́ у него́, куда́ он идёт. *Demande-lui où il va.* ▶

6 la voiture sort de la route *(sur bas-côté)*.
7 Le chauffeur retrouve ses esprits *(vient à soi)*,
8 et le passager, perplexe *(dans perplexité)*, lui demande :
9 – Qu'est-ce qui vous arrive *(Quoi avec vous)* ?
10 – Excusez-moi *(, s'il vous plaît)* !
11 [Ces] dix dernières années, j'ai conduit un corbillard…

***

❹ Когда мы встречаемся, он хлопает меня по плечу. ❺ Этот мужчина всегда ловит здесь такси.

Corrigé de l'exercice 1

❶ Elle perd connaissance très souvent. ❷ Je commence toujours à somnoler avec ce genre de musique calme. ❸ Le chauffeur veut vous demander quelque chose. ❹ Quand nous nous rencontrons, il me tape sur l'épaule. ❺ Cet homme prend toujours le taxi ici.

62   Упражнение 2 – Восстановите текст

❶ Qu'est-ce qui vous arrive ? Vous avez une voix tellement irritée !
Что с .... ? У ... такой раздражённый
.....!

❷ Quelle coïncidence : vous aussi, vous partez demain (sous-entendu : en transports) !
Какое .... : вы тоже ....
завтра!

❸ Les dix dernières années, nous avons vécu à Moscou.
Последние десять ... мы .... в Москве.

❹ – D'où viennent ces cris sauvages ? – Je n'entends rien…
– ...... эти дикие ..... ? – Я ничего не
....

❺ Je suis perplexe : je ne sais même pas comment il s'est retrouvé ici !
Я в .... : даже не ...., ... он здесь
оказался!

---

62   Шестьдесят второй урок

Ценная помощь

1   Новый русский видит на дороге
машину ①,

Notes

① Habituellement, le COD se place directement derrière le verbe
qui le régit, mais si le sens logique de la phrase tombe sur ce
mot et incite à le souligner, le COD peut se séparer du verbe
et se mettre à la fin de la proposition. Retenez que le mot final
d'une phrase est celui qui est le plus accentué logiquement.
Comparez :
Он ви́дел на доро́ге маши́ну. *Sur la route, il a vu une voiture* (et pas une moto).

▶

❶ – вами – вас – голос ❷ – совпадение – выезжаете – ❸ – лет –
жили – ❹ Откуда – крики – слышу ❺ – недоумении – знаю –
как –

*Souvenez-vous qu'en russe les verbes réguliers sont classés en
deux conjugaisons, y compris ceux qui subissent une alternance
consonantique dans leur radical (palatalisation). N'hésitez pas
à aller voir la conjugaison des verbes dans l'appendice grammatical. Bientôt la conjugaison vous deviendra tout à fait familière. Un seul conseil : faites très attention à l'accentuation, dès
le départ !*

Deuxième vague : 12ᵉ leçon

Soixante-deuxième leçon　　62

Une aide précieuse

1　　Un nouveau riche *(Nouveau russe)* voit une
voiture sur la route,

▸　**Мы ви́дели маши́ну на доро́ге.** *Nous avons vu une voiture
sur la route* (et pas dans le garage).
Bien sûr, il s'agit de l'ordre des mots classique et académique. Dans
la langue parlée, le COD peut se retrouver au début de la phrase :
– Где ты ви́дела маши́ну ? – Маши́ну я ви́дела на доро́ге.
– Où as-tu vu la voiture ? – (La voiture,) Je l'ai vue sur la route.
Cependant, vous pouvez très bien vous en tenir à l'ordre des
mots classique, du moins pour l'instant !

2   а ря́дом челове́ка в па́нике.

3 – Что случи́лось ②?

4 – Да вот, везу́ пингви́нов в зоопа́рк,

5   а у меня́, как назло́ ③, холоди́льник в маши́не слома́лся.

6 – Дава́й я тебе́ помогу́ их довезти́ ④,

7   у меня́ в джи́пе тако́й кондиционе́р!

8 – Ну, спаси́бо! Вы́ручил ⑤!

9   Но́вый ру́сский уе́хал.

10   Через не́которое вре́мя мужчи́на в у́жасе ⑥ ви́дит,

Notes

② Dans la question **что случи́лось?** le verbe s'accorde avec **что** et est donc au neutre.

③ L'adverbe **назло́**, *contre la volonté de qqn*, *pour faire enrager qqn*, peut s'utiliser tout seul ou suivi du datif. **как назло́** est une expression qui se traduit par *comme un fait exprès*, ou encore par *comme par hasard*, selon le contexte. Comparez :
Ты э́то де́лаешь назло́ мне? *Tu le fais exprès pour m'embêter ?*
Как назло́, они́ всё по́няли. *Comme un fait exprès (malheureusement pour moi), ils ont tout compris.*

④ **везу́** (phrase 4) est la 1ʳᵉ personne du singulier du verbe imperfectif **везти́**, *transporter, emmener* (sous-entendu : avec un véhicule, à vélo, à cheval, mais pas à pied), et **довезти́** est son perfectif. Leur conjugaison est identique, la seule différence est la présence du préfixe **до-** dans la forme perfective (voir la leçon de révision).

⑤ **вы́ручил** est la 3ᵉ personne du singulier au passé du verbe perfectif **вы́ручить**, *venir en aide à qqn, dépanner qqn, tirer d'affaire* (en lui prêtant de l'argent par exemple). Ce verbe est suivi de l'accusatif :
Вчера́ наш сосе́д вы́ручил па́пу.
Hier, notre voisin a dépanné papa.

▶

2 et à côté, un homme affolé *(en panique)*.

3 – Qu'est-ce qui s'est passé ?

4 – Eh bien, j'emmène *(je transporte)* des pingouins au zoo,

5 et comme un fait exprès *(comme pour le mal)*, le frigo dans la voiture est tombé en panne.

6 – Allez, je t'aide *(t'aiderai)* à les [y] emmener,

7 j'ai une superbe *(telle)* climatisation, dans ma jeep !

8 – Eh bien, merci ! Tu me tires d'affaire *(m'assorti-d'affaire)* !

9 Le nouveau riche repart *(est parti)*.

10 Quelque temps plus tard *(Dans un-certain temps)*, l'homme, horrifié *(en effroi)*, voit

▶ ⑥ Nous avons déjà vu la structure composée de la préposition **c** + l'instrumental, qui exprime un rapport d'accompagnement de l'action : **Я де́лаю э́то с удово́льствием!** *Je le fais avec plaisir !* En voici une autre : **в** + le prépositionnel (locatif). Par exemple :

Э́тот челове́к в па́нике / в у́жасе.
Cet homme est affolé / horrifié.

62

11 что Новый русский едет обратно ⑦,
12 а из окон ⑧ торчат пингвины с шариками.
13 – Ты что, не отвёз ⑨ их в зоопарк?
14 – Конечно отвёз!
15 Мы были в зоопарке, в Макдональдсе,
16 а сейчас едем в кино! □

Notes

⑦ **éдет** est la 3ᵉ personne du singulier du verbe imperfectif défini (unidirectionnel) **éхать** *aller* (sous-entendu : en véhicule, à vélo, à cheval, mais pas à pied). Vous souvenez-vous du billet aller-retour de la leçon 17 **туда-обрáтно**? Du coup, **éхать обрáтно** se traduira par *revenir* (littéralement "aller dans la dircction de retour"). Nous vous proposons la conjugaison de **éхать** dans la leçon de révision.

⑧ La préposition **из** est suivie du génitif et indique la provenance de l'intérieur de quelque chose :
Ты из Москвы́? *Tu [viens] de Moscou ?*
Э́та кни́га из библиотéки.
Ce livre [vient] de la bibliothèque.

⑨ **отвёз** est le passé du verbe perfectif **отвезти́**, *transporter*, *emmener* (en transport terrestre). Il appartient à la même▸

***

Упражнение 1 – Читайте и переводите

❶ Как жарко! А у меня в машине, как назло, сломался кондиционер. ❷ Мы были в зоопарке, а теперь едем к бабушке. ❸ Ты только уехал, а уже едешь обратно! ❹ Смотри, у меня есть шарик с пингвином. ❺ Какая ценная помощь: он отвёз их детей на море!

11 le nouveau riche qui revient *(que Nouveau russe va retour)*,

12 et, aux fenêtres, les pingouins avec des ballons *(et des vitres dépassent pingouins avec ballons)*.

13 – Mais tu *(Tu quoi)* ne les as pas emmenés au zoo ?

14 – Bien sûr que si *(Bien sûr j'ai emmené)* !

15 Nous sommes allés au zoo, au fast-food *(chez McDonald's)*,

16 et maintenant, nous allons au cinéma !

▸ famille que les verbes de la note 4. Vous avez entrouvert la porte des préfixes des verbes russes ! Ils sont très importants dans la formation des verbes de mouvement et des verbes en général. Nous y reviendrons plus tard. Pour l'instant, juste quelques mots sur la différence de sens entre **везти́**, **довезти́** et **отвезти́**, qui se traduisent tous les trois par *emmener* (en transport terrestre). Le premier, **везти́**, est un imperfectif et souligne l'action dans son processus. Les deux autres perfectifs diffèrent par leurs préfixes (ou préverbes). Chaque préfixe a un sens particulier et par conséquent, modifie le sens du verbe. Le préverbe **до-** exprime un rapport d'achèvement de l'action qui est portée jusqu'à un terme, une limite, tandis que le préverbe **от-** accentue le mouvement d'écart à partir d'un point, d'une limite.

***

Corrigé de l'exercice 1

❶ Comme il fait chaud ! Et comme par hasard, dans ma voiture, la climatisation est en panne. ❷ Nous avons été au zoo et maintenant, nous allons chez grand-mère. ❸ Tu viens de partir et tu rentres déjà ! ❹ Regarde, j'ai un ballon avec un pingouin. ❺ Quelle aide précieuse : il a amené leurs enfants à la mer !

двести восемьдесят восемь • 288

Упражнение 2 – Восстановите текст

❶ Mais tu ne vas pas à l'université ?

   Ты что, не . . . . . в университет?

❷ Sur la route, elle voit une personne affolée.

   Она . . . . . на . . . . . . человека в . . . .

❸ Quelque temps après, elle a tout compris.

   . . . . . некоторое . . . . . она всё . . . .

❹ J'ai acheté de la glace, mais chez moi, comme un fait exprès, le frigo est tombé en panne.

   **Я . . . . . (.) мороженого, а у меня, как . . . . . ,
сломался . . . .**

❺ Si tu veux je peux accompagner les enfants jusqu'à l'école.

   **. . . . хочешь, я . . . . довести . . . . до
школы.**

---

63   Шестьдесят тре́тий уро́к

Повторе́ние – Révision

1 Déclinaison

• Le génitif pluriel des masculins mous

Nous avons déjà étudié le génitif pluriel de tous les noms (leçons 28 et 42) sauf le masculin mou. La terminaison du génitif pluriel des masculins mous se terminant par un **ь** est **-ей**, et celle des masculins mous se terminant en **й** est **-ев**. Les noms masculins dont la base se termine par **ж, ч, ш, щ**, prennent également la terminaison **-ей**.

Quelques exemples :

– **музе́й**, *musée* → **Здесь нет музе́-ев.** *Ici, il n'y a pas de musées.*

– **свиде́тель**, *témoin* → **шесть свиде́телей**, *six témoins.*

– **писа́тель**, *écrivain* → **Я не зна́ю ру́сских писа́телей.** *Je ne connais pas d'écrivains russes.*

❶ – идёшь – ❷ – видит – дороге – панике ❸ Через – время –
поняла ❹ – купил(а) – назло – холодильник ❺ Если – могу –
детей –

Les **Но́вые ру́сские**, Nouveaux russes, *sont en fait des nouveaux*
riches. Ils font l'objet de nombreuses blagues, et dans les clichés,
on les imagine assez bornés, souvent habillés de manière voyante
et peu raffinée, avec de grosses voitures. Leurs attributs inévitables
sont une large chaîne en or autour du cou et des bagues aux dia-
mants volumineux.

Deuxième vague : 13ᵉ leçon

Soixante-troisième leçon   63

– **врач**, *médecin* → **Там нет враче́й.** *Là-bas, il n'y a pas de mé-*
decins.
– **муж** *mari* → **У неё бы́ло мно́го муже́й.** *Elle a eu beaucoup*
de maris.
Certains noms masculins forment le génitif pluriel d'une façon
irrégulière : **брат**, *frère* → **бра́тьев** ; **во́лос**, *cheveu* → **воло́с** ;
друг, *ami* → **друзе́й**. Vous en trouverez la liste dans l'appendice
grammatical à la fin de l'ouvrage.

• **Le nom masculin челове́к** *homme, personne*, a un pluriel irrégulier : **челове́к → лю́ди**. La déclinaison du pluriel est celle
des noms mous : G **люде́й** ; D **лю́дям** ; A **люде́й** ; I **людьми́** ;
L **лю́дях**.

En dehors du locatif (ou prépositionnel), les déclinaisons du démonstratif **э́тот** vous sont déjà familières. Observez avec attention le tableau suivant :

	Masculin, Neutre	Féminin	Pluriel
Nominatif	**э́тот, э́то / тот, то**	**э́та / та**	**э́ти / те**
Génitif	**э́того / того́**	**э́той / той**	**э́тих / тех**
Datif	**э́тому / тому́**	**э́той / той**	**э́тим / тем**
Accusatif	**N** ou **G**	**э́ту / ту**	**N** ou **G**
Instrumental	э́тим / тем	**э́той / той**	э́тими / теми
Locatif	**э́том / том**	**э́той / той**	э́тих / тех

Comme vous pouvez le constater, la déclinaison de ces deux démonstratifs est quasiment identique : en enlevant le **э** du début de **э́тот**, vous obtenez la déclinaison de **тот**. Il y a tout de même une petite différence : là où il y a un **и** dans la déclinaison de **э́тот**, il y a un **е** pour la déclinaison de **тот**. C'est facile, n'est-ce pas ?

3 La déclinaison des cardinaux *оди́н* et *два*

• Le cardinal **оди́н**, que vous avez rencontré déjà au génitif (leçon 60, phrase 1), à l'accusatif (leçon 59, phrase 2) et au datif (leçon 52, phrase 2), se décline comme le démonstratif **э́тот**. Ajoutez les mêmes terminaisons à la base **одн-**, et n'oubliez pas qu'il s'accorde en genre et nombre avec le substantif qu'il accompagne.

	Masculin, Neutre	Féminin	Pluriel
Nominatif	**оди́н, одно́**	**одна́**	**одни́**
Génitif	**одного́**	**одно́й**	**одни́х**
Datif	**одному́**	**одно́й**	**одни́м**

Accusatif	N ou G	одну́	N ou G
Instrumental	одни́м	одно́й	одни́ми
Locatif	одно́м	одно́й	одни́х

Lisez les différentes déclinaisons de ce tableau à voix haute et imprégnez-vous bien de la place de l'accent tonique.

• Pour l'instant nous vous présentons seulement le nominatif et le génitif du cardinal **два**, (car vous n'avez pas encore rencontré les autres cas) ainsi que l'accusatif, car on le déduit facilement à partir des deux cas précédents. Ce cardinal n'a pas de forme de pluriel spécifique, car c'est déjà un pluriel, mais il s'accorde en genre au nominatif et à l'accusatif. Il est à noter que le choix entre la forme du génitif et celle du nominatif selon que le mot désigne un objet animé ou inanimé a lieu également pour l'accusatif féminin : **Я ви́жу двух де́вушек** (féminin animé). *Je vois deux jeunes filles.*

	Masculin, Neutre	Féminin
Nominatif	два	две
Génitif	двух	двух
Accusatif	N ou G*	N ou G*

* Nominatif si le nom est inanimé et Génitif s'il est animé.
Remarquez que **два** et **две** sont suivis de noms au génitif singulier, tandis que le nom qui suit **двух** se met au même cas que cet adjectif, c'est-à-dire à l'accusatif pluriel.

4 Les prépositions

• La préposition **без**, *sans*, est suivie du génitif :
Я не хочу́ де́лать э́ту рабо́ту без тебя́.
Je ne veux pas faire ce travail sans toi.
• Nous avons déjà rencontré la préposition **в** suivie du prépositionnel / locatif qui signifiait l'endroit où on se trouve (sans mouvement). Elle peut également exprimer l'état momentané d'une personne, l'affolement ou la panique par exemple :
Мы ви́дели Тама́ру сего́дня; она́ была́ в па́нике.
Nous avons vu Tamara aujourd'hui ; elle était paniquée.

• **из**, *de*, suivie du génitif, exprime l'idée de provenance de l'intérieur de quelque chose ou de quelque part :

Этот челове́к из Москвы́. *Cet homme vient de Moscou.*

Что ты взял из моего́ кошелька́?

Qu'est-ce que tu as pris dans (de) mon porte monnaie ?

• **с**, *avec*, suivie de l'instrumental, exprime l'idée d'accompagnement d'une action :

С удивле́нием он по́нял, что хоте́л его́ брат.

Avec étonnement, il a compris ce que voulait son frère.

• **под**, *au son de*, suivie de l'accusatif, exprime un rapport d'accompagnement de l'action par un élément sonore :

Под каку́ю му́зыку ты лю́бишь танцева́ть?

Sur quelle musique aimes-tu danser ?

Dans d'autres contextes, cette préposition a le sens spatial *sous*, mais nous y reviendrons.

• La préposition **за**, *pour*, est suivie de l'accusatif :

Я волну́юсь за дете́й. *Je m'inquiète pour les enfants.*

5 Verbes

Dorénavant, nous vous présenterons la conjugaison des verbes sur la base de trois personnes :

– la 1re personne du singulier, qui nous montre s'il y a un changement de consonne dans la base du verbe ou une autre irrégularité ;

– la 2e personne du singulier, qui indique si le verbe reprend sa forme "normale" ou s'il maintient l'irrégularité manifestée à la 1re personne du singulier, cette personne indiquant également à quelle conjugaison appartient le verbe ;

– et la 3e personne du pluriel, qui clôt la conjugaison.

Vous pourrez ainsi comparer la conjugaison des différents verbes, et voir que ce n'est pas si difficile.

• Les verbes de mouvement

Rappelez-vous ces couples de verbes de mouvement que vous connaissez déjà : **ходи́ть – идти́, е́хать – е́здить**. Le premier verbe de chaque couple est indéterminé, tandis que le deuxième est déterminé, il a une direction précise. Vous connaissez maintenant le verbe indéterminé **води́ть**, tandis que **везти́** est déterminé. Ces deux-là se ressemblent beaucoup, mais attention : ce n'est pas un couple, car **води́ть** signifie *conduire (une voiture)* ou *conduire qqn à pied*, tandis que **везти́** signifie *transporter quelque chose ou quelqu'un.* Voici leur conjugaison :

– **води́ть** (imperf.), *conduire (une voiture)* ou *conduire qqn à pied* : **я вожу́, ты во́дишь, они́ во́дят.**
– **везти́** (imperf.), *transporter* : **я везу́, ты везёшь, они́ везу́т.**
Ajoutons la conjugaison du verbe **éхать** :
– **éхать** (imperf.), *aller (en moyen de locomotion terrestre)* : **я éду, ты éдешь, они́ éдут.**

приходи́ть, прийти́, пойти́, довезти́, отвезти́ sont les dérivés de verbes simples que vous connaissez. Ils sont formés à l'aide de différents préfixes qui modifient le sens "général" du verbe.
– **приходи́ть** (imperf.), *venir/arriver à pied* : **я прихожу́, ты прихо́дишь, они́ прихо́дят.**
– Les verbes **отвезти́** (perf.), *amener*, **привезти́** (perf.), *ramener*, et **довезти́** (perf.), *amener*, *déposer*, se conjuguent comme le verbe **везти́** (imperf.), *transporter*.

Remarquez que l'accent est final à toutes les personnes sans changement. Certains de ces verbes sont très proches au niveau du sens, et leur composition (radical, préfixe) donne un indice sur celui-ci. Ainsi vous pourrez toujours deviner le sens général d'un tel verbe même si vous ne connaissez pas le préverbe. Le sens exact qu'apporte le préfixe s'éclaircira à l'usage.
L'usage des préfixes enrichira considérablement votre vocabulaire, car le même préfixe peut être accolé à différents verbes de base. Par exemple, nous avons vu le verbe **довезти́**, *déposer (en transport)*. Le même préfixe **до** peut être utilisé avec **идти́** → **дойти́**, *aller jusqu'à (à pied)*. Remarquez que quand un préfixe s'ajoute au verbe **идти́**, le **и** du début du mot se change en **й** : **дойти́, пойти́**, etc.

• **Les verbes d'état**
Comme tous les verbes d'état, le verbe **сиде́ть**, *être assis*, est imperfectif : **я сижу́, ты сиди́шь, они́ сидя́т.**

• **Autres verbes**
1ʳᵉ conjugaison
– **волнова́ться** (imperf.), *s'inquiéter* : **я волну́юсь, ты волну́ешься, они́ волну́ются.** Remarquez qu'au présent, ce verbe perd le suffixe **-ова-** qui est remplacé directement par les terminaisons.
– **пережива́ть** (imperf.), *s'inquiéter* : **я пережива́ю, ты пережива́ешь, они́ пережива́ют.**
– **меша́ть** (imperf.), *empêcher*, *embêter*, *déranger* : **я меша́ю, ты меша́ешь, они́ меша́ют.**

– **па́дать** (imperf.), *tomber* : **я па́даю, ты па́даешь, они́ па́дают.**
– **волнова́ться** (imperf.), *s'inquiéter* : **я волну́юсь, ты волну́ешься, они́ волну́ются.** Notez qu'au présent le suffixe -**ова́**- est remplacé par le -**у**-.

2ᵉ conjugaison

– **вы́ручить** (perf.), *dépanner (au sens figuré)* : **я вы́ручу, ты вы́ручишь, они́ вы́ручат.**
– **ве́рить** (imperf.), *croire* : **я ве́рю, ты ве́ришь, они́ ве́рят.**
– **спроси́ть** (perf.), *demander* : **я спрошу́, ты спро́сишь, они́ спро́сят.**
– **бро́сить** (perf.), *jeter* : **я бро́шу, ты бро́сишь, они́ бро́сят.**
– **лови́ть** (imperf.), *attraper* : **я ловлю́, ло́вишь, они́ ло́вят.**
– **вы́глядеть** (imperf.), *paraître* : **я вы́гляжу, ты вы́глядишь, они́ вы́глядят.**

Remarquez que lorsque le verbe commence par **вы**-, dont une des fonctions est d'exprimer un mouvement de l'intérieur, l'accent tombe souvent sur ce préfixe.

• Les verbes irréguliers

Vous connaissez depuis longtemps le verbe irrégulier **хоте́ть** (imperf.), *vouloir*. Voici comment il se conjugue : **я хочу́, ты хо́чешь, он хо́чет, мы хоти́м, вы хоти́те, они́ хотя́т.** Remarquez qu'il change de conjugaison : au singulier, les terminaisons appartiennent à la première conjugaison, tandis qu'au pluriel les terminaisons sont celles de la deuxième conjugaison. La base verbale change également.

О, эти диеты!
Я то́чно в них не ве́рю.

1 – Дорога́я, вы́глядишь потряса́юще!

2 – Я бро́сила кури́ть и тепе́рь на дие́те.

3 – О, э́ти дие́ты! Я ли́чно в них не ве́рю.

4 – Я то́же ра́ньше не ве́рила,

5 но че́рез не́которое вре́мя поняла́, что е́сли хо́чешь вы́глядеть хорошо́,

6 не на́до волнова́ться и пережива́ть, а на́до про́сто взять себя́ в ру́ки.

7 – Да, но я курю́ одну́ сигаре́ту за друго́й,

8 а когда́ я на дие́те, я па́даю в о́бморок.

9 – Как тебе́ не сты́дно?

10 Ты про́сто говори́шь всё э́то мне назло́!

Traduction

1 [Ma] chère, tu es époustouflante ! **2** J'ai arrêté de fumer, et maintenant, je suis au régime. **3** Oh, ces régimes ! Personnellement, je n'y crois pas. **4** Moi non plus, je n'y croyais pas avant, **5** mais après quelque temps, j'ai compris que si tu veux avoir l'air bien, **6** ce n'est pas la peine de *(il ne faut pas)* s'inquiéter et de se tourmenter, *(mais)* il faut juste se prendre en mains. **7** Oui, mais [moi] je fume cigarette sur cigarette, **8** et quand je suis au régime, je m'évanouis. **9** Tu n'as pas honte ? **10** Tu dis tout ça rien que pour m'embêter !

Deuxième vague : 14ᵉ leçon

Спортсме́н

1 – Я о́чень люблю́ спорт.
2 Э́то мой нарко́тик!
3 Мне всё нра́вится: пла́вание, фигу́рное ката́ние, лы́жный спорт,
4 гимна́стика, хокке́й и футбо́л…
5 – Ты настоя́щий спортсме́н!
6 Как же ты успева́ешь всем э́тим занима́ться ①?
7 Ходи́ть на стадио́н, в бассе́йн и на като́к ②…
8 На всё э́то ну́жно ③ сто́лько вре́мени!

Remarques de prononciation
4 хокке́й *[Hakiéï]*.
5 спортсме́н *[spaRtsmién]*.

Notes

① Le verbe imperfectif **занима́ться**, *s'occuper de qqch.*, *pratiquer qqch.*, est suivi de l'instrumental :
Я занима́юсь спо́ртом, *Je fais du sport.*
Он занима́ется хокке́ем, *Il fait du hockey.*
Они́ занима́ются детьми́, *Ils s'occupent des enfants.*
Par conséquent, **всем** et **э́тим** correspondent à **всё** et **э́то** à l'instrumental (pour revoir la déclinaison complète de **э́то** reportez-vous à la leçon 63).

② Remarquez que ces prépositions sont suivies de l'accusatif : elles indiquent l'endroit vers lequel on se dirige. Le verbe imperfectif **ходи́ть**, *aller à pied*, exprime une action répétée.

③ **на всё э́то** : **на**, suivie de l'accusatif, s'emploie dans le sens de *pour* :
У меня́ нет на вас вре́мени, *Je n'ai pas de temps pour vous.*

Un sportif

1 – J'aime beaucoup le sport.
2   C'est ma drogue !
3   J'aime tout : la natation, le patinage artistique
     (de-figures), le ski *(de-skis sport)*,
4   la gymnastique, le hockey et le foot…
5 – Tu es un véritable sportif !
6   Comment *(donc)* trouves-tu le temps de faire
     (t'occuper de) tout ça ?
7   Aller au stade, à la piscine et à la patinoire…
8   Tout cela demande *(Pour tout cela il-faut)*
     tellement de temps !

***

64   **9** –   Да нет, ты ме**ня** не правильно поняла ④!
10   Всё это пока́зывают по телеви́зору ⑤,
11   а я про́сто беру́ ⑥ пульт и переключа́ю кана́лы ⑦!   □

Notes

④ **поняла́** est le passé féminin singulier du verbe perfectif **поня́ть**, *comprendre*. Ce verbe régit l'accusatif :
Они́ о́чень хорошо́ по́няли ма́му, *Ils ont très bien compris maman.*
Извини́те, я не по́нял после́днее сло́во, *Excusez-moi, je n'ai pas compris le dernier mot.*

⑤ **по телеви́зору** : reconnaissez-vous cette structure que vous avez déjà rencontrée à la leçon 20 ? Remarquez que dans cette expression, la préposition **по** régit le datif. **Пока́зывают** est la 3ᵉ personne du pluriel du verbe imperfectif **пока́зывать**, *montrer*. ▸

***

Упражне́ние 1 – Чита́йте и переводи́те

❶ – Что сего́дня ве́чером по телеви́зору ? – Да́же не зна́ю. ❷ Мой брат настоя́щий спортсме́н. ❸ Для меня́ спорт – как нарко́тик! ❹ Я хожу́ в бассе́йн ка́ждую неде́лю. ❺ На спорт ну́жно сто́лько вре́мени!

9 – Mais non *(Oui non)*, tu ne m'as pas bien
(correctement) compris !

10 Tout cela passe *(tout cela on-montre)* à la télé,

11 et moi, je prends [tout] simplement la
télécommande et je change de chaîne !

⑥ **беру́** est la 1re personne du singulier du verbe imperfectif
брать, *prendre*. Vous trouverez sa conjugaison à la leçon de
révision. Notez l'alternance **бер/бр** qui apparaît dans la base.

⑦ **кана́л** a plusieurs traductions, dont les plus importantes sont
chaîne et *canal*. Comparez :
В Санкт-Петербу́рге мно́го краси́вых кана́лов, *À Saint-
Pétersbourg, il y a beaucoup de beaux canaux.*
На како́м кана́ле э́тот фильм?, *Sur quelle chaîne passe
(est) ce film ?*

***

Corrigé de l'exercice 1

❶ – Qu'est-ce qu'il y a à la télé ce soir ? – Je ne sais même pas.
❷ Mon frère est un véritable sportif. ❸ Pour moi, le sport est comme une drogue ! ❹ Je vais à la piscine chaque semaine. ❺ Le sport
demande tellement de temps !

Упражнение 2 – Восстановите текст

❶ Ma fille fait du patinage artistique au stade.

Моя дочь занимается ....
на ....

❷ Où est la télécommande ? Il y a mon film préféré à la télé !

Где ..... ? По .... показывают мой
любимый фильм!

❸ – N'êtes-vous pas sportif ? – Non, vous m'avez mal compris.

– Вы не .... ? – Нет, вы ....
неправильно ....

❹ Il ne regarde pas la télé mais ne fait que changer de chaîne.

Он не ...... телевизор, а только
.... каналы.

❺ – Quel sport pratiques-tu ? – La natation.

– Каким ...... ты занимаешься?
– ....

---

65   Шестьдеся́т пя́тый уро́к

Подозре́ние

1   Ма́лыш говори́т ① свое́й ма́ленькой
сестре́:

2 – Послу́шай, после́днее ② вре́мя

Notes

① **говори́т** est la 3ᵉ personne du singulier du verbe imperfectif
говори́ть, *parler*, *dire*, que vous connaissez déjà. Ce verbe
régit le datif. ▶

❶ – фигурным катанием – стадионе ❷ – пульт – телевизору –
❸ – спортсмен – меня – поняли ❹ – смотрит – переключает –
❺ – спортом – Плаванием

Deuxième vague : 15e leçon

Soixante-cinquième leçon   65

Suspicion

1   Un petit [garçon] dit à sa petite sœur :
2 – Écoute, ces derniers *(dernier)* temps,

▶ ② Rappelez-vous l'accord des adjectifs durs et mous au neutre :
краси́вое окно́ (adjectif dur), *belle fenêtre* ; **после́днее
сло́во** (adjectif mou), *dernier mot.*

3 меня́ си́льно волну́ет состоя́ние
на́шего ③ па́пы…

4 – Почему́ ты так говори́шь?

5 – Тебе́ не ка́жется ④, что с ним не всё в
поря́дке?

6 – А что? ⑤ Ты заме́тил что́-то
подозри́тельное?

7 – Да… Мне ка́жется, что он не в своём
уме́ ⑥.

8 То он изобража́ет из себя́ ⑦ волше́бника,
то Де́да Моро́за…

9 На́до рассказа́ть ⑧ об э́том ма́ме! □

Remarque de prononciation
8 из себя́ *[issibia]*.

Notes

③ **на́шего** est le génitif de l'adjectif possessif **наш**, *notre*. Comparez la terminaison avec celle des adjectifs mous au génitif. C'est la même !

④ **ка́жется** est la 3ᵉ personne du singulier au présent du verbe pronominal imperfectif **каза́ться**, *sembler*. Il forme une structure impersonnelle du type <u>datif</u> + <u>verbe</u>.

⑤ **А что?** peut aussi se traduire par *pourquoi (demandes-tu ça) ?*

⑥ L'expression **быть не в своём уме́** se traduit littéralement par "ne pas être dans son esprit", ce qui correspond au français *ne pas avoir toute sa tête* ou *être fou*.

⑦ L'expression **изобража́ть из себя́** + <u>accusatif</u> signifie *feindre d'être, se faire passer pour qqn/qqch.*

▶

3 l'état de notre père m'inquiète *(émeut)* beaucoup *(fort)*…

4 – Pourquoi dis-tu cela *(tu parles ainsi)* ?

5 – Tu n'as pas l'impression qu'il ne va pas bien *(À-toi ne semble qu'avec lui pas tout en ordre)* ?

6 – Mais quoi ? As-tu remarqué quelque chose de suspect ?

7 – Oui… J'ai l'impression qu'il n'a pas toute sa tête *(que lui pas dans son esprit)*.

8 Tantôt il essaie de passer pour un magicien, tantôt pour le père Noël…

9 Il faut le dire *(raconter)* à maman !

▶ ⑧ Le verbe perfectif **рассказáть**, *raconter*, peut régir plusieurs cas :
• *raconter qqch. à qqn* : l'accusatif (COD) + le datif (le COI) ;
• *parler à qqn de qqch.* : la préposition **o** (et **oб** si le mot suivant commence par une voyelle) + le locatif (le prépositionnel).
Comparez :
Её подрýга рассказáла ей éту истóрию, *Son amie lui a raconté cette histoire.*
Её подрýга рассказáла ей об урóках рýсского, *Son amie lui a parlé de ses cours de russe.*

65

Упражнение 1 – Читайте и переводите

① Я заметила, что они постоянно нервно переключают каналы. **②** – Как у него дела? – С ним всё в порядке. **③** Мне кажется, что здесь есть что-то подозрительное. **④** Почему ты так волнуешься, когда видишь его? **⑤** Расскажи об этом её сестре.

Упражнение 2 – Восстановите текст

① Es-tu fou ? Cette veste est trop chère !

Ты в . . . . ? Эта куртка слишком . . . . !

② Tantôt tu te plains, tantôt tu es content… Tu vas bien ?

То ты . . . . , то доволен… С . . . . . всё в . . . . ?

③ – Tamara, il est très suspect comme type. – Oui, je [l']ai également remarqué.

– Тамара, он очень . . . . тип. – Да, я тоже . . . .

④ Sa petite sœur aime le patinage artistique.

Его . . . . сестра любит фигурное катание.

⑤ Il se fait passer pour un professeur mais ne sait même pas lire !

Он . . . . из . . . . учителя, а сам даже читать не . . . . . !

***

Corrigé de l'exercice 1

❶ J'ai remarqué qu'ils changent *(nerveusement)* de chaîne en permanence. ❷ – Comment va-t-il ? – Il va bien. ❸ Il me semble qu'il y a quelque chose de suspect ici. ❹ Pourquoi t'inquiètes-tu tant quand tu le vois ? ❺ Raconte cela à sa sœur.

Corrigé de l'exercice 2

❶ – своём уме – дорогая ❷ – жалуешься – тобой – порядке ❸ – подозрительный – заметила ❹ – маленькая – ❺ – изображает – себя – умеет

Maintenant que vous connaissez pas mal de verbes, vous pouvez, si vous le souhaitez, faire de temps en temps un petit exercice d'entraînement :
Quand vous rencontrez un verbe au cours des leçons, essayez de réciter sa conjugaison. Si vous hésitez, reportez-vous à l'appendice grammatical et à l'index. Dites à haute voix l'infinitif, les deux premières personnes du singulier et la 3e personne du pluriel du présent. Rappelez-vous que ce sont quatre formes verbales importantes.

Deuxième vague : 16e leçon

***

Хитрéц

1 – Скажи, малыш, ты любишь читáть ①
стихи?
2 – Терпéть не могу ②,
3 но мáма заставляет меня это дéлать
кáждый раз,
4 когдá хóчет, чтобы гóсти поскорéе
разбежáлись. ③
5 И дéлаю я это прóсто профессионáльно!
6 Спросите ④ дядю Ваню, он меня мнóго
раз ⑤ слышал.

Remarques de prononciation

Titre : **Хитрéц** *[HitRiéts]* **5 профессионáльно** *[pRafissï-analnª]*.

Notes

① Vous connaissez déjà le verbe imperfectif du premier groupe **читáть**,
lire. L'expression **читáть стихи** se traduit par *réciter des poèmes*.

② Le verbe imperfectif **терпéть**, *supporter*, dans l'expression **терпéть
не могу**, exprime le dégoût : *je ne supporte pas, je déteste*.

③ Pour exprimer une envie ou un souhait, on emploie **чтобы**
après le verbe **хотéть** suivi du passé :
Я хочý, чтобы ты позвонил мне зáвтра, *Je veux que tu me
téléphones demain*.
Cette construction traduit le subjonctif français.

④ Vous connaissez le verbe imperfectif **спрáшивать**, *demander*.
Vous avez également vu son perfectif à la leçon 13 : **спросить**.
Les deux verbes peuvent régir deux cas :

• *demander qqch.* (COD) *à qqn* (COI) : l'accusatif (COD) + **y** +
le génitif (COI) ;
• *demander à qqn* (sans COD) : la personne à qui on demande
est à l'accusatif. Comparez les exemples : ▶

Un [petit] malin

1 – Dis, petit, tu aimes réciter *(lire)* des poèmes ?
2 – Je ne supporte pas ça *(Supporter ne-pas je-peux)*,
3 mais maman me le fait faire *(force moi ce faire)* chaque fois
4 qu'elle *(quand elle)* veut que les invités partent plus vite *(pour-que invités courent dans-toutes-les-directions)*.
5 Et je le fais comme un vrai pro *(et fais je cela simplement professionnellement)* !
6 Demandez à oncle Vania, il m'a entendu de nombreuses fois.

▶ **Я спра́шиваю что́-то у ма́мы,** *Je demande quelque chose à maman.*

Спроси́ его́ сам (= спроси́ у него́ сам), *Demande-lui toi-même.*

Де́ти спроси́ли (у) до́ктора, где он живёт, *Les enfants ont demandé au docteur où il habitait.*

Remarquez que dans la langue courante, dans le deuxième cas, on a tendance à utiliser l'une ou l'autre formule :

Спроси́ его́ / спроси́ у него́, где лежи́т кни́га по фи́зике, *Demande-lui où se trouve ("est couché") le livre de physique.*

Спроси́те их / спроси́те у них, хотя́т ли они́ ко́фе, *Demandez-leur s'ils veulent du café.*

Faites attention au **н** qui apparaît dans les pronoms de la 3ᵉ personne après les prépositions : **у них**.

⑤ Le mot **раз**, *fois*, est un masculin dur. Il appartient au groupe des noms masculins dont le génitif pluriel ne diffère pas du nominatif singulier :

Ты сказа́л э́то уже́ сто раз!, *Tu l'as déjà dit cent fois !*

Le génitif singulier de **раз** est **ра́за** ou **ра́зу**. Dans la construction **ни ра́зу**, *pas une seule fois, jamais,* on utilise cette dernière forme. Retenez-la !

Я ни ра́зу не ви́дел э́тот фильм, *Je n'ai jamais vu ce film.*

7   Эй, дя́дя ⑥ Ва́ня! Ско́ро я бу́ду чита́ть
     стихи́.

8 – А скажи́, пожа́луйста, малы́ш, кото́рый
     час ⑦?

9 – Ещё то́лько шесть часо́в...

10 – Уже́ шесть? Ну всё, мне пора́!

11   В гостя́х хорошо́, а до́ма лу́чше!   □

9 часо́в *[tchissof]*.
11 лу́чше *[Loutch͡e]*.

Notes

⑥ **дя́дя**, *oncle, tonton.* N'oubliez pas qu'un mot masculin ayant
   la terminaison du féminin se décline comme un féminin mais
   s'accorde (avec des adjectifs et des verbes) au masculin !

⑦ **кото́рый час?**, *Quelle heure [est-il] ?*, est la meilleure façon
   de demander l'heure. On dit aussi **Ско́лько вре́мени?**, littéralement "Combien de-temps ?"

***

Упражне́ние 1 – Чита́йте и переводи́те

❶ У нас ско́ро экза́мен по матема́тике. ❷ Мы
занима́емся спо́ртом, что́бы быть здоро́выми.
❸ Всё! Пора́ спать. ❹ Ещё то́лько три часа́, а я хочу́
есть. ❺ Спроси́те ма́му, хо́чет она́ чай и́ли нет.

7   Eh, oncle Vania ! Bientôt, je vais réciter *(lire)*
      des poèmes.

8 –   Mais dis-moi *(s'il te plaît)*, petit, quelle heure est-il ?

9 –   Il est seulement six heures…

10 –   Déjà six [heures] ? Bon, je dois y aller *(à moi il est temps)* !

11   On n'est nulle part aussi bien que chez soi *(En visite [c'est] bien, mais à-la-maison [c'est] mieux)* !

***

Corrigé de l'exercice 1

❶ Nous avons bientôt un examen de mathématiques. ❷ Nous faisons du sport pour être en bonne santé. ❸ Basta ! Il est temps de dormir. ❹ Il est seulement trois heures, mais j'ai déjà faim. ❺ Demandez à maman si elle veut du thé ou pas.

Упражнение 2 – Восстановите текст

❶ Ne me force pas à faire ce que je ne veux pas [faire].

Не . . . . меня делать то, что я не
. . . . .

❷ Chaque fois, cinq minutes avant l'examen, il est nerveux même s'il connaît tout.

. . . . пять минут до экзамена он
. . . . , хотя всё знает!

❸ – Dites, s'il vous plaît, quelle heure est-il ? – Quatre heures et demie.

— Скажите, пожалуйста, ... час?
— . . . . пятого.

❹ Je ne supporte pas quand il plaisante ainsi.

. . . . . . не . . . . , когда он так . . . . . .

❺ On n'est nulle part aussi bien que chez soi.

. . . . хорошо, а . . . . лучше.

---

67 Шестьдесят седьмо́й уро́к

О́тпуск ①

1 — Ура́! Наконе́ц-то ② мы е́дем на кани́кулы!

Remarques de prononciation
Titre : о́тпуск [otpousk].

Notes

① **о́тпуск**, *congés*, s'emploie dans le contexte du travail, alors que **кани́кулы**, *vacances* est réservé aux vacances des élèves et des étudiants. Les prépositions utilisées avec ces deux mots▶

❶ – заставляй – хочу ❷ Каждый раз – нервничает – ❸ – который – Половина ❹ Терпеть – могу – шутит ❺ В гостях – дома –

Deuxième vague : 17ᵉ leçon

Les congés

1 – Hourra ! Enfin nous partons *(allons)* en vacances !

▶ ne sont pas les mêmes : on dit **быть в о́тпуске**, *être en congé*, mais **быть на кани́кулах**, *être en vacances*.

② **наконе́ц-то**, *enfin*, *finalement*, peut avoir une autre forme, **наконе́ц**. **наконе́ц** a tendance à introduire une suite, tandis que **наконе́ц-то** peut s'employer seul, pour exprimer la satisfaction de voir se réaliser quelque chose qu'on attendait depuis longtemps. Retenez aussi que **наконе́ц-то** marque émotionnellement la satisfaction d'un fait attendu, alors que **наконе́ц** est émotionnellement plus neutre.

2 – А куда вы **е**дете ③?

3 – У нас будет длинное путешествие.

4 – Сначала поедем ④ на поезде до Самары,

5 – потом мы полетим ⑤ на самолёте до Москвы,

6 – а оттуда поплывём ⑥ на пароходе до Санкт-Петербурга.

7 – А мы предпочитаем более скромные путешествия.

8 – Мы любим ездить ⑦ по окрестностям на велосипеде или на мотоцикле,

9 – а когда отправляемся далеко, то едем на ⑧ машине.

10 – Ещё мы любим кататься на лодке по реке ⑨.

11 – Ну, каждому своё. ☐

---

3 путешествие [poutich**ê**stvi^{ié}].
8 по окрестностям [paakRi**é**snastia-m].

Notes

③ **е́дете** est la 2ᵉ personne du pluriel du verbe imperfectif **е́хать**, *aller (par un moyen de locomotion terrestre)*. Ce verbe est unidirectionnel : il indique une direction précise. L'endroit où on va est défini :
Мы е́дем в Москву́, *Nous allons à Moscou*.

④ **пое́дем** est la 1ʳᵉ personne du pluriel du verbe perfectif **пое́хать**, *aller (avec un moyen de locomotion terrestre)*, qui a la même conjugaison que l'imperfectif **е́хать** (cf. leçon 63) :
Ско́ро я пое́ду в Росси́ю, *Bientôt, j'irai en Russie*.

⑤ **полети́м** est la 1ʳᵉ personne du pluriel du verbe **полете́ть**, *aller en avion*. C'est un perfectif qui correspond au verbe imperfectif **лете́ть**. Souvent, on peut déduire d'un verbe perfectif sa forme imperfective en enlevant le préverbe : **полете́ть →▶**

2 – Et où allez-vous ?

3 – Nous allons faire *(aurons)* un long voyage.

4 D'abord nous irons en train jusqu'à Samara,

5 ensuite, nous irons *(volerons)* en avion jusqu'à Moscou,

6 et de là, nous irons *(nagerons)* en paquebot jusqu'à Saint-Pétersbourg.

7 – Quant à nous, nous préférons les voyages plus modestes.

8 Nous aimons aller dans les environs à vélo ou en moto,

9 et quand nous allons loin *(nous-nous-rendons)*, nous prenons la *(nous-roulons en)* voiture.

10 Nous aimons également *(encore)* faire du bateau *(de la barque)* sur la rivière.

11 – Eh bien, à chacun ses plaisirs *(à-chacun le-sien)* !

▸ **по - лете́ть → лете́ть**. Souvent mais pas toujours, car parfois la forme perfective est complètement différente de l'imperfective : **купи́ть** (perfectif), *acheter* → **покупа́ть** (imperfectif).

⑥ **поплывём** est la 1ʳᵉ personne du pluriel du verbe perfectif **поплы́ть**, *aller à la nage, aller en bateau*. L'imperfectif est **плыть (поплы́ть → по - плы́ть → плыть)**.

⑦ Vous connaissez le verbe **е́здить**, *aller (par moyen de locomotion terrestre)*. Nous vous rappelons simplement qu'il est imperfectif et indéterminé.

⑧ **е́хать, е́здить, лете́ть, плыть** sont suivis de **на** + le prépositionnel précisant le moyen de locomotion : **е́хать на маши́не**, *aller en voiture* ; **е́здить на по́езде**, *aller en train* ; **лете́ть на самолёте**, *aller en avion* ; **плыть на ло́дке**, *aller en barque*, etc.

⑨ Et voici un nouvel emploi de la préposition **по** : **по** + datif, qui traduit un mouvement sur la surface de quelque chose :
Я иду́ по у́лице, *Je marche dans la rue.*
Они́ ката́ются на ло́дке по реке́, *Ils font de la barque sur la rivière.*

Упражнение 1 – Читайте и переводите

❶ На мотоцикле или велосипеде – мне всё равно. ❷ Вы едете на каникулы на поезде? ❸ Завтра они будут кататься по реке на лодке. ❹ – Когда отправляется поезд? – Ровно в четыре часа. ❺ – Когда у вас отпуск? – Очень скоро: через неделю.

Упражнение 2 – Восстановите текст

❶ Enfin, il nous a dit la vérité !

. . . .-то он . . . . . . нам правду!

❷ À chacun ses plaisirs : vous aimez les trains et moi, les avions.

. . . . своё: вам нравятся поезда, а мне – . . . .

❸ Je préfère rouler à vélo.

Я предпочитаю . . . . . . на . . . .

❹ Si vous voulez voir les environs, il vaut mieux y aller en train.

Если . . . . . . посмотреть . . . ., туда лучше ехать на . . . .

❺ D'abord nous irons en avion jusqu'à Samara et de là-bas, nous irons en voiture chez grand-mère.

Сначала мы . . . . до Самары, а оттуда . . . . . . на машине . бабушке.

Corrigé de l'exercice 1

❶ En moto ou à vélo, cela m'est égal. ❷ Partez-vous en vacances en train ? ❸ Demain, ils vont faire de la barque sur la rivière. ❹ – Quand part le train ? – À quatre heures précises. ❺ – Quand êtes-vous en congé ? – Très bientôt : dans une semaine.

Отпуск.

Corrigé de l'exercice 2

❶ Наконец – сказал – ❷ Каждому – самолёты ❸ – ездить – велосипеде ❹ – хотите – окрестности – поезде ❺ – полетим – поедем – к –

Souvenez-vous que les notes sont là pour vous aider à assimiler progressivement des notions parfois difficiles. C'est pour cela que, souvent, elles ne traitent pas un point de grammaire de manière exhaustive. Si quelque chose ne vous paraît pas clair à cent pour cent, n'hésitez pas à rechercher un complément d'explication dans l'index ou dans l'appendice grammatical en fin d'ouvrage.

Deuxième vague : 18ᵉ leçon

Слишком низко

1 – Скажите, пожалуйста, сколько стоит
 номер ① в вашем отеле?
2 – У нас самые низкие тарифы в городе!
3 – Какой вам нужен номер: одноместный
 или двухместный?
4 – Одноместный, пожалуйста.
5 – С душем или ванной ②?
6 – Мне всё равно.
7 – Так… посмотрим, что у нас есть…
8 Мы можем предложить вам четыре номера.
9 На первом этаже ③ номер стоит
 девятьсот рублей,
10 на втором – шестьсот пятьдесят пять
 рублей,
11 на третьем – четыреста тридцать два рубля,

Remarques de prononciation
Titre : **низко** [nisk[a]].
3 **одноместный** [adnamiésn[yi]] / **двухместный** [dvouHmiésn[yi]]
(même si parfois les Russes peuvent prononcer le **т**).

Notes
① **номер**, *numéro*, s'emploie pour dire *chambre* dans les lieux où
 les chambres sont numérotées.

② **ванной** est l'instrumental de **ванна**, *baignoire*.

③ **На первом этаже** : **на** + prépositionnel (locatif), ce qui est
 parfaitement logique puisqu'il s'agit du lieu où on est, sans
 mouvement. Remarquez que **первый этаж**, littéralement *premier étage*, correspond au *rez-de-chaussée* français.

Trop bas

1 – Dites[-moi], s'il vous plaît, combien coûte une chambre *(un numéro)*, dans votre hôtel ?

2 – Nous avons les tarifs les plus bas de *(dans)* la ville !

3 De quel type de chambre avez-vous besoin *(Quel vous est-nécessaire numéro)* : une simple *(à-une-place)* ou une double *(à-deux-places)* ?

4 – Une chambre simple *(À-une-place)*, s'il vous plaît.

5 – Avec douche ou [avec salle de] bains ?

6 – Cela m'est égal *(À-moi tout [est] égal)*.

7 – Alors… voyons ce que nous avons…

8 Nous pouvons vous proposer quatre chambres *(numéros)*.

9 Au rez-de-chaussée *(Au premier étage)*, la chambre coûte neuf cents roubles,

10 au premier *(au deuxième)*, six cent cinquante-cinq roubles,

11 au deuxième *(au troisième)*, quatre cent trente-deux roubles

12 а на четвёртом ④ – триста двадцать один рубль ⑤.

13 – Да... мне это не подходит ⑥.

14 – Вы считаете, что у нас слишком высокие цены?

15 – Нет, у вас слишком низкая ⑦ гостиница!

□

Notes

④ **на пе́рвом, на второ́м, на тре́тьем, на четвёртом** sont les ordinaux *premier*, *deuxième*, *troisième*, *quatrième* au locatif.

⑤ Comme nous l'avons déjà vu, dans un groupe sujet, le cas du nom qui suit un cardinal dépend de ce dernier (ou du dernier cardinal dans un nombre composé). Après 1 on met le nominatif singulier : **оди́н стол**, *une table* ; **двадцать оди́н эта́ж**, *vingt et un étages*. 2, 3, 4 sont suivis d'un génitif singulier, et les nombres de 5 à 20 d'un génitif pluriel : **два стола́**, *deux tables* ; **пятьдеся́т два́ этажа́**, *cinquante-deux étages* ; **пять столо́в**, *cinq tables* ; **девятьсо́т пять этаже́й**, *neuf cent cinq étages* ; **две́сти два́дцать дней**, *deux cent vingt jours* ; **две́сти двадцать одна́ ночь**, *deux cent vingt et une nuits*. Après les dizaines et les centaines, on met un génitif pluriel : **три́дцать столо́в**, *trente tables* ; **шестьсо́т этаже́й**, *six cents étages*.

▶

***

Упражнение 1 – Читайте и переводите

❶ Здесь слишком высокие цены. ❷ Сколько стоит эта водка в вашем магазине? ❸ – Вы будете жить в гостинице? – Нет, у друзей. ❹ В нашей гостинице самые низкие тарифы! ❺ Что вы можете мне предложить?

12 et au troisième *(au quatrième)*, trois cent vingt
et un roubles.
13 – Oui… [mais] cela ne me convient pas.
14 – Vous trouvez *(pensez)* que nos prix sont trop
élevés ?
15 – Non, c'est votre hôtel qui n'est pas
suffisamment haut *(chez vous trop bas l'hôtel)* !

▸ ⑥ Le verbe imperfectif **подходи́ть**, *convenir*, forme une expression très courante. **Мне** (datif) **э́то не подхо́дит** (est accordé avec **э́то** à la 3e personne du singulier). Comparez : **Э́тот тари́ф нам не подхо́дит** et **Э́ти тари́фы нам не подхо́дят.**

⑦ **ни́зко**, *bas*, est un adverbe, **ни́зкая** est le féminin de l'adjectif **ни́зкий**. Il est souvent possible de former l'adverbe à partir d'un adjectif en mettant ce dernier à la forme courte au neutre (si vous sentez la nécessité de faire le point sur l'adjectif court, faites donc un petit retour sur le paragraphe 2 de la leçon 35). Nous avons dit "souvent"… Eh oui, cela ne marche pas pour tous les adjectifs. Néanmoins, n'ayez pas peur d'essayer de les employer : **ти́хий**, *tranquille* → **ти́хо**, *tranquillement*. Attention, parfois l'accent change. Comparez : **хоро́ший** *bon* → **хорошо́**, *bien* ; **тёплый** *chaud* → **тепло́**, *bon* (en parlant de la météo).

***

Corrigé de l'exercice 1
❶ Les prix ici sont trop élevés. ❷ Combien coûte-t-elle, cette vodka, dans votre magasin ? ❸ – Vous irez à l'hôtel *(Allez-vous vivre dans un hôtel)* ? – Non, chez des amis. ❹ Dans notre hôtel, nous avons les tarifs les plus bas ! ❺ Qu'est-ce que vous pouvez me proposer ?

Упражнение 2 – Восстановите текст

❶ J'habite au deuxième étage.

Я . . . . на . . . . этаже.

❷ Cet avion vole trop bas.

Этот . . . . . . летит слишком . . . . . .

❸ Neuf cents roubles pour une chambre simple sans douche ? Vous plaisantez ?

Девятьсот . . . . . . за . . . . номер без . . . . ? Вы шутите?

---

69   Шестьдесят девя́тый уро́к

Cette leçon, dans laquelle vous ne trouverez que très peu de mots inconnus, va vous donner l'occasion de vous entraîner à décliner tous les types de mots (mous et durs de tous les genres) et à bien les accorder avec les noms de nombres. Si jamais la conjugaison vous

Мы уме́ем счита́ть

1   Оди́н секре́т. Одна́ интере́сная кни́га. Одно́ окно́.

2   Два ма́леньких ма́льчика. Две ми́лые де́вочки. Два окна́.

3   Три кни́ги.Три ма́льчика.

4   Четы́ре блю́да.

5   Пять книг.

6   Шесть времён.

7   Семь враче́й.

8   Во́семь лет.

❹ – Je peux vous proposer du thé et du café.
– Du café, s'il vous plaît.

– Могу . . . . вам чай и кофе.
– Кофе, ...

❺ Alors, voyons quels sont les prix ici.

Так, ... , какие здесь . . . . .

Corrigé de l'exercice 2

❶ – живу – третьем – ❷ – самолёт – низко ❸ – рублей –
одноместный – душа – ❹ – предложить – пожалуйста
❺ – посмотрим – цены

Deuxième vague : 19ᵉ leçon

Soixante-neuvième leçon   69

*pose problème, n'hésitez pas à revenir aux leçons précédentes ou
consultez l'appendice grammatical dans lequel vous trouverez le
tableau général de la conjugaison.*

Nous savons compter

1   Un secret. Un livre intéressant. Une fenêtre.
2   Deux petits garçons. Deux filles agréables.
     Deux fenêtres.
3   Trois livres. Trois garçons.
4   Quatre plats.
5   Cinq livres.
6   Six temps.
7   Sept médecins.
8   Huit ans.

Remarque de prononciation
Titre : **считáть** [*schitatᵉ*].

9   Девять докторов.

10   Десять хороших ① музеев.

11   Одиннадцать ночей.

12   Двенадцать морей.

13   Тринадцать детей.

14   Четырнадцать дней.

15   Пятнадцать человек ②.

16   Шестнадцать значений.

17   Семнадцать идей.

18   Восемнадцать гостей.

19   Девятнадцать недель.

20   Двадцать паспортов.

21   Двадцать один ребёнок. Двадцать одна подруга. Двадцать одно платье.

22   Двадцать два дела. Двадцать две рубашки.

23   Двадцать три экземпляра.

24   Мало дождей. Много волос. ③   ☐

Notes

① Après les nombres au nominatif ou à l'accusatif, quand le nom est au génitif pluriel, l'adjectif se met également au génitif pluriel (avec la terminaison **-ых** pour les durs, et **-их** pour les mous ou dans le cas d'une incompatibilité orthographique).

② **человек**, *personne*, *homme*, appartient au même groupe de mots que **раз**, *fois*. C'est un masculin dur dont le génitif pluriel ne diffère pas du nominatif singulier quand il s'emploie après les nombres. Dans d'autres cas, le génitif pluriel est **людей** (du pluriel irrégulier **люди**). Comparez : **один человек**, *une personne* ; **два человека**, *deux personnes* ; **пять человек**, *cinq personnes* ; **много людей**, *beaucoup de gens*.

③ Récapitulons la règle d'accord des nombres avec les noms :
  • 1 et tous les nombres composés qui se terminent par 1 sont suivis du nominatif singulier. 1 s'accorde en genre (phrases 1 et 21).
    ▶

9	Neuf docteurs.
10	Dix bons musées.
11	Onze nuits.
12	Douze mers.
13	Treize enfants.
14	Quatorze jours.
15	Quinze personnes.
16	Seize significations.
17	Dix-sept idées.
18	Dix-huit invités.
19	Dix-neuf semaines.
20	Vingt passeports.
21	Vingt et un enfants. Vingt et une amies. Vingt et une robes.
22	Vingt-deux affaires. Vingt-deux chemises.
23	Vingt-trois exemplaires.
24	Peu de pluie. Beaucoup de cheveux.

▸ • 2, 3, 4 et tous les nombres composés qui se terminent par 2, 3, 4 sont suivis du génitif singulier. Attention, 2 **два** a une forme spécifique au féminin, **две** (phrases 2, 3, 4, 22, 23 et 24).
• De 5 à 20 inclus les noms de nombres sont suivis du génitif pluriel (phrases 5 à 20) :
Пять (nominatif) **де́вочек** (génitif pluriel) **гуля́ют в па́рке.**
Cinq filles se promènent dans le parc.
Я ви́жу пять (accusatif) **де́вочек** (génitif pluriel).
Je vois cinq filles.
• Les indéfinis du genre *peu / beaucoup* sont suivis d'un génitif singulier dans le cas des noms abstraits ou indénombrables et du génitif pluriel pour les concrets et dénombrables. Cette règle s'applique quand le cardinal est au nominatif ou à l'accusatif (eh oui, les cardinaux se déclinent aussi !). Dans tous les autres cas, le nom et le cardinal se mettent au même cas :
Я даю́ кни́гу пяти́ (datif) **де́вочкам** (datif pluriel).
Je donne le livre aux cinq filles.
Au nominatif et à l'accusatif inanimé, la forme des cardinaux ne change pas pour le masculin et le neutre, excepté **оди́н**. Nous verrons la déclinaison des cardinaux plus tard.

69 **Упражнение 1 – Читайте и переводите**
❶ У этого текста столько значений! ❷ Мы пригласили двух девочек из класса Виктора. ❸ У Серёжи всегда много хороших идей. ❹ В Москве мы видели пять интересных музеев. ❺ У меня есть два паспорта: русский и французский.

Упражнение 2 – Восстановите текст

❶ Hier, elle a acheté cinq livres, deux robes, une chemise ; maintenant elle n'a plus d'argent.
Вчера она купила пять . . . . , два . . . . . . , одну . . . . ; теперь у неё . . . денег.

❷ L'été dernier, il y a eu peu de pluies.
. . . . . . летом было мало . . . .

❸ Encore trois semaines et nous serons en congé.
Ещё три . . . . . . , и мы будем в . . . .

❹ Quand j'avais six ans, j'habitais à Saint-Pétersbourg.
Когда мне . . . . шесть . . . , я жил в Петербурге.

❺ – Combien d'enfants avez-vous ? – J'ai un enfant, un garçon.
– . . . . у вас . . . . . ? – У меня один . . . . , мальчик.

Corrigé de l'exercice 1

❶ Ce texte a tant de significations ! ❷ Nous avons invité deux filles de la classe de Victor. ❸ Sergueï a toujours beaucoup de bonnes idées. ❹ À Moscou, nous avons vu cinq musées intéressants. ❺ J'ai deux passeports : [un] russe et [un] français.

Corrigé de l'exercice 2

❶ – книг – платья – рубашку – нет – ❷ Прошлым – дождей ❸ – недели – отпуске ❹ – было – лет – ❺ Сколько – детей – ребёнок –

Deuxième vague : 20ᵉ leçon

Повторе́ние – Révision

1 Déclinaison

Certains noms masculins ne forment pas leur **génitif pluriel** de façon habituelle. Vous avez déjà rencontré (leçon 63) le nom masculin **челове́к**, *homme*, *personne*, qui a un pluriel irrégulier au nominatif : **челове́к → лю́ди**. Ce nom a deux formes au génitif pluriel, **люде́й** et **челове́к** (ce dernier ne s'emploie qu'avec les nombres). Comparez :

– **Кто э́ти лю́ди?**, *Qui sont ces gens ?*
– **Э́ти пять челове́к? Не зна́ю**, *Ces cinq personnes ? Je ne sais pas.*

Le mot **раз**, *fois*, n'a pas de désinence pour le génitif pluriel : **раз** (nominatif singulier) → **разы́** (nominatif pluriel) → **раз** (génitif pluriel). Observez :
Я ей уже́ пять раз позвони́л!, *Je lui ai déjà téléphoné cinq fois !*
Le mot **во́лос**, *cheveu*, appartient au même groupe : **во́лос** (nominatif singulier) → **во́лосы** (nominatif pluriel) → **воло́с** (génitif pluriel). Attention au changement d'accent :
– **У неё таки́е краси́вые во́лосы!**, *Elle a de si beaux cheveux !*
– **А у меня́ ма́ло воло́с, но они́ то́же о́чень краси́вые…** *Et moi, j'ai peu de cheveux, mais ils sont beaux aussi…*

2 La déclinaison des possessifs mon, ton, son

Nous avons vu les possessifs à différents cas au fil des leçons, et vous vous familiarisez peu à peu avec leurs différentes formes. Vous pouvez, si vous le souhaitez, revoir le nominatif au paragraphe 3 de la leçon 35).
Récapitulons : Les possessifs indiquent l'appartenance d'un objet à quelqu'un et se déclinent. Les possessifs **мой**, *mon*, **твой**, *ton* et **свой**, *son*, se déclinent de la même façon :

	Masculin, Neutre	Féminin	Pluriel
Nominatif	мой, моё	моя́	мои́
Génitif	моего́	мое́й	мои́х
Datif	моему́	мое́й	мои́м
Accusatif	N ou G	мою́	N ou G
Instrumental	мои́м	мое́й	мои́ми
Locatif	моём	мое́й	мои́х

Leur déclinaison ressemble beaucoup à celle du cardinal **оди́н**. En ce qui concerne les possessifs pluriels, **наш**, *notre*, et **ваш**, *votre*, ont également la même déclinaison :

	Masculin, Neutre	Féminin	Pluriel
Nominatif	наш, на́ше	на́ша	на́ши
Génitif	на́шего	на́шей	на́ших
Datif	на́шему	на́шей	на́шим
Accusatif	N ou G	на́шу	N ou G
Instrumental	на́шим	на́шей	на́шими
Locatif	на́шем	на́шей	на́ших

Les possessifs de la 3e personne sont les mêmes pour tous les genres et tous les cas – **его́**, **её**, **их**. Ils s'accordent avec le sujet (celui qui possède l'objet) :
Это его́ маши́на, *C'est sa voiture.*
Bien que le nom désignant l'objet possédé soit au féminin, on emploie le possessif masculin **его́** car le possesseur est de sexe masculin.

Я взял её кни́ги, *J'ai pris ses livres.*
Bien que le nom désignant les objets possédés soit au pluriel, on
emploie un possessif du singulier au féminin, car il a un seul possesseur, et de plus, il est est de sexe féminin.

Я их дочь, *Je suis leur fille.*
Ici, on emploie le pluriel **их** car il y a plusieurs "possesseurs" (en
l'occurrence, les parents).

3 La déclinaison de *всё*, tout

L'adjectif-pronom **всё**, *tout*, s'accorde avec le nom en genre et en
nombre : **весь**, *tout* ; **всё**, *tout* ; **вся**, *toute* ; **все**, *tous*.
Il a la même déclinaison que le démonstratif **тот** (que nous avons
vu à la leçon 63, mais avec la base **вс-**), et il est du type mou.
Récapitulons :

	Masculin, Neutre	Féminin	Pluriel
Nominatif	**тот, то/весь, всё**	**та/вся**	**те/все**
Génitif	**того́/всего́**	**той/всей**	**тех/всех**
Datif	**тому́ /всему́**	**той/всей**	**тем/всем**
Accusatif	N ou G	**ту/всю**	N ou G
Instrumental	**тем/всем**	**той/всей**	**те́ми/все́ми**
Locatif	**том/всём**	**той/всей**	**тех/всех**

4 Les ordinaux

Vous connaissez bien les numéraux ordinaux (premier, deuxième,
troisième, etc.) de la numérotation des leçons. Nous les avons re-
groupés dans l'appendice grammatical, jetez-y un coup d'œil. Sachez qu'ils s'accordent avec le nom en genre et en nombre, et ce
n'est pas difficile puisqu'ils prennent les terminaisons des adjectifs. Ainsi, ils vont se décliner comme des adjectifs. Comparez :
Я смотрю́ э́тот но́вый (accusatif) **фильм в пе́рвый** (accusatif)
раз, *Je regarde ce nouveau film pour la première fois.*
Я живу́ на четвёртом (locatif) **этаже́** *J'habite au troisième étage.*
Я лечу́ на большо́м (locatif) **самолёте**, *Je prends un grand avion.*

Relisez la note 3 de la leçon 69 concernant la règle de l'accord des numéraux cardinaux (un, deux, trois, quatre, etc.) avec les noms. Il est vrai qu'ils s'accordent d'une manière particulière et pas tout à fait logique. Il est vraiment nécessaire de bien maîtriser cette règle.

Les adjectifs ont également une façon particulière de "s'accorder" avec les cardinaux, mais c'est beaucoup plus simple.

• **Après les cardinaux одúн, однá, однó, однú**, à tous les cas, le nom et l'adjectif s'accordent en nombre, en genre et en cas avec le cardinal qui les précède :

Я идý от однóй хорóшей подрýги, *Je reviens de chez une bonne amie.*

Онú смóтрят одúн хорóший фильм, *Ils regardent un bon film.*

• **Pour les masculins et les neutres inanimés**, après 2, 3 et 4 au nominatif et à l'accusatif, le nom est au génitif singulier et l'adjectif est au génitif pluriel :

(Я вúжу): два синих стола и три больших окна., *(Je vois/Ce sont) deux tables bleues et trois grandes fenêtres.*

• **Pour les féminins inanimés**, après 2, 3 et 4 au nominatif et à l'accusatif, le nom est également au génitif singulier et l'adjectif est au nominatif pluriel (mais le génitif pluriel se rencontre tout de même) :

(Я вúжу): две большúе (ou две больши́х) кни́ги., *(Je vois) deux grands livres.*

Pour les animés (masculins et féminins), après 2, 3 et 4 pour lesquels l'accusatif est égal au génitif, tout ce qui suit le nombre est au génitif pluriel :

Онú вúдят двух ма́леньких ма́льчиков и двух больши́х де́вочек., *Ils voient 2 petits garçons et 2 grandes filles.* Remarquez que dans la langue parlée, vous pouvez rencontrer l'accord comme sur les inanimés (que nous vous déconseillons) : **Я вúжу две большúе де́вочки.**

Eh oui, dans l'accord avec les cardinaux, les adjectifs ne se mettent pas toujours aux mêmes cas et nombre que les noms ! Si le cardinal lui-même est à un cas autre que le nominatif et l'accusatif (la règle est valable pour tous les cardinaux), le nom et l'adjectif s'accordent logiquement avec le cardinal :

Я даю́ кни́гу двум краси́вым де́вочкам (tout est accordé au datif pluriel), *Je donne le livre à deux belles filles.*

• **Pour 5 et plus**, on accorde les adjectifs et les noms au génitif pluriel :
Я ви́жу пять ма́леньких ма́льчиков, *Je vois cinq petits garçons.*
Et au datif :
Я даю́ кни́гу пяти́ ма́леньким ма́льчикам (tout est accordé au datif pluriel), *Je donne le livre à cinq petits garçons.*

6 Verbes

• **рассказа́ть** (perf.), *raconter* : **расскажу́, расска́жешь, расска́жут**.
• **поня́ть** (perf.), *comprendre* : **пойму́, поймёшь, пойму́т**.
• **брать** (imperf.), *prendre* : **беру́, берёшь, беру́т**.
• **терпе́ть** (imperf.), *supporter* : **терплю́, те́рпишь, те́рпят** (se conjugue comme **люби́ть**).

7 Les verbes de mouvement

• **е́здить** (imperf., indéterminé), *aller en moyen de locomotion ter-restre* : **е́зжу, е́здишь, е́здят**.
• **плыть** (imperf., déterminé), *aller à la nage, aller en bateau* : **плыву́, плывёшь, плыву́т**.
• **поплы́ть** (perf., déterminé), *aller à la nage, aller en bateau* : **поплыву́, поплывёшь, поплыву́т** (la même conjugaison qu'à l'imperfectif).
• **лете́ть** (imperf., déterminé), *aller en avion, voler* : **лечу́, лети́шь, летя́т**.
• **полете́ть** (perf., déterminé), *aller en avion, voler* : **полечу́, полети́шь, полетя́т** (la même conjugaison qu'à l'imperfectif).

8 Les prépositions

• **по**, qui traduit un mouvement sur la surface de quelque chose, est suivie du <u>datif</u> : **идти́ по у́лице**, *aller le long de la rue* ;
• **по** suivie du <u>datif</u> est également utilisée dans quelques expressions : **говори́ть по телефо́ну**, *parler au téléphone* ; **смотре́ть по телеви́зору**, *regarder [qqch.] à la télé*.
• **на** (sens temporel) suivie de <u>l'accusatif</u> s'emploie dans le sens de *pour* :
Они́ к нам на неде́лю, *Ils sont [venus] chez nous pour une semaine.*
• **на** suivie du <u>locatif</u> (prépositionnel) s'utilise pour indiquer l'emplacement d'un objet fixe, mais aussi le moyen de locomotion :
Мы е́дем в Москву́ на маши́не, *Nous allons à Moscou en voiture.*

1 – С тобой всё в порядке?
2   Ты уже два часа переключаешь каналы...
3 – Терпеть не могу, когда по телевизору показывают так много всего.
4   Я не могу выбрать!
5 – Ну, я могу предложить тебе интересный фильм.
6   Или один фильм тебе не подходит?
7 – Ни один, ни десять интересных фильмов!
8   Я больше не хочу смотреть телевизор.
9   Я предпочитаю пойти заняться спортом.
10 – Главное, чтобы ты точно знал, чем хочешь заниматься!
11   Знаешь, лучше, чтобы ты выбрал сразу...

Traduction

1 Tu vas bien ? **2** Cela fait deux heures que tu changes de chaîne continuellement... **3** Je ne supporte pas quand ils montrent autant de choses à la télé. **4** Je ne peux pas choisir ! **5** Eh bien, je peux te proposer un film intéressant. **6** À moins qu'un seul film ne te convienne pas non plus *(Ou un film ne te convient pas)* ? **7** Ni un, ni dix *(films intéressants)* ! **8** Je ne veux plus regarder la télé. **9** Je préfère aller faire du sport. **10** L'essentiel, c'est que tu saches exactement ce que tu veux faire *(de quoi tu veux t'occuper)* ! **11** Tu sais, il vaut mieux que tu choisisses tout de suite…

Deuxième vague : 21ᵉ leçon

В гостúнице

1 – Послушайте, я не хочу ① скандала,
2   но всё-таки думаю, что это недопустимо!
3 – Успокóйтесь ②, пожалуйста, и объясните
      толком, что случилось.
4 – Ещё вчера я попросил ③ навести
      порядок в моём нóмере.
5   Увы, сегодня всё по-прéжнему.
6   И это называется «сервис на высотé»?
7 – Как же так? Ничегó не понимаю ④.

Notes

① Si le mot qui suit le verbe **хотéть**, *vouloir*, est concret, on met un accusatif ; si ce mot représente une notion abstraite ou non dénombrable, on utilise un génitif. On met également un génitif si la notion exprime "une partie d'un tout" ce qui va logiquement exiger un génitif (le partitif français). Comparez :
Онá хóчет твою кýртку. *Elle veut ta veste.* (chose concrète)
Как я хочý хорóшей погóды! *Comme j'ai envie de beau temps !* (chose abstraite)
Онú хотя́т пúва. *Ils veulent de la bière.* (un peu de bière – non dénombrable)

② **успокóйтесь** est l'impératif (la 2ᵉ personne du pluriel) du verbe perfectif **успокóиться**, *se calmer*. Il se forme comme l'impératif ordinaire, il faut juste ajouter **-сь** après une voyelle et **-ся** après une consonne : **успокóй** + **ся**, *calme-toi* ; **успокóйте** + **сь**, *calmez-vous*.

③ **попросúл** est le passé (masculin) du verbe perfectif **попросúть**, *demander*. Vous trouverez sa conjugaison à la leçon de révision.

À l'hôtel

1 – Écoutez, je ne veux pas de scandale,
2 mais tout de même, je pense que c'est inacceptable !
3 – Calmez-vous, s'il vous plaît, et expliquez[-moi] clairement ce qui s'est passé.
4 – Déjà *(Encore)* hier, j'ai demandé que l'on range *(ranger)* ma chambre.
5 Hélas, aujourd'hui, tout est [encore] comme avant.
6 Et vous appelez ça un service de qualité *(Et cela s'appelle "service à la hauteur")* ?
7 – Mais comment donc ? Je ne comprends rien.

▸ ④ N'oubliez pas que l'emploi de la négation **не** est nécessaire même avec des mots du type **никогда́**, **ничего́** ou **никто́** :
Никто́ не хо́чет чита́ть э́ту кни́гу.
Personne ne veut lire ce livre.
Я никогда́ э́того не де́лал. *Je n'ai jamais fait cela.*

8 После вашей жалобы я лично занялась вашим ⑤ номером.

9 Вам поменяли полотенца, простыни, одеяло…

10 я даже принесла вам новую подушку, мыло и зубную пасту...

11 – Перестаньте ⑥ водить меня за нос!

12 Я ещё не сошёл ⑦ с ума!

13 У меня в номере ничего не изменилось ⑧!

14 – Постойте-постойте ⑨… а вы в каком номере?

15 – Я был во втором ⑩, а потом меня переселили ⑪ в пятый ⑩ номер.

16 – Простите ради ⑫ Бога!

17 Я-то занималась вторым ⑬ номером! □

Remarques de prononciation

8 заняла́сь *[zaniLasʲ]*.
17 я́-то *[iatᵉ]*.

Notes

⑤ **ва́шим** est l'instrumental de **ваш**, *votre*. La déclinaison est identique à celle des adjectifs mous. Revoyez, si nécessaire, le tableau récapitulatif à la leçon 70.

⑥ **переста́ньте** est l'impératif de la 2ᵉ personne du pluriel du verbe perfectif **переста́ть**, *cesser*, *arrêter*.

⑦ **сошёл** est le passé irrégulier (masculin singulier) du verbe perfectif **сойти́**, *descendre*. Il se construit comme le passé des verbes **идти́-пойти́**, *aller à pied* : **шёл-пошёл**. Le féminin sera **сошла́**, le neutre **сошло́**, et le pluriel **сошли́**.

⑧ **измени́лось** est le passé de la 3ᵉ personne neutre du singulier du verbe perfectif **измени́ться**, *changer*. Attention, en russe ce verbe est pronominal.

⑨ **постойте** ou **постойте-постойте** est une expression qui équivaut à *Attendez !* En fait, c'est l'impératif du verbe per-▶

8 Après votre plainte, je me suis occupée personnellement de votre chambre.

9 On vous a changé les serviettes, les draps [et] la couverture…

10 je vous ai même apporté un nouvel oreiller, du savon et du dentifrice *(de-la-pâte à-dents)*…

11 – Arrêtez de me mener en bateau *(par nez)* !

12 Je ne suis pas encore devenu fou *(descendu de l'esprit)* !

13 Rien n'a changé dans ma chambre !

14 – Attendez, attendez… *(et)* vous êtes dans quelle chambre ?

15 – J'étais dans la chambre deux et ensuite on m'a transféré dans la cinq.

16 – Mon Dieu, pardonnez-moi *(Pardonnez-moi pour Dieu)* !

17 Moi, je me suis occupée de la chambre deux !

---

⑨ fectif **постоя́ть**, *rester debout un peu* (vous connaissez son imperfectif **стоя́ть**, *être debout*) dont le préfixe **по-** limite l'action, d'où notre traduction avec "un peu".

⑩ **второ́м** est le locatif (prépositionnel) de l'ordinal masculin **второ́й**, *deuxième*, car il n'y a pas de mouvement, tandis que **пя́тый** est l'accusatif de l'ordinal masculin **пя́тый** puisqu'on a ici une notion de mouvement.

⑪ **пересели́ли** est le passé pluriel du verbe perfectif **пересели́ть**, *déplacer, reloger, transférer*. Bien sûr, vous savez déjà définir l'infinitif à partir d'une forme conjuguée : il faut juste enlever la terminaison.

⑫ **ра́ди**, *à cause de, pour*, est suivi du génitif :
Пожа́луйста, сде́лай э́то ра́ди меня́!
S'il te plaît, fais-le pour moi !

⑬ Rappelez-vous qu'après le verbe **занима́ться**, *s'occuper de qqch.*, on met l'instrumental. Ainsi, **вторы́м**, est l'instrumental de l'ordinal masculin **второ́й**, *deuxième*. Vous savez déjà que les ordinaux se déclinent comme les autres adjectifs.

71 **Упражнение 1 – Читайте и переводите**

❶ Успокойтесь, вам нельзя волноваться!
❷ Вчера нам поменяли график работы. Теперь выходные у меня в понедельник и во вторник.
❸ Ради Бога, займитесь своими делами! ❹ Это очень хорошая гостиница: цены низкие и сервис на высоте. ❺ Они не были в этом городе двадцать лет, и там ничего не изменилось.

Упражнение 2 – Восстановите текст

❶ Trois cent cinquante roubles pour un savon et du dentifrice ! Et c'est ce qu'on appelle bon marché ?

Триста пятьдесят рублей за . . . . и зубную
. . . . . ! И это называется . . . . . . ?

❷ Mais elle l'a mené par le bout du nez durant toute sa vie !

Да она всю свою жизнь . . . . . . его за . . . !

❸ Rien n'a changé : ils font des scandales tous les jours *(chaque jour)*.

Ничего не . . . . : у них каждый день скандалы.

❹ Les oreillers, les couvertures et les draps sont dans l'armoire.

Подушки, ... и . . . . в шкафу.

❺ Je leur ai téléphoné hier : chez eux, tout est comme d'habitude *(comme avant)*.

Я звонил . . вчера: у них всё . . - . . . .

Corrigé de l'exercice 1

❶ Calmez-vous, vous ne devez pas vous inquiéter. ❷ Hier, on a changé notre *(on nous a changé le)* planning de travail. Maintenant, mes jours de congé sont le lundi et le mardi *(les lundis et mardis)*. ❸ Au nom de Dieu, occupez-vous de vos affaires ! ❹ C'est un très bon hôtel : les prix [sont] bas et le service [est] à la hauteur. ❺ Ils ne sont pas venus *(n'étaient pas)* dans cette ville depuis vingt ans, et rien n'y a changé.

Corrigé de l'exercice 2

❶ – мыло – пасту – дёшево ❷ – водила – нос ❸ – изменилось – ❹ – одеяла – простыни – ❺ – им – по-прежнему

Deuxième vague : 22ᵉ leçon

Все цветá рáдуги

1 Кáждый охóтник
2 желáет ① знать,
3 где сидит фазáн.
4 Крáсный, орáнжевый,
5 жёлтый, зелёный,
6 голубóй, синий, фиолéтовый.
7 И другие цветá ②:
8 серый: серое нéбо;
9 чёрный: чёрные глазá ②;
10 золотóй: золотые руки.
11 серéбряный : серéбряная лóжка ③;
12 цветнóй: цветнóй телевизор;
13 чёрно-бéлый: чёрно-бéлая фотогрáфия.
14 Мои любимые цветá: бéжевый, рóзовый
   и коричневый,
15 свéтло-зелёный, тёмно-синий ④.   □

Remarque de prononciation
4 орáнжевый *[aRa-njyv^y]*.

Notes

① Maintenant vous pouvez sans doute reconnaître l'infinitif des
   verbes à partir des formes conjuguées. Cherchez toujours la
   racine ! Ainsi, **желáет** est la 3ᵉ personne du verbe **желáть**,
   désirer.

② Certains noms masculins forment le pluriel en **-a** toujours
   accentué : **áдрес**, *adresse* → **адресá** ; **дóктор**, *docteur* →
   докторá ; **цвет**, *couleur* → **цветá** ; **глаз**, *œil* → **глазá**.   ▶

Comment retenir les couleurs de l'arc-en-ciel ? Apprenez ce petit texte (les 3 premières lignes) – la première lettre de chaque mot (de couleur bleue) vous soufflera la couleur.

Toutes les couleurs de l'arc-en-ciel

1 Chaque chasseur
2 désire savoir
3 où est *(assis)* le faisan.
4 Rouge, orange,
5 jaune, vert,
6 bleu, bleu marine, violet.
7 Et d'autres couleurs :
8 gris : un ciel gris ;
9 noir : des yeux noirs ;
10 doré : des mains en or.
11 argenté : une cuillère en argent ;
12 de couleur : une télévision en couleur ;
13 noir et blanc : une photographie en noir et blanc.
14 Mes couleurs préférées : beige, rose et marron,
15 vert clair, bleu foncé.

▸ ③ Attention : **лóжка**, *cuillère*, comme certains autres substantifs féminins, a une voyelle mobile au génitif pluriel : **лóжек**.

④ **свéтло**, *clair* ; **тёмно**, *foncé*, se rajoutent aux couleurs avec un trait d'union :
У меня́ есть краси́вый тёмно-кори́чневый сви́тер.
J'ai un beau pull marron foncé.
У Тама́ры свéтло-сéрые глаза́.
Tamara a les yeux gris clair.

Упражнение 1 – Читайте и переводите

❶ Он целый день сидит рядом со своим чёрно-белым телевизором. ❷ Море сегодня очень красивое – тёмно-синее. ❸ – Какие цвета тебе нравятся? – Все цвета радуги! ❹ Какое серое небо! Наверное, опять будет дождь. ❺ У неё вся одежда оранжевого и красного цветов!

Упражнение 2 – Восстановите текст

❶ – J'aime beaucoup les photos en noir et blanc. – Et moi, je les préfère en couleur.

– Я очень люблю . . . . . - . . . . . фотографии. – А мне больше нравятся . . . .

❷ Dans ma chambre d'hôtel, tous les oreillers sont vert clair et les draps sont jaunes.

В моём номере все . . . . светло-зелёные, а простыни жёлтые.

❸ Il fait tout lui-même, [il a] des mains en or.

Он всё делает . . . , у него . . . . руки.

❹ Tu as les yeux gris et ta sœur a les [yeux] noirs.

У тебя . . . . . глаза, а у твоей сестры . . . .

❺ Il est tellement ému que son visage est tout rouge.

Он так волнуется, что у него всё . . . .

Et maintenant, un petit exercice de prononciation ! Les Russes aiment beaucoup les vire-langues. Lisez celui-ci lentement, en prononçant bien chaque mot. Accélérez au fur et à mesure.

Corrigé de l'exercice 1

❶ Il passe toute la journée devant *(à côté de)* sa télé *(en)* noir et blanc. ❷ La mer est très belle aujourd'hui : bleu foncé. ❸ – Quelles sont les couleurs qui te plaisent ? *(Quelles couleurs te plaisent ?)* – Toutes les couleurs de l'arc-en-ciel ! ❹ Quel ciel gris ! Il va sûrement encore pleuvoir. ❺ Tous ses vêtements sont de couleur*(s)* orange et rouge !

Corrigé de l'exercice 2

❶ – чёрно-белые – цветные ❷ – подушки – ❸ – сам – золотые – ❹ – серые – чёрные ❺ – лицо красное

Какие цвета тебе нравятся?

Скорогово́рка
Четы́ре чёрненьких чума́зеньких* чертёнка
Черти́ли чёрными черни́лами чертёж
Чрезвыча́йно чи́сто.
Vire-langue
Quatre sales diablotins noirs
Traçaient un dessin à l'encre noire
Extraordinairement proprement.
-еньк** est un suffixe diminutif qui se met entre le radical et la terminaison.*
Ainsi, ce sont les adjectifs **чёрный**, *noir ;* **чума́зый**, *sale.*

Deuxième vague : 23ᵉ leçon

Как с ва́ми связа́ться?

1 – Прости́те, вы не могли́ бы ① мне
помо́чь?

2 – Да, коне́чно, чем ② могу́ быть поле́зен ③?

3 – Мне на́до сро́чно связа́ться ④ с мое́й
семьёй.

4 Я хоте́ла позвони́ть домо́й ⑤, но по́чта
закры́та ⑥,

5 а из каби́ны телефо́на-автома́та мо́жно
позвони́ть

6 то́лько с телефо́нной ка́ртой.

7 – Вы мо́жете купи́ть таку́ю ка́рту в любо́м
газе́тном кио́ске.

Notes

① **вы не могли́ бы**, *pourriez-vous*, est une forme polie qui est
formée à partir du passé de la forme négative du verbe **мочь**,
pouvoir, et de la particule **бы** qui exprime un conditionnel
(voir leçon 32, note 4). Observez :
Тама́ра, ты не могла́ бы дать мне твой но́вый а́дрес?
Tamara, pourrais-tu me donner ta nouvelle adresse ?
Серге́й, ты не мог бы подари́ть мне э́ту кни́гу?
Sergueï, pourrais-tu m'offrir ce livre ?

② **чем** est l'instrumental de **что**, *quoi*.

③ **поле́зен**, *utile*, est un adjectif court au masculin. La forme
féminine est **поле́зна**, le neutre **поле́зно** et le pluriel est
поле́зны.

④ **связа́ться** est un verbe perfectif qui se traduit par *se lier* ;
связа́ться с + instrumental signifie *contacter*, *prendre contact
avec*. Vous trouverez sa conjugaison dans la leçon de révision. ▶

Comment vous contacter
(Comment avec vous se-lier) **?**

1 – Excusez-moi, pourriez-vous m'aider *(vous ne pouviez particule-du-conditionnel à-moi aider)*?

2 – Oui, bien sûr, en quoi puis-je [vous] être utile ?

3 – Je dois contacter ma famille de toute urgence *(A-moi il-faut d'urgence se-lier avec ma famille)*.

4 Je voulais téléphoner à la maison, mais la poste est fermée,

5 et on [ne] peut téléphoner de la cabine téléphonique *(cabine du-téléphone-appareil)*

6 qu'avec *(seulement avec)* une carte téléphonique.

7 – Vous pouvez acheter cette *(une telle)* carte dans n'importe quel kiosque à *(de)* journaux.

---

⑤ Vous avez déjà vu dans la leçon 66 l'expression **до́ма**, *à la maison* (sans mouvement). **домо́й** signifie *à la maison* (avec mouvement). Comparez :
За́втра я бу́ду до́ма це́лый день.
Demain, je serai à la maison toute la journée.
Снача́ла мы идём домо́й, а пото́м к ро́дственникам.
D'abord, nous allons à la maison et après, chez des parents.

⑥ **закры́та** est un adjectif court. Souvent, les adjectifs courts expriment une caractéristique passagère de l'objet désigné par le nom auquel ils se rapportent. Comparez :
Э́то ну́жная кни́га. *C'est un livre nécessaire* (en général, c'est une constante).
Э́та кни́га вам нужна́. *Ce livre vous est nécessaire* (je parle d'une situation précise, ce n'est pas une caractéristique permanente du livre).

8 – Пра́вда? Как здо́рово!

9 – А где я могу́ воспо́льзоваться интерне́том?

10 – На почта́мте и́ли в интерне́т-кафе́.

11 – А где нахо́дится ближа́йшее, не подска́жете ⑦?

12 – Рад бы, да сам не зна́ю.

13 Я не ме́стный.

14 Попро́буйте ⑧ пройти́ вдоль проспе́кта,

15 наверняка́ хоть ⑨ одно́ бу́дет.

16 – Так и сде́лаю. Спаси́бо!

17 – Не за что. Уда́чи!

18 – Всего́ до́брого ⑩! □

Remarques de prononciation

17 Не́ за что [*niézacht*ᵃ].
18 Всего́ до́брого [*fsivo dobRav*ᵃ].

Notes

⑦ **подска́жете** est la 2ᵉ personne du pluriel du verbe perfectif **подсказа́ть**, *souffler* (ou familièrement *conseiller*, *indiquer*), qui a la même conjugaison que **сказа́ть**, *dire*. Seul le préfixe les différencie.

⑧ **попро́буйте** est l'impératif de la 2ᵉ personne du pluriel du verbe perfectif **попро́бовать**, *essayer*. Ce verbe appartient au groupe des verbes en **-овать**, qui ont une conjugaison particulière. Vous trouverez cette conjugaison dans la leçon de révision.

⑨ **хоть**, *au moins*, appartient à la langue parlée.

⑩ **Всего́ до́брого** : les deux mots sont au génitif car on sous-entend *"[Je vous souhaite plein] de bonnes choses"*.

8 – C'est vrai *(Vérité)* ? Chouette *(Comme chouette)* !

9 Et où puis-je trouver [une connexion] Internet *(profiter d'Internet)* ?

10 – Au bureau de poste ou dans un cybercafé.

11 – Et où trouve-t-on le plus proche *(... ne soufflerez-vous)* ?

12 – J'aimerais bien [vous le dire] *(serais enchanté)*, mais je ne [le] sais pas moi-même.

13 Je ne suis pas du coin *(pas local)*.

14 Essayez de marcher *(passer)* le long de l'avenue,

15 il y en aura sûrement au moins un *(sûrement, au-moins un sera)*.

16 – D'accord *(Ainsi et je-ferai)*. Merci !

17 – [Il n'y a] pas de quoi. Bonne chance *(Du succès)* !

18 – Bonne continuation *(De-tout bon)* !

У Сергея нет интернета, но есть телефон.

73 Упражнение 1 – Читайте и переводите

❶ У Сергея нет интернета, но есть телефон. Позвони ему. ❷ Почта уже закрыта, а я так и не купила телефонную карту. ❸ – А как с тобой можно связаться? – Позвони мне домой завтра вечером. ❹ Я прошёл вдоль реки, а потом пошёл в парк. ❺ Рада бы тебе помочь, но сейчас мне некогда.

Упражнение 2 – Восстановите текст

❶ – Où étais-tu ? – Dans un cybercafé. Je devais contacter mon frère.

– Где ты был? – В . . . . -кафе. Мне надо было . . . . с братом.

❷ Il faut que j'achète du sucre. Où se trouve le magasin le plus proche ?

Мне надо купить сахара. Где . . . . магазин?

❸ – Pourriez-vous me dire (Ne soufflerez-vous) où se trouve la poste ? – À gauche de la pharmacie.

– Не . . . . , где находится почта ? – Слева . . аптеки.

❹ – Où avez-vous acheté [votre] carte téléphonique ? – Dans ce kiosque à journaux.

– Где вы купили . . . . карту? – В этом газетном . . . .

❺ – Puis-je utiliser votre téléphone ? – Oui, je vous en prie.

– Могу я . . . . вашим . . . . ? – Да, пожалуйста.

Corrigé de l'exercice 1

❶ Sergueï n'a pas internet, mais [il] a un téléphone. Appelle-le.
❷ La poste est déjà fermée et je n'ai toujours pas acheté de carte
téléphonique. ❸ – Et comment peut-on te contacter ? – Appelle-
moi à la maison demain soir. ❹ J'ai marché *(suis-passé)* le long du
fleuve, et ensuite je suis allé au parc. ❺ Je serais ravie de t'aider,
mais maintenant je n'ai pas le temps.

Corrigé de l'exercice 2

❶ – интернет – связаться – ❷ – находится ближайший –
❸ – подскажете – от – ❹ – телефонную – киоске
❺ – воспользоваться – телефоном –

*En Russie, le moyen le plus simple pour téléphoner est le téléphone
portable. Bon nombre de gens en ont un, et on peut en acheter un
peu partout. Bien sûr, on peut aussi téléphoner d'une cabine, avec
une carte que l'on peut acheter dans le métro, à la poste ou dans
les kiosques à journaux. Il vaut mieux éviter de téléphoner d'un
des points de téléphone (**телефо́нный пункт**) que l'on trouve
souvent dans les gares, car leurs tarifs sont exorbitants. Sachez
que les cabines téléphoniques n'ont pas de numéro et ne peuvent
donc pas être appelées. En revanche, on peut appeler l'étranger
depuis une cabine ou un bureau de poste. Les bureaux de poste
sont ouverts toute la semaine, sauf le week-end, de 8 heures du
matin jusqu'à 19 heures, voire 21 heures. Pour ce qui est de l'internet, on peut se connecter dans certains bureaux de poste et
dans les cybercafés qui se multiplient très rapidement.*

Deuxième vague : 24ᵉ leçon

Все профе́ссии важны́!

1 – Я рабо́таю преподава́телем ①.
2 – А я рабо́таю продавцо́м ② в апте́ке,
3 а моя́ жена́ – продавщи́ца в о́чень
мо́дном бути́ке.
4 – Ой, а я то́же продаве́ц… то́лько
прода́ю ③ о́вощи.
5 Да, сего́дня нам не хвата́ет ④ и́менно
таки́х поле́зных профе́ссий!
6 Тако́е ощуще́ние, что сейча́с все
мечта́ют стать парикма́херами и́ли
моделье́рами.

Remarques de prononciation
2 продавцо́м [pRadaftso-m].

Notes

① Après le verbe **быть**, *être*, à l'infinitif, au passé et au futur, et
après certains verbes comme **рабо́тать**, *travailler*, ou **стать**,
devenir, on met les mots qui expriment une profession ou un
état à l'instrumental : **Я хочу́ быть актёром, когда́ бу́ду
большо́й**.

② **продавцо́м** est l'instrumental de **продаве́ц**, *vendeur*. Nous
retrouvons ici la voyelle mobile qui apparaît dans les terminaisons qui seraient difficiles à prononcer sans voyelle. Dès
qu'une autre terminaison de la déclinaison contenant une
voyelle intervient, la voyelle mobile disparaît. Observez :
продаве́ц était accentué à la fin. La voyelle mobile **e** transmet
son accent à celle qui la "remplace", **o** : **продавцо́м**. ▸

Toutes les professions sont importantes !

1 – Je travaille comme professeur.
2 – Et moi, je travaille comme vendeur à la pharmacie,
3   et ma femme est vendeuse dans une boutique très à la mode.
4 – Eh, moi aussi, je suis vendeur... seulement, je vends des légumes.
5   Oui, aujourd'hui, ce sont ces professions utiles qui nous manquent *(à-nous ne suffisent justement telles utiles professions)* !
6   J'ai l'impression *(Une-telle sensation)* que maintenant, tout le monde rêve de devenir coiffeur *(coiffeurs)* ou grand couturier *(couturiers)*.

Все профессии важны!

▶ ③ **продаю́** est la 1re personne du verbe imperfectif **продава́ть**, *vendre*. Ce verbe appartient à la conjugaison des verbes en **-вать**.

④ **хвата́ет** est la 3e personne du verbe imperfectif **хвата́ть**, *suffire*.

7   Это какая-то ⑤ новая мода.

8   Или вот ещё: кто не хочет стать депутатом или юристом?

9 – Да не говорите глупостей!

10   Мода всегда была на актёров и певцов!

11 – А вы имеете что-то против них ⑥?

12   У меня, например, сестра певица, а двоюродная сестра ⑦ актриса…

13 – Прекратите спорить!

14 – Главное – делать свою работу хорошо.

15 – Ну, где же официант?

16 – Сколько можно ждать?

17 – А он, наверное, решил поменять профессию на ⑧ другую.

18 – Хорошо бы сделал…

19 – Всё равно официант из него никакой! ☐

19 официа́нт из него *[afits^ya-nt iznivo]*.

Notes

⑤ **кака́я-то**, *une, une certaine*, est un adjectif indéfini qui comme tout adjectif s'accorde en genre et nombre avec le nom auquel il se rapporte. Il se décline comme un adjectif ordinaire. Observez :
В коридо́ре стоя́т каки́е-то лю́ди.
Dans le corridor, il y a des gens.
Он подари́л мне каку́ю-то кни́гу.
Il m'a offert un (certain) livre.

⑥ **них** : n'oubliez pas de rajouter un **н** au pronom personnel **их** car il y a une préposition devant le pronom. ▶

7	C'est une espèce de nouvelle mode.
8	Ou *(voici)* bien encore : qui ne veut pas devenir député ou juriste ?
9 –	Mais ne dites pas de bêtises !
10	La mode a toujours été aux acteurs et aux chanteurs *(pour acteurs et chanteurs)* !
11 –	Et vous avez quelque chose contre eux ?
12	Moi, par exemple, j'ai une sœur chanteuse, et [ma] cousine [est] actrice…
13 –	Arrêtez vos discussions *(disputer)* !
14	L'essentiel est de bien faire son travail.
15 –	Mais où est le serveur ?
16 –	Combien de temps va-t-on *(peut-on)* [encore] attendre ?
17 –	Ben, il a sûrement décidé de changer de profession *(échanger la profession contre une autre)*.
18 –	[Il] ferait bien…
19	De toute façon, il fait un très mauvais serveur *(Tout égal, serveur de lui aucun)* !

▸ ⑦ Quand les liens de parenté sont évidents, on omet souvent le possessif :
Моéй сестрé шесть лет, а брáту – четы́рнадцать.
Ma sœur a six ans et [mon] frère [en a] quatorze.
On ne répète pas le possessif, car le contexte laisse clairement entendre qu'il s'agit de "mon" frère.

⑧ **поменя́ть** (perfectif) **на**, *échanger quelque chose contre quelque chose.*

Упражнение 1 – Читайте и переводите

❶ – Кем вы работаете? – Официантом в очень модном ресторане. ❷ Мода на синие джинсы прошла. ❸ – Кем ты хочешь стать, когда будешь большим? – Парикмахером. ❹ Наш класс играл в футбол против университета! ❺ – У вас же была синяя машина! – Да, но мы её поменяли.

Упражнение 2 – Восстановите текст

❶ Mais ne dites pas de bêtises : personne ne connaît ce chanteur.

Да не говорите . . . . : никто . . знает этого певца.

❷ Toute [sa] vie, il a travaillé comme professeur et maintenant, il est devenu vendeur.

Он всю . . . . . работал . . . . , а теперь . . . . продавцом.

❸ Combien [de temps] va-t-on *(peut-on)* l'attendre ? Je savais qu'il serait en retard comme d'habitude !

Сколько можно его . . . . . ? Я знала, что он, как всегда, ... !

❹ – Oh ! C'est ta sœur ? – Presque. C'est ma cousine.

– О! Это твоя сестра? – . . . . . . Это моя . . . . сестра.

❺ Bien, comme vous voulez. Je n'aime pas les discussions *(disputer)*.

Хорошо, как . . . . Я не люблю . . . .

Corrigé de l'exercice 1

❶ – En tant que quoi *(qui)* travaillez-vous ? – En tant que serveur dans un restaurant très à la mode. ❷ La mode des jeans bleus est passée. ❸ – Que veux-tu faire *(Qui veux-tu devenir)* quand tu seras grand ? – Coiffeur. ❹ Notre classe a joué au foot contre l'université ! ❺ – Mais vous aviez une voiture bleue ! – Oui, mais nous avons changé de voiture *(l'avons changée)*.

Corrigé de l'exercice 2

❶ – глупостей – не – ❷ – жизнь – преподавателем – стал – ❸ – ждать – опоздает ❹ – Почти – двоюродная – ❺ – хотите – спорить

> *Pour bien assimiler la langue, conservez un rythme régulier dans votre apprentissage. Ne faites pas de longues pauses. Si un jour vous manquez de temps, réécoutez simplement le dialogue de la veille ou relisez-le. L'important est de garder un contact constant avec la langue.*
> *Les jours où vous avez suffisamment de temps, écoutez ou relisez les dialogues à différents moments de la journée, et parlez toujours à haute voix !*

Deuxième vague : 25ᵉ leçon

Суеве́рный челове́к

1 – Говоря́т, что ру́сские ве́рят в ра́зные
приме́ты.

2 – Ну, э́то, коне́чно, пожилы́е лю́ди, не
молодёжь.

3 – А каки́е у вас есть приме́ты?

4 – Их мно́го. Наприме́р, разби́ть зе́ркало – к
несча́стью ①.

5   Е́сли вам перешли́ доро́гу с пусты́м
ведро́м – быть неуда́че.

6   Соль просы́пать неча́янно – к ссо́ре ①.

7   Пусту́ю буты́лку на стол ста́вить нельзя́…

8 – А куда́ же её ста́вить?

9 – Под стол ②!

10   Ну и ещё мно́го ра́зной ерунды́ ③ есть.

Remarques de prononciation

Titre : суеве́рный *[souiviéRn^{y}]*.
4 к несча́стью *[knichtchastiou]*.
9 под стол *[patstoL]*.

Notes

① La préposition **к** suivie du datif indique la destination. Dans les
expressions **к несча́стью**, **к ссо́ре** il y a l'idée d'une finalité à
laquelle mène fatalement l'action effectuée.

② **под стол**, *sous la table*, avec mouvement. **под** suivi de l'accusatif exprime une position avec mouvement, comme **в** et **на**
suivis de l'accusatif :
Не ста́вь, пожа́луйста, о́бувь под шка́ф!
Ne mets pas tes chaussures sous l'armoire, s'il te plaît !

③ **ерунда́**, toujours au singulier, appartient à la langue parlée.

Une personne superstitieuse

1 – On dit que les Russes croient en toutes sortes de *(différents)* signes.

2 – Mais ce sont bien sûr des personnes âgées, pas les jeunes *(la jeunesse)*.

3 – Et quels présages avez-vous ?

4 – Ils sont nombreux. Par exemple, casser un miroir porte malheur *(vers malheur)*.

5 Si on vous a coupé *(traversé)* la route avec un seau vide, [vous] allez avoir de la malchance *(être à-la-malchance)*.

6 Renverser par mégarde du sel [annonce] une dispute *(vers la-dispute)*.

7 Il ne faut pas mettre une bouteille vide sur la table…

8 – Et où [faut-il] donc la mettre ?

9 – Sous la table !

10 Et il y a encore beaucoup d'autres absurdités *(absurdité variée)*.

Суеверный человек.

11 – Да, всё это о́чень интере́сно, но мне пора́.

12 Уже́ по́здно, тра́нспорт бо́льше не хо́дит ④…

13 У меня́ не хва́тит ⑤ на ⑥ такси́.

14 Мо́жешь одолжи́ть мне де́нег?

15 – Ни в ко́ем слу́чае:

16 де́ньги на́ ночь ⑦ в долг дава́ть – плоха́я приме́та… ☐

---

12 по́здно *[pozna]*.
16 на́ ночь *[nanatch]*.

Notes

④ Eh oui, bizarrement, pour le transport, on emploie le verbe **ходи́ть**, *aller à pied*, dans le sens de *fonctionner* (qui en français parlé se dit *marcher* !) :
В э́том го́роде тра́нспорт хо́дит о́чень пло́хо.
Dans cette ville, le transport fonctionne très mal.

⑤ **хва́тит** est la 3e personne du singulier du verbe perfectif **хвати́ть**, *suffire*. ▸

***

Упражне́ние 1 – Чита́йте и переводи́те

❶ Осторо́жно! Не просы́пь соль: э́то к ссо́ре. ❷ Я не знал, что твой оте́ц тако́й суеве́рный челове́к. ❸ Им нельзя́ сто́лько рабо́тать: они́ уже́ пожилы́е лю́ди. ❹ Я не люблю́ э́того молодо́го челове́ка. Он всегда́ расска́зывает вся́кую ерунду́. ❺ Па́па одолжи́л мне де́нег на но́вый телеви́зор.

11 – Oui, tout cela est très intéressant, mais il faut
que j'y aille *(à-moi temps)*.
12 [Il est] déjà tard, le[s] transport[s] ne marche[nt]
plus…
13 Je n'aurai pas assez pour un taxi.
14 Peux-tu me prêter de l'argent ?
15 – En aucun cas :
16 prêter de l'argent à la tombée de la nuit
(l'argent pour la nuit en dette donner) est un
mauvais présage…

▶ ⑥ **на** suivi de l'accusatif peut avoir le sens de *pour*.

⑦ **на** suivi de l'accusatif peut également s'utiliser pour signifier
le laps de temps, la durée nécessaire ou prévue pour un événement :
Мы в Москве́ на два дня́.
Nous sommes à Moscou pour deux jours.

***

Corrigé de l'exercice 1

❶ Attention ! Ne renverse pas le sel : cela [annonce] une dispute.
❷ Je ne savais pas que ton père était si superstitieux. ❸ Ils ne doivent pas travailler autant : ce *(ils)* sont déjà des personnes âgées.
❹ Je n'aime pas ce jeune homme. Il raconte toujours des bêtises.
❺ Papa m'a prêté de l'argent pour un nouveau téléviseur.

75 **Упражнение 2 – Восстановите текст**

❶ J'ai l'impression *(Telle sensation)* que toute la jeunesse rêve de devenir chanteur*(s)* ou couturier*(s)*.

Такое . . . . , что вся . . . . мечтает . . . . . певцами или модельерами.

❷ – Crois-tu en différents présages ? – J'y *(Je)*, crois mais pas en tous.

– Ты веришь . разные . . . . ? – . . . . , но не во все.

❸ Peux-tu me prêter ton miroir ? J'ai cassé le mien.

Можешь . . . . мне твоё . . . . ? Я своё . . . . . . (.) .

❹ – Ne mets pas toutes les bouteilles vides sur la table, s'il te plaît. – Et où [devrais-je] les mettre ?

– Не ставь, пожалуйста, все . . . . . . бутылки на стол. – А . . . . же их . . . . ?

❺ Il faut que j'y aille, les transports vont bientôt s'arrêter *(de marcher)*.

Мне . . . . , а то . . . . скоро перестанет . . . .

Les Russes, dans l'ensemble, sont assez superstitieux. Les superstitions sont souvent différentes d'une région à l'autre et elles sont parfois même contradictoires. Ainsi par exemple les uns croient que trébucher avec le pied gauche porte bonheur, tandis que d'autres sont persuadés du contraire… Pour conjurer le mauvais sort, tout le monde est d'accord : on crache par-dessus son épaule gauche et on fait trois fois le signe de la croix…

Quant à l'argent, les uns disent qu'il ne faut pas en prêter à la nuit tombée, et d'autres affirment qu'il ne faut surtout pas le rendre à une heure tardive. D'autres encore pensent que si la situation est vraiment urgente, il faut mettre l'argent par terre pour que la personne qui l'emprunte puisse le ramasser…

❶ – ощущение – молодёжь – стать – ❷ – в – приметы – Верю –
❸ – одолжить – зеркало – разбил(а) ❹ – пустые – куда –
ставить ❺ – пора – транспорт – ходить

Des centaines de croyances et de présages accompagnent les Russes dans la vie quotidienne. Un chat noir porte malheur s'il traverse votre chemin… L'œil gauche qui vous démange, annonce des larmes ou des ennuis… Un miroir cassé porte malheur, etc.

Un objet qui tombe par terre, s'il est du masculin, annonce la visite d'un garçon ; s'il est du féminin, ce sera une fille… Si vous avez les oreilles brûlantes, c'est que quelqu'un parle de vous… Le numéro 13, comme chacun sait, porte malheur, et les yeux noirs d'une personne peuvent être dangereux… Si vous avez le bout du nez qui gratte, un Russe vous dira qu'un "bon nez sent un poing une semaine à l'avance", ce qui signifie que quelqu'un va vous gronder dans un futur proche. Mais cela peut aussi annoncer une soirée bien arrosée…

Enfin, quoi qu'il arrive, ne posez jamais une bouteille vide sur la table (c'est toujours de mauvais augure)… Ne vous lavez pas les cheveux avant un examen (vous oublierez tout !) Ne sifflez pas chez vous (vous manquerez d'argent). N'allumez pas une cigarette avec une bougie (un marin mourra), et ne posez pas votre verre après avoir trinqué, buvez au moins une gorgée !

En résumé, faites attention au chat noir qui traverse votre route, surtout si vous avez l'œil gauche qui vous démange et un miroir cassé dans votre poche ; dans ce cas n'hésitez pas à cracher par-dessus votre épaule gauche et buvez vite une gorgée de vodka à la bouteille…

Deuxième vague : 26ᵉ leçon

Рéвность

1 – Какóй же твой приятель скýчный!
2 Всё врéмя расскáзывает о дерéвьях,
   листьях ①, цветáх...
3 – Ну, что ты хóчешь? Он – ботáник.
4 Мéжду прóчим, ты не лýчше.
5 Ты постоянно говор-ишь о ② бáбочках,
   птúцах,
6 об их крыльях и пéрьях ①...
7 Он, кстáти, óчень спосóбный.
8 Éсли егó остáвить на день ③ в
   ботанúческом садý ④,
9 за день ⑤ он тóчно открóет ⑥ какóе-
   нибудь нóвое растéние!

Remarques de prononciation
1 скýчный [skouchn^{yi}] ; 8 нá день [nad^{iégne}] ; 9 зá день [zad^{iégne}].

Notes

① **дерéвьях**, **лúстьях**, **крыльях** et **пéрьях** sont, respectivement, les locatifs (prépositionnels) de **дéрево**, *arbre*, **лист**,
feuille, **крылó**, *aile* et **перó**, *plume*. Vous trouverez leur déclinaison à la leçon de révision.

② Vous avez déjà vu le verbe **расскáзывать**, *raconter* (leçon 65,
note 8) ; le verbe **говорúть**, *parler*, peut également être suivi de
la préposition **о** avec le locatif (prépositionnel). Comparez :
Что ты говорúшь? *Que dis-tu ?*
Он óчень чáсто говорúт о дéтях.
Il parle très souvent des enfants.
**Моя бáбушка лю́бит расскáзывать интерéсные
истóрии.** *Ma grand-mère aime raconter des histoires intéressantes.*

▶

La jalousie

1 – Mais qu'est-ce que *(Quel donc)* ton ami est ennuyeux !

2 Il parle tout le temps *(Tout le-temps [il-]raconte sur)* des arbres, des feuilles, des fleurs…

3 – Eh bien, que veux-tu ? Il est botaniste.

4 D'ailleurs *(Entre autre)*, tu n'es pas mieux.

5 Tu parles en permanence des papillons, des oiseaux,

6 de leurs ailes et [de leurs] plumes…

7 À propos, il est très doué.

8 Si on le laisse une journée *(Si le laisser pour une-journée)* au jardin botanique,

9 il découvrira *(un jour ouvrira)* à coup sûr une *(précisément quelque)* nouvelle plante !

▸ **Дéдушка расскáзывает ученикáм о войнé.**
Grand-père parle de la guerre aux enfants.

③ **на** suivi de l'accusatif exprime une durée, un laps de temps projeté : **на недéлю**, *pour une semaine.*

④ Certains mots masculins (**лес, сад**) forment leur locatif en **-y** quand ils expriment l'endroit, mais la formation suit la règle générale dans d'autres contextes. Comparez :
Когдá мы бы́ли в лесý (locatif = lieu), **Сергéй говори́л мне о другóм лéсе** (locatif n'exprimant pas un lieu).
Quand nous étions dans la forêt, Serguëï m'a parlé d'une autre forêt.
Dans ce cas, le **y** est toujours accentué.

⑤ **за** suivi de l'accusatif exprime le temps durant lequel une action a été ou sera effectuée :
Они́ сдéлали всю рабóту за недéлю.
Ils ont fait tout le travail en une semaine.

⑥ **открóет** est la 3ᵉ personne du singulier du verbe perfectif **откры́ть**, *ouvrir, découvrir.*

10 – Да уж! А если ты его там закроешь ⑦ без очков,

11 он даже то, что знает не узнает!

12 – Ты смеёшься над ⑧ тем, что он носит очки ⑨…

13 Да ты просто ему завидуешь ⑩

14 потому что я влюблена ⑪ в него, а не в тебя!

15 Смешно ⑫ на тебя смотреть ⑬:

16 взрослый, а ведёшь себя, как маленький ребёнок. ☐

10 без очков [bizatchk**o**f].

Notes

⑦ **закр**о**ешь** est la 2ᵉ personne du singulier du verbe perfectif **закр**ы**ть**, *fermer*, *enfermer*.

⑧ **сме**я**ться над**, *se moquer de qqn ou qqch.*, *rire* (littéralement "rire sur"). La préposition **над** est suivie de l'instrumental (leçon 38).

⑨ Le mot **очк**и, *les lunettes*, est toujours au pluriel.

⑩ **зав**и**дуешь** est la 2ᵉ personne du singulier du verbe imperfectif **зав**и**довать**, *envier*. C'est un verbe en **-ова** ce qui signifie que pour le conjuguer au présent, il faut remplacer **-ова** par **-у** et, seulement après, rajouter les terminaisons. Ce verbe s'emploie avec le datif :
Я зави**дую мо**е**й подр**у**ге: у не**ё **так**и**е крас**и**вые в**о**лосы!**
J'envie mon amie : elle a de si beaux cheveux !

⑪ **влюблен**а́ est un adjectif court au féminin. Au masculin, il change un peu : **влюбл**ё**н** ; au neutre, il devient **влюблен**о́ et au pluriel, **влюблен**ы́. Il est suivi de **в** + l'accusatif : ▶

10 – C'est ça ! Et si tu l'enfermes là-bas sans lunettes,
11 il ne reconnaîtra pas même ce qu'il connaît [déjà] !
12 – Tu te moques du fait *(sur ce)* qu'il porte des lunettes…
13 Mais tu l'envies [tout] simplement
14 parce que je suis amoureuse de lui, et pas de toi !
15 Tu me fais rire *(Marrant sur toi regarder)* :
16 [tu es un] adulte, mais [tu] te comportes comme un *(petit)* gamin.

▶ **В на́шем кла́ссе все ма́льчики влюблены́ в мою́ сестру́.**
Dans notre classe, tous les garçons sont amoureux de ma sœur.

⑫ **смешно́**, *ridicule*, *drôle*, *marrant*, peut être employé comme une structure impersonnelle avec le datif : **мне смешно́**, *ça me fait rire* (littéralement "à moi drôle").

⑬ Vous connaissez bien sûr le verbe imperfectif **смотре́ть**, *regarder*. Suivi de la préposition **на** et de l'accusatif, il prend une nuance un peu différente et se traduit alors par *regarder intensément*, *dévisager*. Comparez :
Не смотри́ на меня́ так! *Ne me regarde pas comme ça !*
На что он смо́трит? *Qui dévisage-t-il ?*
Remarquez à la phrase 15 l'inversion due à la langue parlée. Normalement, on devrait avoir le complément d'objet après le verbe : **смотре́ть на тебя́**.

76

Упражнение 1 – Читайте и переводите

❶ Какой же этот фильм скучный! Давай посмотрим что-нибудь другое. ❷ Он влюблён в неё уже пятнадцать лет, а она этого даже не знает. ❸ Представляешь, он оставил кота одного на целых три дня! ❹ Не смейтесь над её ревностью, это не смешно. ❺ Он – красивый и способный, а ты ему просто завидуешь!

Упражнение 2 – Восстановите текст

❶ – Je ne savais pas que tu portais des lunettes. – Oui, je les ai toujours portées.

– Я не знала, что ты . . . . – Да, я всегда их . . . . . (.) .

❷ Votre fils est si doué ! Il peut dire tant de choses *(raconter si beaucoup)* sur les arbres et les fleurs.

Ваш сын такой . . . . ! Он может . . . . так много о . . . . и цветах.

❸ Arrêtez vos discussions *(de disputer)* ! Vous vous comportez comme des petits enfants.

Прекратите . . . . . . ! Вы . . . . . себя, как . . . . дети.

❹ – Oh ! Tu as une nouvelle plante dans le jardin. – Oui, c'est le cadeau d'un copain.

– О! У тебя новое . . . . в саду. – Да, это . . . . одного . . . .

❺ D'ailleurs *(Entre autres)*, nous avons fait tout le travail en cinq jours !

. . . . . прочим, мы . . . . всю работу . . пять . . . . !

365 • триста шестьдесят пять

Corrigé de l'exercice 1

❶ Que ce film est ennuyeux ! Regardons quelque chose d'autre. ❷ Il est amoureux d'elle depuis déjà quinze ans, et elle ne le sait même pas. ❸ Tu te rends compte *(représentes)*, il a laissé le chat seul trois journées entières ! ❹ Ne riez pas de sa jalousie, ce n'est pas drôle. ❺ Il est beau et doué, et toi, tu es tout simplement jaloux !

Corrigé de l'exercice 2

❶ – носишь очки – носил(а) ❷ – способный – рассказать – деревьях – ❸ – спорить – ведёте – маленькие – ❹ – растение – подарок – приятеля ❺ Между – сделали – за – дней

Deuxième vague : 27ᵉ leçon

Повторéние – Révision

1 La déclinaison des substantifs du type *брат*

Certains noms masculins (**лист**, *feuille* ; **брат**, *frère*) et neutres (**дéрево**, *arbre* ; **крылó**, *aile* ; **перó**, *plume*) prennent la terminaison **-ья** au pluriel, et **-ьев** au génitif pluriel. Le signe mou reste présent dans toutes les formes du pluriel :

	Singulier	Pluriel
N	**брат**	**брáт**ья
G	**брáт**а	**брáт**ьев
D	**брáт**у	**брáт**ьям
A	**брáт**а (= G car animé)	**брáт**ьев
I	**брáт**ом	**брáт**ьями
L	**брáт**е	**брáт**ьях

Quelques noms que vous connaissez déjà (**друг**, *ami* ; **муж**, *mari* ; **сын**, *fils*) forment leur nominatif pluriel en **-ья** (souvent, la base du mot change) et le génitif pluriel en **-ей**. Ce sont des mots d'une syllabe au nominatif singulier. Au pluriel, l'accent tombe sur la terminaison. Malgré cette différence d'accentuation par rapport aux mots comme **брат**, ils gardent eux aussi le signe mou dans les terminaisons du pluriel :

	Singulier	Pluriel
N	**друг, муж, сын**	**друзь**я́**, муж**ья́**, сынов**ья́
G	**др**у́**га, м**у́**жа, сы**на	**друз**éй**, муж**éй**, сынов**éй
D	**др**у́**гу, м**у́**жу, сы**ну	**друзь**я́м**, муж**ья́м**, сынов**ья́м

A	дру́га, му́жа, сы́на (= G car animé)	друзе́й, муже́й, сынове́й
I	дру́гом, му́жем*, сы́ном	друзья́ми, мужья́ми, сыновья́ми
L	дру́ге, му́же, сы́не	друзья́х, мужья́х, сыновья́х

* -ем après г, ж, ц, ч, ш et щ dans les terminaisons non accentuées : му́жем ; sinon -о́м : карандашо́м.

2 Le locatif en -y des masculins

Vous savez que certains mots masculins forment leur locatif en -y (y est toujours accentué) quand ils expriment l'endroit avec les prépositions в et на. Si le locatif suit la préposition o, la formation du locatif (prépositionnel) pour les mêmes mots est "normale". Observez :

– **Где вы гуля́ли? – В саду́.**
– *Où vous promeniez-vous ? – Dans le jardin.*
– **В како́м саду́? – Я уже́ пять раз говори́л тебе́ об э́том са́де!**
– *Dans quel jardin ? – Je t'ai déjà parlé de ce jardin cinq fois !*

3 La déclinaison des pronoms *что* et *кто*

Nous avons rencontré ces deux pronoms déclinés à plusieurs reprises. Ils n'ont que la forme du singulier, ce qui nous facilite l'apprentissage de leur déclinaison :

N	кто	что
G	кого́	чего́
D	кому́	чему́
A	G	N
I	кем	чем
L	ком	чём

Et voici la conjugaison des verbes rencontrés dans les dernières leçons. Relisez-les (toujours à voix haute) sans chercher à les apprendre par cœur, vous les assimilerez peu à peu.

* **вести́ себя́** (imperf.), *se comporter* : **веду́ себя́, ведёшь себя́, веду́т себя́**
* **ждать** (imperf.), *attendre* : **жду, ждёшь, ждут**
* **жела́ть** (imperf.), *désirer* : **жела́ю, жела́ешь, жела́ют**
* **закры́ть** (perf.), *fermer* : **закро́ю, закро́ешь, закро́ют**
* **занима́ться** (imperf.), *s'occuper de qqch.* : **занима́юсь, занима́ешься, занима́ются**
* **откры́ть** (perf.), *ouvrir, découvrir* : **откро́ю, откро́ешь, откро́ют**
* **пересели́ть** (perf.), *déplacer, reloger, transférer* : **пересели́, пересе́лишь, пересе́лят**
* **переста́ть** (perf.), *cesser, arrêter* : **переста́ну, переста́нешь, переста́нут**
* **поменя́ть (на)** (perf.), *échanger* : **поменя́ю, поменя́ешь, поменя́ют**
* **попроси́ть** (perf.), *demander* : **попрошу́, попро́сишь, попро́сят**
* **связа́ться** (perf.), *se lier, contacter* : **свяжу́сь, свя́жешься, свя́жутся**
* **смея́ться (над)** (imperf.), *se moquer de qqn ou qqch., rire* : **смею́сь, смеёшься, смею́тся**
* **стать** (perf.), *devenir* : **ста́ну, ста́нешь, ста́нут** (même déclinaison que **переста́ть**)
* **хвати́ть** (perf.), *suffire* : (s'utilise surtout à la 3ᵉ personne) **хва́тит**

Nous vous rappelons le passé des verbes **мочь** (imperf.) et **смочь** (perf.), *pouvoir* : **мог, могла́, могло́, могли́** et **смог, смогла́, смогло́, смогли́**.

5 Les verbes en *-овать*, *-евать* et *-авать*

* Les verbes en **-овать** (se transformant en **-евать** après chuintantes ou **ц**) ont une conjugaison particulière : avant de rajouter les terminaisons de la première conjugaison, il faut remplacer **-овать** (ou **-евать**) par **-у** : **попро́бовать** (perf.), *essayer* : **попро́бую, попро́буешь, попро́буют**.

Les verbes suivants se conjuguent selon le même modèle : **паникова́ть** (imperf.), *paniquer* ; **зави́довать** (imperf.), *envier* ;

волнова́ть (imperf.), *inquiéter, émouvoir* ; **воспо́льзоваться** (perf.), *profiter* ; **зааплоди́ровать** (perf.), *se mettre à applaudir* ; **танцева́ть** (imperf.), *danser*.

Attention ! Certains verbes semblent appartenir à ce groupe, mais ce n'est pas le cas s'ils n'ont pas une chuintante juste devant **евать** pour que ce verbe appartienne effectivement au groupe : **успева́ть** (imperf.), *avoir le temps (pour faire qqch.)* : **успева́ю, успева́ешь, успева́ют**.

• Les verbes en **-авать** ne perdent que le suffixe **ва**. Ainsi, pour les conjuguer, il faut enlever **вать**. Tous les verbes de ce groupe se conjuguent comme le verbe **продава́ть** (imperf.), *vendre* : **продаю́, продаёшь, продаю́т**.

C'est donc aussi le cas pour **дава́ть** (imperf.), *donner* ; **сдава́ть** (imperf.), *passer (un examen)* ; **узнава́ть** (imperf.), *reconnaître* ; **встава́ть** (imperf.) *se lever*.

6 L'emploi de l'instrumental après certains verbes

Certains verbes nécessitent l'emploi de l'instrumental.

• On met l'instrumental après le verbe **быть**, *être*, à l'infinitif, au passé et au futur quand le mot qui le suit exprime une occupation, une profession, un état émotionnel, etc. Observez :

Когда́ она́ была́ ма́ленькой, она́ люби́ла гуля́ть в па́рке.
Quand elle était petite, elle aimait se promener dans le jardin.
Ра́ньше он был продавцо́м. *Avant, il était vendeur.*

• Après le verbe **стать**, *devenir* :

Е́сли я ста́ну бога́тым, я куплю́ краси́вую маши́ну. *Si je deviens riche, j'achèterai une belle voiture.*

• Le mot qui signifie la profession après le verbe **рабо́тать**, *travailler*, est à l'instrumental également :

– Кем ты рабо́таешь ? – (Я рабо́таю) Врачо́м.
– Que fais-tu dans la vie ("en tant que qui travailles-tu") *? –* ("Je travaille comme") *Médecin.*

7 Les prépositions

• **под** suivie de l'accusatif, *sous* avec mouvement (comme **в** et **на** – sens spatial – suivies de l'accusatif) :

Они́ иду́т под мо́ст. *Ils vont sous le pont.*

• **за**, *en*, préposition temporelle suivie de l'accusatif, exprime le temps dans lequel une action a été ou sera effectuée :

Она́ вы́брала но́вую маши́ну за два дня.
Elle a choisi une nouvelle voiture en deux jours.

• **на** suivie de l'accusatif peut signifier le laps de temps, la durée nécessaire ou prévue pour un évènement :

Я одолжи́ла мой компью́тер Тама́ре на ме́сяц.
J'ai prêté mon ordinateur à Tamara pour un mois.

• **про́тив**, *contre*, est suivie du génitif :

Я не понима́ю: ты игра́ешь про́тив нас?
Je ne comprends pas : tu joues contre nous ?

• **ра́ди**, *à cause de*, *pour*, est suivie du génitif :

Если тебе́ всё равно́, сде́лай э́то ра́ди меня́!
Si cela t'est égal, fais-le pour moi !

Заключи́тельный диало́г

1 – Кстати, я жила в отличной гостинице: сервис на высоте,

2   можно было воспользоваться телефоном и интернетом.

3   Одна проблема – моим номером занимался очень суеверный человек.

4   Он постоянно говорил о приметах и разной ерунде.

5   За три дня он объяснил мне, почему лучше иметь серые глаза;

6   почему он боится чёрных котов; или вот ещё:

7   почему в моём номере все полотенца и одеяла чёрно-белые.

8   А когда мне дали тринадцатый номер,

9   он сделал всё, чтобы переселить меня в другой…

10 – Но ведь это глупости!

11 – Такое ощущение, что он сошёл с ума!

Traduction

1 À propos, je suis descendue *(j'ai vécu)* dans un excellent hôtel : un service de qualité, **2** on pouvait utiliser le téléphone et l'internet. **3** Le seul problème [c'est que] quelqu'un de très superstitieux s'occupait de ma chambre. **4** Il parlait en permanence des présages et autres absurdités. **5** En trois jours, il m'a expliqué pourquoi il était mieux d'avoir les yeux gris ; **6** pourquoi il avait peur des chats noirs ; ou encore ceci : **7** pourquoi dans ma chambre toutes les serviettes et les couvertures étaient noires et blanches. **8** Et quand on m'a donné la chambre numéro treize, **9** il a tout fait pour me transférer dans une autre… **10** Mais ce sont vraiment *(pourtant)* des bêtises ! **11** On avait l'impression qu'il était fou !

Deuxième vague : 28ᵉ leçon

Про́ще просто́го ①

1 – Вы прекра́сно говори́те по-ру́сски!
2 – Э́то норма́льно, мой оте́ц – ру́сский.
3 – А, тогда́ поня́тно ②!
4 А вы говори́те на како́м-нибудь ещё
языке́?
5 – Да, я хорошо́ говорю́ по-англи́йски,
6 ещё лу́чше по-испа́нски и немно́го ху́же
по-ара́бски. ③
7 – Ничего́ себе́! ④ Да вы настоя́щий
полигло́т!
8 – Да нет, на са́мом де́ле, всё легко́
объясня́ется.

Remarques de prononciation
Titre : Про́ще просто́го [pRochtch$^{i\acute{e}}$ pRastov$^{\vartheta}$].
6 лу́чше [Loutch$^{\acute{e}}$].
7 Ничего́ себе́ [nitchivossib$^{i\acute{e}}$]. Ces deux mots se prononcent
d'un seul trait, comme s'il s'agissait d'un seul mot. De ce fait on
n'entend qu'un accent tonique, sur le *[o]*.
8 легко́ [liHko].

Notes
① L'expression **про́ще просто́го**, *simple comme bonjour*, littéralement "plus simple que simple", est formée à l'aide du
comparatif de supériorité de **просто́й**, *simple*, ou de **про́сто**,
simplement. Le comparatif est formé à l'aide des suffixes **е** ou
ее (vous trouverez la règle complète à la leçon de révision) qui
s'ajoutent à la base (le mot sans terminaison) de l'adjectif ou
l'adverbe. Quand la base se termine par **ст**, l'effet de palatalisation change ces lettres en **щ**. Ainsi, on aura : **прост - ой**,
simple ; **прост – о**, *simplement* ; **прощ + е**, *plus simple(ment)*. ▸

Simple comme bonjour
(Plus-simple [que] simple)

1 – Vous parlez parfaitement bien le russe !
2 – C'est normal, mon père est russe.
3 – Ah, alors, [c'est] compréhensible !
4   Et parlez-vous une autre langue *(dans quelque langue encore)* ?
5 – Oui, je parle bien anglais,
6   encore mieux l'espagnol et un peu moins bien *(plus mal)* l'arabe.
7 – Dites donc *(Rien à-soi)*! Vous êtes un vrai polyglotte !
8 – Mais non, en vérité, tout s'explique facilement.

② Nous avons déjà vu des structures impersonnelles de ce type. Rappelez-vous qu'elles se forment à l'aide d'un adjectif court qui a la même forme qu'un adverbe avec le datif : **тебе́ поня́тно**, *tu comprends* (littéralement "à-toi est-compréhensible") ; **вам жа́рко**, *vous avez chaud* ; **Ви́ктору хорошо́**, *Victor se sent bien.*

③ Vous connaissez déjà l'expression **говори́ть по-ру́сски**, *parler russe*. **по-ру́сски** signifie *en russe, à la russe*. **ру́сский язы́к**, *la langue russe* ; **по-англи́йски**, *en anglais, à l'anglaise* ; **англи́йский язы́к**, *la langue anglaise* ; **по-испа́нски**, *en espagnol, à l'espagnole* ; **испа́нский язы́к**, *la langue espagnole* ; **по-ара́бски**, *en arabe, à l'arabe* ; **ара́бский язы́к**, *la langue arabe.*

④ L'expression **Ничего́ себе!** appartient à la langue parlée. Elle peut exprimer l'étonnement ou l'admiration :

Ты сам э́то сде́лал? Ничего́ себе! Молоде́ц!, *As-tu fait cela toi-même ? Dis donc ! Bravo !*

9	Родился я в Испании, моя мать англичанка,
10	отец ⑤, как вы уже знаете, русский.
11	Родители ⑥ работали в Тунисе почти десять лет.
12	Видите, так учить языки легче и приятнее ⑦...
13	Да и путешествовать в Европе проще, чем в России, ведь она меньше.
14	Учиться более ⑧ доступно ⑨ в разных странах.
15	Например, я учился в Англии, а потом ещё в Италии.
16	– Значит, и итальянский вы знаете?
17	– Совсем чуть-чуть, но хорошо понимаю...

Notes

⑤ Souvenez-vous que le russe se passe des possessifs quand il y a un lien logique familial ou une appartenance évidente. Dans le dialogue, le jeune homme parle bien évidemment de ses parents et de son père à lui.

⑥ Le singulier de **родители**, *parents*, est **родитель** (m).

⑦ **лёгче** et **приятнее** sont respectivement les formes comparatives de **легко́**, *facilement*, *légèrement* / **лёгкий**, *facile*, *léger* ; **прия́тно**, *agréablement* / **прия́тный**, *agréable*. Comme vous pouvez le constater, pour les adjectifs et les adverbes, le comparatif de supériorité a la même forme. **прия́тнее** est un comparatif régulier qui est formé à l'aide du suffixe -**ее** : **приятн – о** ou **приятн – ый** + **ее** → **прия́тнее** *plus agréable(ment)*. Dans le cas de **лёгче**, un changement important intervient, dû à la palatalisation. Dans les mots dont les bases se terminent par un **к**, celui-ci devient **ч** : **легк – о** ou **лёгк – ий** + **е** → **лёгче**. Vous trouverez le schéma récapitulatif des cas de palatalisation dans la leçon de révision. ▶

9 Je suis né en Espagne, ma mère est anglaise,

10 [et] mon père, comme vous [le] savez déjà, est russe.

11 Mes parents ont travaillé en Tunisie [pendant] presque dix ans.

12 Vous voyez, *(ainsi)* apprendre les langues [de cette manière] est plus facile et plus agréable…

13 Et même voyager en Europe est plus simple que [voyager] en Russie, car l'Europe *(elle)* est plus petite…

14 Faire des études *(Étudier)* dans différents pays est plus facile *(accessible)*.

15 [Moi] par exemple, j'ai étudié en Angleterre et ensuite *(encore)* en Italie.

16 – Alors *(Veut-dire)*, vous connaissez l'italien aussi ?

17 – Vraiment un petit peu *(à peine)*, mais je [le] comprends bien…

⑧ Nous venons de voir la formation du comparatif à l'aide des suffixes. Il existe un autre comparatif de supériorité, dit composé. Il est plus facile à former : le mot **бо́лее**, *plus*, se met devant l'adverbe ou l'adjectif. Ainsi, **досту́пно** devient **бо́лее досту́пно**. Mais on pourrait aussi former le comparatif à l'aide d'un suffixe : **досту́п – о**, *accessible*, *abordable* → **доступн – ее** *plus accessible*, *plus abordable*. Comparez : **прия́тн – ый + ее → прия́тнее**, *plus agréable(ment)*, ou **бо́лее прия́тный** ; **лёгк – ий + е → ле́гче**, ou **бо́лее лёгкий**.

⑨ L'adverbe **досту́пно**, *abordable*, *accessible*, a la même forme que l'adjectif court. Observez ces exemples :
Я не ду́маю, что учи́ться в э́том университе́те досту́пно (adverbe) **всем.** *Je ne pense pas qu'étudier dans cette université soit accessible à tous.*
Я не ду́маю, что э́тот университе́т всем досту́пен (adjectif court au masculin). *Je ne pense pas que cette université soit abordable pour tous.*
Э́та де́вушка для тебя́ недосту́пна (adjectif court au féminin). *Cette jeune fille n'est pas* (accessible) *pour toi.*

78

Упражнение 1 – Читайте и переводите

❶ Ты говоришь, что здесь всё легко объясняется, а я ничего не понимаю! ❷ Моя двоюродная сестра чуть-чуть говорит по-арабски, но почти всё понимает. ❸ После итальянского языка вам будет легче учить испанский. ❹ Я был в разных странах, но больше всего мне нравится Тунис. ❺ Учиться в этом университете доступно для всех.

Упражнение 2 – Восстановите текст

❶ – Où vos parents habitent-ils ? – Ma mère vit en Angleterre et mon père en Espagne.

– Где . . . . . ваши . . . . ? – Мать . . . . . в Англии, а отец в . . . .

❷ Dites donc, mais vous parlez également l'arabe !

Ничего . . . . , да вы и по-. . . . . . . говорите!

❸ Je connais ses parents. Ils parlent parfaitement bien anglais.

Я . . . . его . . . . Они прекрасно говорят по-. . . . .

❹ – Vous parlez bien italien. – J'ai étudié en Italie [durant] deux ans.

– Вы хорошо говорите . . -. . . . . – Я учился в . . . . . . два . . . . .

❺ En réalité, ici, il est plus facile de trouver un travail.

На . . . ., здесь . . . . . найти работу.

Corrigé de l'exercice 1

❶ Tu dis qu'ici tout s'explique facilement mais moi, je ne comprends rien ! ❷ Ma cousine parle un peu arabe, mais elle comprend presque tout. ❸ Après l'italien, il vous sera plus facile d'apprendre l'espagnol. ❹ Je suis allé dans différents pays, mais celui que je préfère, c'est la Tunisie (*mais le plus me plaît Tunisie*). ❺ Étudier à cette université est accessible à tous.

Corrigé de l'exercice 2

❶ – живут – родители – живёт – Испании ❷ – себе – арабски – ❸ – знаю – родителей – английски ❹ – по-итальянски – Италии – года ❺ – самом деле – прощ* –
*(Ou легче.)

Deuxième vague : 29ᵉ leçon

Поговори́м о путеше́ствиях

1 – Ты настоя́щий домосе́д, я тебе́ да́же
   зави́дую ①…
2 – Тебе́ легко́ говори́ть!
3 Я рабо́таю, как ло́шадь,
4 да́же не по́мню, когда́ в после́дний раз
   был в о́тпуске.
5 А ты у нас ② то́лько и де́лаешь, что
   е́здишь везде́...
6 – Ты зна́ешь, как э́то ни стра́нно, но мне
   надое́ло ③.
7 Я уже́ был в А́фрике, в Евро́пе, в А́зии, в
   Аме́рике и да́же в Австра́лии;

Remarques de prononciation
3 ло́шадь *[Lochᵃtˢ].*

Notes

① **зави́дую** est la 1ʳᵉ personne du singulier du verbe imperfectif
   зави́довать, *envier*. Il appartient au groupe des verbes dits en
   -ова. Pour revoir leur déclinaison, reportez-vous au point 5
   de la leçon 77. Nous vous rappelons que le complément de ce
   verbe est au datif :
   Я никогда́ не зави́довал твоему́ бра́ту, *Je n'ai jamais en-
   vié ton frère.*
   Au passé, ces verbes gardent le suffixe **-ова**.

② Ici, **у нас** n'exprime pas simplement un lien de possession. Il
   permet d'insister sur l'opposition introduite par **а ты**. Notez
   que cette tournure est plutôt utilisée dans la langue parlée.

③ Une autre structure impersonnelle avec le datif :
   Мне ка́жется, ему́ надое́ло с тобо́й разгова́ривать.
   Il me semble qu'il en a assez de discuter avec toi.

Parlons des voyages

1 – Tu es vraiment casanier, je t'envie même…
2 – C'est facile à dire pour toi !
3   Je travaille comme un bœuf *(cheval)*,
4   je ne me rappelle même pas quand j'ai été en
    congé la dernière fois.
5   Et toi qui ne fais que voyager partout *(Et toi chez
    nous seulement et fais, que tu-vas partout)*…
6 – Tu sais, cela peut paraître étrange *(comme cela
    n'est pas étrange)* mais j'en ai assez.
7   Je suis déjà allé en Afrique, en Europe, en Asie,
    en Amérique et même en Australie ;

Vous maîtrisez déjà bien ces structures, n'est-ce pas ? **надоéло**
est le passé singulier au neutre du verbe perfectif **надоéсть**,
ennuyer, embêter, importuner. Accompagnée du datif (d'un
pronom personnel ou d'un nom), la 3ᵉ personne du singulier au
futur (**надоéст**), ainsi que le passé singulier au neutre, forment
la structure impersonnelle *en avoir assez de, en avoir marre
de, s'ennuyer de.* Cependant, ce verbe peut aussi être accordé
avec l'objet "ennuyant", et dans ce cas, la phrase aura un sujet.
Observez :
Я не хочý тудá éхать: мне там срáзу надоéст (phrase impersonnelle), *Je ne veux pas y aller : je vais m'ennuyer tout de
suite.*
Твоемý сы́ну ещё не надоéло читáть всё врéмя? (l'accord est fait avec l'infinitif **читáть**) *Ton fils n'en a pas encore
assez de lire tout le temps ?*
Как вы мне все надоéли ! (l'accord se fait avec la 2ᵉ personne du pluriel) *Qu'est-ce que j'en ai assez de vous !*
Le verbe **надоéсть** se conjugue comme le verbe irrégulier
есть, *manger.*

8 был на мно́гих острова́х

9 а вот свое́й со́бственной страны́ то́лком не зна́ю.

10 – Да, э́то ве́рно: Росси́я – краси́вая и огро́мная страна́,

11 её про́сто так ④ не объе́дешь ⑤…

12 – Вот я и реши́л: пое́ду-ка ⑥ я в путеше́ствие по Росси́и ⑦.

13 – А куда́ и́менно пое́дешь? Далеко́?

14 – Ещё не зна́ю.

15 Да и не всё ли ⑧ равно́?

16 Куда́-нибудь ⑨.

11 объе́дешь [ab°i**é**dich'].

Notes

④ **про́сто так**, *comme ça*, est une expression très courante. Comparez les différents emplois :

– **Почему́ ты подари́л ей ро́зы? – Про́сто так.**
– Pourquoi lui as-tu offert des roses ? – Comme ça.

– **Я не сдал экза́мен по исто́рии… – А ты ду́мал, что мо́жно совсе́м не учи́ться и про́сто так легко́ сдать?**
– Je n'ai pas eu mon examen d'histoire… – Mais tu pensais qu'on pouvait ne pas étudier et l'avoir comme ça, facilement ?

⑤ **объе́дешь** est la 2e personne du singulier du verbe perfectif **объе́хать**, *faire le tour de*, *contourner*, qui se conjugue comme **éхать**. Notez la présence du signe dur entre le préverbe **об-** et le verbe **éхать**. Il est souvent intercalé de cette manière, dans les verbes.

⑥ La particule **-ка**, quand elle accompagne un verbe à la 1re personne au futur, exprime une <u>intention</u>. Elle peut aussi atténuer une demande ou un ordre :

Попью́-ка я ча́я!, *Et si je buvais du thé !*
Помоги́-ка мне!, *Allez, aide-moi !*

▶

8   j'ai été sur beaucoup d'îles…

9   et voilà [que] mon propre pays, je ne le connais pas vraiment *(clairement)*.

10 – Oui, c'est vrai : la Russie est un beau et immense pays,

11   tu ne peux pas en faire le tour comme ça *(simplement ainsi ne tu-feras-le-tour)*…

12 – Et voilà ce que j'ai décidé : je partirais *(irai)* bien en voyage à travers la Russie.

13 – Et où iras-tu exactement ? Loin ?

14 – Je ne sais pas encore.

15   Mais quelle importance *(Oui et n'est-ce pas égal)* ?

16   N'importe où.

⑦ Nous avons déjà vu la préposition **по** suivie du <u>datif</u>. Elle s'emploie pour exprimer un mouvement sur la surface de quelque chose.

⑧ La particule interrogative **ли** est utilisée en l'absence d'un autre mot interrogatif dans la phrase. Vous trouverez plus d'information sur cette particule à la leçon de révision.

⑨ Vous connaissez déjà l'adverbe indéfini **куда́-то**, *quelque part* (avec mouvement). **куда́-нибудь**, *quelque part*, *n'importe où* (avec mouvement), est plus abstrait que **куда́-то**. Avec **куда́-нибудь**, il s'agit d'un endroit quelconque, indéfini et inconnu par celui qui parle, tandis que **куда́-то** indique un endroit précis, mais que celui qui parle ne peut se rappeler ou dont il ne connaît pas l'emplacement exact. Comparez ces deux phrases :
Са́ша сказа́л, что куда́-то уе́дет, *Sacha a dit qu'il partirait quelque part* (je ne sais plus où, il me l'a dit mais je ne me rappelle pas ; je ne sais pas où, car il ne me l'a pas dit).
Са́ша сказа́л, что куда́-нибудь уе́дет, *Sacha a dit qu'il partirait quelque part* (je ne sais pas où, car Sacha ne le savait pas non plus ; il s'agit de n'importe quel endroit, pas d'un endroit précis).

17 Буду любова́ться на ⑩ приро́ду,
стари́нные це́ркви ⑪ и монастыри́ ⑫.

18 – Здо́рово! Ну, до ско́рого ⑬! ☐

18 до ско́рого [daskoRavª].

Notes

⑩ Le verbe imperfectif **любова́ться**, *admirer*, *contempler*, peut être utilisé suivi de l'instrumental ou avec la préposition **на** suivie de l'accusatif. Les deux emplois sont identiques tant qu'il ne s'agit pas de noms abstraits. On dit **они́ любу́ются на́ми** ou **они́ любу́ются на нас**, *ils nous admirent*, mais **я про́сто любу́юсь ва́шей ло́гикой**, *j'admire tout simplement votre logique*.

⑪ **це́ркви** est le pluriel de **це́рковь** (f), *église*. Faites attention à la voyelle mobile.

⑫ **монастыри́** est le pluriel de **монасты́рь** (m), *monastère*.

⑬ Dans l'expression **до ско́рого**, le mot **свида́ния** est omis. Si on reconstitue l'expression, on obtient : **до ско́рого свида́ния!** C'est la même structure que dans **до свида́ния**, *au revoir*, avec un adjectif intercalé : **ско́рый**, *rapide*.

***

Упражнение 1 – Читайте и переводите

❶ Мне надоело, что ты постоянно говоришь мне, что именно я должен делать. ❷ Ты только и делаешь, что помогаешь нашей семье. Спасибо тебе большое! ❸ – Я еду в Италию совсем на чуть-чуть. – Здорово! Ну, до скорого! ❹ Как это ни странно, они мне не понравились. ❺ – Куда ты едешь в отпуск? – Поеду в путешествие по Азии.

17 Je vais admirer la nature, les églises anciennes
et [les vieux] monastères.

18 – [C'est] chouette ! Alors, à bientôt !

***

Corrigé de l'exercice 1

❶ J'en ai assez que tu me dises en permanence tout ce que je dois faire. ❷ Tu n'arrêtes pas *(ne fais qu')* d'aider notre famille. Un grand merci à toi ! ❸ – Je vais en Italie vraiment pour très peu de temps. – C'est chouette ! Alors, à bientôt ! ❹ Aussi étrange que ce soit, ils ne m'ont pas plu. ❺ – Où pars-tu en vacances ? – Je pars *(partirai)* en voyage en *(à travers l')* Asie.

1 – Viens avec nous quelque part pour le week-end. – Non, je n'ai pas vraiment envie.

– Поехали с . . . . на выходные куда- . . . . . .
– Нет, что-то не хочется.

2 C'est facile à dire pour toi : tes parents t'aident tout le temps.

Тебе . . . . . говорить: тебе всё . . . . .
. . . . родители.

3 Écoute, tu travailles comme un bœuf *(cheval)* ! Quand as-tu pris des congés *(étais-tu en congé)* pour la dernière fois ?

. . . . . ., ты . . . ., как . . . . . . ! Когда ты в последний раз был в . . . . ?

4 – Es-tu déjà allé en Afrique ? – Non, d'abord je veux faire le tour de mon propre pays.

– Ты уже был в . . . . . . ? – Нет, сначала хочу . . . . свою собственную . . . .

5 – Qu'est-ce que tu regardes ? – Eh bien, je suis en train d'admirer une église ancienne.

– На что ты . . . . ? – Да вот, ... старинной . . . .

---

80 **Восьмидеся́тый уро́к**

Мы идём за поку́пками

1 – Я на ры́нок ①. Хо́чешь со мно́й?
2 – Да, мне на́до купи́ть овоще́й и фру́ктов.

Notes

① Vous connaissez bien la structure composée de la préposition **в** et de l'accusatif. Mais certains mots exigent l'emploi de la préposition **на**. Il existe une règle approximative pour choisir la bonne préposition, mais nous vous conseillons dès à présent ▶

❶ – нами – нибудь – ❷ – легко – время помогают – ❸ Слушай – работаешь – лошадь – отпуске ❹ – Африке – объехать – страну ❺ – смотришь – любуюсь – церковью

Quelques chiffres : si vous visitez la Fédération de Russie, dont les frontières longent 14 pays, vous traverserez 9 fuseaux horaires. Cet immense territoire fait plus de 30 fois la France. Bien que le pays soit bordé par 11 mers, ne comptez pas vous baigner partout, car les eaux sont parfois extrêmement froides (comme celle de la Mer de Béring par exemple)...

La Fédération de Russie, avec ses 88 "sujets de la Fédération" (la subdivision étant assez complexe : républiques, régions, territoires, districts, deux villes et une région autonome), est membre du Conseil de sécurité de l'ONU, du Conseil de l'Europe et du G8. La population du pays compte plus de 143 millions d'habitants et comprend quelque 128 nationalités. Les habitants de certaines régions sont bilingues, comme par exemple ceux du Tatarstan, qui parlent le russe et le tatar. Les deux religions les plus représentées sont l'orthodoxe et la musulmane avec, respectivement, 55 % et 15 % de la population.

Deuxième vague : 30e leçon

Quatre-vingtième leçon   80

Nous allons faire des courses

1 –   Je vais au marché. Veux-tu venir avec moi ?

2 –   Oui, je dois acheter des légumes et des fruits.

▶   de bien vous imprégner de chaque association préposition + nom. Notez que la même préposition est conservée au locatif (ou prépositionnel) qui indique le lieu où l'on est : *au marché* se dit **на рынок** (avec mouvement) → **на рынке** (sans mouvement).

3 Виноград, киви и абрикосы сейчас дорогие,

4 поэтому ограничусь ② грушами и лимонами.

5 – А мне нужно купить баранины, свинины и говядины.

6 – Для пельменей?

7 Не забудь ③ купить лука и муки.

8 – А ещё мне надо пару килограммов ④ огурцов и картошки ⑤.

9 Помидоры у меня есть, чеснок тоже.

10 Ой, чуть не забыла: рис, яйца ⑥ и морковь.

Remarques de prononciation

10 я́йца [iaïtsª] ... **морко́вь** [maRkofʲ].

Notes

② **ограни́чусь** est la 1re personne du singulier du verbe pronominal perfectif **ограни́читься**, *se borner à*, *se limiter*, *se restreindre*, *se contenter de*. Le verbe appartient au deuxième groupe (voyelle thématique **-и**). Attention, à la 3e personne du pluriel, la terminaison n'est pas en **-я** mais en **-а** (règle d'incompatibilité orthographique : on ne peut pas avoir **я** après **ч**) : **они́ ограни́чатся**, *ils se limiteront*.

③ **не забу́дь** est l'impératif négatif du verbe perfectif **забы́ть**, *oublier* et **взве́сьте** (ph. 12) est l'impératif pluriel du verbe perfectif **взве́сить**, *peser* Vous connaissez déjà très bien la formation de l'impératif et votre niveau de maîtrise nous permet aujourd'hui de vous apporter les quelques règles manquantes qui expliquent la formation d'un impératif inhabituel pour vous. Cet impératif ne se termine pas par un **и** ou un **й** comme d'habitude, mais par un signe mou. Nous verrons ce cas à la leçon de révision. ▶

3 Le raisin, les kiwis et les abricots sont chers en ce moment *(maintenant)*,

4 c'est pourquoi je me contenterai de *(je-me-bornerai-aux)* poires et de citrons.

5 – Et moi, je dois acheter du mouton, du porc et du bœuf.

6 – Pour [faire] des pelménis ?

7 N'oublie pas d'acheter des oignons et de la farine.

8 – Et il me faut aussi *(encore)* deux *(une paire de)* kilos de concombres et de pommes de terre *(patate)*.

9 J'ai des tomates, de l'ail aussi.

10 Oh, j'ai failli oublier : du riz, des œufs et des carottes.

④ Le mot **па́ра**, *paire*, contrairement à **два**, est suivi du génitif pluriel. Remarquons que la langue parlée tend à simplifier la forme du génitif pluriel de certains mots. Ainsi, vous entendrez souvent en Russie **килогра́мм** au lieu de **килогра́ммов.**

⑤ Le mot **карто́шка** est la variante "parlée" du mot **карто́фель** (m), *pomme de terre*. Faites attention, les mots **карто́шка**, *patate*, et **морко́вь**, *carotte*, s'utilisent au singulier, là où le français emploie le pluriel : *des patates* et *des carottes*.

⑥ Attention au nominatif et au génitif pluriel du mot **яйцо́** (neutre), *œuf* : **я́йца, яи́ц**.

11   Хочу приготовить какой-нибудь салат.

12   Взвесьте ③, пожалуйста, килограмм рыбы и полкило ⑦ колбасы.

13 –   А мне курицу ⑧ и сосисок ⑨.

14   У вас есть масло?

15 –   Масло, молоко и сыр – в молочном отделе.

15 в моло́чном отде́ле [*vmaLotchnam addiél*^{*lé*}].

Notes

⑦ Le préfixe **пол-**, *demi*, vient de **полови́на**, *moitié*. Ainsi, vous pouvez former des mots composés en mettant le mot suivant **пол-** au génitif : **год**, *an* → **полго́да**, *six mois* ; **день**, *jour* → **полдня́**, *demi-journée* ; **ло́жка**, *cuillère* → **полло́жки**, *une demi-cuillerée*.

⑧ **ку́рица** peut signifier *poule* (animal) ou *poulet* (nourriture). En revanche, **бара́нина**, *mouton*, **свини́на**, *porc*, et **говя́дина**, *bœuf*, désignent uniquement la viande et non l'animal.   ▸

***

Упражнение 1 – Читайте и переводите

❶ – Куда ты идёшь? – На рынок за покупками. ❷ Взвесьте, пожалуйста, килограмм абрикосов и полкило яблок. ❸ – Будешь чай с лимоном? – Мне без лимона, если можно... ❹ Мои любимые фрукты – виноград и груши. ❺ – Мама, давай приготовим какой-нибудь салат. – С удовольствием!

11 Je veux préparer une salade…

12 Je voudrais *(Pesez)*, s'il vous plaît, un kilo de poisson et une livre *(un demi-kilo)* de saucisson.

13 – Et pour moi, un poulet et des saucisses.

14 Est-ce que vous avez du beurre ?

15 – Le beurre, le lait et le fromage sont au rayon des laitages *(laitier)*.

⑨ Nous avons déjà vu la voyelle mobile qui apparaît au génitif pluriel de certains substantifs féminins : **ло́жка**, *cuillère* → **ло́жек** ; **соси́ска**, *saucisse* → **соси́сок**. La voyelle mobile peut apparaître également à certains cas dans d'autres noms : **оте́ц**, *père* → **отца́**, **отцо́в**. Ici, le **е** n'apparaît que dans le cas où le **ц** est final (nominatif singulier) pour faciliter la prononciation.

***

Corrigé de l'exercice 1

❶ – Où vas-tu ? – Au marché, faire des courses. ❷ Donnez-moi *(Pesez)*, s'il vous plaît, un kilo d'abricots et une livre de pommes. ❸ – Veux-tu du thé au citron ? – Pour moi sans citron, si c'est possible. ❹ Mes fruits préférés sont le raisin et les poires. ❺ – Maman, préparons une salade. – Avec plaisir !

Упражнение 2 – Восстановите текст

❶ – Et les pelménis, à quoi sont-ils *(à quoi sont les...)* ? – Au
bœuf et au porc.

– А с ... пельмени? – С .... и со
....

❷ – J'ai décidé que notre chat mangerait seulement du saucisson
et du poisson.

– Я решил, что наш кот будет .... только
.... и .....

❸ La salade sera sans ail. Je me contenterai des oignons.

..... будет без .... Ограничусь
......

❹ – J'ai oublié d'acheter le riz et les œufs. – Ne t'inquiète pas, j'ai
tout cela.

– Я забыла купить ... и ..... – Не волнуйся,
у .... всё это есть.

❺ – Il ne mange pas du tout de beurre et n'aime pas le lait. – Nous
ne mangeons pas de beurre non plus.

– Он совсем не ест ..... и не любит
.... – Мы тоже не .... масло.

Corrigé de l'exercice 2

❶ – чем – говядиной – свининой **❷** – есть – колбасу – рыбу
❸ Салат – чеснока – луком **❹** – рис – яйца – меня – **❺** – масло –
молоко – едим –

*Les pelménis, sortes de raviolis, constituent un plat très apprécié
en Russie. Traditionnellement, on les prépare avec deux ou trois
sortes de viandes à la fois : du porc, du bœuf et du mouton, et on les
sert avec du beurre, parfois aussi du ketchup, de la mayonnaise ou
encore de la crème fraîche.*

*On ne peut pas dire de manière précise où ce plat délicieux a vu le
jour, car les hypothèses à ce sujet sont nombreuses et variées. Il est
cependant probable que les pelménis ont vu le jour dans l'Oural,
car ils sont à la fois simples à préparer, bien nourrissants et prati-
ques à conserver l'hiver.*

*Selon certaines sources, les pelménis avaient une valeur symboli-
que pour les anciens habitants de l'Oural : ils représentaient sym-
boliquement le sacrifice de tous les types de bétail que possédait
l'homme. C'est pourquoi, la recette traditionnelle comprend les
trois sortes de viandes. Aujourd'hui, les recettes varient dans leurs
ingrédients et leurs proportions d'une région à l'autre, en fonction
du climat et des habitudes culinaires.*

Анекдо́т
- Официа́нт, почему́ пельме́ни холо́дные?
- Так ведь они́ сиби́рские!
Une blague
– Garçon ! Pourquoi les pelménis sont[-ils] froids ?
– Eh bien, c'est qu'ils viennent de Sibérie *(sont sibériens)* !

Deuxième vague : 31ᵉ leçon

Не муж, а зо́лото!

1 – У меня замеча́тельный муж.
2 Он убира́ет в кварти́ре, мо́ет ① полы́,
3 стира́ет свои́ ② ве́щи ③, на́ши хала́ты и
даже мои́ блу́зки и колго́тки.
4 Я занима́юсь то́лько ни́жним бельём!
5 Он но́сит в химчи́стку ④ свои́ пиджаки́,
плащи́ и шля́пы.
6 А иногда́ да́же чи́стит ту́фли, себе́ и мне.
7 – А та́почки он тебе́ в посте́ль не
прино́сит?
8 – Не сме́йся ⑤, он действи́тельно
идеа́льный!
9 – А мой муж да́же не зна́ет, где нахо́дится
ку́хня…

Remarques de prononciation
7 та́почки *[tapatchki]*.

Notes

① **мо́ет** est la 3e personne du singulier du verbe imperfectif **мыть**, *laver*, que vous avez déjà rencontré à la leçon 36.

② Si vous voulez réviser l'emploi de l'adjectif possessif **свой**, reportez-vous à la note 5 de la leçon 59. Pour sa déclinaison, référez-vous au paragraphe 2 de la leçon 70.

③ **ве́щи** est le pluriel de **вещь** (f), *chose, affaire*. ▶

Dans cette leçon, soyez bien attentif aux formes verbales – la plupart sont des verbes imperfectifs. Rappelez-vous que l'imperfectif met l'accent sur le processus de l'action, et le perfectif sur son résultat.

Un mari précieux !
(Pas un mari mais de l'or)

1 – J'ai un mari formidable *(remarquable)*.
2   Il range *(dans)* l'appartement, lave les sols,
3   lave son linge *(ses affaires)*, nos peignoirs et même mes chemisettes et mes collants.
4   Je ne m'occupe que de la lingerie *(du linge du dessous)* !
5   Il porte au pressing ses vestes, ses imperméables et ses chapeaux.
6   Et parfois il cire *(nettoie)* même les chaussures, les siennes et les miennes *(à lui-même et à moi)*.
7 – Et il ne t'apporte pas tes pantoufles au lit ?
8 – Ne te moque pas, il est vraiment idéal !
9 – [Et dire que] mon mari à moi ne sait même pas où se trouve la cuisine…

④ **химчи́стка**, *pressing*, est formé par la fusion des deux mots suivants : **хими́ческая чи́стка**, *nettoyage chimique*.

⑤ Positif ou négatif, l'impératif peut bien évidement être formé à partir de verbes perfectifs ou imperfectifs. Mais quand emploie-t-on le perfectif plutôt que l'imperfectif ? Vous en saurez plus à la leçon de révision.

10 Его любимое место в квартире – кресло перед ⑥ телевизором.

11 Почистить он может лишь свои кроссовки,

12 а то в футбол с друзьями неудобно ⑦ будет играть.

13 Хотя… вчера он впервые постирал свои носки ⑧…

14 – Ну, вот видишь!

15 – Да, он просто забыл их снять, когда принимал ⑨ ванну…

☐

---

11 кроссо́вки *[kRassofki]*.
12 в футбо́л с друзья́ми *[ffoutboL zdRouziami]*.

Notes

⑥ La préposition **перед**, *devant*, est suivie de l'instrumental et se prononce en un seul mot avec le mot suivant :

Како́й-то челове́к стоя́л перед ни́м уже́ пять мину́т и ничего́ не говори́л.
Une personne était debout devant lui depuis déjà cinq minutes sans rien dire ("et ne disait rien").

Retenez la particularité de la préposition en combinaison avec le pronom personnel **я** : **передо мно́й** *[piridamnoï]*, *devant moi*. Remarquez que **перед** n'est pas accentué.

⑦ **неудо́бно** peut se traduire par *incommode*, *inconfortable* ou *gênant*. Comparez :
Под э́тим одея́лом неудо́бно спать, *Il est inconfortable de dormir sous cette couverture.*
Мне неудо́бно: вы всё вре́мя мне помога́ете, *Je suis gêné(e) : vous m'aidez tout le temps.*

⑧ Nous avons déjà vu qu'une voyelle mobile pouvait apparaître dans une terminaison pour faciliter la prononciation, et disparaître ensuite dans tout le reste de la déclinaison. Ainsi, le mot ▸

10 Son endroit préféré dans l'appartement est le fauteuil devant la télé.

11 Il ne nettoie que *(peut nettoyer seulement)* ses baskets,

12 sinon, il est *(sera)* gêné pour jouer au foot avec ses amis.

13 Quoique… hier, il a lavé pour la première fois ses chaussettes…

14 – Ben, tu vois !

15 – Oui, c'est juste qu'il a *(il a simplement)* oublié de les enlever en prenant *(quand il prenait)* son bain.

▶ **носо́к**, *chaussette*, aura le **o** accentué uniquement au nominatif singulier. Dans le reste de la déclinaison, le **o** disparaît, tandis que l'accent reste final. Génitif pluriel : **носко́в**.

⑨ Vous connaissez déjà le verbe perfectif **приня́ть**, *recevoir, accepter, prendre*. Son imperfectif est **принима́ть**. Observez les exemples :

Он принима́ет ва́нну, *Il prend son bain.*

Ты уже́ при́нял лека́рство?, *As-tu déjà pris le médicament ?*

Здесь принима́ют с пяти́ до семи́, *Ici les heures de permanence sont* ("on accueille") *de cinq à sept.*

Упражнение 1 – Читайте и переводите

❶ – Вчера мой муж впервые ходил на рынок! – Ну, вот видишь, он у тебя золото. ❷ – Ты идёшь гулять? – Я иду с друзьями играть в футбол. ❸ – Сними пиджак, здесь жарко. – Это, может быть, тебе жарко, а мне нет! ❹ Вчера в десять вечера, когда я принимала ванну, мне кто-то позвонил. ❺ – Дорогая, ты не могла бы постирать мой пиджак? – На самом деле, его лучше чистить в химчистке.

Упражнение 2 – Восстановите текст

❶ – Où avez-vous acheté de si belles pantoufles ? – Ce ne sont pas des pantoufles mais des chaussures !

– Где вы . . . . . . такие красивые . . . . ?
– Это не тапочки, а . . . . . !

❷ Toute la journée grand-père est assis dans le fauteuil devant la télé.

. . . . . день дедушка . . . . . в . . . . . . перед
. . . .

❸ As-tu lavé ton imperméable et toutes les chaussettes ? Mais tu es un vrai trésor !

Ты постирал свой . . . . и все . . . . . ? Да ты просто . . . . . . !

Corrigé de l'exercice 1

❶ – Hier, mon mari est allé au marché pour la première fois ! – Eh bien, tu vois, c'est un vrai trésor. ❷ – Vas-tu te promener ? – Je vais jouer au foot avec des copains. ❸ – Enlève ta veste, ici il fait chaud. – Il se peut que tu aies chaud, mais moi, non ! ❹ Hier, à dix heures du soir, quand j'étais en train de prendre mon bain, quelqu'un m'a téléphoné. ❺ – Chérie, ne pourrais-tu pas laver ma veste ? – À vrai dire, il vaut mieux la [faire] nettoyer au pressing.

❹ – D'habitude chez vous, qui range l'appartement et lave le sol ? – Nous faisons tout ensemble.

   – Кто у вас . . . . в квартире и моет . . . (.) ? – Мы всё делаем . . . .

❺ Oh ! J'ai complètement oublié d'aller chercher (prendre) le manteau au pressing.

   Ой! Я совсем . . . . (а) взять . . . . . из . . . .

Corrigé de l'exercice 2

❶ – купили – тапочки – туфли ❷ Целый – сидит – кресле – телевизором ❸ – плащ – носки – золото ❹ – обычно убирает – пол(ы) – вместе ❺ – забыл – пальто – химчистки

Deuxième vague : 32ᵉ leçon

На по́чте ①

1 – Я хотел бы ② отпра́вить заказно́е письмо́
и посы́лку в Гре́цию ③.

2 – Запо́лните э́тот бланк в двух
экземпля́рах.

3 Е́сли хоти́те посла́ть письмо́ авиапо́чтой,
то вам нужны́ други́е ма́рки.

4 – А кака́я ра́зница?

5 – А́виа дойдёт приме́рно за неде́лю ④;

6 а обы́чное письмо́ бу́дет идти́ где́-то
о́коло ⑤ ме́сяца.

Notes

① Et voici encore un mot exigeant la préposition **на**. Retenez-le
bien. Rappelez-vous que la même préposition sera employée
avec l'accusatif, quand il y a mouvement : *à la poste*, **на по́чте**
(locatif, sans mouvement) → **на по́чту** (avec mouvement).
Vous retrouverez cette règle à la leçon de révision.

② **я хоте́л бы**, *je voudrais*, est une forme de politesse. Comparez :
я хоте́ла бы, *je voudrais* (au féminin), et **мы хоте́ли бы**,
nous voudrions.

③ **отпра́вить** fonctionne comme un verbe de mouvement. Il
sous-entend un déplacement de l'objet ; donc, la préposition **в**
est suivie de l'accusatif : **отпра́вить в Ита́лию**.

④ **за** suivi de l'accusatif exprime le temps qui a été nécessaire
pour faire quelque chose :
– **Я всё сде́лал за два ме́сяца**, *J'ai tout fait en deux mois.*
– **А они́ – за две неде́ли**, *Et eux, en deux semaines.*

⑤ **где́-то** et **о́коло** *près de*, *environ*, *aux environs de*, sont deux
adverbes qui marquent l'approximation de mesure, de quantité
ou de temps. **о́коло** est suivi du génitif. **где́-то** appartient à la▸

À la poste

1 – Je voudrais envoyer une lettre recommandée et un colis en Grèce.

2 – Remplissez ce formulaire en double exemplaire.

3 Si vous voulez envoyer une lettre par avion, *(alors)* vous avez besoin d'autres timbres.

4 – Et quelle est la différence ?

5 – Pour une lettre par avion, cela prendra environ une semaine *(Par-avion arrivera environ en une semaine)* ;

6 et pour une lettre simple, il faudra quelque chose comme un mois *(et ordinaire lettre sera aller quelque-part environ un-mois).*

langue parlée et peut parfois se rajouter à **о́коло**. Observez les exemples suivants :

Она́ купи́ла о́коло пяти́ килогра́ммов я́блок, *Elle a acheté près de cinq kilos de pommes.*

Он уе́хал о́коло семи́, *Il est parti aux environs de sept heures.*

Я ви́дел их в теа́тре где́-то в во́семь (= о́коло восьми́), *Je les ai vus au théâtre aux environs de huit heures.*

7   Фамилию и **а**дрес отправителя ⑥ **на**до
    пис**а**ть печ**а**тными б**у**квами.

8 – Скаж**и**те, а где м**о**жно посл**а**ть
    телегр**а**мму ⑦?

9 – В п**я**том ⑧ окн**е**.

10 Там принима**ю**т ⑨ все ср**о**чные зак**а**зы.

11 Всё, гот**о**во. Вот в**а**ша квит**а**нция.

12 **Д**айте, пож**а**луйста, ещё п**а**ру м**а**рок по
    Росс**и**и и два конв**е**рта.

13 – Возьм**и**те вот **э**ти ⑩ конв**е**рты, он**и**
    деш**е**вле ⑪.

14 – Дав**а**йте **э**ти! Спас**и**бо.   □

Notes

⑥ **отправ**и**теля** est le génitif du substantif masculin
   отправи**тель**, *expéditeur*.

⑦ Faites attention : **телегр**а**мма**, *télégramme*, est du féminin, en
   russe !

⑧ **п**я**том** est le prépositionnel de l'ordinal **п**я**тый**, *cinquième*,
   qui se décline comme un adjectif.

⑨ N'oubliez pas que le verbe à la 3e personne du pluriel sans le
   pronom **он**и** se traduit par la structure impersonnelle *on +
   verbe* : **говор**я**т, что…**, *on dit que…*   ▶

***

Упражн**е**ние 1 – Чит**а**йте и перевод**и**те

❶ – Скаж**и**те, где принима**ю**т ср**о**чные зак**а**зы.
– В п**я**том окн**е**. ❷ – Вы не написали **а**дрес
отправ**и**теля… – Ой, я заб**ы**л! ❸ – Об**ы**чное
письм**о** б**у**дет идт**и** где-то **о**коло м**е**сяца. – **Э**то
сл**и**шком д**о**лго! ❹ Вам н**у**жно запо**л**нить **э**тот
бланк в двух экземпл**я**рах. ❺ Если вы хот**и**те
посл**а**ть письм**о** в Ит**а**лию, вам н**у**жны друг**и**е
м**а**рки.

7 Il faut écrire le nom et l'adresse de l'expéditeur en caractères *(lettres)* d'imprimerie.

8 – Dites, et où peut-on envoyer un télégramme ?

9 – Au guichet numéro cinq *(Dans cinquième fenêtre)*.

10 Là-bas on s'occupe de *(on accepte)* toutes les commandes urgentes.

11 Voilà, c'est prêt *(Tout, prêt)*. Voici votre reçu.

12 – S'il vous plaît, donnez-[moi] aussi deux *(une paire de)* timbres pour la Russie et deux enveloppes.

13 – Prenez ces enveloppes-là *(Prenez voici ces enveloppes)*, elles sont moins chères.

14 – [D'accord.] Donnez[-moi] celles-là. Merci.

⑩ Ensemble, les deux démonstratifs **вот э́ти** accentuent le sens : *ceux-là et pas les autres*. Observez :

Я зна́ю э́ту де́вушку о́чень хорошо́! – Каку́ю, ты? – Нет, вот э́ту.

– Je connais très bien cette jeune fille. – Laquelle, celle-là ? – Non, celle-ci.

вот est toujours invariable tandis que **э́то** s'accorde avec le mot auquel il se rapporte.

⑪ **деше́вле** est le comparatif de **дешёвый, -ая, -ое**, *bon marché, pas cher*.

*** *

Corrigé de l'exercice 1

❶ – Dites, où s'occupe-t-on des commandes urgentes ? – Au guichet numéro cinq. ❷ – Vous n'avez pas écrit l'adresse de l'expéditeur… – Oh, j'ai oublié ! ❸ – Une lettre ordinaire arrivera *(va marcher)* dans environ un mois. – C'est trop long ! ❹ Vous devez remplir ce formulaire en deux exemplaires. ❺ Si vous voulez envoyer une lettre en Italie, vous avez besoin d'autres timbres.

Упражнение 2 – Восстановите текст

❶ – À quel guichet peut-on acheter les enveloppes ? – À n'importe lequel.

– В каком .... можно купить .... ? – В ......

❷ Nous avons envoyé une lettre recommandée à vos parents éloignés.

Мы .... заказное ...... вашим родственникам.

❸ Il vaut mieux écrire le nom de famille en caractères d'imprimerie.

.... лучше ...... печатными ....

❹ Je suis allée à la poste, j'ai acheté six timbres et trois enveloppes.

Я была на ....., купила шесть .... и три конверта.

❺ – Je voudrais envoyer un colis en Espagne. – Il arrivera à peu près dans trois semaines.

– Я хотел(а) .. отправить ...... в Испанию. – Она ....-.., через три недели.

---

83   Восемьдесят третий урок

Что празднуете?

1 – О! Какой шикарный стол!
2   Ты ждёшь гостей?
3 – Да, у нас с Антоном сегодня круглая дата:

Remarque de prononciation
Titre : празднуете [pRaznou^{ié}t^{ié}].

Corrigé de l'exercice 2

❶ – окне – конверты – любом ❷ – отправили – письмо –
❸ Фамилию – писать – буквами ❹ – почте – марок – ❺ – бы –
посылку – дойдёт где-то –

Deuxième vague : 33ᵉ leçon

Quatre-vingt-troisième leçon   83

Que fêtez-vous ?

1 – Oh ! Quelle table magnifique *(chic)* !
2   Tu attends des invités ?
3 – Oui, aujourd'hui, Anton et moi, nous fêtons
     un anniversaire *(nous avons avec Anton
     aujourd'hui date ronde)* :

4 — ровно год назад ① мы поженились.

5 — А я думала, что ваша свадьба была первого ② октября...

6 — Совершенно верно, и сегодня первое октября ③!

7 — Боже мой! Я даже не знаю, какое сегодня число.

8 — Ну, проходи, раздевайся и чувствуй себя, как дома.

9 Скоро уже начнут приходить гости.

10 — А во сколько они должны прийти?

11 — Я всех позвала ④ к ⑤ половине восьмого.

12 Ну, люди, как всегда, будут опаздывать.

13 Сама знаешь: кто с работы, кто детей к бабушке отводил…

Notes

① Il est très simple de situer un événement dans le passé par rapport au moment où on parle ; il suffit de placer le mot **назад**, *en arrière* (avec mouvement), derrière la date ou l'heure. Observez :
Папа уехал три часа назад, *Papa est parti il y a trois heures.*
Они познакомились год назад в каком-то ресторане, *Ils ont fait connaissance il y a un an dans un restaurant.*

② Nous avons déjà vu les ordinaux, dont la déclinaison est semblable à celle des adjectifs. À la leçon de révision nous complèterons les explications à ce sujet. Il n'est pas non plus difficile de situer une date dans le passé : il suffit de mettre l'ordinal (la date) et le mois au génitif. Remarquez que vous obtiendrez toujours la même terminaison :
Они пригласили нас в гости второго (второй: второго) **или пятого** (пятый: пятого) **октября** (октябрь: октября),
Ils nous ont invités chez eux le deux ou le cinq octobre.

③ Pour répondre à la question **Какое сегодня (завтра) число?**, *Quel jour sommes-nous aujourd'hui ([serons-nous] demain) ?*, il faut mettre l'ordinal au neutre nominatif (terminaison -oe). Le ▶

4 [cela fait] exactement un an *(en arrière)* que nous nous sommes mariés.

5 – Mais je pensais que votre mariage avait eu lieu *(était)* le premier octobre…

6 – Tout à fait *(Parfaitement exact)*, et aujourd'hui, [nous sommes le] premier octobre !

7 – Mon Dieu ! Je ne sais même pas quel jour nous sommes aujourd'hui *(quel aujourd'hui nombre)*.

8 – Allez, entre *(passe)*, débarrasse-toi *(déshabille-toi)* et fais comme chez toi *(sens-toi comme à la maison)*.

9 Les invités ne vont pas tarder à arriver *(Bientôt déjà commenceront à arriver les invités)*.

10 – Et à quelle heure doivent-ils arriver ?

11 – J'ai invité *(appelé)* tout le monde pour sept heures et demie *(pour demie de-la-huitième)*.

12 Mais les gens, comme d'habitude, vont être en retard.

13 Tu sais bien *(toi-même)* : certains viendront du travail, d'autres vont amener les enfants chez la grand-mère *(qui du travail, qui amenait chez la grand-mère les-enfants)*…

▸ mois (et l'année, que nous apprendrons à dire plus tard) se met au génitif :
Сего́дня пе́рвое октября́, зна́чит за́втра бу́дет второ́е октября́, *Aujourd'hui, c'est le premier octobre, donc demain on sera le deux (le deuxième)*.
пе́рвое et **второ́е** sont les formes au neutre nominatif des ordinaux **пе́рвый** et **второ́й** ; **октября́** est le génitif singulier du masculin **октя́брь**.

④ Selon le contexte, on traduira ce verbe par *appeler*, *convier* ou *inviter*.

⑤ Quand la préposition **к**, employée dans les expressions de temps, est suivie du datif, elle marque une échéance :
Приходи́те к шести́ ! , *Venez pour six heures !*
Они́ сде́лают э́то к понеде́льнику, *Ils le feront pour lundi.*

14 Короче, я думаю, придут часов ⑥ в восемь.

15 А давай-ка по рюмочке ⑦, пока ещё никто не пришёл?

16 – Желаю тебе больших успехов во всём! □

Notes

⑥ Souvenez-vous que pour exprimer une approximation, on place le mot indiquant l'unité de mesure devant le chiffre :

Я буду у тебя минут через десять (normalement : **через десять минут**), *Je serai chez toi à peu près dans dix minutes.*

Мне надо на это часа два (normalement : **два часа**), *Cela nécessitera (J'ai besoin pour cela) près de deux heures.*

Там было человек пять (normalement : **пять человек**), *Il y avait à peu près cinq personnes.*

⑦ **рюмочка** est un *petit verre à vin ou à vodka.* Nous analyserons le suffixe diminutif **-очка** plus tard, avec d'autres suffixes diminutifs.

***

Упражнение 1 – Читайте и переводите

❶ – Что празднуете? – А ты не знаешь? Таня нашла новую работу. ❷ Проходите, раздевайтесь и чувствуйте себя, как дома. ❸ – Дорогая, кого ты позвала на свадьбу? – Ты никого из них не знаешь... ❹ Скоро уже начнут приходить гости, а моего мужа ещё нет! ❺ – Ты пришёл ко мне сразу с работы? – Нет, я ещё детей к бабушке отводил.

14 Bref, je pense qu'ils arriveront aux environs de huit heures.

15 Et si [on prenait] un petit verre, tant que personne *(encore)* n'est là *(arrivé)* ?

16 – Je te souhaite beaucoup de succès *(des grands succès)* en tout !

***

Corrigé de l'exercice 1

❶ – Que fêtez-vous ? – Mais tu ne sais pas ? Tania a trouvé un nouveau travail. ❷ Entrez, débarrassez-vous et faites comme chez vous. ❸ – Chérie, qui as-tu invité pour le mariage ? – Tu ne connais personne *(d'entre eux)*… ❹ Bientôt, les invités vont commencer à arriver, et mon mari n'est pas encore là ! ❺ – Es-tu venu chez moi directement du travail ? – Non, j'ai d'abord *(encore)* emmené les enfants chez leur grand-mère.

Упражнение 2 – Восстановите текст

❶ – Quand ont-ils acheté une nouvelle voiture ? – À mon avis, il
y a deux ans.

    – . . . . . они купили . . . . . машину? – По-
моему, два года . . . . . .

❷ – À quelle heure les invités doivent-ils arriver ? – Aux environs de cinq heures.

    – . . сколько должны . . . . . . гости? – Где-
то . . . . . пяти.

❸ Cher Anton, je te souhaite beaucoup de succès dans le travail !

    Дорогой Антон, ... тебе больших
. . . . в работе!

❹ – Quelle date sommes-nous aujourd'hui ? – Mon Dieu, je ne
sais même pas. Il me semble [que nous sommes] le premier
octobre.

    – . . . . . сегодня . . . . . ? – Боже мой, даже не
знаю. По-моему, первое . . . .

❺ – Quand se sont-ils mariés ? – Le cinq octobre ça fera exactement un an.

    – Когда они . . . . ? – . . . . . . октября
будет . . . . . год.

---

84   **Во́семьдесят четвёртый уро́к**

Повторе́ние – Révision

1 La déclinaison des ordinaux et des cardinaux

Vous savez déjà que les ordinaux se déclinent comme des adjectifs
durs (voir leçon 70 paragraphe 4). Cependant, il y a une particularité dans la déclinaison de l'ordinal **тре́тий**, **тре́тья**, **тре́тье**,
тре́тьи, *troisième(s)*. Cet adjectif se décline comme un adjectif

❶ Когда – новую – назад ❷ Во – прийти – около – ❸ – желаю –
успехов – ❹ Какое – число – октября ❺ – поженились – Пятого –
ровно –

*Une nouvelle série de leçons est sur le point de s'achever. Vous
continuez à progresser dans l'apprentissage du russe et nous vous
en félicitons ! Si certains points vous paraissaient difficiles au départ, vous commencez à présent à bien les maîtriser. Il est temps de
vous dire* **Вы ужé говорúте по-рýсски и хорошó понимáете.
Удáчи и до скóрого!**

Deuxième vague : 34ᵉ leçon

Quatre-vingt-quatrième leçon　　84

mou. De plus, certaines de ses désinences sont semblables à celles
d'un adjectif court.

	Masculin, Neutre	Féminin	Pluriel
Nominatif	**трéтий, трéтье**	**трéтья**	**трéтьи**
Génitif	**трéтьего**	**трéтьей**	**трéтьих**

Datif	тре́тьему	тре́тьей	тре́тьим
Accusatif	N ou G тре́тье	тре́тью	N ou G
Instrumental	тре́тьим	тре́тьей	тре́тьими
Locatif	тре́тьем	тре́тьей	тре́тьих

(Rappel : N = nominatif ; G = génitif.)

À la leçon 63, vous avez vu la déclinaison des cardinaux **оди́н**, *un*, et **два**, *deux*. Nous vous proposons de compléter vos connaissances sur les cardinaux. Voici la déclinaison du cardinal **три**, *trois*, et de **четы́ре**, *quatre* :

Nominatif	три	четы́ре
Génitif	трёх	четырёх
Datif	трём	четырём
Accusatif	N ou G	N ou G
Instrumental	тремя́	четырьмя́
Locatif	трёх	четырёх

Comme vous le constatez, leur déclinaison est semblable, sauf au nominatif et à l'instrumental (apparition d'un signe mou pour **четы́ре**). Vous voyez, c'est facile !

2 Le comparatif de supériorité

• La formation du comparatif simple (par opposition au composé) se fait au moyen d'un suffixe. On ajoute le suffixe **-ee** à la base (le mot sans terminaison) de l'adjectif ou de l'adverbe : **дли́нный** (adj.), *long* → **длинне́е**, *plus long* ; **интере́сно** (adv.), *intéressant* → **интере́снее**, *plus intéressant* ; **но́вый**, *neuf* → **нове́е**, *plus neuf*.
Le comparatif des adjectifs ou des adverbes dont le radical se termine par **г, к, х, д, т** (et plus rarement par **з** et **с**) est formé avec le suffixe **-e** qui n'est jamais accentué. Dans ce cas, nous avons affaire au phénomène de la palatalisation, ce qui implique le changement de consonnes suivant :

411 • четы́реста оди́ннадцать

– Les consonnes **г**, **д**, **з** se transforment en **ж** : **молодо́й**, *jeune* → **моло́же**, *plus jeune* ; **дорого́й**, *cher* → **доро́же**, *plus cher*.

– Les consonnes **х** et **с** se transforment en **ш** : **(говори́ть) ти́хо**, *(parler) doucement/bas* → **(говори́ть) ти́ше**, *(parler) plus doucement/plus bas*.

– Les consonnes **к** et **т** se transforment en **ч** : **бога́тый** → **бога́че** (mais pas toujours : **жёлтый** (adj.), *jaune* → **желте́е**, *plus jaune*) ; **легко́**, *facilement* → **ле́гче**, *plus facilement*.

– La combinaison **ст** devient **щ** : **про́сто**, *simplement* → **про́ще**, *plus simple*.

Il y a quelques exceptions : **дешёвый**, *bon marché*, *pas cher* → **деше́вле**, *moins cher* ; **далеко́**, *loin* → **да́льше**, *plus loin* ; **до́лгий**, *long* → **до́льше**, *plus long* ; **большо́й**, *grand* → **бо́льше**, *plus grand* ; **ма́ленький**, *petit* → **ме́ньше**, *plus petit* ; **хоро́ший** *bon*, **хорошо́**, *bien* → **лу́чше**, *meilleur*, *mieux*.

• Le comparatif de supériorité peut aussi se former avec **бо́лее**, *plus*, auquel s'ajoute l'adjectif ou l'adverbe : **бо́лее молодо́й**, *plus jeune* ; **бо́лее интере́сный**, *plus intéressant* ; **бо́лее дорого́й**, *plus cher*.

3 L'accusatif et le locatif avec les prépositions *в* et *на*

Vous savez qu'on exprime le lieu vers lequel on se dirige (avec mouvement) et le lieu où l'on est (sans mouvement) en utilisant ces deux cas. Mais comment choisir entre **в** et **на** ? Normalement, on utilise **на** quand il s'agit d'être "sur la surface de quelque chose". Mais **на** s'emploie aussi obligatoirement avec certains mots comme **по́чта**, *poste* ; **проспе́кт**, *avenue* ; **ры́нок**, *marché* ; **стадио́н**, *stade* ; **уро́к**, *leçon*. Bien évidemment, ceci n'est pas une liste exhaustive, et vous rencontrerez d'autres mots plus tard. Pour l'instant, retenez déjà ceux-ci.

4 La date

• En répondant à la question **Како́е сего́дня (за́втра) число́?**, *Quel jour sommes-nous aujourd'hui [serons-nous] demain) ?*, on utilise l'ordinal au neutre nominatif (terminaison **-ое**). Le mois (et l'année que vous apprendrez à dire plus tard) se met au génitif. Observez :
– **Како́е сего́дня число́? – Сего́дня пя́тое октября́**, *Quel jour sommes-nous aujourd'hui ?– Aujourd'hui, nous sommes le cinq* ("cinquième de") *octobre*.

– **Како́е за́втра число́?** – **За́втра (бу́дет) оди́ннадцат**ое **октябр**я́, – *Quel jour serons-nous demain ? – Demain, nous serons le onze ("onzième de") octobre.*

• Pour situer une date dans le passé, on met tous les éléments dont elle se compose au génitif :

На́дя уе́хала в Санкт-Петербу́рг пе́рвого **октябр**я́, **а уже́ тре́ть**его **она́ была́ в Москве́,** *Nadia est partie pour Saint-Pétersbourg le premier octobre et le trois, elle était déjà à Moscou.* Vous voyez, ce n'est pas difficile : les terminaisons sont toujours les mêmes !

5 La formation de l'impératif avec le signe mou

Les verbes dont le radical se termine par une consonne à la 1re personne du singulier au présent avec accent non final forment leur impératif avec le <u>signe mou</u>. Étudions le verbe perfectif **взве́сить**, *peser.* La 1re personne du singulier au présent de l'indicatif est **взве́шу**. Le radical (le mot sans terminaison) se termine par un **-ш** et l'accent n'est pas final (ne tombe pas sur **у**). Ce verbe va former son impératif avec le signe mou. Ensuite, on procède comme d'habitude : on prend la 2e personne du singulier, **взве́сишь** et, après avoir enlevé la terminaison, on ajoute **ь** pour le singulier et **ьте** pour le pluriel : **взве́сь**, *pèse* ; **взве́сьте**, *pesez* ; **забы́ть**, *oublier* : **забу́дешь → забу́дь, забу́дьте** .

6 L'emploi des verbes perfectifs et imperfectifs à l'impératif

Positif ou négatif, l'impératif peut être formé à partir des verbes perfectifs ou imperfectifs. Mais pourquoi emploie-t-on le perfectif plutôt qu'un imperfectif, et vice-versa ? La réponse est simple : comme à tous les autres temps, l'imperfectif met l'accent sur le processus de l'action plutôt que sur son achèvement, et exprime très souvent une action répétitive, tandis que le perfectif exprime une action unique. Cette distinction très générale permet de dégager les emplois suivants :

• **Avec l'imperfectif**
1) À la forme affirmative, il peut s'agir
– D'un ordre ou d'une invitation à faire quelque chose à plusieurs reprises :

413 • четы́реста трина́дцать

Приходи́те (imperf.) **к нам по вечера́м!**, *Venez chez nous le soir !*
– D'une autorisation :
– **Могу́ я посмотре́ть** (perf.) **э́ти брю́ки? – Пожа́луйста, смотри́те** (imperf.)**!**, *Puis-je regarder ce pantalon ? – Je vous en prie, regardez[-le] !*
– De la mise en valeur de la manière de l'exécuter l'action :
Говори́те (imperf.)**, пожа́луйста, не так ти́хо**, *S'il vous plaît, ne parlez pas si bas.*
2) À la forme négative, il s'agit d'une demande de ne pas faire quelque chose :
Не оставля́йте (imperf.) **дете́й одни́х до́ма!**, *Ne laissez pas les enfants seuls à la maison !*

• **Avec le perfectif**
1) À la forme affirmative, il peut s'agir
– D'un ordre qui va être exécuté tout de suite et/ou une fois :
Откро́й (perf.)**, пожа́луйста, окно́, мне жа́рко!**, *Ouvre la fenêtre, s'il te plaît, j'ai chaud !*
– D'une exigence :
Сде́лайте (perf.) **всё к трём часа́м!**, *Faites tout pour trois heures !*
2) À la forme négative il s'agit d'une mise en garde :
Не опозда́й на совеща́ние!, *Ne sois pas en retard pour la réunion !*

7 La particule interrogative *ли*

On l'emploie quand il n'y a pas d'autre mot interrogatif dans la phrase. Observez ces exemples et comparez le sens de *ли* :
Не подска́жете ли, где нахо́дится ближа́йший телефо́н-автома́т?, *Pourriez-vous [me] dire où se trouve la cabine téléphonique la plus proche ?*
Не зна́ю, пойму́ ли я его́ когда́-нибудь…, *Je ne sais pas si je le comprendrai un jour...*
– **Был ли он у вас вчера́? – Нет, его́ у нас не́ было.** – *Était-il chez vous hier ? – Non, il n'était pas chez nous.*
ли se place directement après le mot sur lequel porte l'interrogation. Comparez :
Был ли он у вас вчера́?, *Était-il chez vous hier ?*
Он ли был у вас вчера́?, *Était-ce lui qui était chez vous hier ?*
Вчера́ ли он был у вас?, *Était-ce hier qu'il était chez vous ?*
У вас ли он был вчера́?, *Était-ce chez vous qu'il était hier ?*

- **взве́сить** (perf.), *peser* : взве́шу, взве́сишь, взве́сят.
- **зави́довать** (imperf.), *envier* : зави́дую, зави́дуешь, зави́дуют.
- **любова́ться** (imperf.), *admirer, contempler* : любу́юсь, любу́ешься, любу́ются.
- **мыть** (imperf.), *laver* : мо́ю, мо́ешь, мо́ют.
- **объе́хать** (perf.), *faire le tour de* ; *contourner* (se conjugue comme **е́хать**) : объе́ду, объе́дешь, объе́дут.
- **ограни́читься** (perf.), *se borner à, se limiter à, se restreindre, se contenter de* : ограни́чусь, ограни́чишься, ограни́чатся.
- **отпра́вить** (perf.), *envoyer* : отпра́влю, отпра́вишь, отпра́вят.
- **позва́ть** (perf.), *appeler, convier, inviter* : позову́, позовёшь, позову́т.
- **принима́ть** (imperf.), *recevoir, accepter, prendre* : принима́ю, принима́ешь, принима́ют.

9 Les prépositions

- **перед**, *devant*, est suivie de l'instrumental et se prononce d'un seul trait avec le mot qui suit :

Перед де́вочками лежа́ло мно́го книг, *Devant les filles, il y avait beaucoup de livres.*

Devant le pronom personnel, **я, перед** se transforme en **передо** et n'est pas accentué :

Вы передо мной *[piRidamnoï]* **?**, *Êtes-vous devant moi ?*

- **к**, employée dans les expressions exprimant le temps, est suivie du datif et marque une limite, une échéance :

Всё бу́дет гото́во к среде́, *Tout sera prêt pour mercredi.*

Она́ сказа́ла, что придёт на рабо́ту к трём, *Elle a dit qu'elle arriverait au travail pour trois heures.*

1 – Как мне надоело его слушать!
2   Он всем объясняет, как надо готовить,
3   а сам толком ничего не знает и не умеет.
4   Хотя… вчера он впервые сказал мне
     « спаси́бо » за помощь.
5 – Да, теперь он почти золото!
6 – Не смейся, я не шучу!
7   Вот я и решила: приглашу-ка я всех друзей
8   и одна приготовлю шикарный стол!
9 – А что ты хочешь приготовить?
10 – Какая разница? Разные вкусные блюда…
11   Тогда ограни́чься каким-нибудь салатом и
     фруктами…

Traduction

1 Qu'est-ce que j'en ai marre de l'écouter ! **2** Il explique à tout le monde comment il faut cuisiner, **3** mais lui-même *(clairement)*, il ne connaît rien et ne sait rien faire. **4** Quoique… hier, il m'a dit merci pour mon aide pour la première fois. **5** Oui, maintenant, il est presque idéal ! **6** Ne te moque pas, je ne plaisante pas ! **7** Et voilà ce que j'ai décidé : je pourrais inviter tous mes amis **8** et préparer une magnifique table toute seule ! **9** Et que veux-tu préparer ? **10** Quelle importance *(différence)* ? Divers plats délicieux… **11** Dans ce cas, contente-toi d'une salade et de fruits…

Deuxième vague : 35ᵉ leçon

С прие́здом!

1 – Вот это сюрпри́з! Добро́ пожа́ловать!
2   Знал бы я, что вы прилети́те так по́здно,
3   я бы обяза́тельно прие́хал за ва́ми ① в
     аэропо́рт!
4   Во ско́лько вы приземли́лись?
5 – По расписа́нию ② должны́ бы́ли
     прилете́ть ③ без че́тверти во́семь,
6   а самолёт приземли́лся лишь о́коло
     девяти́.
7   Мы и вы́летели ③ с больши́м
     опозда́нием.

Remarques de prononciation
Titre : С прие́здом [spRï-*ié*zdam].
3 обяза́тельно [abi*z*atiln*ª*].

Notes

① La préposition **за** suivie de l'instrumental peut se traduire par
aller chercher qqn ou qqch. Observez :
– **Куда́ ты идёшь? – Я в магази́н за молоко́м.**
– *Où vas-tu ? – Au magasin chercher du lait.*
– **А На́дя где? – Она́ пое́хала за детьми́ в шко́лу.**
– *Mais où est Nadia ? – Elle est allée* (en transport) *chercher
les enfants à l'école.*

② Vous avez déjà vu la préposition **по** suivie du datif dans les
expressions **говори́ть по телефо́ну**, *parler au téléphone* ;
смотре́ть по телеви́зору, *regarder (à) la télé.* Vous savez
que **по** + datif peut également exprimer un mouvement sur la
surface de quelque chose. Ici, **по** suivi du datif prend le sens de
d'après, *selon.*   ▶

Bienvenue *(Avec l'arrivée)* !

1 – Ça, c'est une surprise ! Soyez les bienvenus !
2 Si j'avais su *(Aurais-je su)* que vous arriveriez *(arriverez en avion)* si tard,
3 je serais *(obligatoirement)* venu *(en voiture)* vous chercher à l'aéroport !
4 À quelle heure avez-vous atterri ?
5 – D'après les horaires *(l'horaire)*, [nous] aurions dû arriver à huit heures moins le quart,
6 mais l'avion n'a atterri qu'aux environs de neuf heures.
7 Nous sommes déjà partis avec beaucoup de *(un grand)* retard.

▶ ③ Si vous observez bien les verbes **прилете́ть**, **вы́лететь** et **полете́ть** (phrases 5, 7 et 8), vous constaterez qu'ils ont la même racine – **лете́ть**, *voler*, et que seuls les préfixes changent. Or, ce sont les préfixes qui modifient le sens du verbe. Vous retrouverez les significations les plus importantes des préfixes des verbes de mouvement à la prochaine leçon de révision.

8 Больше ни за что на свете ④ не полечу ③ этой компанией!

9 Вы уж извините за беспокойство ⑤;

10 уже поздно, мы вас разбудили?

11 – Да не извиняйтесь вы!

12 Мы ещё и не думали ложиться!

13 Мы так счастливы вас видеть!

14 Завтра обязательно поедем на экскурсию по городу!

15 – Ну, завтра посмотрим.

16 Утро вечера мудренее. ⑥

17 А сейчас мы хотели бы принять душ, если можно.

13 счáстливы [chtchaslivy].

Notes

④ Le masculin **свет**, se traduit par *monde*, *lumière* :

На свéте мнóго рáзных стран, *Dans le monde, il y a beau-coup de pays différents.*

Я не могý читáть: здесь слишком мáло свéта, *Je ne peux pas lire : il y a trop peu de lumière ici.*

⑤ Le neutre **беспокóйство**, *dérangement*, *anxiété*, est souvent utilisé dans ce genre de phrase :

Простите за беспокóйство! Мóжно?, *Excusez[-moi] pour le dérangement ! Puis-je ?*

Извини за беспокóйство, я ищý Сáшу, *Excuse[-moi] pour le dérangement, je cherche Sacha.* Mais aussi :

Почемý ты сегóдня такóй нéрвный? Что это за беспокóйство?, *Pourquoi es-tu si nerveux aujourd'hui ? Qu'est-ce que c'est que cette anxiété ?*

⑥ **Утро вéчера мудренéе**, *La nuit porte conseil.* Il est curieux de constater que dans cette expression qui se traduit littéra-lement par *Le matin est plus compliqué que le soir*, l'emploi ▶

8   Pour rien au monde je ne repartirai avec cette
    compagnie *(Plus ni pour quoi au monde ne je-
    volerai cette compagnie)* !

9   Vraiment *(déjà)* excusez[-nous] pour le
    dérangement ;

10 il est déjà tard, est-ce que nous vous avons
    réveillés ?

11 – Mais ne vous excusez pas !

12 Nous étions encore loin de *(Nous encore et ne
    pensions)* [nous] coucher !

13 Nous sommes si heureux de vous voir !

14 Demain, il faut que nous allions *(obligatoirement
    irons-nous)* faire une excursion en ville *(pour
    excursion à-travers ville)* !

15 – Bon, on verra [ça] demain.

16 La nuit porte conseil *(matin [que-]soir plus-
    compliqué)*.

17 Et maintenant, nous voudrions prendre une
    douche, si [c'est] possible.

du mot **мудренѐе** semble erroné, car cette phrase signifie au
contraire qu'il est plus facile de prendre une décision le matin que le soir. **мудренѐе** est le comparatif de **мудрёный**,
compliqué, mystérieux, difficile. Mais peut-être s'agit-il d'une
forme déformée (populaire) du comparatif de **мýдрый**, *sage*
(**мудрѐе** *plus sage*), et dans ce cas, l'expression retrouve son
sens : *Le matin est plus sage que le soir.*

18 – Ну, что за вопрос!

19 Я сейчас покажу ⑦ вам ванную.

20 Вот шампунь, гель для душа и полотенца.

21 А мы пошли ложиться спать. До завтра!

Notes

⑦ Pour exprimer le futur proche, on ajoute **сейчáс**, *maintenant, tout de suite*, devant le verbe au futur :
Вы хотúте мыть посýду? Я сейчáс вам помогý!, *Vous voulez faire la vaisselle ? Je vais vous aider !*

***

Упражнение 1 – Читайте и переводите

❶ Больше ни за что на свете не буду его слушать! ❷ Во сколько приземлится наш самолёт? ❸ Я так счастлива тебя видеть! Проходи и чувствуй себя, как дома. ❹ После обеда мы едем на экскурсию по городу. ❺ Покажите, пожалуйста, нашим гостям, где ванная и дайте им полотенца.

Упражнение 2 – Восстановите текст

❶ Il faut que j'achète un shampooing et un gel douche.
Мне надо купить . . . . и . . . . для . . . . .

❷ Excusez pour le dérangement, auriez-vous une minute à m'accorder *(peut-on vous pour une minute)* ?
Извините за . . . . , можно вас на минуту?

❸ Bienvenue ! Nous sommes heureux de vous voir !
С . . . . ! Мы . . . . вас видеть!

18 – Enfin, quelle question !

19 Je vais vous montrer *(tout-de-suite)* la salle de bains.

20 Voici le shampooing, le gel douche et des serviettes.

21 Et nous, nous allons nous coucher. À demain !

***

Corrigé de l'exercice 1

❶ Dorénavant je ne l'écouterai pour rien au monde ! ❷ À quelle heure atterrit notre avion ? ❸ Je suis si heureuse de te voir ! Entre et fais comme chez toi. ❹ Après le déjeuner, nous irons faire un tour *(une excursion)* en ville. ❺ S'il vous plaît, montrez à nos invités où [se trouve] la salle de bains et donnez-leur des serviettes.

❹ – Il est arrivé *(à pied)* à la réunion avec beaucoup de retard. – Comme toujours !

– Он . . . . . . на совещание с большим . . . . – Как всегда!

❺ – Tu veux que je vienne *(Venir)* te chercher à l'aéroport ? – Non, merci, papa vient me chercher.

– . . . . за . . . . в аэропорт? – Нет, спасибо, за . . . . приедет папа.

Corrigé de l'exercice 2

❶ – шампунь – гель – душа ❷ – беспокойство – ❸ – приездом – счастливы – ❹ – пришёл – опозданием – ❺ Приехать – тобой – мной –

Deuxième vague : 36ᵉ leçon

86   Во́семьдесят шесто́й уро́к

Без па́ники!

1   Тури́ст, кото́рый путеше́ствует на
    самолёте в пе́рвый раз,
2   спра́шивает стюарде́ссу:
3 – Вы не бу́дете раздава́ть ① парашю́ты ②?
4 – Нет, коне́чно.
5 – А, мо́жет быть, оди́н для меня́ найдётся?
6 – Бесполе́зно наста́ивать: вы не полу́чите
    парашю́та!
7   И вообще́, вы начина́ете де́йствовать мне
    на не́рвы!

Remarque de prononciation
3 парашю́ты [paRachouty].

Notes

① Le futur composé, que nous avons déjà rencontré plusieurs fois,
   est formé avec le futur du verbe **быть**, *être*, et l'infinitif imperfectif du verbe principal. La signification du futur des verbes perfectifs et imperfectifs diffère dans les mêmes nuances que le sens
   général de ces "aspects" (le perfectif, par exemple, exprime une
   action unique, tandis que l'imperfectif indique une action répétée,
   une habitude). Comparez :
   – Хо́чешь ко́фе? – Нет, я лу́чше съем я́блоко.
   – Veux-tu du café ? – Non, je mangerai plutôt une pomme (une
   seule pomme une fois).
   **Тама́ра была́ у врача́. Тепе́рь она́ на дие́те: она́ бу́дет
   есть я́блоки ка́ждое у́тро.**
   *Tamara est allée voir un médecin. Maintenant elle est au régi-
   me : elle mangera des pommes tous les matins* (cela deviendra
   une habitude, l'action se répètera).   ▶

Pas de panique *(Sans panique)* !

1 Un touriste qui voyage en avion pour la
  première fois
2 demande à l'hôtesse de l'air :
3 – Vous n'allez pas distribuer des parachutes ?
4 – Bien sûr que non *(Non, bien-sûr)*.
5 – Mais peut-être en trouverez-vous un pour moi
  (un pour moi se-trouvera) ?
6 – Inutile *(Inutilement)* d'insister : vous n'aurez
  (ne recevrez) pas de parachute !
7 Et puis *(en général)*, vous commencez à me
  taper *(agir)* sur les nerfs !

▶ ② Après le **ш** (qui est toujours dur), on n'écrit jamais **ю**, mais **y**.
  Cependant, il existe quelques exceptions, comme **парашют**,
  parachute, où le **ш** se prononce dur : *[paRachout]*.

8 Я уже десять лет ③ работаю
стюардессой, а такого ещё не видела!

9 – Но ведь на кораблях в море дают
спасательные круги ④.

10 – Мы же не в море!

11 – Странно, ведь тех, кто умеет плавать ⑤,
гораздо больше ⑥,

12 чем тех, кто умеет летать ⑦… □

Notes

③ Rappelez-vous qu'on emploie l'accusatif sans préposition pour
exprimer la durée du temps passé :

Уже́ де́сять лет, *Cela fait déjà dix ans.*
Они́ вме́сте уже́ три неде́ли, *Ils sont ensemble depuis déjà
trois semaines.*

④ **круг**, *rond, bouée*, est un nom masculin. Il prend **-и** au pluriel en raison de la règle de l'incompatibilité orthographique :
круги́.

⑤ **пла́вать**, *nager*, est un verbe de mouvement imperfectif et indéfini (pour revoir la notion des verbes de mouvement définis ▸

***

Упражнение 1 – Читайте и переводите

❶ Пожалуйста, без паники: мы обязательно
дадим вам спасательный круг. ❷ В этой
гостинице нет ни шампуня, ни геля для душа.
Я такого ещё не видел! ❸ – Вы уже раздавали
парашюты? – Ещё нет. ❹ Тех, кто умеет плавать,
больше, чем тех, кто умеет летать. ❺ Мне
гораздо больше понравилось путешествовать
на самолёте этой компании.

8   Cela fait déjà dix ans que je travaille comme hôtesse de l'air et je n'ai encore jamais vu ça !

9 –   Mais pourtant, sur les bateaux en mer, on distribue *(donne)* [bien] des bouées de sauvetage.

10 –   Mais nous ne sommes pas en mer !

11 –   C'est étrange, car il y a beaucoup plus de gens *(de ceux)* qui savent nager

12   que de gens *(de ceux)* qui savent voler…

---

et indéfinis – ou déterminés et indéterminés –, référez-vous à la note 2 de la leçon 44 et au paragraphe 6 de la leçon 56).

⑥ On pourrait "retourner" cette phrase pour mieux détecter le cas employé : **бóльше тех, кто...**, *il y a plus de ceux qui...* Ainsi, nous comprenons qu'il s'agit du génitif (qui s'emploie après **бóльше**, *plus de*) du démonstratif **тот**, *celui-là*, au pluriel : **те**, *ceux-là*. Pour réviser la déclinaison du démonstratif **тот**, référez-vous au paragraphe 2 de la leçon 63.

⑦ **летáть**, *voler*, est un verbe de mouvement imperfectif et indéfini.

* * *

Corrigé de l'exercice 1

❶ S'il vous plaît, pas de panique : nous vous donnerons obligatoirement une bouée de sauvetage. ❷ Dans cet hôtel, il n'y a ni shampooing, ni gel douche. Je n'ai jamais vu ça ! ❸ – Avez-vous déjà distribué les parachutes ? – Pas encore. ❹ Il y a plus de gens qui savent nager que de gens qui savent voler. ❺ J'ai vraiment préféré voyager avec *(dans l'avion de)* cette compagnie.

Упражнение 2 – Восстановите текст

❶ – Avez-vous une cigarette pour moi *(Chez vous il ne se trouvera pas pour moi une cigarette)* ? – Oui, bien sûr.

У вас не .... для .... сигареты?
– Да, конечно.

❷ Il est inutile d'insister : je ne vais pas t'aider.

.... настаивать: я не .... тебе помогать.

❸ Calmez-vous et allez vous coucher : la nuit porte conseil.

Успокойтесь и ложитесь ..... : ....
вечера ....

❹ Ils n'ont même pas pensé à distribuer des bouées de sauvetage.

Они и не думали .... спасательные
....

❺ Leurs enfants me tapent *(agissent)* sur les nerfs.

Их дети .... мне на ....

---

87   Во́семьдесят седьмо́й уро́к

Вы́ход из положе́ния

1 – Ты что тако́й ки́слый?
2 – У меня́ огро́мная пробле́ма.
3 – Что тако́е?

Corrigé de l'exercice 2
87

❶ – найдётся – меня – ❷ Бесполезно – буду – ❸ – спать – утро –
мудренее ❹ – раздавать – круги ❺ – действуют – нервы

Deuxième vague : 37ᵉ leçon

Quatre-vingt-septième leçon   87

Une solution *(La sortie de la situation)*

1 –   Pourquoi fais-tu cette tête *(Tu-es quoi si acide)* ?
2 –   J'ai un énorme problème.
3 –   Qu'est-ce qu'il y a ?

четыреста двадцать восемь • 428

4 – Мои часы не работают,
остановились ①...

5 – Это, конечно, неприятно, но проблемой
не назовёшь.

6 Почему ты так переживаешь?

7 – Понимаешь, я встретил одну классную
девчонку, Светку ② Иванову ③...

8 И завтра в девять утра у нас с ней
встреча.

9 Сам я в девять никогда в жизни не
проснусь.

10 Рассчитывал на мои часы, ведь ④ в них
есть будильник.

11 А теперь мне что прикажешь делать?

Remarques de prononciation
8 встреча [fstRiétcha].

Notes

① **останови́лись** est le verbe perfectif **останови́ться**, *s'arrêter*, au passé et au pluriel. La conjugaison des verbes réfléchis au passé est facile : on ajoute **-сь** après une voyelle (verbe au féminin, au neutre et au pluriel) et **-ся** après le masculin, car il y aura une consonne (**л**) à la fin du mot. Observez : **останови́лся, останови́лась, останови́лось, останови́лись**.

② **Све́тку** est le diminutif de **Светла́на** à l'accusatif. Eh oui, les prénoms se déclinent aussi. Remarquez que le diminutif proposé appartient à la langue parlée, car le diminutif "normal" serait **Све́та** (sans **к** dans la terminaison). Vous trouverez une explication plus détaillée de cette règle dans la leçon de révision.

③ **Ивано́ву** est l'accusatif du nom de famille **Ивано́ва**. Les noms de famille se déclinent et peuvent être au masculin, au féminin et également au pluriel. Pour en savoir plus, référez-vous au paragraphe 2 de la prochaine leçon de révision. ▸

4 – Ma montre ne marche pas, elle s'est arrêtée…

5 – Bien sûr, ce n'est pas agréable, mais on ne peut pas dire que ce soit un problème *(tu n'appelleras pas problème)*.

6 Pourquoi es-tu si inquiet ?

7 – Tu comprends, j'ai rencontré une chouette *(classe)* nana, Svetka Ivanova…

8 Et demain à neuf heures du matin, j'ai *(nous avons)* un rendez-vous avec elle.

9 Je ne me réveillerai jamais *(de la vie)* tout seul à neuf heures.

10 Je comptais sur ma montre, car elle a une alarme *(car dans eux, il-y-a un réveil-matin)*.

11 Et maintenant, que veux-tu que je fasse *(que m'ordonnes-tu de faire)* ?

▸ ④ Vous avez déjà rencontré la particule **ведь**, *car*, *puisque* (leçon 16), avec le sens de *pourtant*. Cette particule peut également exprimer la cause :
Ну и помогáй емý сам, ведь ты такóй дóбрый! *Eh bien, aide-le toi-même, (car) tu es si bon !*

12 – Не падай духом, что-нибудь придумаем ⑤…

13 Да ведь у тебя есть будильник на мобильном телефоне.

14 Используй его.

15 – На нём звонок совсем не слышно ⑥, я боюсь проспать ⑦…

16 – Ну, ладно, так и быть: уговорил.

17 Я буду тебе звонить на мобильник пока ⑧ не разбужу! □

---

10 рассчи́тывал [RaschityvaL].

Notes

⑤ **приду́маем** est la 1re personne du verbe perfectif **приду́мать** *inventer, trouver.*

⑥ Retenez la structure **слы́шно** + accusatif, *on entend* + COD : **Говори́те гро́мче, вас не слы́шно.** *Parlez plus fort, on ne vous entend pas.*

⑦ Nous avons déjà rencontré le préverbe **про-** dans des verbes de mouvement comme **проходи́ть**, *passer*, où **про-** a un sens spatial : il exprime un mouvement devant quelque chose ou▸

***

Упражнение 1 – Читайте и переводите

❶ – Во сколько тебя разбудить? – Без четверти восемь. ❷ Ладно, так и быть: дам тебе телефон Тани. Она классная девчонка. ❸ – Ой, у меня часы остановились! – Ничего, у тебя ведь есть будильник на мобильнике. ❹ Уговорила! Можешь на меня рассчитывать. ❺ Ну, что прикажешь делать? Он меня совсем не слушает.

12 – Ne désespère pas, on va trouver une solution *(Ne tombe pas par-l'esprit, quelque-chose nous-inventerons)*…

13 Mais tu as bien une alarme sur [ton] téléphone mobile.

14 Utilise-la.

15 – On n'entend pas du tout la sonnerie *(Sur lui sonnerie pas-du-tout ne on-entend)*, j'ai peur de ne pas me réveiller *(dormir-trop)*…

16 – Bon, d'accord *(soit)* : tu as gagné *(tu-as-convaincu)*.

17 Je t'appellerai sur ton portable jusqu'à ce que tu te réveilles *(tant que je ne réveillerai pas)* !

une progression. Dans **проспа́ть**, *dormir trop longtemps*, **про-** exprime l'idée d'un résultat indésirable.

⑧ Le mot **пока́** peut se traduire par *jusqu'à ce que*, *pour le moment* ou *avant que*. Observez :
Пока́ не сде́лаешь уро́ки, не пойдёшь гуля́ть! *Tu n'iras pas te promener tant que tu n'auras pas fait tes devoirs !*
– Ему́ нра́вится его́ но́вая рабо́та? – Пока́ нра́вится… *– Son nouveau travail lui plaît-il ? – Pour l'instant, oui.*
Переста́нь смотре́ть телеви́зор, пока́ глаза́ не заболе́ли! *Arrête de regarder la télé avant d'avoir mal aux yeux !*

***

Corrigé de l'exercice 1

❶ – À quelle heure veux-tu qu'on te réveille ? – À huit heures moins le quart. ❷ D'accord, soit : je te donnerai le numéro *(téléphone)* de Tania. C'est une chouette fille. ❸ – Oh, ma montre s'est arrêtée ! – Cela ne fait rien, tu as bien une alarme sur le mobile. ❹ Tu m'as convaincu ! Tu peux compter sur moi. ❺ Et qu'est-ce que tu veux que j'y fasse ? Il ne m'écoute pas du tout.

Упражнение 2 – Восстановите текст

❶ – Pourquoi fais-tu cette tête ? – J'ai perdu mon porte-monnaie. – Quel ennui *(Comme [c'est] désagréable)* !

— Ты что такая ...... ? – Я потеряла кошелёк. – Как ....!

❷ – Tu as un nouveau téléphone mobile ? – Oui, l'ancien est tombé en panne.

— У тебя новый .... телефон? – Да, старый ....

❸ – Il me semble que vous avez d'énormes problèmes ! – Cela ne fait rien, on trouvera une solution *(nous inventerons quelque chose)* !

— Кажется, у вас .... проблемы! – Ничего страшного, что-нибудь ....!

Во́семьдесят восьмо́й уро́к

Осторо́жно – прове́рка...

1 Милиционе́р ① стои́т на перекрёстке ②.

2 Ми́мо е́дет но́вая «деся́тка ③».

3 Неожи́данно милиционе́р броса́ется остана́вливать маши́ну,

4 ма́шет води́телю же́злом, оглуши́тельно свисти́т,

5 и да́же выхва́тывает из кобуры́ пистоле́т.

Remarques de prononciation
1 перекрёстке *[piRikRiostk^{ié}].*

Notes
① Même si le mot **мили́ция** a été remplacé par **поли́ция**, les personnes âgées disent toujours **милиционе́р** plutôt que **полице́йский**.

Un peu plus loin, il voit de nouveau le type à la Lada sur le bas-côté qui frappe sous le capot comme un fou. Le conducteur de la Ferrari s'arrête et, intrigué, se dirige vers la Lada.
"Qu'est-ce que vous faites ?" demande-t-il au chauffeur de la Lada, "Elle roule bien votre voiture, plus de 300 km/h pour un tel modèle, c'est fantastique ! Moi, je la cajolerais, au lieu de frapper le moteur !" Et là, le type à la Lada relève la tête de derrière le capot et lui dit : "Elle ne marche pas cette voiture... je n'arrive même pas à passer la seconde..."

Deuxième vague : 39ᵉ leçon

Quatre-vingt-neuvième leçon   89

Quelle chance *(Quel bonheur)* !

1 –   Nous déménageons !
2 –   Allez-vous louer un appartement ?
3 –   Non, nous achetons la maison de nos rêves *(de notre rêve)* !
4 –   Ah, *(mais)* raconte *(plus)* vite !
5 –   Je n'ai pas le temps maintenant :

6   бегу ② к нотариусу оформлять
     документы.

7 – Ну, пожалуйста, хотя бы вкратце.

8 – Ладно, слушай. Это двухэтажный
     особняк.

9   Там есть терраса, два балкона, чердак и
    подвал.

10 Владелец дома – бывший архитектор,

11 поэтому планировка, сам понимаешь,
    просто восхитительная.

12 Даже ступеньки на лестнице какие-то
    необычные.

13 В доме высокие потолки и белоснежные
    стены.

14 У каждого из нас будет своя комната ③!

15 – А я живу в нашей двухкомнатной
    квартире на седьмом этаже...

16 В нашем доме постоянно ломается лифт,

17 и приходится подниматься по
    лестнице ④ пешком!

18 – Да, в таком случае лучше жить на
    первом этаже.   ☐

11 восхитительная [vasHititilna^ia].
12 на лестнице [naliésnits^é].

Notes

② **бегу́** est la 1re personne du singulier du verbe de mouvement imperfectif et défini **бежа́ть**, *courir*. Faites attention au changement de consonne dans la racine du verbe (phénomène de la palatalisation) **ж → г**. Vous trouverez la conjugaison de ce verbe dans la leçon de révision.

③ En utilisant le mot **ко́мната**, le russe ne fait pas la distinction comme le fait le français entre *une pièce* et *une chambre*. ▶

④ On n'entend pas du tout ton réveil. Tu n'as pas peur de ne pas 88
te réveiller *(dormir trop)* ?

Твой . . . . совсем не . . . . Ты не
боишься . . . . ?

⑤ Ne perdez pas courage ! Il y a toujours une solution.

Не . . . . духом! Всегда есть . . . . . из
положения.

Corrigé de l'exercice 2

❶ – кислая – неприятно **❷** – мобильный – сломался
❸ – огромные – придумаем **❹** – будильник – слышно –
проспать **❺** – падайте – выход –

Deuxième vague : 38ᵉ leçon

Quatre-vingt-huitième leçon 88

Attention : vérification…

1 Un policier est debout à un carrefour.
2 Une nouvelle [voiture Lada, modèle] "dix"
   (nouvelle "dizaine"), passe *(va)* devant [lui].
3 Soudain *(De-façon-inattendue)*, le policier se
   précipite *(se jette à)* [pour] arrêter la voiture,
4 agite son bâton en direction du *(au)* conducteur,
   siffle d'une manière assourdissante,
5 et sort même son pistolet de l'étui *(et même
   arrache de l'étui pistolet)*.

---

② Attention à la voyelle mobile : **перекрёсток → перекрёстке**.
③ Il s'agit d'un des modèles de la marque russe Lada.

6 Водитель резко нажимает на педаль ④ тормоза,

7 чуть не вылетает ⑤ через лобовое стекло,

8 выходит из машины весь бледный,

9 с ватными ногами и дрожащими ⑥ коленями.

10 – Что такое? Я что-то нарушил?

11 Проехал на красный свет ?

12 Или не заметил какого-нибудь дорожного знака?

13 Милиционер задумчиво смотрит на ⑦ машину:

14 – Да нет, ничего…

15 Я вот хочу себе такую же ⑧ машину купить,

16 а говорят, у неё тормоза ⑨ слабые.

17 Хотел проверить! □

6 резко [*Riésk*ª].
7 через лобовое [*tchiRizL*ª*bavo*ⁱᵉ].

Notes

④ On ne sait jamais de quel genre sont les mots se terminant par un signe mou **ь**, il faut donc les repérer au cas par cas. Le mot **педаль**, *pédale*, est du féminin.

⑤ **вылетает** est la 3ᵉ personne du singulier du verbe de mouvement imperfectif **вылетать**, *partir (en volant)*. Vous remarquez sans doute que ce verbe ressemble à l'imperfectif indéfini **летать**. La seule chose qui les distingue est le préfixe qui modifie le sens du verbe. Vous trouverez l'explication à la leçon de révision.

⑥ **дрожащими**, *tremblants* : voici le premier emploi du participe présent russe. Nous verrons la formation et l'emploi des participes plus tard. ▸

6	Le conducteur appuie brusquement sur la pédale de frein,
7	manque de passer *(voler)* à travers le pare-brise *(la vitre frontale)*,
8	sort de la voiture tout pâle,
9	*(avec)* les jambes en coton et les genoux tremblants.
10 –	Qu'est-ce qui se passe ? Est-ce que j'ai enfreint une règle *(quelque-chose)* ?
11	Est-ce que je suis passé au *(à la lumière)* rouge ?
12	Ou est-ce que je n'ai pas remarqué un panneau routier *(signe routier)* ?
13	Le policier regarde pensivement la voiture :
14 –	Mais non, ce n'est rien…
15	C'est que je veux m'acheter *(Ce voilà veux s'acheter)* la même voiture,
16	mais on dit qu'elle a des freins [un peu] faibles.
17	Je voulais vérifier !

▸ ⑦ L'imperfectif **смотре́ть**, *regarder*, suivi de la préposition **на** + accusatif se traduit par *dévisager, regarder attentivement*.

⑧ **таку́ю же** est l'accusatif féminin de **тако́й же**, *le même*. Il s'agit d'un comparatif d'égalité. Sa formation est assez facile : l'adjectif **тако́й** est accordé en genre et en nombre avec l'objet de la comparaison ; de plus, il est souvent renforcé par la particule **же** :
Како́й краси́вый пиджа́к! Я хочу́ тако́й же. *Quelle belle veste ! Je veux la même.*
Э́то ва́ша маши́на? У меня́ есть така́я же. *C'est votre voiture ? J'ai la même.*
– У нас больши́е пробле́мы. – Вы зна́ете, у нас таки́е же больши́е пробле́мы (, как у вас)! – *Nous avons de gros problèmes. – Vous savez, nous avons d'aussi gros problèmes (que les vôtres) !*

⑨ Le mot masculin **то́рмоз**, *frein*, a le pluriel en **-а** : **тормоза́**. Faites attention au changement d'accent.

88   **Упражнение 1 – Читайте и переводите**

❶ Не надо так резко нажимать на педали! ❷ Я видел Виктора. Он был весь такой бледный, с дрожащими коленями... ❸ Что такое? Почему вы останавливаете все новые «десятки»? ❹ Я звонил Наде: хотел проверить, дома она или нет. ❺ Почему ты так задумчиво смотришь на меня?

Упражнение 2 – Восстановите текст

❶ Pourquoi le policier me fait-il des signes *(agite à moi)* avec son bâton ? Est-ce que je n'ai pas remarqué un panneau routier ?

Почему милиционер ..... мне жезлом? Я не заметил какого-нибудь дорожного ..... ?

❷ Que fais-tu ? Au carrefour, tu es passé au rouge !

Что ты делаешь? На ....ты проехал на красный ....!

❸ Je ne peux pas rouler avec ma voiture : elle a les freins un peu faibles.

Я не .... ехать .. моей машине: у неё слабые ....

❹ Tu appuies si brusquement sur la pédale de frein qu'à chaque fois, je manque de passer à travers le pare-brise.

Ты так .....нажимаешь на .....тормоза, что каждый раз я чуть не вылетаю ..... лобовое стекло.

❺ Je veux le même mobile, mais on dit qu'il a une sonnerie faible.

Я хочу такой же ...., но говорят, у него ....

437 • четыреста тридцать семь

Corrigé de l'exercice 1

❶ Il ne faut pas appuyer sur les pédales aussi brusquement ! ❷ J'ai vu Victor. Il était tout pâle, [il avait] les genoux tremblants… ❸ Qu'est-ce qui se passe ? Pourquoi arrêtez-vous toutes les nouvelles [Lada du modèle] dix ? ❹ J'ai téléphoné à Nadia : je voulais vérifier si elle était à la maison ou pas. ❺ Pourquoi me dévisages-tu d'un air si pensif ?

Corrigé de l'exercice 2

❶ – машет – знака ❷ – перекрёстке – свет ❸ – могу – на – тормоза ❹ – резко – педаль – через – ❺ – мобильник – слабый звонок

Почему ты так задумчиво смотришь на меня?

Qui ne connaît pas les voitures russes de la marque Lada ? Ces voitures sont fabriquées dans l'usine d'automobiles la plus connue en Russie, AvtoVAZ. L'usine (qui date de 1966) est implantée dans une belle région, sur la Volga, à Togliatti, une ville où beaucoup de choses tournent autour de l'automobile. Les modèles de Lada sont numérotés et souvent désignés par leurs deux derniers chiffres : le premier modèle, 2101, est appelé **копе́йка**, *la Kopeck ; le dixième modèle, 2110, est appelé* **деся́тка**, *la dizaine, etc. Aujourd'hui, Lada propose une gamme importante d'automobiles. Et même si le Russe moyen rêve souvent d'une* **иномáрка**, *voiture étrangère, il reste assez fidèle à cette marque.*
Les blagues sur les Lada sont nombreuses. En voici une : Une belle Ferrari roule à 200 km/h quand soudain elle se fait dépasser

par une Lada... Quelle honte ! Peu après, l'occupant de la Ferrari voit la Lada sur le bas-côté, et le chauffeur qui tape dans le moteur avec un marteau.

Le conducteur de la Ferrari décide de rouler à 250 km/h, pour ne plus se faire dépasser, car il est vraiment humiliant de se faire dépasser quand on a une Ferrari... 5 km plus loin, la Lada le dépasse à nouveau...

Peu après, il voit de nouveau la Lada sur le bas-côté, le capot ouvert et le chauffeur qui tape encore avec un marteau dans le moteur...

Le conducteur de la Ferrari décide d'augmenter sa vitesse jusqu'à 300 km/h, mais la Lada le dépasse encore une fois !

---

89 Восемьдесят девя́тый уро́к

Какое счастье!

1 – Мы переезжа́ем!
2 – Вы бу́дете снима́ть кварти́ру?
3 – Нет, мы покупа́ем дом ① на́шей мечты́!
4 – Ой, ну расска́зывай скоре́е!
5 – Мне сейча́с не́когда:

Remarques de prononciation
1 мы переезжа́ем [mypiRi-ijja^{ié}m].

Notes

① Le mot masculin **дом**, *maison*, que vous avez déjà rencontré à plusieurs reprises, par exemple dans **до́ма**, *à la maison* (sans mouvement) et **домо́й**, *à la maison* (avec mouvement), peut aussi se traduire par *immeuble*. Ainsi, si on vous dit **Мой дом здесь ря́дом**, *Ma maison (mon immeuble) est à côté*, il ne s'agit pas forcément d'une maison particulière, mais plus probablement de l'immeuble dans lequel la personne habite...

6 je cours chez le notaire signer *(légaliser)* les papiers *(documents)*.

7 – Allez, s'il te plaît, au moins brièvement *(en bref)*.

8 – D'accord, écoute. C'est un hôtel particulier à un étage.

9 Il y a une terrasse, deux balcons, un grenier et une cave.

10 Le propriétaire de la maison est un ancien architecte,

11 c'est pourquoi l'agencement, comme tu peux le deviner *(toi-même tu comprends)*, est tout simplement ravissant.

12 Même les marches de *(sur)* l'escalier sont inhabituelles.

13 Dans la maison, [il y a] des plafonds hauts et des murs tout blancs *(blancs-neige)*.

14 Chacun d'entre *(de)* nous aura sa chambre !

15 – Et moi, je vis dans notre appartement de deux pièces au sixième étage…

16 Dans notre immeuble, l'ascenseur tombe en panne tout le temps *(en-permanence se-casse ascenseur)*,

17 et nous sommes obligés de monter *(par l'escalier)* à pied !

18 – Oui, dans ce cas, il vaut mieux vivre au rez-de-chaussée.

Comparez :
Это моя́ ко́мната. *C'est ma chambre.*
У нас в кварти́ре три ко́мнаты. *Dans notre appartement, il y a trois pièces.*

④ Et encore une fois la préposition **по** suivie du datif qui exprime l'idée d'un mouvement sur la surface de quelque chose/le long de quelque chose : **идти́ по у́лице**, *marcher dans une rue* ; **поднима́ться по ле́стнице**, *monter un escalier*.

Упражнение 1 – Читайте и переводите

❶ Они переезжают. Думаю, они купили новую квартиру. ❷ Ему приходится подниматься по лестнице каждое утро. ❸ Они живут на пятом этаже в доме без лифта. ❹ – Я ищу Тамару. – В таком случае вам надо на седьмой этаж. ❺ Вы покупаете этот восхитительный особняк? Какое счастье!

Упражнение 2 – Восстановите текст

❶ Là *(maintenant)*, je n'ai pas le temps de t'écouter : je cours au travail.

Мне сейчас . . . . тебя слушать: я . . . . на работу.

❷ Dans cet immeuble, l'ascenseur tombe en panne tout le temps, c'est pourquoi on doit monter à pied.

В этом доме постоянно ломается . . . . , поэтому . . . . подниматься пешком.

❸ Chacun d'entre eux a sa propre chambre et sa salle de bains.

У каждого . . них есть своя комната и . . . .

❹ Bien, je raconte en bref tout ce qui s'est passé la semaine dernière.

Хорошо, рассказываю . . . . всё, что . . . . на прошлой неделе.

Corrigé de l'exercice 1

❶ Ils déménagent. Je pense qu'ils ont acheté un nouvel appartement. ❷ Il est obligé de monter l'escalier chaque matin. ❸ Ils vivent au quatrième étage, dans un immeuble sans ascenseur. ❹ – Je cherche Tamara. – Dans ce cas, il vous faut [monter] au sixième étage. ❺ Vous achetez ce magnifique hôtel particulier ? Quelle chance !

❺ Avant, mon frère louait un appartement dans un immeuble [situé] à côté d'un hôtel particulier chic.

Раньше мой брат . . . . . . квартиру в . . . . рядом с шикарным особняком.

Corrigé de l'exercice 2

❶ – некогда – бегу – ❷ – лифт – приходится – ❸ – из – ванная
❹ – вкратце – случилось – ❺ – снимал – доме –

Deuxième vague : 40ᵉ leçon

Сва́дьба

1 – Го́споди! ① Как же бы́стро ② расту́т де́ти!

2   Представля́ешь, мой племя́нник реши́л жени́ться ③!

3 – А ра́зве ④ не племя́нница твоя́ за́муж выхо́дит ③?

4 – Да что ты! Она́ уже́ давно́ вы́шла.

5   Уже́ и шампа́нское пи́ли, и че́рез мосты́ её переноси́ли ⑤,

6   и ту́флю её кра́ли…

Remarque de prononciation
5 через мосты́ *[tchiRizmasty]*.

Notes

① L'expression **Го́споди!**, *Seigneur !*, *Mon Dieu !*, vient du singulier masculin **Госпо́дь**, *Dieu*. Il existe plusieurs variantes de cette expression. Vous connaissez déjà **Бо́же мой!**, *Mon Dieu !*. En réunissant les deux, nous obtenons : **Го́споди, Бо́же мой!**, qui exprime la même chose.

② Il existe une hypothèse selon laquelle le mot russe **бы́стро**, *vite*, aurait été à l'origine du mot français "bistrot". La raison de ce "rapprochement linguistique" serait que les Cosaques (soldats russes) qui occupèrent Paris entre 1816 et 1818 n'avaient pas le droit de boire, car ils devaient laisser une bonne image de l'armée russe. Alors, en entrant dans les bars, ils criaient au serveur "Donne-nous du vin, vite, vite !", car ils avaient peur d'être pris en flagrant délit par leur hiérarchie. L'oreille française n'aurait retenu que le dernier mot, "bistrot", qui n'est autre que l'adverbe russe transformé. Plusieurs autres interprétations de l'étymologie du mot "bistrot" existent et il faut savoir que cette hypothèse, bien que très connue, est considérée comme fantaisiste par les lexicographes.

Le mariage

1 – Seigneur ! Comme *(donc)* les enfants grandissent vite !

2 Tu t'imagines, mon neveu a décidé de se marier !

3 – Ce n'est pas ta nièce qui se marie *(derrière mari sort)* ?

4 – Mais non *(Oui quoi tu)* ! Elle s'est mariée il y a longtemps *(Elle déjà depuis-longtemps sortie)*.

5 On a déjà *(et)* bu le champagne, et on l'a portée sur les *(à travers)* ponts,

6 *(et)* on [lui] a volé sa chaussure…

Свадьба.

③ Pour traduire le verbe français *se marier*, il faut faire attention : le russe fait la différence selon que l'on parle d'un homme ou d'une femme. Pour une fille, ce sera **выйти замуж**, tandis que pour un garçon (ou pour un couple), on dira **жениться**.

④ **разве** s'utilise dans une question qui exprime le doute, l'incrédulité ou la méfiance :
Разве ты не любишь чеснок? *Mais tu n'aimes pas l'ail ?* (sous-entendu J'étais persuadée du contraire !)
Разве он не в кино? *N'est-il pas au cinéma ?* (J'étais sûr qu'il y était !)

⑤ **переносить через мосты**, *porter sur les* ("à travers") *ponts* : il s'agit des ponts que le jeune marié doit traditionnellement passer en portant la mariée dans ses bras.

7 Тепе́рь ⑥ вот о́чередь племя́нника…

8 То́лько с его́ неве́стой бу́дет сложне́е ⑦…

9 Племя́нница-то моя́ была́ стро́йная, худе́нькая,

10 а э́та да́ма намно́го полне́е ⑦,

11 и я бою́сь, он её уро́нит…

12 – А вы на мосты́ не ходи́те!

13 На па́мятники буке́ты возложи́те ⑧, да и в рестора́н:

14 и де́ло в шля́пе!

15 – А она́ не оби́дится?

16 – Гла́вное – такти́чно ей э́то объясни́ть… ☐

Notes

⑥ Vous avez déjà vu plusieurs fois **сейча́с** et **тепе́рь**. Tous les deux se traduisent par *maintenant*, mais avec une nuance de sens : **тепе́рь** marque une nouvelle étape et se traduit par *maintenant* dans le sens de *par rapport à avant*. Comparez :

– Что сейча́с де́лает па́па? – Он ку́рит. – *Que fait papa maintenant ? – Il fume.*
Ра́ньше па́па мно́го кури́л, пото́м бро́сил и тепе́рь совсе́м не ку́рит. *Avant, papa fumait beaucoup, après il a arrêté, et maintenant il ne fume pas du tout.*

***

Упражне́ние 1 – Чита́йте и переводи́те

❶ – Моя́ племя́нница выхо́дит за́муж. – Как здо́рово! А когда́ у неё сва́дьба? ❷ Прости́те, по-мо́ему, сейча́с моя́ о́чередь. Вы стои́те за мной. ❸ У них в го́роде есть река́ и о́чень мно́го мосто́в. ❹ Держи́те, э́ти цветы́ для вас. Осторо́жно, не уроните. ❺ – А ра́зве твой брат ещё не жени́лся? – Коне́чно жени́лся, уже́ давно́.

7	Maintenant c'est au tour de mon neveu…
8	Seulement, avec sa fiancée, cela sera plus compliqué…
9	Ma nièce était svelte, menue,
10	mais cette dame[-là] est beaucoup plus forte,
11	et j'ai peur qu'il ne la fasse *(la fera)* tomber…
12 –	Mais n'allez pas sur les ponts !
13	Déposez des bouquets au pied *(sur)* des monuments et ensuite [allez] au restaurant :
14	et l'affaire est dans le sac *(chapeau)* !
15 –	Mais elle ne se vexera pas ?
16 –	Le principal, c'est de lui expliquer ça avec tact…

⑦ **сложне́е** et **полне́е** sont les comparatifs de supériorité des adjectifs **сло́жный**, *compliqué*, et **по́лный**, *fort*, *obèse*. Ils sont formés avec le suffixe **-ee**. Pour revoir la formation du comparatif, n'hésitez pas à relire le § 2 de la leçon 84.

⑧ Faites attention à l'accent. Le verbe perfectif **возложи́ть**, *déposer*, à la 2ᵉ personne du pluriel, peut porter l'accent sur deux syllabes différentes, mais il s'agit de deux formes verbales différentes : **возложи́те!**, *déposez !*, est l'impératif, tandis que **возло́жите**, *vous déposerez*, est le futur.

***

Corrigé de l'exercice 1

❶ – Ma nièce se marie. – C'est chouette ! Et quand a lieu son mariage ? ❷ Excusez-moi, [mais] à mon avis, c'est mon tour. Vous êtes *(debout)* derrière moi. ❸ Dans leur ville, il y a un fleuve et beaucoup de ponts. ❹ Tenez, ces fleurs sont pour vous. Attention, ne [les] faites pas tomber. ❺ – Mais ton frère ne s'est-il pas encore marié ? – Bien sûr [que si] *(il s'est marié)*, ça fait déjà longtemps.

1 Comme les enfants grandissent vite : mon fils se marie et ma fille se marie [aussi].

Как . . . . . . дети . . . . . . : сын женится, а дочь выходит . . . . . .

2 Je pense que si l'on explique *(si expliquer)* tout avec tact, personne ne se vexera.

Я думаю, что если всё . . . . объяснить, никто не . . . .

3 Mon fils a décidé de se marier : il faut trouver une fiancée et l'affaire est dans le sac !

Сын решил . . . . : надо найти . . . ., и дело в . . . . . !

4 – Est-ce que c'est ta fiancée, [la fille] si svelte ? – Non, c'est son amie. Ma fiancée est à côté, [la fille] si forte !

– Это твоя невеста: такая . . . . ? – Нет, это её подруга. Моя невеста рядом: такая . . . . . . !

5 Vous vous imaginez, son mariage est demain, et rien n'est encore prêt !

. . . . , у него завтра . . . ., а . . . ничего не готово!

---

*La célébration des mariages russes s'accompagne de certains rituels qui prennent racine dans la nuit des temps et qui sont toujours respectés. Bien que les habitudes varient d'une région à l'autre, tout mariage traditionnel russe suit des règles bien précises. On parlera surtout de l'avant-mariage, du mariage religieux et de la fête elle-même, car la cérémonie à la mairie (désignée par l'abréviation **ЗАГС** [zaks] – **Отдел записи актов гражданского состояния**, Bureau [d'enregistrement des actes] d'état civil), reste assez proche de la cérémonie civile française.*
*Avant d'aller au **ЗАГС**, il arrive que l'on "achète" la mariée. C'est une tradition amusante selon laquelle le marié, son témoin et parfois*

Corrigé de l'exercice 2

❶ – быстро – растут – замуж – ❷ – тактично – обидится
❸ – жениться – невесту – шляпе ❹ – стройная – полная
❺ Представляете – свадьба – ещё –

quelques amis proches, doivent venir chercher la mariée chez ses parents pour l'amener ensuite à la cérémonie. Chaque marche de l'entrée, chaque porte franchie devient alors un bastion qu'il faut prendre d'assaut : le deuxième témoin (souvent la meilleure amie de la fiancée) annonce les gages à réussir ou le prix à payer pour que le fiancé puisse enfin découvrir la fiancée. Ensuite, les futurs époux vont au ЗАГС où sont présentés le passeport et les alliances, sans lesquels le mariage ne pourrait pas être enregistré.

Après la cérémonie civile, il peut y avoir un mariage religieux, à l'église. Chez les orthodoxes, il se déroule en deux temps : on célèbre d'abord l'office des fiançailles, puis l'office du couronnement, qui s'accompagnent des chants d'une chorale (il ne doit pas y avoir de musique enregistrée).

S'il n'y a pas de mariage religieux, après la cérémonie civile et avant la noce, les jeunes mariés font un tour en voiture à travers la ville, suivis par un cortège de voitures. Ils s'arrêtent devant les monuments importants, notamment ceux qui rendent hommage aux soldats morts pour la patrie, et y déposent des fleurs. Ils s'arrêtent également devant les ponts, que le jeune marié doit franchir en portant la mariée dans ses bras. Traditionnellement, il faut en traverser sept.

*La fête qui suit peut avoir lieu dans un restaurant. Il y a toujours un animateur, le **тамада́**, qui rythme le déroulement de la fête. À un moment donné, une chaussure de la mariée va être volée par des enfants et rachetée par le témoin du marié. Parfois on vole la mariée elle-même ! Pour la récupérer, le **тамада́** propose des gages... Le mot qu'on entend le plus souvent est **го́рько!**, Amer ! Les invités le déclament en levant leur verre, et chaque fois qu'il est prononcé les jeunes mariés doivent s'embrasser pendant que les invités comptent : un, deux, trois, quatre... Le but étant – vous l'aurez deviné – de tenir le plus longtemps possible.*

Deuxième vague : 41ᵉ leçon

Повторе́ние – Révision

1 Les prénoms

Les prénoms (et les noms patronymiques) se déclinent comme les substantifs. Ils ont, pour la plupart, plusieurs diminutifs : un diminutif à connotation neutre et plusieurs diminutifs "affectifs". Pour **Ви́ктор** par exemple, le diminutif neutre est **Ви́тя**, et les diminutifs affectifs sont **Витёк**, **Ви́тенька** et **Витю́ша**.

La plupart des prénoms ont également un diminutif qui appartient à la langue parlée. Il se forme à partir du diminutif "neutre" qui se termine par un **-а** ou **-я**, en intercalant un **к** devant cette terminaison : **Алекса́ндр → Са́ша → Са́шка**. Quand le diminutif se termine par **я**, il faut obligatoirement le remplacer par un **-а**, à cause de la règle d'incompatibilité orthographique (jamais de **я** après le **к**). Dans ce cas, on ajoute un signe mou devant le **к** : **Татья́на → Та́ня → Та́нька** ; **Ви́ктор → Ви́тя → Ви́тька**. Dans les diminutifs à deux syllabes, l'accent tombe sur l'avant-dernière syllabe. Notez que ce type de diminutif familier en **-ка**, même s'il est très courant, est moins élégant que le "neutre" ; il porte souvent – mais pas toujours – une nuance négative. Les jeunes utilisent fréquemment les diminutifs, et cela sans aucune connotation négative. L'intonation compte aussi, bien évidemment.

2 Les noms de famille

Les noms de famille se terminant par **-ов, -ин, -ский, -ый, -ой** ont une forme du féminin (en **-а, -ая**), tandis que tous les autres (par exemple ceux qui se terminent par **-ич** et **-о**) n'en ont pas. Comparez :

– На вечери́нке бы́ло мно́го люде́й: Ви́ктор Гончаро́в и Тама́ра Гончаро́ва, Са́ша Купри́н и Та́ня Куприна́, Све́та Груши́нская и Оле́г Груши́нский.

– À la soirée, il y avait beaucoup de monde : Victor Gontcharov (m.) et Tamara Gontcharova (f.), Sacha Kouprine (m.) et Tania Kouprina (f.), Sveta Grouchinskaïa (f.) et Oleg Grouchinskiï (m.).

– **А Петро́вы то́же бы́ли?**
– *Et les Pétrov étaient là aussi ?*
– **Нет, они́ не пришли́. А вот На́дя Засу́лич, И́горь Засу́лич и Ковале́нко пришли́.**
– *Non, ils ne sont pas venus. Mais Nadia Zassoulitch (f.), Igor Zassoulitch (m.) et les Kovalenko sont venus.*

En l'absence de prénom ou d'accord verbal, ces derniers noms de famille peuvent être considérés comme masculin, féminin ou même pluriel. Les noms en **-ский**, **-ый** et **-ой** se déclinent comme des adjectifs :
Я о́чень люблю́ чита́ть кни́ги Толсто́го.
J'aime beaucoup lire les livres de Tolstoï.
Les noms de familles en **-ов** et **-ин** ont une déclinaison "mixte" (rappelant celle des adjectifs et des substantifs) :

	Masculin	Féminin	Pluriel
Nominatif	Ивано́в	Ивано́ва	Ивано́вы
Génitif	Ивано́ва	Ивано́вой	Ивано́вых
Datif	Ивано́ву	Ивано́вой	Ивано́вым
Accusatif	Ивано́ва	Ивано́ву	Ивано́вых
Instrumental	Ивано́вым	Ивано́вой	Ивано́выми
Locatif	Ивано́ве	Ивано́вой	Ивано́вых

3 Les mois de l'année

Vous connaissez déjà *octobre* – **октя́брь**. Complétons (c'est tout simple) : **янва́рь**, *janvier* ; **февра́ль**, *février* ; **март**, *mars* ; **апре́ль**, *avril* ; **май**, *mai* ; **ию́нь**, *juin* ; **ию́ль**, *juillet* ; **а́вгуст**, *août* ; **сентя́брь**, *septembre* ; **октя́брь**, *octobre* ; **ноя́брь**, *novembre* ; **дека́брь**, *décembre*.
Dans les leçons 83 et 84, nous avons vu comment indiquer un moment dans le présent (ou le futur), et dans le passé. Rappelez-vous qu'on met le mois au génitif. Ainsi, on obtient toujours la même terminaison **-я**, sauf pour **март**, *mars*, et **а́вгуст**, *août*, qui sont

des masculins durs et qui, par conséquent, prendront la terminaison **-a** au génitif. Observez :

Мы пожени́лись тре́тьего ма́я, а вы оди́ннадцатого а́вгуста.

Nous nous sommes mariés le 3 mai, et vous le 11 août.

4 Les préverbes

Nous avons parlé des préverbes à plusieurs reprises. Nous avons vu que souvent les verbes de mouvement avaient la même racine (**вы́лететь**, **полете́ть** et **прилете́ть** sont des dérivés de **лете́ть**, *voler*). Les préverbes qui modifient le sens du verbe peuvent être classés. Voici leurs significations les plus importantes :

* **вы**, *sortie, extraction* : **выходи́ть**, **вы́йти**, *sortir (à pied)* ; **выезжа́ть**, *partir, sortir (en moyen de locomotion)* ; **вылета́ть**, **вы́лететь**, *partir (en volant)*.
* **до**, *action menée jusqu'à son terme, sa limite* : **дойти́**, *arriver (à pied)* ; **довезти́**, *transporter, emmener (en transport)*.
* **за**, *mouvement conduisant vers une limite en changeant la trajectoire prévue* : **заходи́ть**, *entrer, passer (chez qqn)*.
* **об**, *action circulaire* : **объе́хать**, *faire le tour de, contourner*.
* **пере**, *traversée (espace, temps)* : **перейти́**, *traverser (à pied)* ; **переноси́ть**, *porter (à travers) en marchant* ; **переводи́ть**, *traduire* ; **переезжа́ть**, *déménager*.
* **при**, *arriver, approcher du but (avec contact)* : **приходи́ть**, *venir, arriver (à pied)* ; **приноси́ть**, **принести́**, *apporter* ;
* **про**, *passage* : **проходи́ть**, *passer, entrer* ; **пройти́**, *passer (à pied)* ; **прое́хать**, *passer (en voiture)* ;
* **про**, peut également indiquer le résultat indésirable d'une action : **проспа́ть**, *dormir trop longtemps*.

Il est très important et utile d'apprendre ces préverbes et leur signification, car ils permettent de déchiffrer une quantité considérable de mots. Cherchez d'abord la racine, puis le préverbe viendra préciser le sens !

5 Les verbes de la semaine

* **бежа́ть** (imperf., défini), *courir* : **бегу́**, **бежи́шь**, **бегу́т**.
* **возложи́ть** (perf.), *déposer* : **возложу́**, **возло́жишь**, **возло́жат**.

- **вылета́ть** (imperf., indéfini), *partir (en volant)* : **вылета́ю, вылета́ешь, вылета́ют** (comme **лета́ть**).
- **лета́ть** (imperf., indéfini), *voler* : **лета́ю, лета́ешь, лета́ют**.
- **останови́ться** (perf.), *s'arrêter* : **остановлю́сь, остано́вишься, остано́вятся**.
- **пла́вать** (imperf., indéfini), *nager* : **пла́ваю, пла́ваешь, пла́вают**.
- **приду́мать** (perf.), *inventer, trouver* : **приду́маю, приду́маешь, приду́мают**.

6 Les prépositions

- **за** suivi de l'instrumental peut signifier *aller chercher qqn ou qqch.* :

Ты ещё здесь? А кто пошёл за шампа́нским для вечери́нки?
Tu es encore là ? Mais qui est allé chercher le champagne pour la soirée ?

- **по** suivi du datif, signifie *d'après, selon* :

По расписа́нию, мы уезжа́ем ро́вно в пять.
D'après l'horaire, nous partons exactement à cinq heures.

Il rend aussi l'idée d'un *mouvement sur la surface / le long de / à travers quelque chose (en passant sur la surface de qqch.)* :
поднима́ться по ле́стнице, *monter un escalier* ; **плыть по мо́рю**, *nager dans la mer* ; **идти́ по́ лесу**, *marcher à travers la forêt* ; **лете́ть по́ небу**, *voler dans le ciel.*

1 – Ты что такой кислый?

2 – Мне сейчас некогда рассказывать; я опаздываю.

3 – Ну, хотя бы вкратце, а то странно тебя видеть таким грустным.

4 – Ладно, слушай!

5 Представляешь, у меня была встреча с одной классной девчонкой,

6 такой стройной, худенькой.

7 Но я проспал, потому что мой будильник сломался.

8 – Ты хотел проверить, хорошо ли он работает?

9 – Это не смешно…

10 – Я такого ещё не видел!

11 Я бы ни за что на свете не заснул перед такой встречей!

---

92 Девяно́сто второ́й уро́к

Боле́знь

1 – Нева́жно ① вы́глядишь ②.

Remarques de prononciation
1 вы́глядишь *[vygl^{lé}dich']*.

Notes

① Selon le contexte, **нева́жно** peut se traduire par *mal*, *pas bien*, *insignifiant* ou *pas important*. Observez :
Нева́жно, где ты бу́дешь, я тебя́ найду́! *Peu importe où tu seras, je te trouverai !*

▶

1 Pourquoi fais-tu cette tête ? **2** Je n'ai pas le temps de raconter [ça] maintenant ; je suis en retard. **3** Mais au moins en bref, car c'est étrange de te voir si triste. **4** D'accord, écoute ! **5** Tu t'imagines, j'avais un rendez-vous avec une chouette fille, **6** toute svelte et menue. **7** Mais je ne me suis pas réveillé, car mon réveil est tombé en panne. **8** Tu voulais vérifier s'il marchait bien ? **9** Ce n'est pas drôle… **10** Je n'ai jamais vu ça ! **11** Je ne me serais jamais endormi avant un tel rendez-vous !

Deuxième vague : 42ᵉ leçon

Quatre-vingt-douzième leçon   92

La maladie

1 —   Tu as mauvaise mine *(mal tu-parais)*.

– **Как дела́?** – **Нева́жно.** – *Comment ça va ? – Pas bien.*
– **Ты хоте́ла кра́сный сви́тер? А я купи́ла зелёный...** –
Э́то нева́жно! Мне он о́чень нра́вится. – *Tu voulais un pull rouge ? Et moi, j'en ai acheté un vert... – Ce n'est pas grave ! Il me plaît beaucoup.*

② **вы́глядишь** est la 2ᵉ personne du singulier du verbe imperfectif **вы́глядеть**, *paraître, avoir l'air.*

2 – Да мне что́-то ③ пло́хо.

3 У меня́ ка́шель и о́чень о́страя боль в го́рле.

4 – А температу́ра ④ есть?

5 – Ду́маю, да, но не о́чень высо́кая.

6 – Скоре́е всего́, у тебя́ грипп.

7 Тебе́ на́до полежа́ть ⑤ в посте́ли хотя́ бы ⑥ три дня!

8 А ещё тебе́ на́до бо́льше пить,

9 наприме́р, чай с мали́ной и́ли с мёдом.

10 Я сбе́гаю в апте́ку за аспири́ном.

***

Notes

③ Vous connaissez déjà les indéfinis **что́-нибудь**, *quelque chose*, *n'importe quoi* et **что́-то**, *quelque chose*. Cependant, ces deux indéfinis ont une différence de sens : avec **что́-нибудь**, il s'agit de quelque chose d'indéfini et d'inconnu pour celui qui parle, tandis que **что́-то** indique un objet précis, mais dont celui qui parle ne peut se souvenir ou dont il ne connaît pas la nature exacte. Observez les exemples :

Она́ что́-то мне говори́ла о тебе́, но я не по́мню, что. *Elle m'a raconté quelque chose sur toi, mais je ne me rappelle pas quoi* (je le savais, mais je ne me rappelle plus).

Скажи́ мне что́-нибудь хоро́шее. *Dis-moi quelque chose de bien* (je ne sais pas quoi exactement ; n'importe quoi de bien).

Mais dans l'expression **Мне что́-то пло́хо**, *Je me sens mal*, **что́-то** n'est pas un complément d'objet direct. Il ne se traduit pas, mais apporte la nuance "je ne sais pas pourquoi, et j'en suis étonné". Comparez :

Он дал мне что́-то. *Il m'a donné quelque chose* (COD).

Что́-то он дал мне сли́шком мно́го де́нег. *Il m'a donné trop d'argent* (cela m'étonne, je ne sais pas pourquoi il m'en a donné autant).

④ **температу́ра** se traduit par *température*, *fièvre* :

– **Кака́я у него́ температу́ра? – О́коло тридцати́ восьми́.**▶

2 – Oui, je me sens mal.

3 Je tousse *(J'ai la toux)* et [j'ai] une douleur très aiguë dans la gorge.

4 – Est-ce que tu as de la fièvre ?

5 – Je pense que oui, mais pas beaucoup *(pas très haute)*.

6 – Il y a de fortes chances *(Le-plus-vite-de-tout)* [que] tu aies *(as)* la grippe.

7 Il faut que tu restes *(à-toi il-faut rester-couché-un-peu)* au lit au moins trois jours !

8 Et aussi, tu dois boire plus,

9 par exemple du thé avec de la [confiture de] framboise ou avec du miel.

10 Je cours à la pharmacie chercher *(pour)* de l'aspirine.

***

▶ – *Combien de température* ("Quelle température") *a-t-il ?*
– *Près de trente-huit.*

⑤ Nous avons déjà vu à la leçon 60 (note 2) le verbe de position **лежа́ть** (imperf.), *être allongé/couché*. Le verbe perfectif **полежа́ть**, *rester couché*, est également un verbe de position. Le préverbe **по-** limite l'action : "*rester couché un moment*". Souvent, vous trouverez un indicateur de temps après ce verbe. Observez ces exemples :
У меня́ боле́ла голова́, но я полежа́ла немно́го, и тепе́рь она́ не боли́т. *J'avais mal à la tête, mais je suis restée couchée un peu et maintenant, je n'ai plus mal.*
– Ты так до́лго спал! – Я не спал, я полежа́л часа́ два, но не смог засну́ть. *– Tu as dormi si longtemps ! – Je n'ai pas dormi, je suis resté couché près de deux heures, mais je n'ai pas pu m'endormir.*
Vous rencontrerez certainement d'autres verbes de position avec le même préfixe qui aura la même notion de limitation.

⑥ **хотя́ бы** a une variante orthographique **хоть**, *au moins* : **Дай мне хотя́ бы (хоть) три рубля́.** *Donne-moi au moins trois roubles.*

11 Будешь принимать его по ⑦ одной
таблетке до **или** во время еды.

12 Сегодня посидишь дома, а завтра
сходишь к врачу.

13 Не расстраивайся!

14 С нашими русскими морозами простуда
– самое обычное дело!

15 Выздоравливай!

16 – Ну, с такой заботой я обязательно
поправлюсь!

---

11 еды́ *[ᶦᵉdy]*.

Notes

⑦ Nous avons déjà vu la préposition **по** suivie du datif (leçon 70). La
voici avec un nouveau sens, celui de la distribution :

**Да́йте ка́ждому по корзи́не, мы идём в сад за я́блоками
и гру́шами.** *Donnez un panier à chacun, nous allons dans le
jardin chercher des pommes et des poires.*

***

Упражне́ние 1 – Чита́йте и переводи́те

❶ – Не люблю я русские морозы. – А мне
они нравятся! ❷ Скорее всего, у него высокая
температура. ❸ Не расстраивайся, всё будет
хорошо! ❹ – Неважно выглядишь. – Просто
сильно устал на работе. ❺ Врач сказал, что
тебе надо полежать в постели дня два.

11 Tu vas en prendre un comprimé avant ou pendant le *(dans temps du)* repas.

12 Aujourd'hui tu resteras *(assis)* à la maison, et demain tu iras chez le médecin.

13 Ne t'en fais pas !

14 Avec le froid qu'il fait en Russie *(Avec nos russes froids)*, les refroidissements sont une affaire banale *(la-plus habituelle)* !

15 Rétablis-toi [vite] !

16 – Eh bien, avec de tels soins *(un-tel soin)* je ne peux que guérir *(obligatoirement je-guérirai)* !

Не люблю я русские морозы.

***

Corrigé de l'exercice 1

❶ – Je n'aime pas le froid qu'il fait en Russie *(les russes froids)*. – Et moi, si *(à-moi eux plaisent)*. ❷ Il y a de fortes chances qu'il ait beaucoup de fièvre. ❸ Ne t'en fais pas, tout ira *(sera)* bien ! ❹ – Tu as mauvaise mine. – Je me suis tout simplement épuisé *(fortement fatigué)* au travail. ❺ Le médecin a dit qu'il fallait que tu restes au lit deux jours.

Упражнение 2 – Восстановите текст

❶ Il faut prendre ces comprimés pendant le repas.

Эти .... надо принимать .. .. еды.

❷ Elle a la grippe ? Il faut qu'elle boive *(Il lui faut boire)* du thé avec du miel.

У неё ..... ? Ей надо пить чай с ......

❸ Reste *(un peu assis)* à la maison au moins un soir !

...... дома .... .. один вечер !

❹ Je me sens mal. Est-ce que tu peux courir à la pharmacie chercher des comprimés ?

Мне плохо. Можешь ...... в аптеку за ....?

❺ – Remets-toi [vite] ! – Eh bien, comment ne pas guérir, avec de pareils soins ?

– .... ! – Да как с такой ...... не поправиться?

---

93   Девяно́сто тре́тий уро́к

Dans cette leçon, faites attention à la formation du pluriel. Vous le connaissez très bien, mais il est toujours utile de faire une petite révision. Si vous rencontrez encore quelques difficultés, relisez les

Кака́я краси́вая ку́хня!

1   У ба́бушки, как у любо́й хоро́шей хозя́йки, на ку́хне – поря́док и чистота́.

❶ – таблетки – во время – ❷ – грипп – мёдом ❸ Посиди – хотя
бы – ❹ – сбегать – таблетками ❺ Выздоравливай – заботой –

*Un samovar, de la confiture et du miel, des crêpes, des pirojkis, des
tartes et du citron, tels étaient traditionnellement les éléments in-
dispensables à la cérémonie du thé. Malheureusement, on ne prend
plus guère le thé de cette manière aujourd'hui. Cependant, même
si on boit de plus en plus de café, le thé a toujours une place importante. On en boit pendant les pauses au travail, quand on reçoit
des amis le dimanche, et parfois même à table, pour accompagner
le repas.*
*Et savez-vous comment préparer un thé à la manière russe ? On fait
d'abord un thé très fort* **(зава́рка)** *dans une théière ; ensuite, on en
verse un peu, dans les tasses, puis on y ajoute de l'eau bouillante.
Souvent, on prépare la théière le matin et on la laisse sur la table
toute la journée. Ainsi, on peut se resservir du thé en ajoutant de
l'eau bouillante jusqu'au lendemain.*

Deuxième vague : 43ᵉ leçon

Quatre-vingt-treizième leçon   93

*paragraphes concernés dans les leçons de révision 28 et 35, et la
leçon 56 pour le pluriel des adjectifs.*

Quelle belle cuisine !

1   Chez grand-mère, comme chez toute bonne
maîtresse de maison, [règnent] l'ordre et la
propreté dans la cuisine.

2   Все кастрюли и сковородки стоят на
     отдельной полке в шкафу ①.

3   Тарелки, чашки, блюдца и прочая посуда
     – в навесном шкафчике.

4   Бокалы, рюмки ② и обыкновенные
     стаканы – за стеклом в буфете,

5   а все столовые приборы – столовые
     ложки, вилки, ножи,

6   а также кофейные и десертные приборы –

7   лежат в ящике в специальной секции
     буфета.

8   Помогать ей готовить – одно
     удовольствие:

9   всё лежит на своём месте, не надо
     тратить время на поиски.

10   Я очень люблю, когда бабушка достаёт
     из дальнего шкафа старинный самовар.

11   Это значит ③, что она приготовила
     вкусные пироги и блинчики ④ с
     вареньем,

Remarques de prononciation

2 на отдельной *[naaddeln^{ai}]*.
3 блюдца *[bliouts^a]*.
7 в ящике *[v^yiachtchik^{ié}]*.

Notes

① Nous savons que certains noms masculins ont leur locatif en **y** (toujours accentué) : **в шкафу́**, *dans l'armoire*. Pour revoir la formation du locatif (prépositionnel), référez-vous aux leçons 21 § 3, et 77 § 2.

② Le mot **рю́мочка**, que nous avons vu dans la leçon 83, est le diminutif de **рю́мка**, *petit verre à pied*. Ce diminutif est formé à l'aide du suffixe diminutif des noms féminins **-очка**. Autre exemple, **да́ма**, *dame* + **очка** → **да́мочка**, *(petite) dame*. ▶

2 Toutes les casseroles et les poêles sont *(-debout)* **93**
sur une étagère à part *(séparée)* dans l'armoire.

3 Les assiettes, les tasses, les soucoupes et le reste
de la vaisselle *(autre vaisselle)* sont dans un
placard *(petite armoire)* mural.

4 Les coupes, les petits verres à pied et les verres
ordinaires sont derrière la vitre dans le buffet,

5 et tous les couverts *(de table)* – les cuillères à
soupe *(de table)*, les fourchettes, les couteaux

6 et également les couverts à dessert et à café –

7 sont *(-couchés)* dans un tiroir, dans un rayon
spécial du buffet.

8 L'aider à cuisiner est un véritable *(seul)* plaisir :

9 tout est *(-couché)* à sa place, on n'est pas obligé
de passer son temps à chercher *(dépenser temps
pour les recherches)*.

10 J'aime beaucoup quand grand-mère sort son
vieux samovar [du fond] d'un placard oublié
(d'un lointain placard) .

11 Cela signifie qu'elle a préparé de délicieuses
tartes et des crêpes à *(petites-crêpes avec)* la
confiture,

③ Ce mot, que vous connaissez déjà, est la 3ᵉ personne du singulier du verbe imperfectif **зна́чить**, *signifier* :

– **Что э́то зна́чит? – Не могу́ сказа́ть то́чно…** – *Qu'est-ce que ça signifie ? – Je ne peux pas dire exactement...*

④ Dans cette leçon, nous rencontrons beaucoup de diminutifs : **бли́нчик**, *petite crêpe*, est le diminutif de **блин**, *crêpe*, et **шка́фчик**, *petite armoire*, celui de **шкаф**, *armoire*. Comme vous pouvez le constater, ils sont formés à l'aide du suffixe **-чик**, caractéristique des diminutifs du masculin. Son usage ne signifie pas forcément que les objets désignés sont plus petits. Il peut y avoir une connotation affective, comme quand en français on dit "je prendrais bien un petit café". D'ailleurs, souvent, on ne traduira pas du tout le diminutif.

12 а их я просто обожаю!

13 На праздники она угощает ⑤ нас блинами с икрой.

14 Но это, естественно ⑥, деликатес,

15 который русские не могут себе позволить каждый день.

□

Notes

⑤ **угощáет** est la 3e personne du verbe imperfectif **угощáть**, *offrir, inviter*. Dans le sens *offrir qqch. à qqn* (nourriture, boisson), la personne à qui on offre une boisson ou de la nourriture est à l'accusatif, et l'objet proposé est à l'instrumental. Observez :

Я всегдá угощáю гостéй банáнами. *J'offre toujours des bananes à mes invités.*

⑥ Observez l'emploi du mot **естéственно**, *naturellement, évidemment* :

▶

***

Упражнение 1 – Читайте и переводите

❶ Приходи к нам в гости! Бабушка приготовила блинчики с вареньем. ❷ – Где мои джинсы? – Посмотри на нижней полке в шкафу. ❸ У меня на кухне порядок, чистота и всё на своём месте. ❹ Это слишком дорогое удовольствие, я не могу себе этого позволить. ❺ Дай, пожалуйста, две чашки и два блюдца. Будем пить чай.

12 et [moi], je les adore [tout] simplement !

13 Les jours de fête, elle nous offre des blinis avec du caviar.

14 Mais c'est *(ce sont)*, bien entendu, un mets délicat

15 que les Russes ne peuvent pas se permettre tous les jours *(chaque jour)*.

▸ **Я стоя́л о́коло окна́, когда́ кто́-то че́м-то разби́л его́. Есте́ственно, все поду́мали, что э́то был я!** *J'étais debout à côté de la fenêtre quand quelqu'un l'a cassée avec quelque chose. Bien évidemment, tout le monde a pensé que c'était moi !*
С ним прия́тно име́ть де́ло: да́же когда́ он помога́ет вам, он э́то де́лает так есте́ственно. Тако́е ощуще́ние, что ему́ нра́вится помога́ть лю́дям! *Il est agréable d'avoir affaire à lui : même quand il vous aide, il le fait d'une manière très naturelle ("si naturellement"). On a l'impression que cela lui plaît d'aider les gens !*

***

Corrigé de l'exercice 1

❶ Viens nous voir *(chez nous dans invités)* ! Mamie a préparé des crêpes à la confiture. ❷ – Où est mon jean ? – Regarde sur l'étagère du bas de l'armoire. ❸ Dans ma cuisine règnent l'ordre et la propreté, et tout est à sa place. ❹ C'est un plaisir trop cher, je ne peux pas me le permettre. ❺ Donne[-moi] deux tasses et deux soucoupes, s'il te plaît. Nous allons prendre le thé.

Упражнение 2 – Восстановите текст

❶ J'adore les crêpes, mais je ne sais pas les préparer.

Я ..... блинчики, но не умею .. готовить.

❷ Les cuillères, les fourchettes et les couteaux sont *(couchés)* dans le tiroir du haut du buffet.

....., ... и ножи .... в верхнем .... в буфете.

❸ – Et qu'est-ce que tu as dans le placard mural ? – Toutes sortes de vaisselle.

– А что у тебя в навесном .... ?
– Разная ....

❹ – Alors, quand allez-vous nous proposer du caviar russe ? – Pas maintenant ; pour les fêtes !

– Ну, когда будете .... нас русской .....? – Не сейчас; .. праздники!

❺ Dans ta cuisine, je passe *(dépense)* mon temps à chercher les *(pour les recherches des)* casseroles et les poêles. En voilà, une maîtresse de maison !

На твоей кухне я ..... всё время на поиски .... и .... Ну и ....!

❶ – обожаю – их – ❷ Ложки – вилки – лежат – ящике –
❸ – шкафчике – посуда ❹ – угощать – икрой – на – ❺ – трачу –
кастрюлей – сковородок – хозяйка

*Si les Français déclarent volontiers que les crêpes sont un de leurs
plats nationaux, les Russes, eux, pensent que ce plat est le leur – et
ils en sont très friands ! En Russie, les crêpes se préparent avec du
froment, de l'avoine, du sarrasin, de l'orge, avec ou sans levain.
Vous ne partirez jamais de chez une vraie* grand-mère, **бáбушка**,
sans avoir goûté ses **блины** (crêpes *faites avec une pâte au levain*), *ses* **блúнчики** (crêpes *préparées avec de la pâte sans levain
et souvent fourrées*) *ou bien ses* **пирогú** (*tartes fourrées ou non*).
*Pour les Russes, il est très important de nourrir ses invités, et sur-
tout de les nourrir bien !*

Deuxième vague : 44ᵉ leçon

Всё я́сно, как два́жды два!

1 – Приве́т, Илья́ ①!
2   Я вот ② хочу́ подгото́вить маши́ну к езде́ зимо́й,
3   но не зна́ю, что для э́того ну́жно сде́лать.
4   Я ведь молодо́й води́тель!
5   А ты, е́сли мне не изменя́ет ③ па́мять,
6   рабо́таешь на ста́нции ④ техобслу́живания.
7   Так вот, мне ну́жен твой сове́т.
8 – Па́мять у тебя́ великоле́пная;
9   я, действи́тельно, рабо́таю меха́ником.

Remarques de prononciation
2 к езде́ *[k iézdié]*.
6 техобслу́живания *[tiéHapsLoujyvani^ia]*.

Notes

① Certains prénoms n'ont pas de diminutif "neutre". C'est par exemple le cas des prénoms **Илья́** et **И́горь**.

② **вот** est ce qu'on appelle une particule parasite : elle se rajoute souvent dans la langue parlée sans changer le sens de la phrase.

③ **изменя́ет** est la 3e personne du verbe imperfectif **изменя́ть**, *tromper*. Attention, ici le complément d'objet direct français se traduit par le datif en russe. Comparez :
– **Я ду́маю, что её муж изменя́ет ей. – Како́й у́жас!** – *Je pense que son mari la trompe. – Quelle horreur !*

④ **ста́нция** est aussi une station de métro ou de train.

469 • четы́реста шестьдеся́т де́вять

C'est aussi clair que deux et deux font quatre !
(Tout clair comme deux-fois deux)

1 – Salut Ilia !
2   Je *(voilà)* veux préparer ma voiture pour l'hiver *(pour circulation en-hiver)*
3   mais je ne sais pas ce qu'il faut faire pour cela.
4   [Tu sais,] je suis *(Moi car)* un jeune conducteur !
5   Et toi, si ma mémoire est bonne *(si ne me trompe pas mémoire)*,
6   tu travailles dans un garage *(à une-station de-service-technique)*.
7   Eh bien voilà, j'ai besoin de tes conseils *(ton conseil)*.
8 – Ta mémoire est excellente *(parfaite)* ;
9   en effet, je suis *(travaille-en-tant-que)* mécanicien.

10 В первую очередь, тебе необходимо пройти ⑤ техосмотр ⑥.

11 С зажиганием, с тормозами и со сцеплением всё нормально?

12 – А кто его знает! По-моему, да.

13 Все контрольные лампочки в норме.

14 Аккумулятор вроде не барахлит ⑦.

15 Машина всегда заводится без проблем.

16 – Не забудь, что зимой перед тем, как ехать,

17 надо прогреть машину, а то ⑧ она заглохнет.

18 И очень важно долить ⑨ антифриза и поставить ⑩ на колёса зимние шины.

---

14 Аккумулятор *[akoumouliatᵊR]* (mais vous entendrez souvent aussi *[akamouliatᵊR]*).

Notes

⑤ Dans **необходимо пройти**, *il est nécessaire de passer*, l'accord est au neutre avec l'infinitif **пройти**, mais **необходимо** peut également s'accorder au masculin, au féminin, et au pluriel :

Вам необходим (masculin) **отпуск, так как вы сильно устали.** *Vous avez besoin d'un congé ("un congé vous est nécessaire") car vous êtes très fatigués.*
Тáне прóсто необходима (féminin) **встреча с этим человеком.** *Tania a vraiment ("simplement") besoin de rencontrer cette personne.*
В этом деле нам необходимы (pluriel) **ваши советы.** *Dans cette affaire, vos conseils nous sont nécessaires.*

⑥ Deux nouveaux mots composés : **техобслуживание** (**техническое обслуживание**), *service technique*, et **техосмотр** (**технический осмотр**), *contrôle technique.* ▶

10 En premier lieu *(tour)*, il faut que tu passes *(il t'est nécessaire de passer)* un contrôle technique.

11 Au niveau de *(Avec)* l'allumage, des freins et de l'embrayage, tout va bien *(normalement)* ?

12 – Qui sait *(Et qui le sait)* ! D'après moi, oui.

13 Tous les voyants de-contrôle normaux *(Toutes ampoules de-contrôle en norme)*.

14 L'accumulateur n'a pas l'air de mal fonctionner.

15 La voiture démarre toujours sans problème.

16 – N'oublie pas qu'en hiver, avant de [commencer à] rouler,

17 il faut [faire] chauffer la voiture, sinon elle risque de *(va)* caler.

18 Et il est très important d'ajouter *(de verser)* de l'antigel et de mettre*(-verticalement sur les roues)* les pneus d'hiver.

---

⑦ Attention ! **барахли́ть** (imperf.), *fonctionner mal*, appartient au registre familier.

⑧ **а то**, *sinon*, exprime souvent une légère menace, mais peut également se traduire par *car* :
Помоги́ мне на ку́хне, а то ско́ро уже́ приду́т го́сти! *Aide-moi dans la cuisine, car les invités arrivent vraiment* (déjà) *bientôt !*

На́до доли́ть бензи́на, а то маши́на заглóхнет. *Il faut ajouter de l'essence, sinon la voiture va caler.*

⑨ Le préverbe **до-** transmet l'idée d'ajout ou d'accomplissement d'une action : **доли́ть воды́ в стака́н**, *remplir un verre d'eau* ; **доде́лать упражне́ния**, *finir les exercices*.

⑩ Le verbe *mettre* peut se traduire de différentes façons, en russe, car on distingue *mettre horizontalement* et *mettre verticalement*. Notez déjà **поста́вить**, *mettre [verticalement]*.

94
19 А ещё нужно заправить полный бак,
20 а то зимой машина потребляет намного больше бензина.
21 — Ну, мог бы и не говорить ⑪ таких очевидных вещей !

Notes

⑪ **не говори́ть**, comme certains autres verbes négatifs, est suivi du génitif quand il s'agit de la négation totale :
Не говори́ ерунды́! *Ne dis pas d'absurdités* (aucune absurdité).
Не де́лай глу́постей. *Ne fais pas de bêtises* (aucune bêtise).

***

Упражнение 1 – Читайте и переводите

❶ Где находится ближайшая станция техобслуживания? Мне надо проверить колёса. ❷ – У тебя хорошая память? – Думаю, да. ❸ Давай сразу заправим полный бак, чтобы потом этим не заниматься. ❹ Что ты опять не понял? Всё ясно, как дважды два! ❺ – У тебя хорошо заводится машина? – Да, вроде, хорошо.

Упражнение 2 – Восстановите текст

❶ C'est bientôt l'hiver. Il faut mettre les pneus d'hiver *(aux roues)*.
Скоро зима. Надо ставить на ...... зимние .....

❷ Si tu ne chauffes pas la voiture, elle va caler.
Если ты не прогреешь ...... , она ....

❸ À mon avis, ma voiture ne fonctionne pas bien : elle consomme trop d'essence.
По-моему, моя машина .... : потребляет слишком много ....

19 Et aussi *(Et encore)* il faut faire le plein *(faire le réservoir plein),*

20 car en hiver la voiture consomme beaucoup plus d'essence.

21 – Eh bien, tu n'étais pas obligé de dire *(tu pouvais et ne-pas dire)* des choses aussi évidentes !

***

Corrigé de l'exercice 1

❶ Où se trouve la station-service la plus proche ? Je dois vérifier les pneus *(les roues).* ❷ – As-tu une bonne mémoire ? – Je pense que oui. ❸ Faisons le plein tout de suite pour ne pas [avoir à] nous en occuper après. ❹ Qu'est-ce que tu n'as pas compris, encore ? Tout est clair comme deux et deux font quatre ! ❺ – Ta voiture démarre-t-elle bien ? – Eh bien, apparemment, oui.

❹ Premièrement, tu dois te calmer et après, nous trouverons *(inventerons)* quelque chose.

Во- . . . . . . , тебе надо успокоиться, а потом что-нибудь . . . .

❺ Tu demandes toujours mes conseils, mais tu ne les écoutes jamais !

Ты всегда просишь моих . . . . , но никогда их не . . . . !

Corrigé de l'exercice 2

❶ – колёса – шины ❷ – машину – заглохнет ❸ – барахлит – бензина ❹ – первых – придумаем ❺ – советов – слушаешь

Deuxième vague : 45ᵉ leçon

Поте́ря

1 – Какой ужас: у меня украли сумку!
2 – Не кричите, это делу не поможет.
3 Лучше идите поскорее в ближайшее ①
    отделение милиции.
4 Надо заявить о ② краже.
5 – Да, действительно. Вы думаете, сумку
    найдут?
6 – Не знаю, это, конечно, трудно, но...
    будем надеяться.
7 А при ③ каких обстоятельствах у вас её
    украли?
8 – Не могу сказать точно, я ведь не сразу
    заметила.
9 У меня ещё рюкзак, пакет и зонт в
    руках.
10 Скорее всего в метро:

Notes

① **ближа́йшее**, *le plus proche*, est ce qu'on appelle un superlatif suffixal. Il est formé avec le suffixe **-айший**, mais évidemment accordé au neutre. Vous trouverez l'explication détaillée de la formation de ce type de superlatif dans la leçon de révision.

② **заяви́ть о**, *déclarer*, est suivi du locatif (prépositionnel) : **заяви́ть о чём-нибудь кому́-нибудь**, *déclarer quelque chose à quelqu'un.*

③ La préposition **при**, *devant*, *sous*, *dans*, est suivie du locatif (prépositionnel). Comparez ses différents sens :
При мне он ведёт себя отли́чно. *Devant moi, il se comporte parfaitement bien.*

Une perte

1 – Quelle horreur : on m'a volé mon sac !

2 – Ne criez pas, cela ne va pas arranger *(n'aidera pas)* l'affaire.

3 Allez plutôt *(Mieux allez plus-vite)* au poste de police le plus proche.

4 Il faut déclarer le vol *(au-sujet-du vol)*.

5 – Oui, en effet. Pensez-vous qu'on [re]trouvera mon sac ?

6 – Je ne sais pas, bien sûr, c'est difficile mais… on [peut l']espérer.

7 Et dans quelles circonstances vous l'a-t-on volé ?

8 – Je ne peux pas le dire exactement, car je ne [l']ai pas remarqué tout de suite.

9 J'avais *(j'ai)* encore un sac à dos, un sac en plastique et un parapluie dans les mains.

10 Le plus probable *(Plus vite que tout)*, c'est [que ce soit arrivé] dans le métro :

При каки́х обстоя́тельствах вы встре́тились? *Dans quelles circonstances vous êtes-vous rencontrés ?*
При царе́… *Du temps du* (sous) *tsar…*

11 в час пик столько людей, толкают со всех сторон.

12 – А что у вас было ④ в сумке?

13 – Да страшно подумать!

14 В ней были и ключи от квартиры, и деньги, и перчатки ⑤…

15 а самое главное – документы!

16 – Да, паспорт восстанавливать придётся ⑥ долго,

17 а с водительским удостоверением сколько мороки будет!

18 Ну, поспешите же в милицию! ☐

Notes

④ Le verbe est accordé au neutre avec **что** : **что было?**

⑤ Une règle d'or à bien retenir : on n'écrit jamais de **я** après **ч**. Quelques exemples : **часто**, *souvent* ; **встреча**, *rencontre* ; **перчатка**, *gant*.

⑥ **придётся** est la 3ᵉ personne du singulier du verbe perfectif **прийтись**, qui exprime l'idée d'obligation : **У меня сломалась машина, а я опаздываю. (Мне) придётся ехать на работу на такси!** *Ma voiture est tombée en panne et je suis en retard. Je vais être obligé d'aller au travail en taxi !* ▶

***

Упражнение 1 – Читайте и переводите

❶ Не плачь, это делу не поможет! ❷ В сумке у меня всегда лежат ключи от квартиры, кошелёк с деньгами и документы. ❸ – Хочу подарить жене на день рождения хорошие перчатки и зонт. – Отличная идея! ❹ – У Светы украли машину. – Будем надеяться, что её найдут. ❺ Зачем ты взял рюкзак? У тебя же есть сумка.

11 à l'heure de pointe, il y a tant de gens, on [vous] pousse de tous les côtés.

12 – Et qu'aviez-vous dans le sac ?

13 – Je ne veux même pas y penser *(Mais cela-fait-peur [y] penser)* !

14 Dedans *(Dans elle)* il y avait et les clés de l'appartement, et l'argent, et les gants…

15 et le plus important *(principal)* – les papiers !

16 – Oui, il faudra du temps [pour] refaire le passeport *(passeport reconstituer il-faudra longtemps)*,

17 et quel tracas pour *(et avec permis de-conduire combien tracas il-sera)* le permis de conduire !

18 Alors, allez vite au poste de police *(dépêchez donc à la police)* !

Чтобы хорошо́ сдать экза́мены, тебе́ придётся мно́го рабо́тать. *Pour bien passer les examens, tu vas devoir travailler beaucoup.*

Я не знал э́ту де́вушку и мне пришло́сь спроси́ть у неё, как её зову́т, чтобы нача́ть разгово́р. *Je ne connaissais pas cette jeune fille et il m'a fallu lui demander comment elle s'appelait pour entamer la conversation.*

***

Corrigé de l'exercice 1

❶ Ne pleure pas, cela ne va pas arranger *(aider)* l'affaire ! **❷** Dans le sac, j'ai toujours *(sont couchés)* les clés de l'appartement, un portefeuille avec de l'argent et mes papiers. **❸** – Pour son anniversaire, je veux offrir de bons gants et un parapluie à ma femme. – Excellente idée ! **❹** – On a volé la voiture de Svéta. – Espérons *(Nous-allons espérer)* qu'on la retrouvera. **❺** Pourquoi as-tu pris un sac à dos ? Tu as bien un sac à main [non ?].

Упражнение 2 – Восстановите текст

❶ – Qu'est-ce que tu as dans le sac à dos ? – Des livres et un parapluie.

– Что у тебя в . . . . ? – Книги и . . . . .

❷ Je n'ose pas y penser *(Effrayant penser)* : perte après perte. D'abord, le passeport, ensuite le portefeuille, et maintenant les clés de l'appartement !

. . . . . . подумать: . . . . . за потерей. Сначала паспорт, потом кошелёк, а теперь и . . . . . от квартиры!

❸ – Votre permis de conduire [, s'il vous plaît]. – Le voici *(Voilà, s'il-vous-plaît)*.

– . . . . водительское . . . .
– Вот, пожалуйста.

В аэропорту́ ①

1 – Ты не забы́ла биле́ты и паспорта́ ②?
2 – Нет, не волну́йся, я уже́ пять раз прове́рила.
3 – А где твой бага́ж ③? Его́ на́до взве́сить!
4   Вдруг твой чемода́н ве́сит сли́шком мно́го?

Notes

① **В аэропорту́** est le locatif irrégulier (en **-у**) de **аэропо́рт**, *aéroport*.

② **па́спорт**, *passeport*, a le pluriel en **-а** : **паспорта́** ▶

④ À l'heure de pointe, dans le métro, il y a tant de monde *(gens)* ! **96**

В час ... в ..... так много ..... !

⑤ Si l'on vous a volé quelque chose, il faut déclarer le vol immédiatement à la police.

Если у вас ...... что-нибудь, надо сразу .... о ..... в милицию.

Corrigé de l'exercice 2

❶ – рюкзаке – зонт ❷ Страшно – потеря – ключи – ❸ Ваше – удостоверение – ❹ – пик – метро – людей ❺ – украли – заявить – краже –

Deuxième vague : 46ᵉ leçon

Quatre-vingt-seizième leçon   96

À l'aéroport

1 – Tu n'as pas oublié les billets et les passeports ?
2 – Non, ne t'inquiète pas, j'ai déjà vérifié cinq fois.
3 – Et où sont tes bagages ? Il faut les peser !
4   Et si *(Soudain)* ta valise pèse trop *(trop beaucoup)* ?

③ **багáж**, *bagage(s)*, est toujours au singulier en russe :
– У вас мнóго багажá? – Нет, одúн чемодáн. – *Avez-vous beaucoup de bagages ? – Non, une valise.*

5 Надо бу́дет плати́ть за ④ переве́с…

6 – Мам, не беспоко́йся, я уже́ всё взве́сила:

7 весь мой бага́ж ве́сит не бо́лее двадцати́ килогра́ммов!

8 – Почему́ не объявля́ют твой рейс?

9 – Регистра́ция начина́ется ⑤ за два часа́ до вы́лета,

10 ещё сли́шком ра́но.

11 – А куда́ ты поло́жишь ⑥ все докуме́нты и портати́вный компью́тер?

12 – Я возьму́ их в ручну́ю кладь.

13 – Доста́нь ⑦ па́спорт, что́бы он был у тебя́ под руко́й.

14 – Да не пережива́й ты так!

15 Па́спортный ⑧ контро́ль ещё не ско́ро. □

Remarques de prononciation

11 компью́тер [ka-mpiout^eR].
12 кладь [kLat^s].

Notes

④ Nous avons déjà vu la préposition **за** dans le sens de *pour* :

Они́ волну́ются за вас. *Ils s'inquiètent pour vous.*
Ici, il s'agit d'un autre **за**, souvent utilisé après le verbe **плати́ть** : **плати́ть за** + accusatif, *payer pour (en échange de, en règle-ment, en remboursement, à la place de quelqu'un).*

– Я ещё не заплати́ла за вино́. – Не волну́йся, я уже́ заплати́л за тебя́. *– Je n'ai pas encore payé pour le vin. – Ne t'inquiète pas, j'ai déjà payé pour toi* (à ta place).
Он сде́лал за меня́ все упражне́ния по англи́йскому! *Il a fait tous les exercices d'anglais à ma place !*

⑤ Attention, alors que le verbe *commencer*, n'est pas réfléchi en français, son équivalent russe, **начина́ться**, l'est dans cer-tains cas. Comparez : ▶

5 Il faudra payer pour l'excédent de poids…

6 – Maman, ne te tracasse pas, j'ai déjà tout pesé :

7 tous [ensemble,] mes bagages ne pèsent pas plus de vingt kilos !

8 – Pourquoi n'annonce-t-on pas ton vol ?

9 – L'enregistrement *(-se)*commence deux heures avant le départ *(en avion)*,

10 [Il est] encore trop tôt.

11 – Et où mettras-tu*(-horizontalement)* tous tes documents et l'ordinateur portable ?

12 – Je les prendrai comme bagage à main *(manuelle charge)*.

13 – Sors le passeport, pour l'avoir *(qu'il soit à toi)* sous la main.

14 – Mais ne t'inquiète pas comme ça !

15 Le contrôle des passeports n'est pas pour tout de suite *(encore ne-pas bientôt)*.

Он начина́ет рабо́тать в де́вять утра́. *Il commence à travailler à neuf heures du matin.*
Фильм начина́ется в шесть. *Le film* (se-)*commence à six heures.*

⑥ Vous vous rappelez que le russe distingue le positionnement horizontal et le vertical, et à la leçon 94 nous avons rencontré le verbe perfectif **поста́вить**, *poser* (verticalement). Voici maintenant le verbe perfectif **положи́ть**, *poser* (horizontalement). Cette distinction est importante, car il vaut mieux par exemple «**поста́вить**» **откры́тую буты́лку**, *poser verticalement une bouteille ouverte* que «**положи́ть**», la *poser horizontalement* !

⑦ Si vous voulez réviser la formation de l'impératif en **-ь** signe mou, référez-vous à la leçon 84.

⑧ L'adjectif **па́спортный** a été formé sur la base du nom **па́спорт**, avec le suffixe **н** et l'ajout de la terminaison adjectivale normale (**-ый**). Autre exemple : **моро́з**, *froid* + **н** + **ый** → **моро́зный день**, *une journée froide.*

96 **Упражнение 1 – Читайте и переводите**

❶ Я возьму эту сумку в ручную кладь, чтобы она была у меня под рукой. ❷ – Во сколько начинается регистрация? – Через двадцать минут. ❸ – Вы уже взвесили ваш багаж? – Ещё нет, а где это можно сделать? ❹ – Ваши билеты и паспорта, пожалуйста. – Вот они. ❺ Ой, по-моему, объявляют мой рейс. Мне надо идти.

Упражнение 2 – Восстановите текст

❶ Rencontrons-nous à l'aéroport deux heures avant le départ.

Давай встретимся в . . . . за два часа до . . . .

❷ N'oublie pas de prendre le passeport dans la valise et de le mettre dans le bagage à main.

Не забудь взять в . . . . паспорт и . . . . его в ручную . . . . . .

❸ – Combien pèse votre valise ? – Pas trop, j'espère *(J'espère, pas trop)*.

– Сколько . . . . . ваш чемодан? – . . . . , не слишком много.

❹ D'abord, il faut que vous passiez [au] contrôle des passeports, et après commencera l'enregistrement.

Сначала вам надо . . . . . . паспортный . . . . , а потом . . . . регистрация.

❺ – Prendras-tu [ton] ordinateur portable comme bagage à main ? – Bien sûr.

– Ты . . . . портативный . . . . в . . . . . . кладь? – Конечно.

Corrigé de l'exercice 1

❶ Je prendrai ce sac comme bagage à main, pour l'avoir sous la main. ❷ – À quelle heure commence l'enregistrement ? – Dans vingt minutes. ❸ – Avez-vous déjà pesé votre bagage ? – Pas encore, et où peut-on le faire ? ❹ – Vos billets et vos passeports, s'il vous plaît. – Les voilà. ❺ Oh, si je ne me trompe pas *(à mon avis)*, on annonce mon vol. Il faut que j'y aille.

Corrigé de l'exercice 2

❶ – аэропорту – вылета ❷ – чемодане – положить – кладь ❸ – весит – Надеюсь – ❹ – пройти – контроль – начнётся – ❺ – возьмёшь – компьютер – ручную –

В аэропорту.

Deuxième vague : 47ᵉ leçon

Шашлы́к ①

1 – Как прия́тно **вы**браться на приро́ду ②!
2 – Да, мы уже́ давно́ не выезжа́ли за́город.
3 Така́я чуде́сная поля́нка ③, ла́сковое со́лнце… и ни о́блачка !
4 Это про́сто идеа́льное ме́сто для на́шего пикника́.
5 – Ми́ша, доста́нь ④, пожа́луйста, из бага́жника большу́ю се́рую су́мку.
6 Найди́ в ней што́пор, открыва́лку для консе́рвных ба́нок и нож.
7 Я пока́ расста́влю однора́зовые стака́нчики и таре́лочки ⑤.

Remarque de prononciation
2 не выезжа́ли [nivyïzjali].

Notes

① Il est impensable de faire un pique-nique sans prévoir des **шашлы́к**, délicieuses *brochettes* de viande ou de poulet (et plus rarement, de poisson). On laisse toute une nuit mariner la viande dans un mélange d'oignons et de vinaigre, et le lendemain on fait cuire les brochettes à la braise accompagnées d'innombrables salades.

② Le mot **приро́да**, *nature*, comme certains autres mots que nous avons vus à la leçon 84, exige l'emploi de la préposition **на** au locatif (prépositionnel) ou à l'accusatif :
За́втра мы е́дем на приро́ду. *Demain, nous irons en pleine nature.*
Де́ти гуля́ли на приро́де це́лый день. *Les enfants se sont promenés en pleine nature toute la journée.*   ▶

Les chachlyks

1 – Qu'il est agréable d'être *(de-pouvoir-sortir)* en [pleine] nature *(sur la nature)* !

2 – Oui, cela faisait déjà longtemps que l'on n'était pas allés *(sortis-en-voiture)* à la campagne *(en-dehors-de-la-ville)*.

3 Quelle merveilleuse petite clairière, [quel] doux soleil… et pas un [seul] nuage *(petit-nuage)* !

4 C'est vraiment un endroit idéal pour notre pique-nique.

5 – Micha, sors le grand sac gris du coffre, s'il te plaît.

6 Sors *(Trouve dedans)* le tire-bouchon, l'ouvre-boîte *(pour les boîtes de conserve)* et un couteau.

7 Et moi, en attendant, je disposerai *(mettrai debout en distribuant)* les *(petits)* verres et les *(petites)* assiettes jetables *(d'une fois)*.

③ Le suffixe **-ка** est un suffixe diminutif du féminin : **морщи́на**, *ride* + **ка** → **морщи́нка**, *petite ride* ; **каби́на**, *cabine* + **ка** → **каби́нка**, *petite cabine* ; **да́ча**, *datcha* + **ка** → **да́чка**, *petite datcha*.

④ Et voici encore un impératif avec le signe mou (voir leçon 84).

⑤ Nous avons déjà vu le suffixe diminutif du masculin, **-чик**, dans la leçon 93. Observez : **стака́н**, *verre* + **чик** → **стака́нчик**, *petit verre* ; **карма́н**, *poche* + **чик** → **карма́нчик**, *petite poche* ; **лимо́н**, *citron* + **чик** → **лимо́нчик**, *petit citron*. À la leçon 93, nous avons également vu le suffixe diminutif des noms féminins **-очка** : **таре́лка**, *assiette* + **очка** → **таре́лочка**, *petite assiette* ; **оши́бка**, *erreur* + **очка** → **оши́бочка**, *petite erreur*.

8 – Ух ты! Уже пахнет шашлыками…

9 Открыть ⑥ бутылку вина?

10 – Или вы будете пиво?

11 – Открой бутылочку ⑦ красного вина.

12 С мясом оно – в самый раз.

13 – Надя, ты уже порезала огурцы и
помидоры для овощного ⑧ салата?

14 – Да, осталось ⑨ добавить лука и соли.

15 – Отлично, а то шашлыки уже почти
готовы.

16 – Смотри за ⑩ пламенем ⑪, а то твои
шашлыки сгорят!

17 – А ты смотри ⑫ с солью не перестарайся,

18 а то пересолишь, как в прошлый раз… □

Notes

⑥ Quand on fait une proposition, on emploie souvent l'infinitif :

Я иду́ на ры́нок. Вам купи́ть виногра́да? *Je vais au marché. [Voulez-vous que je] vous achète du raisin ?*
**– Дать тебе́ де́нег? – Нет, ма́ма, спаси́бо, у меня́ ещё
оста́лись де́ньги.** *– [Veux-tu que je] te donne de l'argent ?
– Non, maman, merci, j'en ai encore* ("m'est resté encore l'argent").

⑦ **буты́лочка** est le diminutif de **буты́лка,** *bouteille,* formé
avec le suffixe diminutif du féminin **-очка.**

⑧ **овощно́го** est le génitif de l'adjectif **овощно́й,** qui est formé sur
la base d'un nom, à l'aide du suffixe **н,** mais cette fois-ci avec
la terminaison **ой,** car l'accent tombe sur la fin du mot. **о́вощ,**
légume + **н** + **ой** → **овощно́й сала́т,** *salade de légumes.*

⑨ **оста́лось,** du verbe perf. **оста́ться** est accordé au neutre,
3ᵉ personne du singulier. C'est presque comme en français : *il ne
reste que...,* le verbe rester est accordé à la 3ᵉ pers. du singulier.

⑩ Vous connaissez le verbe imperfectif **смотре́ть,** *regarder.*
Quand il est suivi de la préposition **за** avec l'instrumental, il
signifie *surveiller quelqu'un ou quelque chose* : ▶

8 – Waouh ! Ça sent déjà [bon] les chachlyks…

9 [Tu veux que] j'ouvre *(Ouvrir)* une bouteille de vin ?

10 – Ou est-ce que vous allez [boire] de la bière ?

11 – Ouvre une *(petite-)*bouteille de vin rouge.

12 Avec la viande, c'est impeccable.

13 – Nadia, as-tu déjà coupé les concombres et les tomates pour la salade de légumes ?

14 – Oui, il [ne] reste [qu']à ajouter de l'oignon et du sel.

15 – Parfait, car les chachlyks sont quasiment prêts.

16 – Surveille la flamme, sinon tes chachlyks vont brûler !

17 – Et toi, fais attention avec le sel, *(n'en fais pas trop)*

18 sinon, tu en mettras trop *(trop-saleras)*, comme la dernière fois…

Смотри́, пожа́луйста, за свои́ми детьми́; а мои́ми я займу́сь сама́! *Surveille tes propres enfants, s'il te plaît ; quant aux miens, je m'en occupe ("occuperai") moi-même !*

⑪ **пла́менем** est l'instrumental de **пла́мя**, *flamme*. Ce mot appartient à la déclinaison des neutres en **-мя**. Vous pouvez réviser la déclinaison en vous référant à la leçon 49 § 2.

⑫ Soyez attentif à la succession des deux impératifs de 2ᵉ personne : dans cet emploi, **смотри́**, l'impératif du verbe **смотре́ть**, *regarder*, est couramment employé pour mettre en garde contre un danger, dans le sens de "attention de ne pas" : **Смотри́ не упади́!** *Attention de ne pas tomber !*

Упражнение 1 – Читайте и переводите

❶ Давайте поедем загород: природа, шашлыки – всё что нам нужно! ❷ Ух ты! Красивая полянка и солнце: в самый раз для пикника. ❸ – Ты купил вина? – Нет, давай возьмём пару бутылок пива. ❹ – Как вкусно пахнет! – Да, это моя мама готовит борщ. ❺ Ну, что будем делать? У нас пять консервных банок, но нет открывалки…

Упражнение 2 – Восстановите текст

❶ S'il te plaît, coupe des tomates, des concombres et l'oignon pour la salade de légumes.

Порежь, пожалуйста, ... , ... и . . . для овощного салата.

❷ S'il te plaît, sors le tire-bouchon du sac ; je veux ouvrir une bouteille de vin.

. . . . , пожалуйста, из сумки . . . . . . ; я хочу открыть . . . . вина.

❸ – Où est le grand sac bleu ? – Il est dans le coffre.

– А где большая . . . . . сумка? – Она в . . . .

❹ – Tania, as-tu déjà ajouté du sel dans la salade ? – Oui et j'ai peur de l'avoir trop salée.

– Таня, ты уже . . . . соли в . . . . . ? – Да, и боюсь, я его . . . .

❺ – Je vais aller voir papa et je vais lui dire toute la vérité ! – N'en fais pas trop !

– Сейчас пойду к папе и . . . . . ему . . . правду! – Смотри не . . . . !

Corrigé de l'exercice 1

❶ Allons *(en transport)* à la campagne *(hors de la ville)* : la nature, les brochettes – [c'est] tout ce qu'il nous faut ! ❷ Waouh ! Une belle clairière et du soleil : c'est exactement ce qu'il faut pour un pique-nique. ❸ – As-tu acheté du vin ? – Non, prenons deux bouteilles de bière. ❹ – Comme ça sent bon ! – Oui, c'est ma mère qui est en train de préparer le borchtch. ❺ Alors, qu'allons-nous faire ? Nous avons cinq boîtes de conserves, mais pas d'ouvre-boîte…

Corrigé de l'exercice 2

❶ – помидоры – огурцы – лук – ❷ Достань – штопор – бутылку – ❸ – синяя – багажнике ❹ – добавила – салат – пересолила ❺ – скажу – всю – перестарайся

Повторение – Révision

1 Les diminutifs

Le russe utilise beaucoup de suffixes diminutifs. Pour l'instant, nous n'en avons rencontré que quelques-uns.

Pour le féminin :
• -ка : кабина, *cabine* + ка → кабинка, *petite cabine* ;
• -очка : роза, *rose* + очка → розочка, *petite rose* ; après les chuintantes, ce suffixe prend la forme **-ечка** : ложка, *cuillère* + ечка → ложечка, *petite cuillère*.

Pour le masculin :
• -чик : фонтан, *fontaine* + чик → фонтанчик. Remarquez que quand le mot se termine par un л, on rajoute un signe mou ь : скандал, *scandale* + чик → скандальчик.
Il en existe beaucoup d'autres, mais vous les connaîtrez plus tard.

2 Le superlatif

Vous avez déjà rencontré le superlatif avec **самый**, *le plus*, + l'adjectif (parfois suivi de *из всех de tous*) : **самый интересный из всех**, *le plus intéressant de tous*. Un autre superlatif est formé avec le suffixe **-ейший, -ая, -ее**. C'est le superlatif absolu, et il n'est donc pas suivi de **из всех**, *de tous* : **интересный**, *intéressant* → **интереснейший** (attention à l'accent), *très intéressant* ; **вкусный**, *délicieux* → **вкуснейший**, *vraiment délicieux*. Après une chuintante, le suffixe prend les formes **-айший, -ая, -ее** et la consonne change assez régulièrement : **дикий**, *sauvage* → **дичайший**, *très sauvage* (к alterne avec ч) ; **близкий**, *proche* → **ближайший**, *très proche* (la suite de consonnes зк alterne avec ж). Remarquez que le suffixe **-айш-** est toujours accentué sur l'avant-dernière syllabe.

3 Les suffixes de formation des adjectifs

Beaucoup de noms forment des adjectifs à l'aide de suffixes. Pour l'instant, nous avons rencontré le suffixe **-н** suivi des terminaisons adjectivales **-ый** (ou **ой**), **-ая**, **-ое**. Par exemple : **óвощ**, *légume* → **овощнóй**, *de légume* ; **вкус**, *goût* → **вкýсный**, *délicieux* ; **интерéс**, *intérêt* → **интерéсный**, *intéressant*. Si le mot se termine par un **л**, on ajoute un signe mou **ь** : **идеáл**, *idéal* (m.) → **идеáльный** *idéal* (adj.).

4 Les verbes de position

Apprenez à bien employer ces verbes. Il est important de savoir les manier avec aisance.
• **полежáть** (perf.), *rester couché* : (cf. l'imperfectif **лежáть**) **полежý, полежúшь, полежáт**.
• **постáвить** (perf.), *mettre verticalement* : (cf. l'imperfectif **стáвить**) **постáвлю, постáвишь, постáвят**.
• **положúть** (perf.), *mettre horizontalement* : **положý, полóжишь, полóжат**.

5 Les autres verbes de la semaine

• **вы́глядеть** (imperf.), *paraître* : **вы́гляжу, вы́глядишь, вы́глядят**.
• **заявúть** (perf.), *déclarer* : **заявлю́, зая́вишь, зая́вят**.
• **знáчить** (imperf.), *signifier* : **знáчу, знáчишь, знáчат**.
• **изменя́ть** (imperf.), *tromper* : **изменя́ю, изменя́ешь, изменя́ют**.
• **начинáться** (imperf.) (utilisé pour des choses), *commencer* : **начинáется, начинáются**.
• **остáться** (perf.), *rester* : **остáнусь, остáнешься, остáнутся**.
• **прийти́сь** (perf.) (idée de l'obligation), *être obligé* : **придётся, придýтся, пришлóсь, пришли́сь**.
• **угощáть** (imperf.), *offrir, inviter* : **угощáю, угощáешь, угощáют**.

• **по** suivie du datif exprime la distribution :

На рабо́те, мы подари́ли ка́ждой же́нщине по буке́ту цвето́в. *Au travail, nous avons offert à chaque femme un bouquet de fleurs.*

• **за** dans le sens de *pour*, *en paiement*, *en échange de*, est suivie de l'accusatif :

На́до бу́дет плати́ть за переве́с. *Il faudra payer pour l'excédent de poids.*

• **о** suivie du locatif (prépositionnel) est employée après certains verbes :

Он рассказа́л нам всё о свои́х друзья́х. *Il nous a tout raconté sur ses amis.*

– О ком ты ду́маешь? – О твоём бра́те. *– À qui penses-tu ? – À ton frère.*

О чём вы говори́те? Я не совсе́м понима́ю. *De quoi parlez-vous ? Je ne comprends pas tout à fait.*

• **при**, *devant*, *sous*, *dans*, est suivie du locatif (prépositionnel) :

При каки́х обстоя́тельствах вы впервы́е оказа́лись в э́том до́ме? *Dans quelles circonstances vous êtes-vous trouvés dans cette maison pour la première fois ?*

Заключи́тельный диало́г

1 – Ка́ждый раз, когда́ я хочу́ вы́браться на приро́ду, идёт дождь…

2 – Ну, сего́дня тебе́ повезло́: чуде́сная пого́да и ни обла́чка.

3 – Нет, сего́дня нет дождя́, но у меня́ температу́ра и ка́шель.

4 Тепе́рь я до́лжен сиде́ть до́ма и пить чай с мали́ной.

5 Хо́чешь, бери́ мою́ маши́ну: и сам отдохнёшь, и мои́х на приро́ду отвезёшь.

6 Я уже́ запра́вил по́лный бак бензи́на и пригото́вил всё для шашлы́ков.

7 Только не забудь, чтобы паспорт и водительское удостоверение всегда были под рукой,

8 а то, если мне не изменяет память, ты их всегда оставляешь дома…

9 – Не волнуйся ты так, а лучше скажи, что ещё надо взять.

10 – Не забудьте вилки, ножи и стаканы.

11 Всё остальное уже в багажнике, я лично пять раз проверил!

Traduction

1 Chaque fois que je veux faire une sortie en pleine nature, il pleut… **2** Eh bien, aujourd'hui, tu as de la chance : il fait un temps merveilleux et il n'y a pas un nuage. **3** Non, aujourd'hui, il ne pleut pas, mais j'ai de la fièvre et je tousse *(et la toux)*. **4** Maintenant, je dois rester à la maison et boire du thé avec [de la confiture de] framboise. **5** [Si] tu veux, prends ma voiture : toi-même, tu te reposeras et tu emmèneras ma famille *(les miens)* se mettre au vert *(dans nature)*. **6** J'ai déjà fait le plein d'essence et j'ai tout préparé pour les chachlyks. **7** Seulement, n'oublie pas d'avoir toujours ton passeport et ton permis de conduire sous la main, **8** car si ma mémoire est bonne, tu les laisses toujours à la maison… **9** Ne t'inquiète pas comme ça, dis plutôt ce qu'il faut prendre d'autre *(encore)*. **10** N'oubliez pas les fourchettes, les couteaux et les verres. **11** Tout le reste est déjà dans le coffre, j'ai vérifié personnellement cinq fois !

Deuxième vague : 49ᵉ leçon

Ро́дина

1 Люблю́ отчи́зну ① я, но стра́нною
любо́вью!
2 Не победи́т её рассу́док мой.
3 Ни сла́ва, ку́пленная ② кро́вью,
4 Ни по́лный го́рдого дове́рия поко́й,
5 Ни тёмной старины́ заве́тные преда́нья ③
6 Не шевеля́т во мне отра́дного мечта́нья.
7 Но я люблю́ – за что ④, не зна́ю сам –
8 Её степе́й холо́дное молча́нье ③,
9 Её лесо́в безбре́жных колыха́нье ③,

Notes

① **ро́дина** et **отчи́зна** signifient tous les deux *patrie*, mais le second appartient à un registre beaucoup plus soutenu.

② **ку́пленная**, *achetée*, est le participe passé passif du verbe **купи́ть**, *acheter*. Il est formé avec le suffixe **-енн-** auquel on accole les désinences des adjectifs (**-ый** pour le masculin, **-ая** pour le féminin, **-ое** pour le neutre et **-ые** pour le pluriel). Il existe d'autres suffixes pour former les participes passés, mais nous ne les étudierons pas ici.

③ Dans la langue actuelle, les mots neutres **преда́нье**, *légende*, **молча́нье**, *silence*, **колыха́нье**, *balancement, ondulation* ont changé le signe mou **ь** en **и** : **преда́ние**, **молча́ние**, **колыха́ние**.

④ **люби́ть за (что́-то)**, *aimer pour / en raison de (quelque chose)*, est suivi de l'accusatif :

Я так люблю́ жизнь за все её сюрпри́зы (accusatif)!
J'aime tellement la vie pour toutes ses surprises !
La forme négative est également suivie de l'accusatif :
Она́ не лю́бит твоего́ дру́га за его́ глу́пость (accusatif). *Elle n'aime pas ton ami parce qu'elle le trouve bête* (pour sa bêtise).

Vous allez découvrir une vraie poésie russe. Le texte est un peu difficile dans la version originale ! Si vous en avez la possibilité, écoutez bien les enregistrements et répétez à haute voix ; ensuite, essayez de relire les vers en conservant le rythme poétique. Faites attention à la prononciation de tous les sons modifiés par le signe mou. Observez l'ordre des mots : souvent, le sujet de la phrase arrive derrière le verbe.

La Patrie

1   J'aime ma patrie, mais d'un amour étrange !
2   Ma raison ne le vaincra pas.
3   Ni la gloire achetée par le sang,
4   Ni la paix emplie d'orgueilleuse assurance
     (confiance),
5   Ni des sombres vieux temps les légendes
     sacrées *(les plus chères)*
6   Ne remuent en moi de rêve *(rêverie)* agréable.
7   Mais j'aime – pourquoi, je ne le sais moi-même –
8   Le froid silence de ses steppes,
9   Le balancement *(l'ondulation)* de ses forêts
     sans limites,

У меня есть одна
заветная мечта: поехать
на каникулы в Африку.

10	Разли́вы рек её, подо́бные моря́м;
11	Просёлочным путём люблю́ скака́ть в теле́ге
12	И, взо́ром ме́дленным пронза́я ⑤ но́чи тень,
13	Встреча́ть по сторона́м, вздыха́я ⑤ о ночле́ге,
14	Дрожа́щие огни́ ⑥ печа́льных дереве́нь ⑦…
15	Михаи́л Ле́рмонтов ▫

Remarques de prononciation

13 встреча́ть [fstRitchat^s].
15 Михаи́л Ле́рмонтов [miHaïL liéRma-nt^ef].

Notes

⑤ **пронза́я**, *en perçant*, et **вздыха́я**, *en soupirant*, sont les gérondifs présents des verbes **пронза́ть**, *percer*, et **вздыха́ть**, *soupirer*. Le gérondif peut être imperfectif (présent) ou perfectif (passé). Dans nos exemples, il s'agit du gérondif imperfectif. Il se forme sur la base (le mot sans terminaison) du présent des verbes imperfectifs en ajoutant la terminaison **-я** (**-ясь** pour les verbes pronominaux). Par exemple, **де́лать** (imperfectif), *faire* : **де́лаю**, *je fais*, **де́ла** + **я** → **де́лая**, *en faisant* ; **устра́иваться** (imperfectif), *s'installer* : **устра́иваюсь**, *je* ▶

***

Упражнение 1 – Читайте и переводите

❶ За что ты лю́бишь э́того челове́ка? Я э́того никогда́ не пойму́! ❷ Ты про́сишь моего́ дове́рия? Как я могу́ доверя́ть тебе́ по́сле всего́, что случи́лось? ❸ Нам не нужна́ его́ сла́ва, ку́пленная кро́вью! ❹ Не вздыха́й о про́шлых успе́хах. Всё бу́дет хорошо́. ❺ У меня́ есть одна́ заве́тная мечта́: пое́хать на кани́кулы в А́фрику.

10	Les débordements de ses rivières semblables à des mers ;
11	J'aime galoper en télègue par les chemins vicinaux *(le chemin vicinal)*
12	Et, scrutant lentement l'ombre de la nuit *(Et d'un-regard lent en-perçant de-la-nuit l'ombre)*,
13	Trouver *(rencontrer)* sur les côtés, en soupirant après *(au-sujet-du)* le gîte,
14	Les feux *(lumières)* tremblants des villages tristes…
15	Mikhaïl Lermontov

▶ *m'installe*, **устра́ива** + **ясь** → **устра́иваясь**, *en s'installant*. Après une chuintante, le **-я** se transforme en **-а** (**-ясь** en **-ась**). Par exemple, **мыча́ть** (imperfectif), *mugir* : **мычу́** *je mugis*, **мыч** + **а** → **мыча́**, *en mugissant* ; **ложи́ться**, *se coucher* : **ложу́сь**, *je me couche*, **лож** + **а** → **ложа́сь**, *en se couchant*. Comme vous pouvez le constater, le gérondif garde l'accent de l'infinitif, sauf quelques exceptions : **лежа́ть** → **лёжа** ; **сиде́ть** → **си́дя** ; **стоя́ть** → **сто́я** et quelques autres. Attention, certains verbes n'ont pas de gérondif présent.

⑥ **огни́** est l'accusatif de **ого́нь** (m.), *feu, lumière*. Faites attention à la voyelle mobile.

⑦ Attention à la voyelle mobile et au signe mou à la fin. Retenez le génitif pluriel de **дере́вня**, *village* : **дереве́нь**.

***

Corrigé de l'exercice 1

❶ Pourquoi aimes-tu cette personne ? Je ne comprendrai jamais ! ❷ Tu demandes ma confiance ? Comment puis-je te faire confiance après tout ce qui s'est passé ? ❸ Nous n'avons pas besoin de sa gloire achetée par le sang ! ❹ Ne soupire pas sur les succès passés. Tout ira bien. ❺ Mon rêve *(J'ai un rêve)* le plus cher est d'aller en vacances en Afrique.

100 Упражнение 2 – Восстановите текст

1 Ils sont si fiers qu'ils n'accepteront jamais votre aide.

Они такие ......, что никогда не ...... вашей помощи.

2 Tu es comme toujours : complètement [pris] dans tes rêveries !

Ты – как ...... : весь в своих .... !

3 Il m'a transpercé de son regard sombre, et j'ai eu très peur.

Он ...... меня своим ...... взором, и мне стало страшно.

4 J'aime ma patrie pour ses steppes et ses forêts sans limites.

Я люблю свою ...... за её безбрежные ..... и ..... .

5 – Pourquoi a-t-il les yeux si tristes ? – À coup sûr, quelque chose s'est passé…

– Почему у него такие .... глаза?
– Наверное, что-то ....

---

100 Со́тый уро́к

До но́вых встреч!

1   Вот мы и подошли ① к после́днему уро́ку на́шего уче́бника.

Notes

① **подошли́** : le préverbe **под (о)** transmet le sens de *s'approcher de quelque chose*. **подойти́**, *s'approcher à pied*, est suivi par la préposition **к** + le datif :
Он подошёл к столу́ и что́-то взял. *Il s'est approché* (sousentendu "à pied") *de la table et a pris quelque chose.*

❶ – гордые – примут – ❷ – всегда – мечтаниях ❸ – пронзил – тёмным – ❹ – родину – степи – леса ❺ – печальные – случилось

Mikhaïl Lermontov (1814-1841), poète russe né à Moscou, a fait ses études dans une école militaire à Saint-Pétersbourg. De nature sceptique et rebelle, il est déçu par la réalité ; il se sent seul, et cette solitude le déchire et pèse sur sa vie. Tous ces sentiments s'expriment dans ses premiers poèmes.
En 1837, bouleversé par la mort d'Alexandre Pouchkine, Lermontov écrit le poème "La mort du poète", ce qui lui vaut l'exil dans le Caucase. Malgré cela, le poème est recopié et appris par cœur par des centaines de gens. Ses œuvres les plus marquantes sont le poème "Le Démon", où Lermontov se révolte contre le monde contemporain, et le roman psychologique "Un héros de notre temps", qui dresse le portrait d'une génération entière. Le poète meurt à 27 ans à la suite d'un duel provoqué par son compagnon d'étude Martynov, en laissant derrière lui un héritage incroyable de près de 400 poésies, 30 poèmes lyriques ainsi que des drames et des œuvres épiques inachevées.

Deuxième vague : 50ᵉ leçon

Centième leçon 100

À la prochaine rencontre !
(À nouvelles rencontres)

1 Nous voici arrivés à *(Voilà nous-nous-sommes-approchés vers)* la dernière leçon de notre manuel.

ПЯТЬСОТ • 500

2 Путь был нелёгким ②, вам понадобилось много терпения и трудолюбия ③.

3 Но, как говорится, без труда не вынешь ④ и рыбку ⑤ из пруда!

4 У вас всё получилось, и если вам захотелось поехать в Россию,

5 мы только можем пожелать вам «Счастливого пути!»

6 Язык – это наилучший ⑥ способ познания стран и народов,

7 с их культурой и традициями.

8 Открытие ⑦ многовековой русской культуры, великой литературы,

Remarques de prononciation
2 нелёгким [nilioHki-m] ; **3** без труда [bistRouda] ;
5 счастливого [chislivavª] ; **6** наилучший [naïLoutchyⁱ] ;
8 многовековой [mnogavikavoï]

Notes

② Nous avons déjà vu qu'après certains verbes il fallait employer l'instrumental (pour réviser la règle, voir leçon 77, § 6). Ainsi, après le verbe **быть**, *être*, au passé, on met l'adjectif à l'instrumental : **упражнение было нелёгким**, *l'exercice n'était pas facile* ; **ты был грустным**, *tu étais triste* ; **девочка была странной**, *la fillette était étrange*.

③ N'oubliez pas qu'après **много**, *beaucoup*, on utilise le génitif. S'il s'agit d'une notion abstraite, on met le génitif singulier : **много терпения и трудолюбия**, *beaucoup de patience et d'assiduité*.

④ Ici, la 2ᵉ personne du singulier est une forme impersonnelle : **не вынешь**, *Tu ne sortiras pas = on ne peut pas sortir (qu'on le veuille ou non)* !

⑤ **рыбка** est le diminutif de **рыба**, *poisson*, formé avec le suffixe féminin **-ка**. C'est également un petit mot doux par lequel on peut appeler son enfant ou son amoureux ! ▶

2   Le chemin n'était pas facile, il vous a fallu **100**
beaucoup de patience et d'assiduité.

3   Mais, comme on dit *(il-se-dit)*, on n'a rien sans
mal *(sans labeur ne tu-sortiras même poisson
de l'étang)* !

4   Vous avez tout réussi *(À vous tout s'est-obtenu)*,
et si cela vous a donné envie *(vous avez-eu-
envie)* d'aller en Russie,

5   nous pouvons seulement vous souhaiter "Bon
voyage !"

6   La langue est le meilleur moyen d'apprendre
à connaître *(d'apprentissage)* les pays et les
peuples,

7   avec leur culture et leurs traditions.

8   La découverte de la culture séculaire russe, de
la grande littérature,

▶ ⑥ Le préfixe **наи-** renforce le sens d'un superlatif. Avec certains superlatifs, il est employé couramment, sinon, avec d'autres, il ne s'emploie pas souvent. **наилу́чший** est le superlatif "renforcé" de **лу́чший**, *le meilleur*.

⑦ Le mot **откры́тие** peut s'employer dans le sens d' *ouverture* ou de *découverte*. Observez : **откры́тие магази́на**, *l'ouverture d'un magasin* ; **откры́тие но́вых стран**, *la découverte de nouveaux pays.*

9 всё это ждёт вас, **е**сли вы пойдёте дальше.

10 Говорите по-русски! Читайте! Откройте для себя русский кинематограф!

11 А мы не прощаемся с вами, а говорим вам «До свидания»!

12 Всего доброго и успехов во всём! □

***

Упражнение 1 – Читайте и переводите

❶ Без труда не вынешь и рыбку из пруда! ❷ Не ходите туда: вы не знаете, что вас там ждёт... ❸ Они учат русский язык, чтобы говорить по-русски и читать русскую литературу. ❹ Ура! У нас всё получилось! ❺ – Опять в Россию захотелось... – Вы там уже были? – Нет, но вчера тоже хотелось!

Упражнение 2 – Восстановите текст

❶ – Nous vous souhaitons bonne chance *(tout le meilleur)* (forme renforcée) ! – Merci.

– ..... вам всего .... !
– Спасибо.

❷ La langue est le meilleur moyen d'apprentissage de la culture et des traditions.

Язык – наилучший ...... познания
.... и ....

❸ – Bon, nous ne nous disons pas adieu ! – Bien sûr, à une nouvelle rencontre !

– Ну, не .... ! – Конечно, до новой
.... !

9	tout cela vous attend si vous allez *(irez)* plus loin.
10	Parlez russe ! Lisez ! Découvrez *(Ouvrez pour vous)* le cinéma russe !
11	Et nous, nous ne vous disons pas adieu, mais *(disons à-vous)* "Au revoir" !
12	[Nous vous souhaitons] bonne chance *(tout bien)* et du *(des)* succès en tout !

***

Corrigé de l'exercice 1

❶ On n'a rien sans mal ! ❷ N'allez pas là-bas : vous ne savez pas ce qui vous y attend… ❸ Ils apprennent la langue russe pour parler russe et lire la littérature russe. ❹ Hourra ! Nous avons tout réussi ! ❺ – De nouveau, j'ai envie d'aller en Russie… – Vous y êtes déjà allé ? – Non, mais hier, j'en avais déjà *(aussi)* envie !

❹ Ce peuple a des traditions séculaires très intéressantes.

У этого . . . . . . очень интересные . . . . традиции.

❺ Bon voyage ! N'oubliez pas de nous téléphoner quand vous arriverez à la maison.

Счастливого . . . . ! Не . . . . позвонить нам, как . . . . домой.

Corrigé de l'exercice 2

❶ Желаем – наилучшего – ❷ – способ – культуры – традиций ❸ – прощаемся – встречи ❹ – народа – многовековые – ❺ – пути – забудьте – приедете –

пятьсот четыре • 504

Le peuple russe a un solide sens de l'humour. Peut-être lui permet-il de relativiser une vie assez dure dans une société en mutation. Les Russes n'hésitent pas à se moquer d'eux-mêmes, de leurs héros préférés, des différents aspects de la vie en société, des défauts du genre humain, etc. Voici quelques exemples pour terminer cette dernière leçon avec le sourire.

– Товарищ милиционер, скажите, по этой улице ходить не опасно?

– Было бы опасно, я бы здесь не ходил!

– Monsieur l'agent (Camarade policier)*, dites, est-il dangereux d'aller dans cette rue ?*

– Si c'était dangereux, je ne serais pas là (je n'irais pas là) *!*

– Папа, угадай, какой поезд больше всех опаздывает?

– Какой, сынок?

– Тот, который ты обещал мне подарить ещё на прошлый Новый год…

– Papa, devine quel est le train le plus en retard ?

– Lequel, mon garçon ?

– Celui que tu m'as promis l'année dernière pour le jour de l'an…

На рынке:
– Скажите, пожалуйста, сколько стоит эта лошадь?
– Но это не лошадь! Это курица.
– А... простите : я смотрел на цену.
Au marché :
– Dites-moi, s'il vous plaît, combien coûte ce cheval ?
– Mais ce n'est pas un cheval ! C'est un poulet.
– Ah... pardon : je regardais le prix.

– Доктор, у меня грипп. Что вы мне посоветуете?
– Встаньте от меня подальше!
– Docteur, j'ai la grippe. Que me conseillez-vous ?
– Écartez-vous de moi !

La dernière leçon s'achève, mais tout n'est pas fini ! Pensez à continuer quotidiennement votre étude de deuxième vague jusqu'à la 100ᵉ leçon...

Deuxième vague : 51ᵉ leçon

Appendice grammatical

Cet appendice reprend – en les complétant parfois – l'ensemble des éléments de prononciation et de grammaire rencontrés au fil des leçons. Pour retrouver les différentes explications dans le contexte des leçons, reportez-vous à l'index grammatical.

Sommaire

1 Retour sur l'alphabet et la prononciation

1.1 L'alphabet et la prononciation des lettres

Lettre russe	Lettre manuscrite	Nom de la lettre	Transcription Assimil
A a	$\mathcal{A}\,a$	a	*a*
Б б	$\mathcal{B}\,\delta$	bê	*b*
В в	$\mathcal{B}\,e$	vê	*v*
Г г	$\mathcal{T}\,\imath$	guê	*g / gu*
Д д	$\mathcal{D}\,g$	dê	*d*
Е е	$\mathcal{E}\,e$	ié	*ié / ié , i, y* (en position non accentuée)
Ё ё	$\ddot{\mathcal{E}}\,\ddot{e}$	io	*io*
Ж ж	$\mathcal{M}\,\varkappa$	jê	*j*
З з	$\mathcal{Z}\,\jmath$	zê	*z*
И и	$\mathcal{U}\,u$	i	*i, y* (après **ж** et **ш**)
Й й	$\breve{\mathcal{U}}\,\breve{u}$	i bref	*ï*
К к	$\mathcal{K}\,\varkappa$	ka	*k*
Л л	$\mathcal{L}\,\varkappa$	èl	*l, L*
М м	$\mathcal{M}\,\varkappa$	èm	*m*
Н н	$\mathcal{H}\,\varkappa$	èn	*n*
О о	$\mathcal{O}\,o$	o	*o / a* (en position non accentuée)
П п	$\mathcal{T}\!\mathcal{L}\,n$	pê	*p*
Р р	$\mathcal{P}\,p$	èr	*R* (roulé)

С с	$\mathcal{C}\ c$	ès	s/ss
Т т	$\mathcal{T}\ m$	tê	t
У у	$\mathcal{Y}\ y$	ou	ou
Ф ф	$\mathcal{F}\ \phi$	èf	f
Х х	$\mathcal{X}\ x$	ha	H
Ц ц	$\mathcal{U}\ u$	tsê	ts
Ч ч	$\mathcal{U}\ u$	tché	tch
Ш ш	$\mathcal{U}\ u$	cha	ch
Щ щ	$\mathcal{U}\ u$	chtcha	chtch
ъ	ι	signe dur	°
ы	ι	i dur	y (entre ou et i)
ь	ι	signe mou	^{i} / ^{gne} / $'$ / ^{s} selon le contexte
Э э	$\mathcal{Э}\ э$	ê	ê / i (en position non accentuée)
Ю ю	$\mathcal{Ю}\ ю$	iou	iou
Я я	$\mathcal{Я}\ я$	ia	ia / i (en position non accentuée)

1.2 "Sonorité" et "surdité" des consonnes

Les consonnes sonores **б**, **в**, **г**, **д**, **ж**, **з** se prononcent à l'aide de la voix tandis que les consonnes sourdes ne "sonnent" pas (elles se prononcent, en quelque sorte, sans la voix). Ces consonnes fonctionnent par paires car elles se forment de la même manière, et seule la présence ou l'absence de voix les distingue.

Les consonnes **б**, **в**, **г**, **д**, **ж**, **з** s'assourdissent en position finale ou devant une consonne sourde et se prononcent alors comme leurs équivalents sourds :

511 • пятьсот одиннадцать

Sonore	б *[b]*	в *[v]*	г *[gu]*	д *[d]*	ж *[g]*	з *[z]*
	↓	↓	↓	↓	↓	↓
Sourde	п *[p]*	ф *[f]*	к *[k]*	т *[t]*	ш *[ch]*	с *[s]*

Quelques exemples : **Кавка́з** *[kafkass]* *Caucase* ; **во́дка** *[votka]* *vodka* ; **кладь** *[kLat^s]* *bagage* ; **зуб** *[zoup]* *dent* ; **без** *[biéss]* *sans* ; **сапо́г** *[sapok]* *botte* ; **муж** *[mouch]* *mari*.

Certaines consonnes sont <u>toujours sonores</u> : **л, м, н, р** et d'autres <u>toujours sourdes</u> : **х, ц, ч, щ**.

1.3 Consonnes dures et consonnes molles

De même qu'il existe des consonnes sourdes et sonores, il en existe des dures et des molles.
On parle de consonne molle quand on est en présence d'une prononciation particulière : pour émettre le son, la partie médiane de la langue se rapproche du palais dur. La position de la langue ressemble à sa position dans les voyelles **i** et **j**. Les consonnes dures n'ont pas cette prononciation.
Les consonnes sont dures à la fin des mots et devant une voyelle dure (voir le paragraphe sur les voyelles) et se ramollissent devant une voyelle molle (voir le paragraphe sur les voyelles).

Mais certaines consonnes sont toujours dures : **ж, ш** et **ц**, même quand elles sont suivies d'une voyelle molle (qui normalement rend la consonne précédente molle) : **до́лжен** *[doLjên]* *il doit* ; **маши́на** *[machyna]* *voiture* ; **цена́** *[ts^yna]* *prix*.

D'autres consonnes – **ч** et **щ** – sont toujours molles : **чита́ть** *[tchitat^s]* *lire* ; **я́щик** *[iachtchik]* *tiroir*.

Les consonnes **б, в, д, з, м, н, п, с, т, ф** et **ш** ne posent pas de problème particulier ; elles se prononcent comme en français : **зло** *[zLo]* *méchamment*, **коме́та** *[kamiéta]* *comète*, **посу́да** *[passouda]* *vaisselle*, etc.

к et **г** se prononcent de manière plus dure qu'en français : **акт** *[akt]* *acte*, **нога́** *[naga]* *jambe*, *pied*.

La lettre **л** peut donner deux sons : le **л** mou ressemble au son *[l]* français que nous transcrivons par *[l]* (**плечо́** *[plitcho]* *épaule*) ; le **л** dur a un son bien particulier que nous avons choisi de transcrire *[L]* (**хо́лод** *[HoLat] froid*).

Le **x** représente un son difficile à prononcer car il n'a pas d'équivalent en français. Il se prononce comme le *doch* allemand ou *Juan* espagnol. Nous l'avons transcrit *[H]* : **хоте́ть** *[Hatiéț] vouloir*.

Le **p** russe est roulé comme celui de l'italien (*buongiorno*, *pronto*). Pour le prononcer il faut faire vibrer la pointe de la langue contre le palais. Nous le transcrivons *[R]* : **хорошо́** *[HaRacho] bien*.

1.4 Voyelles et accent tonique

Les voyelles russes se distinguent elles aussi d'après le critère de mollesse et dureté. Les voyelles dites molles, "ramollissent" la consonne qui les précède :

dure	**a** *[a]*	**o** *[o]*	**э** *[ê]*	**ы** *[y]*	**y** *[ou]*
↓	↓	↓	↓	↓	↓
molle	**я** *[ia]*	**ё** *[io]*	**e** *[ié]*	**и** *[i]*	**ю** *[iou]*

Le **e** se prononce comme *[ié]* dans **Iéna** : **оте́ц** *[atiéț] père*.

La voyelle molle **я** ressemble au début du mot **iambe** : **я́сно** *[iasnᵃ] clair*.

Dans la position non accentuée, le **я** et le **e** sont quasiment identiques : les deux se prononcent comme un **i** atténué, mais parfois le **e** est un peu plus prononcé au milieu des mots qu'à la fin : **о́пера** *[opⁱRa] opéra*, **по́сле** *[posⁱᵉ] après*. Dans notre transcription phonétique, nous avons marqué les sons atténués par les signes en exposant : *[morⁱᵉ]*, *[spassibᵃ]*.

La voyelle dure **э** ressemble au **ê** français de **être** : **э́то** *[êtᵃ] cela, c'est* ; non accentuée, cette voyelle se rapproche plutôt d'un **i** : **экза́мен** *[ikzami-n] examen*.

Les voyelles **ы**, **и**, **y** et **ю** gardent toujours <u>la même prononciation</u>.

Le son **ы** n'existe pas en français. Pour le prononcer, il faut dire "ou" en étirant les lèvres comme pour dire "i". Nous avons transcrit ce son *[y]* : **быть** *[byț] être*.

La lettre russe **y** correspond au *[ou]* de b**ou**le.

ё est toujours accentué et se prononce comme dans **io**nique : **кошелёк** *[kachyliok] porte-monnaie*.

и ressemble au *[i]* de **i**vre : **носи́ть** *[nassiț] porter*.

ю est proche du *[iou]* de p**iou**piou : **кастрю́ля** *[kastRioulia] casserole*.

2 Le nom

2.1 Les cas et les trois genres

Le russe ne possède pas d'article. Toute l'information sur le mot est donnée par sa terminaison. La terminaison d'un mot change selon sa fonction grammaticale dans la phrase. Les fonctions grammaticales correspondent à ce qu'on appelle des cas. Chaque cas se matérialise par différentes terminaisons notamment selon le genre du mot concerné. Il y a trois genres en russe – le masculin, le féminin et le neutre. Quant aux cas, ils sont au nombre de six :

• Le **nominatif** (N) est le cas du sujet ou de son attribut (il n'est jamais utilisé après une préposition) :
Моя́ сестра́ хо́дит в шко́лу. *Ma sœur va à l'école.*
• Le **génitif** (G) est le cas du complément de nom, de la négation, de l'absence, du partitif, de la quantité et de la provenance :
Я иду́ из теа́тра. *Je reviens du théâtre.*
Дай мне, пожа́луйста, де́нег. *Donne-moi de l'argent, s'il te plaît.*
• Le **datif** (D) est le cas de l'attribution :
Он подари́л ма́ме буке́т цвето́в. *Il a offert à maman un bouquet de fleurs.*
• L'**accusatif** (A) est le cas du complément d'objet direct :
Мы ви́дим дете́й. *Nous voyons des enfants.*
• L'**instrumental** (I) est le cas du complément circonstanciel de moyen :
Са́ша пи́шет карандашо́м. *Sacha écrit avec un crayon.*
• Le **prépositionnel** ou **locatif** (P ou L) s'emploie seulement après une préposition :
Она́ всё вре́мя ду́мает о своём женихе́. *Elle pense tout le temps à son fiancé.*

On définit le genre des mots d'après leur terminaison au nominatif et on les répartit en durs et mous :
• **Masculins**
Les **durs** se terminent par une **consonne** : **долг** *dette* ; **проспе́кт** *avenue* ; **оте́ц** *père*.
Les **mous** se terminent en **-й** et **-ь** (signe mou) : **музе́й** *musée* ; **води́тель** *chauffeur*.
• **Féminins**
Les **durs** se terminent en **-a** : **доро́га** *route*, **жена́** *épouse* ; **литерату́ра** *littérature*.

Les **mous** se terminent en **-я**, **-ия** et **-ь** (signe mou) : **семья́** *famille* ; **регистра́ция** *enregistrement* ; **любо́вь** *amour*.
• **Neutre**
Les **durs** se terminent en **-о** : **ле́то** *été* ; **окно́** *fenêtre*.
Les **mous** se terminent en **-е**, **-ие** et un petit groupe de mots en **-мя** : **мо́ре** *mer* ; **пла́тье** *robe* ; **совпаде́ние** *coïncidence* ; **пла́мя** *flamme* ; **вре́мя** *temps*.

Remarques :

Certains noms se terminant par un **-а** ou un **-я** sont masculins. Il s'agit des noms logiquement du genre masculin et des diminutifs des prénoms masculins : **па́па** *papa* ; **Ви́тя** le diminutif de *Victor*. Ces mots se déclinent comme les féminins mais s'accordent au masculin (avec les adjectifs, par exemple).
Comme les noms se terminant par un signe mou (**-ь**) peuvent être du genre masculin ou du féminin, il faut les retenir.

2.2 La déclinaison

Tous les noms russes se subdivisent en animés (êtres vivants) et inanimés (objets). Il est important de retenir que l'accusatif des noms masculins prend la forme du nominatif si le nom est inanimé et du génitif s'il est animé. Pour le féminin, cette règle est valable seulement au pluriel.

• **Masculins**
– Type dur : **проспе́кт** (inanimé) *avenue*, **кот** (animé) *chat*

	Singulier		Pluriel	
N	**проспе́кт**	**кот**	**проспе́кты**	**коты́**
G	**проспе́кта**	**кота́**	**проспе́ктов**	**кото́в**
D	**проспе́кту**	**коту́**	**проспе́ктам**	**кота́м**
A	**проспе́кт**	**кота́**	**проспе́кты**	**кото́в**
I	**проспе́ктом**	**кото́м**	**проспе́ктами**	**кота́ми**
L	**проспе́кте**	**коте́**	**проспе́ктах**	**кота́х**

Remarquez que si la base du nom masculin se termine par une chuintante (**ж**, **ч**, **ш**, **щ**), le génitif pluriel se transforme en **-ей** (comme un mou) : **врач** *médecin* → **враче́й** ; **нож** *couteau* → **ноже́й**.

– Type mou en **-й** : **мавзоле́й** (inanimé) *mausolée* ; type mou en **-ь** : **гель** (inanimé) *gel*

	Singulier		Pluriel	
N	мавзоле́й	гель	мавзоле́и	ге́ли
G	мавзоле́я	ге́ля	мавзоле́ев	ге́лей
D	мавзоле́ю	ге́лю	мавзоле́ям	ге́лям
A	мавзоле́й	гель	мавзоле́и	ге́ли
I	мавзоле́ем	ге́лем	мавзоле́ями	ге́лями
L	мавзоле́е	ге́ле	мавзоле́ях	ге́лях

• **Féminin**
– Type dur : **но́рма** (inanimé) *norme* ; **да́ма** (animé) *dame*

	Singulier		Pluriel	
N	но́рма	да́ма	но́рмы	да́мы
G	но́рмы	да́мы	норм	дам
D	но́рме	да́ме	но́рмам	да́мам
A	но́рму	да́му	но́рмы	дам
I	но́рмой	да́мой	но́рмами	да́мами
L	но́рме	да́ме	но́рмах	да́мах

– Type mou en **-я** : **поте́ря** (inanimé) *perte* ; type mou en **-ь** : **боль** (inanimé) *douleur*

	Singulier		Pluriel	
N	поте́ря	боль	поте́ри	бо́ли
G	поте́ри	бо́ли	поте́рь	бо́лей
D	поте́ре	бо́ли	поте́рям	бо́лям
A	поте́рю	боль	поте́ри	бо́ли
I	поте́рей	бо́лью	поте́рями	бо́лями
L	поте́ре	бо́ли	поте́рях	бо́лях

Les féminins en **-ия** ont le datif et locatif singulier en **-ии** et le génitif pluriel en **-ий** : **регистрáция** *enregistrement* → **регистрáции** (D), **регистрáции** (L), **регистрáций** (G pl.).

• **Neutre** (toujours inanimé ; l'accusatif aura donc toujours la forme du nominatif)
– Type dur en **-о** : **окнó** *fenêtre* ; type mou en **-е** : **мóре** *mer*

	Singulier		Pluriel	
N	окнó	мóре	óкна	морá
G	окнá	мóря	óкон	морéй
D	окнý	мóрю	óкнам	морáм
A	окнó	мóре	óкна	морá
I	окнóм	мóрем	óкнами	морáми
L	окнé	мóре	óкнах	морáх

Les neutres en **-ие** (tout à fait comme les féminins en ont le locatif singulier en **-ия**) ont le locatif singulier en **-ии** et le génitif pluriel en **-ий** : **значéние** *signification* → **значéнии** (L), **значéний** (G pl.).

Neutre en -мя : **врéмя** *temps*

	Singulier	Pluriel
N	врéмя	временá
G	врéмени	времён
D	врéмени	временáм
A	врéмя	временá
I	врéменем	временáми
L	врéмени	временáх

2.3 Les noms indéclinables

Certains mots empruntés sont indéclinables, c'est-à-dire qu'ils ont toujours la même forme. Quelques exemples : **кинó** *cinéma* (de l'allemand *Kino*) ; **пальтó** *manteau* (de *paletot*) ; **метрó** *métro* ; **таксú** *taxi*.

2.4 Les cas particuliers

• La règle de l'incompatibilité orthographique
Souvenez-vous qu'après **г, ж, к, х, ч, ш, щ** il ne peut pas y avoir de **-ы** en raison d'une incompatibilité orthographique. Par conséquent, la terminaison est **-и**. Ainsi on aura : **вечери́нка** *une soirée* → **вечери́нки** *les soirées* ; **долг** *une dette* → **долги́** *les dettes*.

• Voyelle mobile
Si le radical du mot se termine par deux consonnes et que la terminaison est "zéro", une voyelle dite mobile apparaît. Elle disparaît dès que la désinence contient une voyelle : **оте́ц** (nominatif singulier) → **отца́** (génitif/accusatif singulier). Au génitif pluriel, cette voyelle est **o** si le radical se termine par une consonne suivie de **к** : **су́мка** *sac* → **су́мок** (G pl.). Après les molles et les consonnes chuintantes, c'est toujours un **e** : **ча́шка** *tasse* → **ча́шек** (G pl.), **письмо́** *lettre* → **пи́сем** (G pl.).

2.5 Les noms irréguliers

• Le locatif (prépositionnel) en -у
Certains noms masculins forment leur locatif (ou prépositionnel) en **-у** (toujours accentué) après les prépositions **в** et **на** : **на берегу́** *sur la rive* ; **в э́том году́** *cette année* ; **в лесу́** *dans la forêt* ; **на мосту́** *sur le pont* ; **на носу́** *sur le nez* ; **на полу́** *sur le sol (par terre)* ; **в саду́** *dans le jardin* ; **в шкафу́** *dans l'armoire*. Avec d'autres prépositions, la forme reste "normale" (en **-e**) : **я говорю́ о ле́се / о са́де** *je parle de la forêt / du jardin*.

• Le pluriel irrégulier en -a
Beaucoup de masculins forment leur pluriel en **-a** accentué (**-я** pour les mous). Voici les plus courants :

а́дрес *adresse* → **адреса́**
бе́рег *rive* → **берега́**
ве́чер *soir* → **вечера́**
глаз *œil* → **глаза́**
го́род *ville* → **города́**
до́ктор *médecin* → **доктора́**
дом *maison* → **дома́**
лес *forêt* → **леса́**
но́мер *numéro* → **номера́**
о́стров *île* → **острова́**
о́тпуск *congé* → **отпуска́**

па́спорт *passeport* → **паспорта́**
по́езд *train* → **поезда́**
то́рмоз *frein* → **тормоза́**
учи́тель *maître, instituteur* → **учителя́**
хо́лод *froid* → **холода́**
цвет *couleur* → **цвета́**

• Certains mots neutres ont un pluriel irrégulier :
коле́но *genou* → **коле́ни**
не́бо *ciel* → **небеса́**
плечо́ *épaule* → **пле́чи**
чу́до *miracle* → **чудеса́**.

• **Le pluriel irrégulier en -ья du type бра́тья**
Certains noms masculins (comme **лист** *feuille*, **брат** *frère*) et neutres (**де́рево** *arbre*, **крыло́** *aile*, **перо́** *plume*) ont le nominatif pluriel irrégulier en **-ья** et le génitif pluriel en **-ьев**. Le signe mou reste dans toutes les formes du pluriel :

	Singulier	Pluriel
N	**бра**т	**бра́**тья
G	**бра́**та	**бра́**тьев
D	**бра́**ту	**бра́**тьям
A	**бра́**та (= G car animé)	**бра́**тьев
I	**бра́**том	**бра́**тьями
L	**бра́**те	**бра́**тьях

• **Le pluriel irrégulier en -ья du type друзья́**
D'autres noms formant leur nominatif pluriel en **-ья** (**друг** *ami*, **муж** *mari*, **сын** *fils*) ressemblent au type **бра́тья** mais ont le génitif pluriel en **-ей**. Souvent, la base du mot change. Ce sont les mots unisyllabiques (une voyelle) dans lesquels l'accent tombe sur la terminaison du pluriel. Malgré cette différence, ils gardent le signe mou dans les terminaisons du pluriel :

	Singulier	Pluriel
N	друг, муж, сын	друзья́, мужья́, сыновья́
G	дру́га, му́жа, сы́на	друзе́й, муже́й, сынове́й
D	дру́гу, му́жу, сы́ну	друзья́м, мужья́м, сыновья́м
A	дру́га, му́жа, сы́на (= G car animé)	друзе́й, муже́й, сынове́й
I	дру́гом, му́жем*, сы́ном	друзья́ми, мужья́ми, сыновья́ми
L	дру́ге, му́же, сы́не	друзья́х, мужья́х, сыновья́х

* **-ем** après les chuintantes **ж, ш, ч, щ** et la sifflante **ц** dans les terminaisons non accentuées : **му́жем** mais **карандашо́м**.

• **Le génitif pluriel de certains masculins** a la terminaison zéro :
раз *fois*→ **(мно́го) раз** *(beaucoup de) fois*
во́лос *cheveu* → **(мно́го) воло́с** *(beaucoup de) cheveux*
глаз *œil* → **(мно́го) глаз** *(beaucoup d') yeux*
сапо́г *botte* → **(мно́го) сапо́г** *(beaucoup de) bottes*

• **La déclinaison du féminin мать est irrégulière :**

	Singulier	Pluriel
N	мать	ма́тери
G	ма́тери	матере́й
D	ма́тери	матеря́м
A	мать	матере́й
I	ма́терью	матеря́ми
L	ма́тери	матеря́х

L'accent est sur la première syllabe partout au singulier et à la 1re personne du pluriel. À toutes les autres personnes du pluriel, l'accent est final.

• **челове́к**, *homme*, est un masculin irrégulier :

	Singulier	Pluriel
N	челове́к	лю́ди
G	челове́ка	люде́й
D	челове́ку	лю́дям
A	челове́ка	люде́й
I	челове́ком	людьми́
L	челове́ке	лю́дях

2.6 Les suffixes diminutifs des noms

Le russe utilise beaucoup de suffixes diminutifs. En voici quelques-uns.
• **Pour le féminin :**
-ка : **каби́на** *cabine* + **ка** → **каби́нка** *petite cabine* ;
-очка : **ро́за** *rose* + **очка** → **ро́зочка** *petite rose* ; après les chuintantes ce suffixe se transforme en **-ечка** : **ло́жка** *cuiller* + **ечка** → **ло́жечка** *petite cuiller*.
• **Pour le masculin :**
-чик : **фонта́н** *fontaine* + **чик** → **фонта́нчик** *petite fontaine*. Notez que quand le mot se termine par un **л**, on rajoute un signe mou **ь** : **сканда́л** *scandale* + **чик** → **сканда́льчик**.

3 L'adjectif

Comme les noms, les adjectifs se divisent en durs et en mous selon leur terminaison. Beaucoup d'adjectifs ont une forme longue et une forme courte. L'accent, dans les adjectifs, est fixe. Comme les noms, les adjectifs se déclinent. Ils ont la forme de l'accusatif égale à celle du nominatif quand l'adjectif se rapporte à un objet, et l'accusatif égal au génitif, quand l'adjectif se rapporte à un être animé. Les terminaisons des adjectifs mous et durs sont quasiment identiques. Certains adjectifs durs prennent l'accent sur la dernière syllabe, et dans ce cas, leur masculin se termine en **-ой** : **большо́й** *grand*.

3.1 La forme longue et la déclinaison

Les adjectifs durs (**бе́дный, -ая, -ое** *pauvre*) et les adjectifs mous (**си́ний, -яя, -ее** *bleu*) :

	Singulier			
	Masc., Neutre	Féminin	Masc., Neutre	Féminin
N	бе́дный, бе́дное	бе́дная	си́ний, си́нее	си́няя
G	бе́дного	бе́дной	си́него	си́ней
D	бе́дному	бе́дной	си́нему	си́ней
A	N ou G	бе́дную	N ou G	си́нюю
I	бе́дным	бе́дной	си́ним	си́ней
P	бе́дном	бе́дной	си́нем	си́ней

	Pluriel (pour tous les genres)	
N	бе́дные	си́ние
G	бе́дных	си́них
D	бе́дным	си́ним
A	N ou G	
I	бе́дными	си́ними
P	бе́дных	си́них

Les adjectifs **тако́й**, *tel*, et **како́й**, *quel*, se déclinent comme tous les autres adjectifs avec l'accent tonique final, par exemple, **большо́й**.

La règle d'incompatibilité orthographique (voir 1.4) entraîne le changement de terminaisons suivants : **-ый → -ий** ; **-яя → -ая** ; **-ое** non accentué → **-ее** : **высо́кий, высо́кая, высо́кое, высо́кие** *haut* ; **бы́вший, бы́вшая, бы́вшее, бы́вшие** *ancien*.

Singulier				
	Masc., Neutre	Féminin	Masc., Neutre	Féminin
N	**бы́вший, бы́вшее**	**бы́вшая**	**высо́кий, высо́кое**	**высо́кая**
G	**бы́вшего**	**бы́вшей**	**высо́кого**	**высо́кой**
D	**бы́вшему**	**бы́вшей**	**высо́кому**	**высо́кой**
A	N ou G	**бы́вшую**	N ou G	**высо́кую**
I	**бы́вшим**	**бы́вшей**	**высо́ким**	**высо́кой**
P	**бы́вшем**	**бы́вшей**	**высо́ком**	**высо́кой**

Pluriel (pour tous les genres)		
N	**бы́вшие**	**высо́кие**
G	**бы́вших**	**высо́ких**
D	**бы́вшим**	**высо́ким**
A	N ou G	
I	**бы́вшими**	**высо́кими**
P	**бы́вших**	**высо́ких**

3.2 La forme courte

La forme courte s'utilise en tant qu'attribut du sujet. Elle est utilisée avec le verbe *être* :

Э́тот челове́к мо́лод.

Cet homme est jeune. (le verbe *être* au présent est omis) **мо́лод** est l'adjectif court de **молодо́й**.

L'adjectif court s'accorde en genre et nombre : **он мо́лод, она́ молода́, оно́ мо́лодо, они́ мо́лоды.** Cette forme s'utilise également dans des phrases exclamatives :

Как здесь краси́во!

Comme c'est beau ici !

L'adjectif court exprime également une qualité passagère par rapport à une constante exprimée par l'adjectif long :

– **Сего́дня она́ сли́шком весела́!** *Aujourd'hui, elle est trop gaie !*

– **По-мо́ему, она́ всегда́ така́я весёлая.** *À mon avis, elle est toujours aussi gaie.*

Certains adjectifs n'ont que la forme courte : **рад** *content*, **ра́да** *contente*, **ра́ды** *content(e)s*.

3.3 Les degrés de comparaison

Les adjectifs et les adverbes possèdent la même forme du comparatif.

• Le **comparatif de supériorité composé** (analytique) se forme avec le mot **бо́лее**, *plus*, auquel s'ajoute l'adjectif ou l'adverbe : **бо́лее молодо́й**, *plus jeune* ; **бо́лее интере́сный**, *plus intéressant* ; **бо́лее дорого́й**, *plus cher*.

• La formation du **comparatif simple** (par opposition au composé) se fait au moyen d'un suffixe. On ajoute le suffixe **-ee** à la base (le mot sans terminaison) de l'adjectif ou de l'adverbe :
дли́нный (adj.) *long* → **длинне́е** *plus long*
интере́сно (adv.) *intéressant* → **интере́снее** *plus intéressant*
но́вый *neuf* → **нове́е** *plus neuf*
Le comparatif des adjectifs ou des adverbes dont le radical se termine par **г, к, х, д, т**, et plus rarement **з** et **с**, est formé avec le suffixe **-e** qui n'est jamais accentué. Dans ce cas, nous avons affaire au phénomène de la palatalisation qui s'accompagne d'un changement de consonnes :
– les consonnes **г, д, з** se transforment en **ж** :
молодо́й *jeune* → **моло́же** *plus jeune* ; **дорого́й** *cher* → **доро́же** *plus cher* ;
– les consonnes **х** et **с** se transforment en **ш** :
(говори́ть) ти́хо *(parler) doucement, bas* → **(говори́ть) ти́ше** *(parler) plus doucement, plus bas* ;
– les consonnes **к** et **т** se transforment en **ч** :
бога́тый *riche* → **бога́че** *plus riche* (mais pas toujours : **жёлтый** (adj.) *jaune* → **желте́е** *plus jaune*) **легко́** *facilement* → **ле́гче** *plus facilement* ;
– la combinaison **ст** devient **щ** :
про́сто *simplement* → **про́ще** *plus simple*.

Quelques exceptions :
большо́й *grand* → **бо́льше** *plus grand*

высóкий *haut* → **вы́ше** *plus haut*
далекó *loin* → **да́льше** *plus loin*
дешёвый *bon marché, pas cher* → **деше́вле** *meilleur marché*
дóлгий *long* → **дóльше** *plus long*
ма́ленький *petit* → **ме́ньше** *plus petit*
хорóший *bon*, **хорошó** *bien* → **лу́чше** *meilleur, mieux*.

Les comparatifs peuvent être accompagnés par la structure **чем**
suivi de l'objet avec lequel on compare : **э́та кни́га интере́снее,
чем та** *ce livre-ci est plus intéressant que celui-là* ; **ты говори́шь
ти́ше, чем я** *tu parles plus bas que moi*. Il y a toujours une virgule
devant **чем**.

3.4 Le superlatif

• Le superlatif analytique est formé avec **са́мый**, *le plus*, + l'adjectif
(qui peut être suivi de **из всех**, *de tous*) :
са́мый интере́сный из всех, *le plus intéressant de tous*.

• Le superlatif absolu est formé avec le suffixe **-ейший, -ая, -ее**. Il
ne peut pas être suivi de **из всех**, *de tous* :
интере́сный, *intéressant* → **интере́снейший**, *le plus intéressant*
бе́дная, *pauvre* → **бедне́йшая**, *la plus pauvre*
Après une chuintante, le suffixe se transforme en **-айший, -ая, -ее**
et la consonne change assez régulièrement :
бли́зкий, *proche* → **ближа́йший**, le plus proche (la suite de
consonnes **зк** a changé en **ж**).
ди́кий, *sauvage* → **дича́йший**, *le plus sauvage* (le **к** a changé en
ч). Le suffixe est toujours accentué sur l'avant-dernière syllabe.

• Le superlatif absolu peut également être formé avec le préfixe **наи-**
qui s'ajoute à l'adjectif long : **наилу́чший,** *le meilleur*.

4 Les nombres

	Cardinaux	Ordinaux
0	**ноль**	
1	**оди́н, одна́, однó**	**пе́рвый, пе́рвая, пе́рвое**
2	**два, две**	**вторóй, втора́я, вторóе**

3	три	тре́тий, тре́тья, тре́тье
4	четы́ре	четвёртый, четвёртая, четвёртое
5	пять	пя́тый, пя́тая, пя́тое
6	шесть	шесто́й
7	семь	седьмо́й
8	во́семь	восьмо́й
9	де́вять	девя́тый
10	де́сять	деся́тый
11	оди́ннадцать	оди́ннадцатый
12	двена́дцать	двена́дцатый
13	трина́дцать	трина́дцатый
14	четы́рнадцать	четы́рнадцатый
15	пятна́дцать	пятна́дцатый
16	шестна́дцать	шестна́дцатый
17	семна́дцать	семна́дцатый
18	восемна́дцать	восемна́дцатый
19	девятна́дцать	девятна́дцатый
20	два́дцать	двадца́тый
21	два́дцать оди́н	два́дцать пе́рвый
22	два́дцать два	два́дцать второ́й
30	три́дцать	тридца́тый
40	со́рок	сороково́й
50	пятьдеся́т	пятидеся́тый
60	шестьдеся́т	шестидеся́тый
70	се́мьдесят	семидеся́тый
80	во́семьдесят	восьмидеся́тый
90	девяно́сто	девяно́стый
100	сто	со́тый

101	сто оди́н	сто пе́рвый
200	две́сти	двухсо́тый
300	три́ста	трёхсо́тый
400	четы́реста	четырёхсо́тый
500	пятьсо́т	пятисо́тый
600	шестьсо́т	шестисо́тый
700	семьсо́т	семисо́тый
800	восемьсо́т	восьмисо́тый
900	девятьсо́т	девятисо́тый

4.1 Les cardinaux et leur déclinaison

L'accusatif a la même forme que le nominatif quand le cardinal se rapporte aux noms inanimés, et la même forme que le génitif quand il se rapporte aux noms désignant des animés.

• Le cardinal **оди́н** a les terminaisons de la déclinaison du démonstratif **э́тот** qui s'ajoutent à la base **одн-**. N'oubliez pas qu'il s'accorde en genre et nombre avec le substantif. L'accent tombe sur la dernière syllabe.

	Masc., Neutre	Féminin	Pluriel
N	оди́н, одно́	одна́	одни́
G	одного́	одно́й	одни́х
D	одному́	одно́й	одни́м
A	N ou G	одну́	N ou G
I	одни́м	одно́й	одни́ми
L	одно́м	одно́й	одни́х

• Le cardinal **два, две** n'a pas de forme de pluriel spécifique, car c'est déjà un pluriel, mais il s'accorde en genre au nominatif et à l'accusatif. Il est à noter que le choix entre la forme du génitif et celle du nominatif, selon que le mot désigne un objet animé ou inanimé, a lieu également pour l'accusatif féminin, mais il n'est pas exclusivement réservé aux animés. Ainsi, on dira obligatoirement **Я вижу две книги** (féminin inanimé), *Je vois deux livres*, et **Я вижу двух девушек** (féminin animé), *Je vois deux jeunes filles* (revoir leçon 70 § 5).

Два et **две** sont suivis de noms au **génitif singulier**, tandis que le nom qui suit **двух** se met au même cas que cet adjectif, c'est-à-dire à l'**accusatif pluriel**. Toute la déclinaison de *deux* **два**, *trois* **три** et *quatre* **четыре** porte l'accent sur la dernière syllabe, sauf au nominatif singulier de **четыре**.

	Masculin, féminin		
N	два, две	три	четыре
G	двух	трёх	четырёх
D	двум	трём	четырём
A	N ou G	N ou G	N ou G
I	двумя	тремя	четырьмя
L	двух	трёх	четырёх

• Les cardinaux de 5 à 30 ont la déclinaison des féminins en signe mou **ь**. La terminaison du G, du D et du L est **-и** ; l'A = N ou G ; le L (P) est en **-ью**. Dans les cardinaux de 50 à 80 les deux parties se déclinent comme les féminins en signe mou : **пятидесяти** (G, D, L), **пятьюдесятью**.
• Les dizaines 40, 90, 100 ont la terminaison **-a** dans tous les cas sauf l'accusatif des inanimés qui a la forme du nominatif.

• 200, 300, 400 se déclinent en deux parties dont la première perd son accent (même si le mot contenait un **ё**) :

N	двести	триста	четыреста
G	двухсот	трёхсот	четырёхсот
D	двумстам	трёмстам	четырёмстам
A	N ou G	N ou G	N ou G
I	двумястами	тремястами	четырьмястами
L	двухстах	трёхстах	четырёхстах

• Les centaines de 500 à 900 se déclinent en deux parties dont la première se décline comme les féminins en signe mou et la deuxième comme celle des 200 :

N	пятьсо́т	девятьсо́т
G	пятисо́т	девятисо́т
D	пятиста́м	девятиста́м
A	N	N
I	пятьюста́ми	девятьюста́ми
L	пятиста́х	девятиста́х

4.2 L'accent des cardinaux

Les cardinaux de 5 à 10, de 20, de 30 ont l'accent final ; les cardinaux de 11 à 19 ont l'accent du nominatif ; les dizaines de 50 à 80 ont l'accent médian : шести́десяти, восьми́десяти. Les autres cardinaux prennent l'accent final.

4.3 Les ordinaux et leur déclinaison

Les numéraux ordinaux s'accordent avec le nom en genre et en nombre, et comme ils ont les terminaisons adjectivales ils se déclinent comme des adjectifs. Cependant, il y a une particularité dans la déclinaison de l'ordinal тре́тий, тре́тья, тре́тье, тре́тьи *troisième(s)*. Cet adjectif a la déclinaison des adjectifs mous et les désinences des adjectifs courts au Nominatif et à l'Accusatif pluriel.

	Masculin, Neutre	Féminin	Pluriel
N	тре́тий, тре́тье	тре́тья	тре́тьи
G	тре́тьего	тре́тьей	тре́тьих
D	тре́тьему	тре́тьей	тре́тьим
A	N ou G, тре́тье	тре́тью	N ou G
I	тре́тьим	тре́тьей	тре́тьими
L	тре́тьем	тре́тьей	тре́тьих

4.4 Les constructions avec les nombres

L'accord des cardinaux avec les noms ou adjectifs qui les suivent est assez spécial.

• Accord avec les noms
• 1 et tous les nombres composés qui se terminent par 1 sont suivis du nominatif singulier. 1 s'accorde en genre : **одно́ де́рево**, *un arbre* ; **два́дцать одна́ подру́га**, *vingt-et-une amies* ; **сто пятьдеся́т одна́ кни́га**, *cent cinquante et un livres* ; **девятьсо́т три́дцать оди́н дом**, *neuf cent trente et une maisons*.
• 2, 3, 4 et tous les nombres composés qui se terminent par 2, 3 et 4 sont suivis du génitif singulier. Attention, 2, **два**, a une forme spécifique au féminin, **две** : **две китая́нки**, *deux Chinoises* ; **три́дцать три депута́та**, *trente-trois députés* ; **сто четы́ре де́рева**, *cent quatre arbres*.
• de 5 à 20 inclus les noms de nombres sont suivis du génitif pluriel : **пять враче́й**, *cinq médecins* ; **оди́ннадцать води́телей**, *onze chauffeurs* ; **семна́дцать дете́й**, *dix-sept enfants* ; **два́дцать мужчи́н**, *vingt hommes*.
• Les indéfinis du genre **ма́ло**, *peu* ou **мно́го**, *beaucoup*, sont suivis d'un génitif singulier dans le cas des noms abstraits ou indénombrables, et du génitif pluriel pour les concrets et dénombrables : **ма́ло воды́**, *peu d'eau* ; **мно́го книг**, *beaucoup de livres*.
Cette règle s'applique quand le cardinal est au nominatif ou à l'accusatif. Dans tous les autres cas, le nom et le cardinal se mettent au même cas :
Пять (nominatif) **де́вочек** (génitif pluriel) **гуля́ют в па́рке.**
Cinq filles se promènent dans le parc.
Я ви́жу пять (accusatif) **де́вочек** (génitif pluriel).
Je vois cinq filles.
Я даю́ кни́гу пяти́ (datif) **де́вочкам** (datif pluriel).
Je donne le livre aux cinq filles.
Au nominatif et à l'accusatif inanimé, la forme des cardinaux ne change pas pour le masculin et le neutre, excepté **оди́н**.

• Accord avec les adjectifs
• Après les cardinaux **оди́н**, **одна́**, **одно́**, **одни́**, à tous les cas, le nom et l'adjectif s'accordent en nombre, en genre et en cas avec le cardinal qui les précède : **оди́н ма́ленький ма́льчик**, *un petit garçon* ;

одни́м хоро́шим фи́льмом, *par un bon film* ; **одно́й краси́вой де́вушке**, *à une belle jeune fille.*

• Après 2, 3 et 4, au nominatif et à l'accusatif, le nom est au géni-tif singulier et l'adjectif au génitif pluriel (les adjectifs féminins peuvent se mettre au nominatif pluriel, mais le génitif pluriel est préférable) :

Два краси́вых ма́льчика, *deux beaux garçons* ;

Я ви́жу двух краси́вых де́вочек, *Je vois deux belles filles.*

Si le cardinal lui-même est à un cas autre que le nominatif et l'accu-satif (la règle est valable pour tous les cardinaux), le nom et l'adjectif s'accordent logiquement avec le cardinal :

Я даю́ кни́гу двум краси́вым де́вочкам (tout est accordé au datif pluriel), *Je donne le livre à deux belles filles.*

• Pour 5 et plus, on accorde les adjectifs et les noms au génitif pluriel :

Я ви́жу пять ма́леньких ма́льчиков, *Je vois cinq petits garçons.* Et au datif :

Я даю́ кни́гу пяти́ ма́леньким ма́льчикам (tout est accordé au datif pluriel), *Je donne le livre à cinq petits garçons.*

5 Les pronoms

5.1 Les pronoms personnels

	Singulier	Pluriel
1re personne		
N	**я**	**мы**
G	**меня́**	**нас**
D	**мне**	**нам**
A	G	G
I	**мной**	**на́ми**
L	**(обо) мне**	**(о) нас**
2e personne		
N	**ты**	**вы**
G	**тебя́**	**вас**

D	тебé	вам
A	G	G
I	тобóй	вáми
L	(о) тебé	(о) вас
3e personne		

N	он, онó, онá	онú
G	(н)егó, (н)её	(н)их
D	(н)емý, (н)ей	(н)им
A	G	G
I	(н)им, (н)ей	(н)úми
L	(о) нём, ней	(о) них

Le **н** s'ajoute aux pronoms de la 3e personne s'ils suivent une préposition :
Я подарúл ей цветы, *Je lui ai offert des fleurs.*
mais :
Я идý к ней, *Je vais chez elle.*

5.2 Les pronoms/adjectifs possessifs

Les possessifs se déclinent.
• Les possessifs **мой** *mon*, **твой** *ton*, **свой** *son* se déclinent de la même façon :

	Masc., Neutre	Féminin	Pluriel
N	мой, моё	моя́	мои́
G	моегó	моéй	моúх
D	моемý	моéй	моúм
A	N ou G	мою́	N ou G
I	моúм	моéй	моúми
L	моём	моéй	моúх

Leur déclinaison ressemble beaucoup à celle du cardinal **один**. Le pronom possessif **свой** indique l'appartenance à toutes les personnes (1ʳᵉ, 2ᵉ et 3ᵉ). Ce pronom s'utilise quand il se rapporte au sujet de l'action. Attention, on n'utilise pas ce possessif au nominatif :

Лётом егó сестрá уезжáет на дáчу.

En été, sa sœur part à la datcha. (C'est sa sœur qui est l'agent de l'action)

Он уезжáет на дáчу к своéй сестрé.

Il part à la datcha chez sa sœur. (C'est lui qui est l'agent de l'action et sa sœur est le complément d'objet indirect)

• Les possessifs pluriels, **наш** *notre* et **ваш** *votre*, ont également la même déclinaison :

	Masc., Neutre	Féminin	Pluriel
N	**наш, нáше**	**нáша**	**нáши**
G	**нáшего**	**нáшей**	**нáших**
D	**нáшему**	**нáшей**	**нáшим**
A	N ou G	**нáшу**	N ou G
I	**нáшим**	**нáшей**	**нáшими**
L	**нáшем**	**нáшей**	**нáших**

• Les possessifs de la 3ᵉ personne sont les mêmes pour tous les genres et tous les cas : **егó, её, их**. Ils s'accordent toujours avec le sujet :

э́то егó кастрю́ля, *c'est sa casserole* (le possesseur est une personne du sexe masculin car **егó** est du masculin ; le genre de l'objet possédé, ici le féminin **кастрю́ля**, n'a pas d'influence sur le possessif) ;

у тебя́ её ключи́, *tu as ses clés* (le possesseur des clés est une personne du sexe féminin car **её** est du féminin et du singulier ; le genre de l'objet possédé, ici **ключи́** qui est masculin pluriel, n'a pas d'incidence sur le possessif) ;

мы их дéти, *nous sommes leurs enfants* (le sujet est au pluriel car **их** est du pluriel).

5.3 Les interrogatifs et les relatifs

• **La déclinaison des pronoms что et кто**
Ils n'ont que le singulier. Le pronom **кто** se rapporte aux êtres animés tandis que **что** aux objets. La déclinaison de **кто**, *qui*, est semblable à celle de **тот**, *celui-là*. Le pronom **что**, *quoi*, *que*, a la même déclinaison avec les terminaisons du type mou :

N	кто	что
G	кого́	чего́
D	кому́	чему́
A	G	N
I	кем	чем
L	ком	чём

• Le pronom-adjectif interrogatif **како́й, áя, óe, и́е**, *quel*, a la déclinaison des adjectifs (voir le paragraphe concernant les adjectifs).
• Le pronom-adjectif interrogatif et relatif **кото́рый, -ая, -ое, -ые**, *lequel*, se décline comme un adjectif.

5.4 Le démonstratif

Les démonstratifs **э́тот**, *celui-ci*, et **тот**, *celui-là*, s'opposent d'après leur sens – **Не э́тот, а тот**. *Pas celui-ci, mais celui-là.* –, mais leur déclinaison est quasiment identique : en enlevant le э du début de **э́тот**, on obtient la déclinaison de **тот**. Il y a tout de même une petite différence : là où il y a un **и** dans la déclinaison de **э́тот**, il y a un **e** pour la déclinaison de **тот**.

	Masc., Neutre	Féminin	Pluriel
N	э́тот, э́то / тот, то	э́та / та	э́ти / те
G	э́того / того́	э́той / той	э́тих / тех
D	э́тому / тому́	э́той / той	э́тим / тем
A	N ou G	э́ту / ту	N ou G
I	э́тим / тем	э́той / той	э́тими / те́ми
L	э́том / том	э́той / той	э́тих / тех

5.5 Les indéfinis

On les forme en accolant des particules indéfinies devant ou derrière les pronoms/adjectifs interrogatifs :
• **не-** : **не́который, -ая, -ое**, *certain* ; **не́сколько**, *quelques-uns* ; **не́кто**, *quelqu'un* ; **не́что**, *quelque chose.*
Ces deux derniers ne s'emploient qu'au nominatif et à l'accusatif :
Сейча́с я расскажу́ вам не́что отра́дное!
Je vais vous raconter quelque chose d'agréable !
Тебе́ звони́л не́кто Петро́в.
Un certain Pétrov t'a téléphoné.
• **-нибудь** : **где́-нибудь, кто́-нибудь, что́-нибудь, ско́лько-нибудь.**
• **-то** : **где́-то, кто́-то, что́-то, ско́лько-то.**
нибудь et **то** s'écrivent toujours avec un trait d'union.

5.6 Всё

Il s'accorde avec le nom en genre et en nombre : **весь**, *tout* ; **всё**, *tout* ; **вся**, *toute* ; **все**, *tous.*
Il a la même déclinaison que le démonstratif **тот**, mais avec la base **вс-**, et il est du type mou. Leur accent est identique :

	Masc., Neutre	Féminin	Pluriel
N	тот, то/весь, всё	та/вся	те/все
G	того́/всего́	той/всей	тех/всех
D	тому́/всему́	той/всей	тем/всем
A	N ou G	ту/всю	N ou G
I	тем/всем	той/всей	те́ми/все́ми
L	том/всём	той/всей	тех/всех

5.7 Le pronom сам

сам, *soi-même*, s'emploie avec des noms animés ou inanimés. Il s'accorde en genre et en nombre avec le nom auquel il se rapporte : **он сам**, *lui-même* ; **она́ сама́**, *elle-même* ; **оно́ само́** (neutre) ; **они́ са́ми**, *eux-mêmes* ou *elles-mêmes* (pour tous les genres). Retenez que dans sa déclinaison, le pronom garde l'accent final, sauf au nominatif et à l'instrumental pluriel.

	Masc., Neutre	Féminin	Pluriel
N	сам, само́	сама́	са́ми
G	самого́	само́й	сами́х
D	самому́	само́й	сами́м
A	N ou G	саму́	N ou G
I	сами́м	само́й	сами́ми
L	само́м	само́й	сами́х

• **сам** se place derrière le nom ou le pronom personnel pour souligner que le sujet accomplit l'action tout seul sans aucune aide :
Они́ са́ми вы́брали свой но́вый дом.
Ils ont choisi leur nouvelle maison eux-mêmes.
• Il se place devant le nom ou après le pronom personnel décliné quand il souligne l'importance de ces derniers :
То́лько она́ сама́ мо́жет реши́ть, кто ей нра́вится бо́льше.
Elle est la seule à pouvoir décider qui lui plaît le plus.
Вчера́ мы разгова́ривали с сами́м Президе́нтом!
Hier, nous avons parlé avec le Président lui-même !

6 Les noms de famille

Les noms de familles en **-ов**, **-ин**, **-ский**, **-ый** et **-ой** ont une forme du féminin – on rajoute **-а** à la terminaison –, tandis que tous les autres (par exemple ceux qui se terminent par **-ич** et **-о**) n'en ont pas. Comparez :

– На вечери́нке бы́ло мно́го люде́й: Ви́ктор Гончаро́в и Тама́ра Гончаро́ва, Са́ша Купри́н и Та́ня Куприна́, Све́та Гроши́нская и Оле́г Гроши́нский.
À la soirée, il y avait beaucoup de monde : Victor Gontcharov (m.) et Tamara Gontcharova (f.), Sacha Kouprine (m.) et Tania Kouprina (f.), Sveta Grouchinskaïa (f.) et Oleg Grouchinskiï (m.).

– А Петро́вы то́же бы́ли?
Et les Pétrov, ils étaient là aussi ?

– Нет, они́ не пришли́. А вот На́дя Засу́лич, И́горь Засу́лич и Ковале́нко пришли́.
Non, ils ne sont pas venus. Mais Nadia Zassoulitch (f.), Igor Zassoulitch (m.) et Kovalenko sont venus (en l'absence de prénom ou d'accord verbal, le nom peut être considéré comme masculin, féminin ou même pluriel).

En ce qui concerne la déclinaison des noms de famille, les noms en **-ский**, **-ый** et **-ой** se déclinent comme des adjectifs :

Я óчень люблю́ читáть кни́ги Толстóго.
J'aime beaucoup lire les livres de Tolstoï.

Les noms de famille en **-ов** et **-ин** ont une déclinaison "mixte" (rappelant celle des adjectifs et des substantifs) :

	Masculin	Féminin	Pluriel
N	**Иванóв**	**Иванóва**	**Иванóвы**
G	**Иванóва**	**Иванóвой**	**Иванóвых**
D	**Иванóву**	**Иванóвой**	**Иванóвым**
A	**Иванóва**	**Иванóву**	**Иванóвых**
I	**Иванóвым**	**Иванóвой**	**Иванóвыми**
L	**Иванóве**	**Иванóвой**	**Иванóвых**

7 Le verbe

7.1 Les particularités du verbe russe

Le russe possède un présent, un passé et un futur, ainsi qu'un conditionnel (très simple, formé sur la base du passé) et un impératif. Il n'y a qu'un seul passé et un seul futur. Le russe compense cette "pauvreté temporelle" avec ce qu'on appelle l'aspect (perfectif ou imperfectif). L'infinitif russe peut être perfectif ou imperfectif et se termine toujours en **-ть**, **-ти** (toujours accentuée) ou **-чь**.

Les verbes russes se subdivisent en deux conjugaisons qui se définissent non pas en fonction de la terminaison de l'infinitif comme dans beaucoup de langues européennes, mais par la terminaison du présent et plus exactement par la "voyelle thématique" qui relie la terminaison à la base verbale. Pour pouvoir conjuguer les verbes russes, il faut apprendre l'infinitif et ses trois autres formes verbales : la 1re personne du singulier (car elle peut être irrégulière), la 2e personne du singulier (qui nous montre la voyelle thématique) et la 3e personne du pluriel.

7.2 Le présent des verbes réguliers et les terminaisons des deux conjugaisons

Pour former le présent, on ajoute les terminaisons suivantes à l'infinitif sans terminaison :

• **Première conjugaison**
де́ла - ть, *faire*

я	де́ла + ю
ты	де́ла + ешь
он	
она́	де́ла + ет
оно́	
мы	де́ла + ем
вы	де́ла + ете
они́	де́ла + ют

ид - ти́, *aller (à pied)*

я	ид + у́
ты	ид + ёшь
он	
она́	ид + ёт
оно́	
мы	ид + ём
вы	ид + ёте
они́	ид + у́т

La voyelle thématique pour la première conjugaison est e sans accent (ё avec accent), car elle se rencontre dans toutes les terminaisons (sauf deux) ; c'est cette voyelle qui fait la différence entre la première et la deuxième conjugaison.

Pour la première conjugaison, la voyelle de la terminaison de la 1re pers. du singulier (ю ou у) apparaîtra dans la terminaison de la 3e personne du pluriel : де́лаю – де́лают ; иду́ – иду́т.

• **Deuxième conjugaison**
слы́ша - ть, *entendre*

я	слы́ш + у
ты	слы́ш + ишь
он	
она́	слы́ш + ит
оно́	
мы	слы́ш + им
вы	слы́ш + ите
они́	слы́ш + ат

говор - и́ть, *parler*

я	говор + ю́
ты	говор + и́шь
он	
она́	говор + и́т
оно́	
мы	говор + и́м
вы	говор + и́те
они́	говор + я́т

La voyelle "thématique" de la deuxième conjugaison est и. Pour la deuxième conjugaison, la voyelle de la terminaison de la 1re pers. du singulier influencera la terminaison de la 3e personne du pluriel. Ainsi, si elle est molle (ю), à la 3e personne du pluriel il y aura une molle : говорю́ – говоря́т ; et si elle est dure (у), il y a une dure : слы́шу – слы́шат. Attention, la règle d'incompatibilité orthographique ne permet pas d'avoir un -я ou un -ю après ш et certaines d'autres consonnes (voir 1.4).

7.3 Les verbes pronominaux

La conjugaison des verbes pronominaux est la même que celle des autres verbes sauf qu'il faut ajouter **-сь** après une voyelle ou **-ся** après une consonne, derrière les terminaisons habituelles. Exemple :

смея́ться, *rire*
я смею́сь
ты смеёшься
он/она́ смеётся
мы смеёмся
вы смеётесь
они́ смею́тся

7.4 Le présent et la palatalisation

Plusieurs verbes changent la consonne de la base quand ils se conjuguent au présent. Il s'agit du phénomène de la palatalisation (la consonne changée se prononce avec la participation du palais). Pour la première conjugaison, le changement concerne toutes les formes de la conjugaison, tandis que pour la deuxième conjugaison, on observe le changement seulement à la première personne du singulier. Sachez que la palatalisation concerne certaines consonnes qui ont leur consonne paire.

• **Première conjugaison**
• Le **д** change en **ж** : **е́здить** → **я е́зжу, ты е́здишь, они́ е́здят.**
• Les verbes de la première conjugaison en **-чь** vont changer **г** en **ж** :
бере́чь, *garder*, *veiller sur* : **я берегу́, ты береж́ёшь, они́ берегу́т** ;
мочь, *pouvoir* : **я могу́, ты мо́жешь, он мо́жет, мы мо́жем, вы мо́жете, они́ мо́гут.**
• **писа́ть**, *écrire*, change le **с** en **ш** à toutes les personnes : **я пишу́, ты пи́шешь, они́ пи́шут.**
Quand l'accent n'est pas fixe, il tombe sur la dernière syllabe à la 1re personne du singulier, et à toutes les autres personnes, il tombe sur la première syllabe.

• **Deuxième conjugaison**
ви́деть, *voir* : **я ви́жу, ты ви́дишь, они́ ви́дят**
люби́ть, *aimer* : **я люблю́, ты лю́бишь, они́ лю́бят**
плати́ть, *payer* : **я плачу́, ты пла́тишь, они́ пла́тят**

7.5 L'aspect

Le verbe russe a deux aspects : l'imperfectif et le perfectif. Ainsi, à un verbe français vont correspondre deux verbes russes et par conséquent, pour bien apprendre les verbes russes, il faut les retenir par paires : imperfectif / perfectif. Les perfectifs se forment avec un préverbe, un suffixe, ou prennent une forme modifiée ou même complètement nouvelle par rapport au verbe imperfectif :

знако́миться – познако́миться, *faire connaissance*
дава́ть – дать, *donner*
говори́ть – сказа́ть, *parler – dire*

Le choix de l'aspect est conditionné par le point de vue avec lequel on envisage l'action :
• **L'imperfectif** exprime une action en mettant l'accent sur son caractère répétitif ou sur son déroulement sans se préoccuper de son résultat.

• **Le perfectif** décrit plutôt une action ponctuelle, circonstanciée, et qui a un résultat. Ainsi, au présent, on utilise l'imperfectif, car le perfectif ne peut pas décrire un déroulement actuel (il n'a pas de présent mais un "futur-présent").

• **L'aspect et le présent**
Les verbes perfectifs n'ont pas de présent.
• Avec *l'imperfectif* il s'agit :
– d'une action linéaire qui se déroule au présent :
Ма́ма зовёт (imperf.) **Са́шу.** *Maman appelle Sacha.*
– d'une caractéristique permanente :
Лю́ди не уме́ют (imperf.) **лета́ть.** *Les gens ne savent pas voler.*
– d'une action qui se répète :
Вы так ча́сто хо́дите (imperf.) **в теа́тр.** *Vous allez au théâtre si souvent !*

• **L'aspect et le futur**
• Avec *l'imperfectif*, il s'agit :
– d'une action qui se déroule sans faire attention au résultat :
На́дя бу́дет чита́ть (imperf.) **кни́гу.** *Nadia va lire le livre* (on ne sait pas si elle le terminera, on s'intéresse seulement à l'action).
– d'une action qui se répétera :
Он бу́дет приходи́ть (imperf.) **к нам ка́ждый день.** *Il viendra chez nous tous les jours.*

– d'une action qui dure ou une action qui se passe en même temps qu'une autre :

Я его́ зна́ю: он бу́дет чита́ть (imperf.) **це́лый час!** *Je le connais : il va lire une heure entière !*

Та́ня бу́дет гото́вить у́жин (imperf.)**, а я бу́ду мыть** (imperf.) **посу́ду.** *Tania va préparer le dîner et moi, je vais faire la vaisselle.*

• Avec le *perfectif*, il s'agit :
– d'une action qui sera achevée et qui aura un résultat :

На́дя прочита́ет (perf.) **кни́гу.** *Nadia lira le livre* (elle le lira entièrement, on s'intéresse au résultat de l'action).
– d'une action unique :

Сле́дующим ле́том мы пое́дем на мо́ре. *L'été prochain, nous irons à la mer.*

За́втра ты при́мешь лека́рство в де́вять. *Demain, tu prendras le médicament à neuf heures.*
– des actions qui vont se dérouler l'une après l'autre :

Снача́ла ты сде́лаешь то, что я проси́ла, а пото́м пойдёшь гуля́ть. *D'abord, tu feras ce que je t'ai demandé et après tu iras te promener.*

• **L'aspect et l'impératif**
• Avec *l'imperfectif*, il s'agit :
– d'un ordre ou d'une invitation à faire quelque chose à plusieurs reprises :

Приходи́те (imperf.) **к нам по вечера́м!** *Venez chez nous le soir !*
– d'une demande de ne pas faire quelque chose :

Не оставля́йте (imperf.) **дете́й одни́х до́ма!** *Ne laissez pas les enfants seuls à la maison !*
– d'une autorisation :

– Могу́ я посмотре́ть (perf.) **э́ти брю́ки?** *Puis-je regarder ce pantalon ?*

– Пожа́луйста, смотри́те (imperf.)**!** *Je vous en prie, regardez [-le] !*
– de la mise en valeur de la manière d'exécuter l'action :

Говори́те (imperf.)**, пожа́луйста, не так ти́хо.** *S'il vous plaît, ne parlez pas si bas.*
• Avec le *perfectif*, il s'agit :
– d'un ordre qui va être exécuté tout de suite et/ou une fois :

Откро́й (perf.)**, пожа́луйста, окно́, мне жа́рко!** *Ouvre la fenêtre, s'il te plaît, j'ai chaud !*

– d'une mise en garde :

Не опозда́й на совеща́ние! *Ne sois pas en retard pour la réunion !* ;

– d'une exigence :

Сде́лайте (perf.) **всё к трём часа́м!** *Faites tout pour trois heures !*

● **L'aspect et le passé**

• Avec *l'imperfectif*, il s'agit :

– d'une action qui se déroulait sans faire attention au résultat :

На́дя чита́ла (imperf.) **кни́гу.** *Nadia lisait le livre* (on ne sait pas si elle l'avait terminé, on s'intéresse seulement à l'action) ;

– d'une action qui se répétait :

Ма́ма чита́ла (imperf.) **мне кни́ги ка́ждый ве́чер.** *Maman me lisait des livres tous les soirs* ;

– d'une action qui durait, on s'intéresse au déroulement de l'action :

Он мыл (imperf.) **посу́ду це́лый час!** *Il a fait la vaisselle pendant une heure entière !*

• Avec *le perfectif*, il s'agit :

– d'une action qui est achevée et qui a un résultat :

Ты уже́ помы́л (perf.) **посу́ду?** *Tu as déjà fait la vaisselle ?* (la vaisselle est faite, je vois le résultat de l'action) ;

– d'une action unique :

Мы познако́мились у друзе́й. *Nous nous sommes rencontrés chez des amis* ;

– des actions qui se sont déroulées l'une après l'autre :

Снача́ла ты потеря́л ключи́, пото́м у тебя́ укра́ли кошелёк... Что бу́дет да́льше? *D'abord, tu as perdu les clés, ensuite on t'a volé le porte-monnaie... Qu'est-ce qui se passera après ?*

7.6 Les verbes de mouvement et les préverbes

On distingue 14 paires de verbes de déplacement et chaque paire correspond à un moyen précis de déplacement (à pied, en voiture, en avion, etc.). Ces verbes se divisent en déterminés (ils ont une direction et un but précis) et indéterminés (indiquant la répétition de l'action ou une action sans direction précise). Les huit premières paires sont actives, tandis que les six dernières expriment une action effectuée par l'agent de l'action sur un complément d'objet direct :

Déterminés	Indéterminés	
идти́	ходи́ть	*aller à pied*
éхать	éздить	*aller avec moyen de locomotion*
бежа́ть	бéгать	*courir*
плыть	пла́вать	*nager*
летéть	лета́ть	*voler*
брести́	броди́ть	*roder*
ползти́	по́лзать	*ramper*
лезть	ла́зить	*grimper, escalader*
нести́	носи́ть	*porter*
вести́	води́ть	*conduire*
везти́	вози́ть	*transporter par un moyen de locomotion*
тащи́ть	таска́ть	*transporter, traîner*
кати́ть	ката́ть	*rouler (qqch)*
гнать	гоня́ть	*faire courir, chasser*

Le sens des verbes peut être modifié par des préfixes : **летéть** *voler* → **вы́лететь**, **полетéть**, **прилетéть**. En voici quelques-uns parmi les plus courants :

• **вы** apporte une notion de *sortie, extraction* : **выходи́ть** (imperf.) / **вы́йти** (perf.) *sortir (à pied)*, **выезжа́ть** *partir, sortir (avec un moyen de locomotion)*, **вылета́ть** (imperf.) / **вы́лететь** (perf.) *partir (en volant)* ;

• **до** apporte l'idée d'une *action menée jusqu'à son terme, sa limite* : **дойти́** *arriver (à pied)*, **довезти́** *transporter, emmener (en transport)* ;

• **за** indique un *mouvement conduisant vers une limite en changeant la trajectoire prévue* : **заходи́ть** *entrer, passer (chez qqn)* ;

• **о**, **об** indique une *action circulaire (autour de qqch)* : **объéхать** *faire le tour de, contourner* ;

• **пере**, notion de *traversée (espace, temps)* : **перейти́** *traverser (à pied)*, **переноси́ть** *porter (à travers un lieu) en marchant*, **переводи́ть** *traduire*, **переезжа́ть** *déménager* ;

• **при** pour *arriver, approcher du but avec contact* : **приходи́ть** *venir, arriver (à pied)*, **приноси́ть** (imperf.) / **принести́** (perf.) *apporter* ;
• **про**, notion de *passage* : **проходи́ть** *passer, entrer*, **пройти́** *passer (à pied)*, **прое́хать** *passer (en voiture)* ;
• **у** indique *l'éloignement* : **уходи́ть** *partir à pied*, **уезжа́ть** *partir en moyen de locomotion*, **улете́ть** *partir en avion*.

7.7 Le passé

Pour former le passé, on ajoute à la base de l'infinitif les terminaisons **-л, -ла, -ло** et **-ли**, communes aux verbes de tous les groupes.
де́лать *faire* : **де́лал, де́лала, де́лало, де́лали** ;
слы́шать *entendre* : **слы́шал, слы́шала, слы́шало, слы́шали** ;
говори́ть *parler* : **говори́л, говори́ла, говори́ло, говори́ли**.

Il existe également des verbes irréguliers. Souvent, c'est la forme entière qui change mais la terminaison reste la même :
вести́ *amener (à pied)* : **вёл, вела́, вело́, вели́** (**везти́** et **нести́** se conjuguent de la même manière mais en gardant respectivement "з" et "с" de la racine) ;
идти́ *aller (à pied)* : **шёл, шла, шло, шли** ;
мочь *pouvoir* : **мог, могла́, могло́, могли́** ;
умере́ть *mourir* : **у́мер, умерла́, у́мерло, у́мерли**.

7.8 Le futur

Il existe deux formes du futur en russe : le futur des verbes perfectifs (forme simple) et le futur des imperfectifs (forme composée).
• *Le futur des verbes perfectifs* s'intéresse au résultat de l'action dans le futur, à l'accomplissement absolu de l'action. La forme est celle du présent perfectif.
• *Le futur des verbes imperfectifs* se forme avec le verbe **быть**, *être*, au futur auquel on ajoute l'infinitif du verbe imperfectif. Ce futur-là exprime une action qui se prolonge ou se répète dans le futur.
• *Le futur du verbe* **быть** a les terminaisons de la première déclinaison :
я бу́ду *je serai*
ты бу́дешь *tu seras*
он бу́дет *il sera*
мы бу́дем *nous serons*
вы бу́дете *vous serez*
они́ бу́дут *ils seront*

7.9 Le conditionnel

Le conditionnel est très facile à former. La particule **бы** se place devant ou derrière le verbe au passé :

Я (бы) хотéл бы попи́ть кóфе. *Je voudrais (j'aurais voulu) boire du café.*

Dans une phrase complexe, les deux parties contiennent cette forme :

Éсли бы они́ могли́, они́ бы поéхали с на́ми. *S'ils pouvaient, ils viendraient (seraient venus) avec nous.*

7.10 L'impératif

• L'impératif se forme à partir du radical du présent de la 2ᵉ personne du singulier avec le suffixe **-й** si le verbe se termine par une voyelle, ou **-и** s'il se termine par une consonne :

узнава́ть, *reconnaître* → **узна - ёшь + й** → **узнай!** *Reconnais !* ;

идти́, *aller à pied* → **ид - ёшь + и** → **иди́!**, *Va !*

Pour former l'impératif pluriel, on ajoute le **-те** au singulier : **иди́ + те → иди́те!** *Allez !* L'accentuation reste la même qu'à la 1ʳᵉ personne du singulier.

• **L'impératif avec signe mou**

Les verbes dont le radical, au présent, se termine par une consonne à la 1ʳᵉ personne du singulier, avec accent non final, forment leur impératif avec le signe mou :

взве́сить *peser* → **взве́шу** , **взве́сишь** → **взвес + ь** → **взвесь!** (**взве́сьте!** pour le pluriel).

• Pour les verbes pronominaux la formation est la même mais il faut rajouter en plus le **-сь** après **й** et **-ся** après une voyelle ou un signe mou : **успокóйтесь!**, *calmez-vous !* ; **смéйся!** *ris !* ; **взвéсься!**, *pèse-toi !* ; **взвéсьтесь**, *pesez-vous.*

7.11 Les verbes irréguliers

• **Les verbes** en **-овать** (se transformant en **-евать** après les chuintantes) ont une conjugaison particulière : avant de rajouter les terminaisons de la première conjugaison, on remplace **-овать** (ou **-евать**) par **-у** : **попрóбовать** (perf.) *essayer* : **попрóбую, попрóбуешь, попрóбуют**.

Les verbes suivants se conjuguent de la même manière : **паникова́ть** (imperf.), *paniquer* ; **зави́довать** (imperf.), *envier* ; **волнова́ть** (imperf.), *inquiéter, émouvoir* ; **воспо́льзоваться** (perf.), *profiter* ; **встава́ть** (imperf.), *se lever* ; **зааплоди́ровать** (perf.), *se mettre à applaudir* ; **танцева́ть** (imperf.), *danser*.

Attention ! Certains verbes semblent appartenir à ce groupe mais n'ont pas de chuintante juste devant **-евать** et donc, n'appartiennent pas au groupe. Par exemple, **успева́ть** (imperf.), *avoir le temps (pour faire qqch)* : **успева́ю, успева́ешь, успева́ют**.

• Les verbes en **-авать** ne perdent que le suffixe **ва**. Ainsi, pour les conjuguer, il faut enlever **вать**. Tous les verbes de ce groupe se conjuguent comme le verbe **продава́ть** (imperf.), *vendre* : **продаю́, продаёшь, продаю́т**.

De la même manière se conjuguent donc les verbes suivants : **дава́ть** (imperf.), *donner* ; **сдава́ть** (imperf.), *passer (un examen)* ; **узнава́ть** (imperf.), *reconnaître*.

Attention, ces suffixes sont conservés au passé : **паникова́ть**, *paniquer* → **паникова́л**, *il paniquait* ; **танцева́ть**, *danser* → **танцева́л**, *il dansait* ; **продава́ть**, *vendre* → **продава́л**, *il vendait*.

• Les verbes en **-ти** : **идти́**, *aller à pied* → **иду́, идёшь, иду́т** ; **везти́**, *transporter, emmener (en transport)* → **везу́, везёшь, везу́т** ;

• Les dérivés de **идти́**, *aller à pied* en **-йти** : **-йду́, -йдёшь, -йду́т (пойти́ : пойду́, пойдёшь, пойду́т)** ;

• Les verbes en **-сти, -сть** : **вести́ себя́**, *se comporter* → **веду́ себя́, ведёшь себя́, веду́т себя́** ; **красть**, *voler* → **краду́, крадёшь, краду́т** ; **класть**, *mettre horizontalement* → **кладу́, кладёшь, кладу́т** ;

• Les verbes en **-ереть** : **умере́ть**, *mourir* → **умру́, умрёшь, умру́т** ;

• Les verbes en **-ать** : **нача́ть**, *commencer* → **начну́, начнёшь, начнёт, начну́т** ;

• Verbes isolés: **бежа́ть**, *courir* : **бегу́, бежи́шь, бегу́т** ; **брать**, *prendre* : **беру́, берёшь, беру́т** ; **дать**, *donner* : **даю́, даёшь, даю́т** ; **есть**, *manger* : **ем, ешь, ест, еди́м, еди́те, едя́т** ; **éхать**, *aller (au moyen de locomotion)* : **éду, éдешь, éдут** ; **ждать**, *attendre* : **жду, ждёшь, ждут** ; **жить**, *vivre* : **живу́, живёшь, живу́т** ; **звать**, *appeler* : **зову́, зовёшь, зову́т** ; **пить**, *boire* : **пью, пьёшь, пьют** ; **пла́кать**, *pleurer* : **пла́чу, пла́чешь, пла́чут** ;

сесть, *s'asseoir* : **ся́ду, ся́дешь, ся́дут** ;
стать, *devenir* et ses composés : **ста́ну, ста́нешь, ста́нут** ;
спать, *dormir* : **сплю, спишь, спят** ;
хоте́ть, *vouloir* : **хочу́, хо́чешь, хо́чет, хоти́м, хоти́те, хотя́т**.

7.12 L'emploi de l'instrumental après certains verbes

Certains verbes nécessitent l'emploi de **l'instrumental**.
• On met l'instrumental après le verbe **быть**, *être*, à l'infinitif, au passé et au futur quand le mot qui le suit exprime une occupation, une profession, un état émotionnel, une caractéristique, etc. :
Её брат всегда́ был жа́дным! *Son frère a toujours été radin.*
Ра́ньше он был нота́риусом. *Avant, il était notaire.*
• Après le verbe **стать**, *devenir* :
Е́сли я ста́ну бога́тым, я куплю́ себе́ большу́ю да́чу. *Si je deviens riche, j'achèterai une grande maison de campagne.*
• Le mot qui signifie la profession après le verbe **рабо́тать**, *travailler*, est à l'instrumental également :
– **Кем ты рабо́таешь ?** *Que fais-tu dans la vie (en tant que quoi travailles-tu) ?*
– **(Я рабо́таю) Врачо́м.** *(Je travaille comme) médecin.*

7.13 Les structures impersonnelles et l'emploi particulier de la 2e personne du singulier et de la 3e personne du pluriel

Il existe plusieurs moyens de formation des structures impersonnelles :
• Avec la 3e personne du pluriel sans sujet :
Говоря́т, ско́ро бу́дет о́чень хо́лодно. *On dit que bientôt il fera très froid.*
Так обы́чно и де́лают. *C'est ainsi qu'on fait d'habitude.*
• Avec le verbe au neutre au passé :
На вечери́нке бы́ло ве́село. *C'était gai à la soirée.*
• Avec la 3e personne du singulier d'un verbe pronominal. L'agent de l'action dans ce type de phrase est au datif :
Мне хо́чется пить. *J'ai soif.*
Au passé, le verbe s'accorde au neutre.
Нам всегда́ хоте́лось пое́хать в А́нглию. *Nous avons toujours voulu aller en Angleterre.*
• L'adjectif court / l'adverbe avec le datif de la personne concernée :
Мне хо́лодно, а вам смешно́. *J'ai froid et cela vous fait rire.*

7.14 Le verbe être

• Le verbe *être* ne s'utilise pas au présent, mais au passé et au futur dans des phrases avec des noms, des adjectifs courts ou des adverbes.

Il s'accorde en genre et en nombre avec le sujet de l'action ; pour les structures impersonnelles indiquant le temps, l'heure, etc. le verbe est accordé à la 3e personne du singulier.

Они должны́ гото́виться к экза́менам всю неде́лю.
Ils doivent se préparer aux examens toute la semaine.

Они́ должны́ бы́ли гото́виться к экза́менам всю неде́лю.
Ils étaient obligés de se préparer aux examens toute la semaine.

Они́ должны́ бу́дут гото́виться к экза́менам всю неде́лю.
Ils seront obligés de se préparer aux examens toute la semaine.

Сего́дня хо́лодно. *Aujourd'hui, il fait froid.*

Вчера́ бы́ло хо́лодно. *Hier, il a fait froid.*

За́втра бу́дет хо́лодно. *Demain, il fera froid.*

Два часа́. *Il est deux heures.*

Когда́ он пришёл, бы́ло два часа́. *Quand il est arrivé il était deux heures.*

Когда́ мы всё сде́лаем, бу́дет уже́ два часа́. *Quand nous aurons tout fini il sera déjà deux heures.*

• Le verbe *être* dans les structures d'absence :
Pour exprimer l'absence de quelque chose au présent, on utilise le mot **нет** accompagné d'un génitif :

Их нет до́ма. *Ils ne sont pas à la maison.*

У меня́ нет де́нег. *Je n'ai pas d'argent.*

Её нет. *Elle n'est pas là.*

En revanche, au passé, le verbe *être* intervient dans la formation de la structure négative : la particule négative **не**, toujours accentuée dans cette forme, s'ajoute au neutre du verbe **быть** au passé. Par exemple :

Их не́ было до́ма. *Ils n'étaient pas à la maison.*

У меня́ не́ было де́нег. *Je n'avais pas d'argent.*

Её не́ было. *Elle n'était pas là.*

• Au passé, le verbe *être* s'emploie dans le sens d'*aller* :

Мы бы́ли в теа́тре. *Nous sommes allés (nous étions) au théâtre.*

Attention, l'action d'*être* est suivie d'un prépositionnel (sans mouvement) tandis que l'action d'*aller* est suivie d'un accusatif (avec mouvement) :

Мы ходи́ли в теа́тр. *Nous sommes allés au théâtre.*

8 Les prépositions

Les prépositions sont suivies de cas différents, et la même préposition introduit souvent plusieurs cas.

8.1 Les prépositions introduisant le positionnement dans l'espace

Retenez une notion très importante : il peut s'agir d'un positionnement avec mouvement (répond à la question *où ?* – **куда ?** : le lieu vers lequel on se dirige), ou sans mouvement (répond à la question *où ?* – **где ?** : le lieu où l'on est).

● **Sans mouvement :**
● **в** et **на** s'utilisent avec *le prépositionnel* si elles indiquent le lieu où on est – *à, dans* :
в Москве́, *à Moscou* ; **на столе́**, *sur la table* (sans mouvement : il y a quelque chose sur la table) ;
● **вдоль**, *le long*, est suivie *du génitif* :
Вдоль стены́ стоя́т пусты́е буты́лки. *Le long du mur sont alignées les bouteilles vides.*
● **за**, *derrière*, est suivie de *l'instrumental* :
Возьми́ корзи́ну для му́сора за столо́м. *Prends la corbeille à papier derrière la table.*
● **перед**, *devant*, est suivi de *l'instrumental* :
Перед де́вочками лежа́ло мно́го книг. *Devant les filles, il y avait beaucoup de livres.*
Devant le pronom personnel **я**, **перед** se transforme en **передо**. Il n'est jamais accentué dans une phrase :
Вы передо мной ? *Êtes-vous devant moi ?*
● **под**, *sous*, est suivie de *l'instrumental* :
Очки́ лежа́т под столо́м. *Les lunettes sont sous la table.*
● **у**, *chez quelqu'un*, est suivie *du génitif* :
Я была́ у подру́ги. *J'étais chez une copine.*

● **Avec mouvement :**
● **в** et **на** s'utilisent avec *l'accusatif* si elles indiquent le lieu vers lequel on se dirige – *à, dans* :
в Москву́, *à Moscou* ; **на стол**, *sur la table* (mettre quelque chose) ;
● **вдоль**, *le long*, est suivie *du génitif* :
По утра́м он бе́гает вдоль реки́. *Le matin il court le long du fleuve.*

• **до**, *jusqu'à*, est suivie *du génitif* :
Я éду на пóезде до Москвы́. *Je vais en train juqu'à Moscou.*
• **за**, *derrière*, est suivie de *l'accusatif* :
Они́ ушли́ за дóм. *Ils sont partis derrière la maison.*
• **из**, *de*, suivie *du génitif*, exprime l'idée de provenance de l'intérieur de quelque chose ou de quelque part :
Я из Москвы́. *Je suis de Moscou.*
Дéти иду́т из шкóлы. *Les enfants rentrent de l'école.*
• **к**, *chez quelqu'un*, est suivie *du datif* :
Я иду́ к подру́ге. *Je vais chez une copine.*
• **ми́мо**, *(en passant) devant*, est suivie *du génitif* :
Он прошёл ми́мо меня́ и дáже не замéтил! *Il est passé devant moi et ne m'a même pas remarqué !*
• **от** et **с** s'utilisent avec *le génitif* et indiquent la provenance d'un objet ou le lieu d'où on vient :
от брáта, *de chez mon frère* ; **от меня́**, *de ma part* (ou *de chez moi*) ; **с пóчты**, *de la poste*.
• **под**, *sous*, est suivie de *l'accusatif* :
Они́ иду́т под мост. *Ils vont sous le pont.*

8.2 Prépositions introduisant la notion du temps

• **до**, *jusqu'à*, est suivie *du génitif* :
Он дал мне кни́гу до понедéльника. *Il m'a donné le livre jusqu'à lundi.*
• **за**, *en*, est suivie de *l'accusatif* et exprime la notion du temps nécessaire pour faire quelque chose :
Онá вы́брала нóвую маши́ну за два дня. *Elle a choisi une nouvelle voiture en deux jours.*
• **к**, *pour*, *vers*, suivie *du datif*, est employé dans les locutions exprimant le temps et marque une limitation :
Всё бу́дет готóво к средé. *Tout sera prêt pour mercredi.*
Онá сказáла, что придёт на рабóту к трём. *Elle a dit qu'elle arriverait au travail vers trois heures.*
• **на** suivie de *l'accusatif* indique une durée ou le temps qu'on va passer quelque part :
Он дал мне кни́гу на недéлю. *Il m'a prêté* (donné) *le livre pour une semaine.*
Вы в Росси́и нá год. *Vous êtes en Russie pour un an.*
• **через**, *dans*, est suivie de *l'accusatif* : **через чáс** *dans une heure*.

8.3 Prépositions introduisant le but ou la cause

• **для**, *pour*, s'utilise avec *le génitif* et indique le destinataire ou le but d'une action :

для меня *pour moi*, **для вечери́нки** *pour la soirée* ;

• **за** est suivie de *l'instrumental* et signifie *aller chercher qqn ou qqch.* :

Ты ещё здесь ? А кто пошёл за шампа́нским для вечери́нки?

Tu es encore là ? Mais qui est allé chercher le champagne pour la soirée ?

• **из-за**, *à cause de*, est suivie de *l'accusatif* :

Из-за тебя́ мы опозда́ли в теа́тр. *À cause de toi nous étions en retard au théâtre.*

• **ра́ди**, *à cause de*, *pour*, est suivie *du génitif* :

Éсли тебе́ всё равно́, сде́лай э́то ра́ди меня́ ! *Si cela t'est égal, fais-le pour moi !*

8.4 Autres prépositions

• **без**, *sans*, est suivie *du génitif* :

Я не смогу́ сде́лать э́то без ва́шей по́мощи. *Je ne pourrai pas faire cela sans votre aide.*

• **в** suivie *du prépositionnel* exprime l'état d'une personne :

в па́нике *en panique, paniqué*.

• **за**, *pour, à la place de*, est suivi de *l'accusatif* :

Сего́дня я плачу́ за тебя́, так как вчера́ ты заплати́л за меня́.

Aujourd'hui, je paie pour toi car hier tu as payé pour moi.

– Ты ду́маешь, он сам э́то сде́лал? – Нет! Я уве́рена, что его́ оте́ц сде́лал э́то за него́!

– Tu penses qu'il l'a fait lui-même ? – Non ! Je suis sûre que son père l'a fait à sa place !

• **на** suivie *du locatif* (prépositionnel) s'utilise pour indiquer le moyen de locomotion :

на маши́не, *en voiture* ; **на самолёте,** *en avion* ; **на такси́,** *en taxi*.

• **o** suivie *du locatif* (prépositionnel) est employé après certains verbes :

Он рассказа́л нам всё о свои́х друзья́х. *Il nous a tout raconté sur ses amis.*

– О ком ты ду́маешь? – О твоём бра́те. *– À qui penses-tu ? – À ton frère.*

О чём вы говори́те? Я не совсе́м понима́ю. *De quoi parlez-vous ? Je ne comprends pas très bien* (ou *vraiment*).

• **по** suivi *du datif* :

1) signifie *d'après, selon* :

По расписа́нию, мы уезжа́ем ро́вно в пять. *D'après les horaires, nous partons exactement à cinq heures.*

2) exprime l'idée d'un *mouvement sur la surface de quelque chose, le long de qqch., à travers quelque chose (en traversant la surface de qqch.)* :

поднима́ться по ле́стнице, *monter un escalier* ; **плыть по мо́рю,** *nager dans la mer* ; **идти́ по ле́су,** *marcher à travers la forêt* ; **лете́ть по не́бу,** *voler dans le ciel*

3) exprime le sens de *distribution* :

На рабо́те, мы подари́ли ка́ждой же́нщине по буке́ту цвето́в. *Au travail, nous avons offert à chaque femme un bouquet de fleurs.*

4) est utilisé dans quelques expressions :

говори́ть по телефо́ну, *parler au téléphone* ; **смотре́ть что́-то по телеви́зору,** *regarder qqch à la télé* ; **слу́шать что́-то по ра́дио** *écouter qqch. à la radio* ;

• **при** *devant, sous, dans,* est suivie *du locatif* (prépositionnel) :

При каки́х обстоя́тельствах вы впервы́е оказа́лись в э́том до́ме? *Dans quelles circonstances vous êtes-vous trouvés dans cette maison pour la première fois ?*

• **про́тив,** *contre,* est suivie *du génitif* :

Я не понима́ю: ты игра́ешь про́тив нас? *Je ne comprends pas : tu joues contre nous ?*

• **с,** *avec,* est suivie de *l'instrumental* :

со мной, *avec moi* ; **во́дка с икро́й,** *la vodka avec du caviar*

• **у** suivie d'un génitif signifie l'appartenance :

У меня́ (есть) хоро́шая иде́я. *J'ai une bonne idée.*

У моего́ му́жа есть брат. *Mon mari a un frère.*

• **через,** *dans* (avec une distance), *à travers,* est suivie de l'accusatif :

Через сто ме́тров есть магази́н. *À* (dans) *cent mètres, il y a un magasin.*

Через окно́ я ви́жу лес. *Par* (à travers) *la fenêtre, je vois la forêt.*

Они́ перешли́ через мост. *Ils ont traversé le pont.*

9 La négation

La particule négative **не** se place directement devant le mot sur lequel porte la négation :

Э́то не моя́ кни́га. *Ce n'est pas mon livre.*

– Вы идёте в теа́тр? – Нет, не в теа́тр, а в кино́. *– Allez-vous au théâtre ? – Non, pas au théâtre, mais au cinéma.*

Моё пла́тье не си́нее. *Ma robe n'est pas bleue.*

Index grammatical

Le premier chiffre renvoie au n° de la leçon, le second à la note ou au paragraphe de la leçon. Les nombres en gras font référence à des leçons où l'explication a été approfondie.

Interrogatifs, pronoms et adjectifs **2,1** ; **6,1** ; **9,3** ; **10,1,4** ; 11,2,3 ; **14,4** ; **42,3** ; **46,1** ; **47,6** ; **49,5** ; **77,3** ; 79,8 ; **84,7**

Locatif/prépositionnel **20,1** ; **21,3** ; 68,3 ; 76,1,4 ; **77,2** ; **84,3** ; **96,1**

Mouvement, avec et sans **9,1** ; **13,1** ; 14,3 ; **15,1** ; **18,1** ; **20,1** ; **21,2** ; **26,5** ; **47,1,2**

Négation **6,5** ; **7,9** ; **11,6** ; 48,2 ; **71,4**

Nominatif **14,1** ; 69,1

On, construction impersonnelle : voir Structures impersonnelles

Omission du pronom personnel **9,5** ; **14,5**

Omission du verbe **7,8** ; **14,2**

Omission du possessif **74,7** ; **78,5**

Ordinaux **70,4** ; **71,10** ; **82,8** ; **83,2,3** ; **84,1**

Ordre des mots **1,4** ; **2,6** ; **10,5** ; **62,1**

Palatalisation **56,9**

Passé **26,2** ; **27,3,5** ; **28,6** ; 55,2 ; **58,1**

Pluriel des adjectifs **35,2**

Pluriel des noms 28,2 ; 33,1 ; **34,3,4** ; **35,1** ; 45,4 ; 47,4 ; 52,1 ; 54,5 ; 55,1 ; 60,3 ; **63,1** ; 72,2 ; 80,6 ; 81,3 ; 86,4 ; 96,2

Prépositionnel : voir Locatif

Prépositions, emploi **42,8** ; **49,6** ; **53,8** ; **54,2** ; **63,4** ; **70,8** ; **77,7** ; **84,9** ; **91,6** ; **98,6**

Présent **21,5**

Préverbe **91,4** ; **94,9** ; **100,1**

Pronoms et adjectifs démonstratifs : voir Démonstratifs

Pronoms indéfinis **29,4** ; **53,2** ; **55,7** ; **56,4** ; **74,5** ; **79,9** ; **82,5** ; 92,3

Pronoms personnels **3,3** ; **6,2** ; **7,10** ; **9,5** ; **11,5** ; **14,1** ; **21,3** ; **42,4** ; 74,6,7

Pronoms possessifs **35,3** ; **42,4** ; **59,5** ; **65,3** ; **70,2** ; (omission) **74,7** ; **78,5**

Pronom relatif **58,6**

Structure impersonnelle **20,2** ; 21,5 ; **24,2** ; **26,4** ; 27,2 ; **28,4** ; **29,5** ; **48,4** ; **50,8** ; 57,9 ; **58,3** ; **76,12** ; **78,2** ; 79,3 ; **95,6** ; **100,4**

Suffixes diminutifs 83,7 ; **93,2,4** ; 97,3,4,5,7 ; **98,1** ; **100,5**

Superlatif **51,1** ; **95,1** ; **98,2** ; **100,6**

Verbe (conjugaison) **42,7** ; **56,9** ; **63,5** ; **70,6** ; **77,4,5** ; 84,8 ; **91,5** ; **98,5**

Verbes de mouvement **44,2** ; **51,2** ; **56,6** ; **58,7** ; **61,8** ; **62,4,7,9** ; **63,5** ; **67,3 à 8** ; **70,7** ; 75,4 ; 82,3 ; 86,5,7 ; 88,5 ; **89,2**

Verbes de position (verbe d'état) **56,7** ; **58,4** ; **60,2** ; **63,5** ; **92,5** ; 94,10 ; **96,6** ; **98,4**

Verbes pronominaux **38,3** ; **58,1** ; **80,2**

Voyelle mobile **45,5** ; **47,4** ; **72,3** ; **80,9** ; **81,8** ; 88,1 ; 99,6,7

Bibliographie

Et voici une sélection d'ouvrages (les préférés de l'auteur) pour compléter votre apprentissage du russe. Bonne lecture !

• Dictionnaires

• Гак В.Г., Ганшина К.А. Новый французско-русский словарь. – М.: Рус. яз. ISBN 5-200-01409-1.

• Petit dictionnaire Français-russe / Russe-français, Collectif, Larousse, Paris 2006 ; ISBN 2-0354-0273-5

Ce dictionnaire compte 55 000 mots essentiels et actuels. Il propose, en complément, des aides à la traduction.

• Littérature

• BOULGAKOV (Mikhaïl) (1891-1940), *Cœur de chien*, Coll. Kiosque, Flammarion, Paris ; ISBN 2-0806-7596-6.

Le parti bolchevik est de plus en plus fort et la société russe en pleine mutation… Le docteur Preobrajenski et ses collaborateurs opèrent un chien en lui implantant l'hypophyse et les glandes génitales d'un prolétaire décédé. L'opération réussit, mais l'enthousiasme des premiers moments est de courte durée : l'homme né de l'opération est un être effrayant. Néanmoins, il réussit dans la nouvelle société soviétique parce qu'il a toutes les qualités requises pour faire un bon prolétaire… Un roman drôle qui illustre bien une époque terrible.

• BOULGAKOV (Mikhaïl), *Le Maître et Marguerite*, Livre de Poche. Collection Pocket, n° 4229 ; ISBN 2-2661-3437-X.

Dans ce magnifique et complexe roman qui se déroule dans le Moscou des années 30, le Diable en personne débarque avec une pittoresque suite, semant la panique dans le petit monde des bureaucrates et autres littérateurs. Parallèlement, un écrivain persécuté – le Maître – se voit contraint de brûler sa dernière œuvre… Mais l'amour est là en la personne de Marguerite. Marguerite va sauver le Maître et son œuvre en pactisant avec le diable. Nombre de surprises vous attendent dans ce chef-d'œuvre publié 26 ans après la mort de l'auteur et qui va bien au-delà du plaidoyer contre les dérives totalitaires de la Russie des années 30.

• DOSTOÏEVSKI (Fedor) (1821-1881), *Le Joueur*, Coll. Babel n° 34 Actes Sud, Arles ; ISBN 2-7427-2821-X.

Ce chef-d'œuvre de la littérature russe, dont les thèmes principaux – à travers la descente aux enfers du jeune Alexeï, précepteur des enfants d'un général endetté et amoureux de l'inaccessible Pauline – sont la fièvre du jeu, l'amour et la passion, n'est pas sans rappeler la vie de l'auteur, lui-même joueur compulsif et passionné.

• ILF (Ilia) et PETROV (Eugène), *Les Douze chaises*, Paragon, Paris, 2002 ; ISBN 2-8419-0145-9.

Ce roman délicieux et plein d'humour décrit de manière satyrique et mordante la nouvelle réalité soviétique du début du stalinisme.

Tout commence avec la mort de la tante d'Hippolyte Matviéiévitch, ancien aristocrate qui mène une vie paisible. Avant de mourir, sa tante lui confie avoir caché les diamants de la famille dans une des chaises du salon. Sa joie est infinie, mais les chaises ont été dispersées dans toute la Russie ! Hyppolite se met en quête du trésor, mais pas tout seul : le pope (prêtre russe) a entendu le dernier aveu de la tante, et un jeune escroc sympathique se rajoute à l'affaire…

Ce livre a battu des records de tirage en langue russe, et on en entend fréquemment des citations, car les Russes connaissent certains passages par cœur !

• MAKINE (Andreï), *Le Testament français*, Coll. Folio n° 2934, Gallimard, Paris ; ISBN 2-0704-0187-1.
Le petit Aliocha écoute sa grand-mère raconter un pays qui était le sien – la France. À mesure qu'il en entend parler, ce pays prend forme aux yeux du garçon qui en tombe amoureux et devient obsédé par la culture et la langue de sa grand-mère.
Andreï Makine est né en Sibérie et vit aujourd'hui à Paris. Il écrit ici un roman autobiographique très attachant qui a reçu le Prix Goncourt des Lycéens en 1995.

• ZAMIATINE (Evgueni) (1884-1938), *Nous autres*, Coll. Imaginaire n° 39, Gallimard, Paris ; ISBN 2-0702-8648-7.

Écrit en 1920 mais publié pour la première fois en Russie en 1988, ce tout petit livre décrit tout le cauchemar d'une société totalitaire.

Dans un monde fantaisiste, les gens vivent dans des cubes en verre, surveillés en permanence et autorisés à tirer un rideau qui leur donne un peu d'intimité avec un partenaire sexuel qui remplace l'amour et la famille. Les citoyens de cette société n'ont pas de nom, on leur attribue un identifiant. Toute leur vie doit être consacrée à la construction de l'Intégral, une société uniforme où la pensée n'est plus unique et personnelle. Le narrateur, D-503, n'a plus de personnalité et n'en veut d'ailleurs pas, car il admire "la non-liberté idéale". Mais un jour, l'ordre de sa vie au service de l'Intégral est bouleversé par l'apparition d'une femme pas comme les autres…

Et une dernière recommandation : il existe un large choix des livres en Collection "Folio bilingue". C'est une excellente occasion pour commencer à lire en russe !

Locutions et expressions russes

Les chiffres qui suivent la traduction française renvoient au numéro de la leçon.

(там) ве́тер	il y a du vent 5
(там) дождь	il pleut 5
(там) тепло́	il fait bon 5
Бо́же мой! Го́споди!	Mon dieu ! 83, 90
В са́мый раз.	[C'est] (exactement) ce qu'il faut.97
Вам (мне/тебе́/ей/ему́...) сты́дно.	Vous avez (j'ai/tu as/elle a/il a) honte. 58
Вот это сюрпри́з!	Ça, c'est une surprise ! 85
Всё норма́льно !	Tout va bien ! 94
Всего́ до́брого!	Bonne continuation !, Bonne chance ! 73, 100
Да что ты!	Mais enfin ! 90
два́жды два	deux fois deux 94
Е́сли мо́жно.	Si c'est possible. 17, 85
Есте́ственно!	Bien entendu ! / Évidemment ! 93
за два часа́ до вы́лета	deux heures avant le départ (en avion) 96
За стол!	À table ! 15
Здесь це́ны куса́ются	Ici, c'est le coup de massue ! 30
к тому́ же	et de plus 10
как говори́тся (imperf.)	comme on dit 100
Как дела́?	Comment ça va ? 1
Како́е го́ре!	Quel malheur ! 54
како́е сча́стье!	Quelle chance ! 89
Како́й у́жас!	Quelle horreur ! 48
Мне жаль тебя́! (datif + жаль + accusatif)	Je te plains ! (avoir pitié de qqn / plaindre qqn) 34
Мне жаль!	Je suis désolé ! 34
Мне надое́ло	J'en ai assez ! 79
Мне не́когда	Je n'ai pas le temps ! 89
Мне сни́тся, что...	Je rêve que... 23
Мне хо́чется пить.	J'ai soif. 24
на са́мом де́ле	en fait 78
Наконе́ц-то!	Enfin ! 67
Не́ было печа́ли!	Il ne manquait plus que ça ! 48
Ни в ко́ем слу́чае	En aucun cas ! 75
Ничего́ себе́!	Dis donc ! / Dites donc ! (Eh bien !) 78

Очень при**я**тно!	Enchanté ! 3
По-м**о**ему...	À mon avis,... / D'après moi,... 30, 94
Пор**а**!	Il est temps ! 66
С днём рожд**е**ния!	Bon anniversaire ! 25
Сам**о** соб**о**й разум**е**ется!	Bien entendu ! / Cela va de soi !
	(mais dans la langue parlée, on
	entend souvent seulement Сам**о**
	соб**о**й!). 15
Ск**о**лько вр**е**мени? /	Quelle heure est-il ? 41/66
Кот**о**рый час?	
Спас**и**бо больш**о**е!	Merci beaucoup ! 25
Спок**о**йной н**о**чи!	Bonne nuit ! 6
Сч**а**стливого пут**и**!	Bonne route ! 100
Ты гово**р**ишь по-р**у**сски?	Tu parles russe ? 12
У вас всё получ**и**лось *(perf.)*	Vous avez tout réussi ! 100
Ур**а**!	Hourra ! 67
Чем мог**у** пом**о**чь?	Que puis-je pour vous ? 40
	(dans un magasin)
Это зн**а**чит, что...	Cela veut dire que... 93
Я хоч**у** есть.	J'ai faim. 15
Я хоч**у** спать.	J'ai sommeil. 6

Lexique
Russe – Français

Mode d'emploi

Vous trouverez dans les lexiques l'ensemble des mots employés tout au long de cet ouvrage. Chaque mot est accompagné de sa traduction et du numéro de la leçon où il apparaît pour la première fois (même s'il n'est apparu que dans l'exercice d'écriture). Certains mots peuvent se traduire de différentes façons. Si un mot est apparu avec plusieurs traductions au fil des leçons, vous trouverez logiquement la référence à plusieurs numéros de leçons. Mais attention, toutes les traductions possibles ne sont pas forcément données.

• Les verbes, sauf cas particulier, vous sont donnés à l'infinitif ; dans le lexique "russe – français" chaque forme du verbe (perfectif / imperfectif) est donnée à la première lettre de cette forme, si vous avez besoin de retrouver l'autre forme, reportez-vous au lexique "français – russe".

• Pour les noms (au nominatif), nous vous indiquons systématiquement le genre.

• Les adjectifs russes sont donnés au masculin et sont suivis de leur terminaison au féminin et au neutre ; nous vous donnons également leur forme courte.

Liste des abréviations utilisées dans les lexiques

acc.	accusatif	*fam.*	familier
adj.	adjectif	*gén.*	génitif
adv.	adverbe	*imperf.*	imperfectif
dat.	datif	*indét.*	indéterminé (indéfini)
dét.	déterminé (défini)	*inf.*	infinitif
f.	féminin	*inst.*	instrumental
interj.	interjection	*pl.*	pluriel

inv.	invariable	*prép.*	prépositionnel (locatif)
m.	masculin	*pron.*	pronom
n.	neutre	*sing.*	singulier
nom.	nominatif	*v.i.*	verbe intransitif
perf.	perfectif	*v.t.*	verbe transitif

А, а

а	et, mais 1
а то	sinon, car (parce que) 94, 97
абрик**о**с *(m.)*	abricot 80
август *(m.)*	août 91
авиап**о**чта (авиа) *(f.)*	courrier par avion 82
Австр**а**лия *(f.)*	Australie 79
адрес *(m.)*	adresse 28 ; 33
Азия *(f.)*	Asie 79
аккумул**я**тор *(m.)*	accumulateur 94
акт *(m.)*	acte 26
акт**ё**р, актр**и**са	acteur, actrice74
алл**о**	allô 19
Ам**е**рика *(f.)*	Amérique 79
америк**а**нец	Américain 47
амплу**а** *(inv.)* *(n.)*	emploi (d'un acteur) 17
анан**а**с *(m.)*	ananas 3
англ**и**йский, -ая, -ое	anglais, -e 78
англич**а**нин, англич**а**нка	Anglais, -e 47, 78
Англия *(f.)*	Angleterre 47
анекд**о**т *(m.)*	blague 80
антагон**и**зм *(m.)*	antagonisme 17
ант**е**нна *(f.)*	antenne 18
антифр**и**з *(m.)*	antigel, 94
апельс**и**н *(m.)*	orange (fruit) 27
апр**е**ль *(m.)*	avril 91
апт**е**ка *(f.)*	pharmacie 74
ар**а**бский, -ая, -ое	arabe 78
архит**е**ктор *(m.)*	architecte 89
асп**и**рин *(m.)*	aspirine 92

Африка *(f.)*	Afrique 79
ах!	oh ! *(interjection)* 33
аэроп**о**рт *(m.)*	aéroport 85

Б, б

б**а**бочка *(f.)*	papillon 76
б**а**бушка *(f.)*	grand-mère 36
баг**а**ж *(m.)*	bagage(s) 96
баг**а**жник *(m.)*	coffre (voiture) 97
бак *(m.)*	réservoir 94
балк**о**н *(m.)*	balcon 89
бан**а**н *(m.)*	banane 2
бар**а**нина *(f.)*	mouton (viande) 80
барахл**и**ть *(imperf.) (fam.)*	fonctionner mal 94
бас *(m.)*	basse (voix) 3
басс**е**йн *(m.)*	piscine 64
б**е**дный, -ая, -ое	pauvre 34
беж**а**ть *(imperf., dét.)*	courir 89
б**е**жевый, -ая, -ое	beige 72
без	sans, moins 41
безбр**е**жный, -ая, -ое	illimité (immense) 99
белосн**е**жный, -ая, -ое	blanc (tout ~ / ~ comme neige) 89
б**е**лый, -ая, -ое	blanc 30
бель**ё** *(n.)*	linge 81
бенз**и**н *(m.)*	essence 94
бер**е**чь *(imperf.)*	préserver, conserver, protéger 38
Берл**и**н	Berlin 47
беспок**о**йство *(n.)*	anxiété, dérangement 85
беспок**о**ить *(imperf.)*	déranger 38
беспок**о**иться *(imperf.)*	s'inquiéter, se tracasser 96
беспол**е**зно *(+ inf.)*	inutile de *(+ inf.)* 86
бесс**о**нница *(f.)*	insomnie 38
библиот**е**ка *(f.)*	bibliothèque 11, 46
бил**е**т *(m.)*	billet 17
бил**е**т в од**и**н кон**е**ц	billet aller simple 17
бланк *(m.)*	formulaire 82
бл**е**дный, -ая, -ое	pâle 88
ближ**а**йший, -ая, -ее	le plus proche 73
блин *(m.)*	crêpe 4
бл**и**нчик *(m.)*	crêpe 93
бл**у**зка *(f.)*	chemisette 81
бл**ю**до *(n.)*	plat (cuisine) 54
бл**ю**дце *(n.)*	soucoupe 93
боб**и**на *(f.)*	bobine 18

Бог 47, 83	Dieu 47, 83
богатый, -ая, -ое 32	riche 32
бокал *(m.)*	coupe (verre) 93
более	de plus en plus 67
болезнь *(f.)*	maladie 92
болеть *(imperf.)*	faire mal, être malade 27, 37
боль *(f.)*	douleur 92
больше	plus, davantage 18
большой, -ая, -ое	grand 25
борщ *(m.)*	borchtch 5, 18
ботаник *(m.)*	botaniste 76
ботанический, -ая, -ое	botanique 76
бояться *(imperf.)*	craindre, avoir peur, appréhender 22
брат *(m.)*	frère 16
брать *(imperf.)*	prendre 64
бросаться *(imperf.)*	se jeter, se précipiter 88
бросить *(perf.)*	arrêter (cesser de), jeter 59
брюки *(pl.)*	pantalon 29
будильник *(m.)*	réveil-matin 87
буква *(f.)*	lettre (de l'alphabet), caractère (lettre) 82
букет *(m.)*	bouquet 90
бутик *(m.)*	boutique 74
бутылка *(f.)*	bouteille 75
бутылочка *(f.)*	bouteille 97
буфет *(m.)*	buffet 93
бывший, -ая, -ее	ancien (passé) 89
быстро *(adv.)*	vite 90
быть *(imperf.)*	être 2
быть в гостях	être invité 66

В, в

в	dans, en, à / au 6
важен, важна, -о, -ы	important *(adj.)* 74
ванна *(f.)*	baignoire, bain 68, 81
ванная *(f.)*	salle de bain 85
варенье *(n.)*	confiture 93
Ватикан	Vatican 13
ватный, -ая, -ое	en coton 88
ваш *(m.)*	votre 17
вдоль	le long de 73
вдруг	tout à coup, si 60, 96
ведро *(n.)*	seau 75

водительское удостовере́ние	permis de conduire 95
води́ть *(imperf.)*	conduire (voiture, bateau, etc.) 61 ; mener (amener qqn quelque part) 71
води́ть за́ нос *(imperf.)*	mener en bateau 71
во́дка *(f.)*	vodka 15
возложи́ть *(perf.)*	déposer 90
возрожда́ться *(imperf.)*	renaître 51
война́ *(f.)*	guerre 10
волнова́ть *(imperf.)*	émouvoir, inquiéter 65
волнова́ться *(imperf.)*	s'inquiéter 59
во́лос *(m.)*	cheveu 39
волше́бник *(m.)*	magicien 65
вообще́	généralement, en général 30
вопро́с *(m.)*	question 85
вор *(m.)*	voleur 58
воскресе́нье *(n.)*	dimanche 22
воспо́льзоваться *(+ instr.) (perf.)*	profiter de 73
восстана́вливать *(imperf.)*	refaire (un papier d'identité) 95
восхити́тельный, -ая, -ое	ravissant, admirable 89
вот	voici, voilà, c'est que… 23, 88, 90
впада́ть *(imperf.)*	tomber (en, dans) 37
впервы́е	fois (pour la première ~) 81
впечатле́ние *(n.)*	impression 52
врач *(m.)*	médecin 37
вре́мя *(n.)*	temps (qui passe) 24, 48
вре́мя го́да	saison de l'année 51
вро́де	comme 57
вро́де (бы)	apparemment 57, 94
вро́де не	ne pas avoir l'air 94
все	tout le monde 12, 15
всё	tout *(pron.)* 1, 8
всегда́	toujours 74
всё-таки	tout de même 60
встава́ть *(imperf.)*	se lever 38
встать *(perf.)*	se lever 55
встре́тить *(perf.)*	rencontrer 87
встре́титься *(perf.)*	se rencontrer 41
встре́ча *(f.)*	rencontre, rendez-vous 87
встреча́ть *(imperf.)*	rencontrer 99
встреча́ться *(imperf.)*	se rencontrer, sortir ensemble, se voir 52

глаз *(m.)*	œil 72
глупость *(f.)*	bêtise 74
говорить *(imperf.)*	dire, parler 12, 21, 28
говориться *(imperf.)*	se dire 100
говядина *(f.)*	bœuf (viande) 80
год *(m.)*	an 39
голова *(f.)*	tête 37
голос *(m.)*	voix 60
голубой, -ая, -ое;	bleu 72
гораздо больше	beaucoup plus 86
гордый, -ая, -ое	orgueilleux 99
горе *(n.)*	malheur, chagrin 54
горло *(n.)*	gorge 92
город *(m.)*	ville 68
господи!	Mon dieu !, Seigneur ! 90
господин *(m.)*	monsieur 58
гостиница *(f.)*	hôtel 68
гость *(m.)* / гости *(pl.)*	invité/s 66
гостях (в ~)	en visite (chez qqn) 66
готов, -а, -о, -ы	prêt 82
готовить *(imperf.)*	cuisiner, préparer 54
график *(m.)*	planning 41
Греция *(f.)*	Grèce 82
грипп *(m.)*	grippe 92
грустный, -ая, -ое	triste 44
груша *(f.)*	poire 80
гулять *(imperf.)*	se promener 5
Гюго	Hugo 12

Д, д

дешёвый, -ая, -ое	bon marché 82
да	oui 4
да нет !	mais non !, Ben non ! 53, 78
давать *(imperf.)*	donner 3, 12
давно	depuis longtemps, cela fait longtemps que 90 ; 97
даже	même *(adv.)* 30
далеко	loin 67
дальний, - яя, -ее	lointain 93
дальше	plus loin 100
дама *(f.)*	dame 90
дата *(f.)*	date 83
дать *(perf.)*	donner 27
дача *(f.)*	datcha, maison de campagne 52

два *(m., n.)*	deux 1
дважды	deux fois 94
двоюродная сестра *(f.)*	cousine 74
двухкомнатная *(adj.)*	deux-pièces (appartement) 89
двухместный, -ая, -ое	à deux places 68
двухэтажный -ая, -ое	à/de deux étages 89
девочка *(f.)*	(petite) fille 27
девушка *(f.)*	jeune fille, demoiselle, Mademoiselle 40
девчонка *(f.) (fam.)*	nana 87
дед *(m.)*	grand-père 48
Дед Мороз	Père Noël 48
дедушка *(m.)*	grand-père 36
действительно	vraiment, effectivement 81, 94
действовать на нервы *(imperf.)*	taper sur les nerfs 86
декабрь *(m.)*	décembre 91
делать *(imperf.)*	faire 6, 21, 28
деликатес *(m.)*	mets délicat 93
дело *(n.)*	affaire 1
день *(m.)*	jour 1, 22
день рождения	anniversaire 21, 25
деньги *(pl.)*	argent (monnaie) 75
депрессия *(f.)*	dépression 37
депутат *(m.)*	député 74
деревня *(f.)*	village 99
дерево *(n.)*	arbre 76
держать *(imperf.)*	tenir 39
дети *(pl.) (sing.* : ребёнок)	enfants 8
дёшево	bon marché *(adv.)* 30
джинсы *(pl.)*	jean (vêtement) 30
джип *(m.)*	jeep 62
диета *(f.)*	régime 4
дикий, -ая, -ое	terrible 61
дилемма *(f.)*	dilemme 60
дискета *(f.)*	disquette 5
дискотека *(f.)*	discothèque 12
длинный, -ая, -ое	long (dans l'espace) 67
для	pour 40
до	jusque 17
до свидания	au revoir 100
добавить *(perf.)*	ajouter 97
добро пожаловать	bienvenue 85
добрый вечер	bonsoir 19

добрый день	bonjour 1
добрый, -ая, -ое	généreux, sympa (dans ce contexte) 16
добрый, -ая, -ое	bon *(adj.)* 1
довезти *(perf.)*	transporter, emmener (en transport) 62
доверие *(n.)*	confiance , assurance 99
доверять *(imperf.)*	avoir confiance en, se fier à 52
дождь *(m.)*	pluie 5
дойти *(perf.)*	arriver à pied 82
доктор *(m.)*	docteur 23
документ *(m.)*	document 89
документы *(pl.)*	papiers (d'identité) 95
долг *(m.)*	dette 75
долгий, ая, -ое	long (dans le temps) 55
долго	longtemps 38
должен *(m.)*, должна *(f.)*, должны *(pl.)*	devoir *(v. = adj. en russe)* 43
долить *(perf.)*	ajouter/remettre (un liquide) 94
дом *(m.)*	maison, immeuble 89
дома	à la maison (sans mouvement) 66
домашний, -яя, -ее	domestique *(adj.)* (de maison), familial 50
домой	à la maison (avec mouvement) 73
домосед *(m.)*	casanier 79
дорога *(f.)*	route 62
дорогой, -ая, -ое	cher 57
дорожный знак *(m.)*	panneau routier 88
доставать *(imperf.)*	sortir (tirer) 93
достать *(perf.)*	sortir (tirer) 97
доступно *(adj. court, n.)*	abordable, accessible 78
дремать *(imperf.)*	somnoler 61
дрожащий, -ая, -ее	tremblant 99
друг *(m.)* / подруга *(f.)*	ami/e 26, 43
другой, -ая, -ое	autre 22
думать *(imperf.)*	croire, réfléchir, penser 11
душ *(m.)*	douche 68, 85
дыня *(f.)*	melon 27
дядя *(m.)*	oncle 66

Е, е

Европа *(f.)*	Europe 78
его, её	son, sa, le sien, la sienne 35
еда *(f.)*	repas, nourriture 54

езда *(f.)*	circulation 94
ездить *(imperf., indét.)*	aller en véhicule51
ерунд**а** *(f.)*	absurdité 75
если	si 17
ест**е**ственно	évidemment, naturellement 93
есть	il y a 8
есть *(imperf.)*	manger 15
есть (у мен**я** есть)	avoir (j'ai) 9
ехать *(imperf., dét.)*	aller en véhicule ; rouler (en voiture) 62, 94
ехать обр**а**тно *(imperf. défini)*	revenir (en transport) 62
ещё	encore, aussi 13, 92
ещё не ск**о**ро	pas pour tout de suite 96

Ж, ж

ж**а**дина *(m., f.)*	pingre 45
ж**а**дный, -ая, -ое	avare 45
ж**а**лоба *(f.)*	plainte 71
ж**а**ловаться *(imperf.)*	se plaindre 37
жаль	dommage 22
жаль (мне ~)	je suis désolé 34
жар**а** *(f.)*	chaleur 24
ж**а**рко	chaud *(adv.)* (il fait ~) 24
ждать *(imperf.)*	attendre 74
же	mais, donc, alors 41, 48
жезл *(m.)*	bâton 88
жел**а**ть *(imperf.)*	désirer, souhaiter 72, 83
жел**е**зный, -ая, -ое	en/de fer, implacable 53
жёлтый, -ая, -ое	jaune 72
жел**у**док *(m.)*	estomac 37
жен**а** *(f.)*	épouse, femme 54
жен**и**ться *(imperf. et perf.)*	se marier (pour un homme) 90
жен**и**х / нев**е**ста	fiancé/e 32, 90
ж**е**нщина *(f.)*	femme 43
жив**о**т *(m.)*	ventre 27
жив**о**тное *(n.)*	animal 43
жизнь *(f.)*	vie 51
жир**а**ф *(m.)*	girafe 1
жить *(imperf.)*	vivre, habiter 33
журнал**и**ст *(m.)*	journaliste 2
жюр**и** *(inv.) (n.)*	jury 19

3, з

за

за … часа до	x heures avant 41, 96

en, derrière, après, pour, à / au
15, 48, 49, 59, 76

зааплоди**ровать** *(perf.)*	se mettre à applaudir 44
заб**а**вный, -ая, -ое	drôle (amusant) 43
забол**е**ть *(perf.)*	faire mal, tomber malade 27
заб**о**та *(f.)*	soin 92
заб**ы**тый, -ая, -ое	oublié 29
заб**ы**ть *(perf.)*	oublier 94
зав**е**тный, -ая, -ое	sacré 99
зав**и**довать *(imperf.)*	envier 76
завод**и**ться *(imperf.)*	démarrer 94
з**а**втра	demain 23
з**а**втрак *(m.)*	petit déjeuner 4
з**а**втракать *(imperf.)*	prendre le petit-déjeuner 41
загл**о**хнуть *(perf.)*	caler (moteur) 94
зад**а**ние *(n.)*	devoir *(nom)*, mission 50
з**а**дний, -яя, -ее	arrière 61
зад**у**мчиво	pensivement 88
зажиг**а**ние *(n.)*	allumage 94
зак**а**з *(m.)*	commande 82
заказн**о**й, -**а**я, -**о**е	recommandé (courrier) 82
зак**а**нчивать *(imperf.)*	terminer (de faire qqch.) 41
заключ**и**тельный, -ая, -ое	final *(adj.)* 7
зак**о**нчиться *(perf.)*	finir, se terminer 53
закорен**е**лый, -ая, -ое	endurci, invétéré 54
закр**ы**т, -а, -о, -ы	fermé 73
закр**ы**ть *(perf.)*	fermer, enfermer 76
зал *(m.)*	salle, salon 44
зам**е**тить *(perf.)*	remarquer, apercevoir 65
замеч**а**тельный, -ая, -ое	remarquable, exceptionnel 26
замеч**а**ть *(imperf.)*	remarquer, apercevoir 54
заним**а**ться *(imperf.)*	s'occuper de 64
з**а**нят, -**а**, -о	occupé 41
зан**я**ться *(perf.)*	s'occuper de 46
запл**а**кать *(perf.)*	pleurer 39
запо**л**нить *(perf.)*	remplir 82
запр**а**вить п**о**лный бак	faire le plein d'essence 94
засн**у**ть *(perf.)*	s'endormir 26
заставл**я**ть *(+ inf.) (imperf.)*	faire faire (obliger à), forcer/obliger (à faire qqch.) 66
заход**и**ть *(imperf.)*	entrer, passer chez qqn 33, 83

захотеться *(perf.)*	avoir envie 100
зачем	pourquoi (à quoi bon ; pour quoi faire), dans quel but 11
заявить *(perf.)*	déclarer 95
звать *(imperf.)*	appeler qqn 3
звонить *(imperf.)*	téléphoner, appeler (au téléphone) 87
звонок *(m.)*	sonnerie 87
здесь	ici 8
здорово	chouette 73
здоровый, -ая, -ое	sain 38
здоровье *(n.)*	santé 38
здравствуй(те)	bonjour 2
зелёный, -ая, -ое	vert 72
зеркало *(n.)*	miroir 75
зима *(f.)*	hiver 51
зимний, -яя, -ее	d'hiver, hivernal 29
зимой	en hiver 51
зло	méchamment 36
знак *(m.)*	signe 88
знакомиться *(imperf.)*	faire connaissance 3
знать *(imperf.)*	savoir, connaître 19, 21
значение *(n.)*	importance, sens, signification 53
значит	donc, alors 50
значить *(imperf.)*	signifier 93
зовут *(pron. à l'acc. + ~)*	s'appeler 3, 16
золото	or 81
золотой, -ая, -ое	doré, en or 72
зонт *(m.)*	parapluie 95
зоопарк *(m.)*	zoo 62
зрение *(n.)*	vue (yeux) 38
зуб *(m.)*	dent 39
зубная паста *(f.)*	pâte dentifrice 71

И, и

и	et 2
и вообще	et puis 30
играть *(imperf.)*	jouer 23
идеальный, -ая, -ое	idéal 40
идея *(f.)*	idée 5
идти *(imperf.)*	aller à pied 6
идти за покупками	faire des courses 80
из	de (provenance) 16
извинить *(perf.)*	excuser, pardonner 19

извин**я**ться *(imperf.)*	s'excuser 85
из-за	à cause de 54
измен**и**ться *(perf.)*	changer *(v. i.)* 71
измен**я**ть *(imperf.)*	tromper 94
изобра**ж**ать *(imperf.)* из себ**я**	feindre d'être, passer pour 65
ик**о**на *(f.)*	icône 13
икр**а** *(f.)*	caviar 15
или	ou 15
именно	justement, exactement 50
им**е**ть *(perf.)*	avoir (posséder) 43
иммунит**е**т *(m.)*	immunité 24
импрессион**и**зм *(m.)*	impressionnisme 22
инициа**л**ы *(m. pl.)*	initiales 23
иногд**а**	parfois 81
иностра**н**ец *(m.)*	étranger *(nom)* 12
интер**е**с *(m.)*	intérêt 43
интер**е**сно *(adj. court)* et *adv.)*	intéressant 10
интер**е**сный, -ая, -ое	intéressant 10
интерн**е**т *(m.)*	internet 73
интерн**е**т-каф**е** *(n.)*	cyber-café 73
нск**а**ть	chercher 40
испа**н**ец	Espagnol 47
Исп**а**ния *(f.)*	Espagne 78
исп**а**нский, -ая, -ое	espagnol 78
исп**о**льзовать *(imperf.)*	utiliser 87
ист**о**рия *(f.)*	histoire 43
Ит**а**лия *(f.)*	Italie 78
италь`я`нец	Italien 47
италь`я`нский, -ая, -ое	italien 78
их	leur 42
и**ю**ль *(m.)*	juillet 91
и**ю**нь *(m.)*	juin 91

К, к

к	chez (avec mouvement) 9
к том**у** же	de plus en plus 10
каб**и**на *(f.)*	cabine 73
Кавк**а**з *(m.)*	Caucase 8
к**а**ждый из нас	chacun d'entre nous 89
к**а**ждый, -ая, -ое	chaque, chacun 23
каз**а**ться *(imperf.)*	sembler, avoir l'impression 65
как	comment, comme 1, 2, 10
как**о**й, -ая, -ое	quel 9
как**о**й-нибудь, -ая, -ое *(indéfini)*	un (certain/quelconque) 76

какой-то, -ая, -ое *(indéfini)*	certain, un (certain/quelconque) 74
как-то	tout de même 55
канал *(m.)*	canal, chaîne 64
каникулы *(pl.)*	vacances 67
карандаш *(m.)*	crayon 50
карман *(m.)*	poche 58
картофель *(m.)*	pomme de terre 80
картошка *(f.)*	pomme de terre, patate 80
кастрюля *(f.)*	casserole 93
кататься *(imperf.)* на лыжах	faire du ski 51
катафалк *(m.)*	corbillard 61
каток *(m.)*	patinoire 64
качать *(imperf.)*	agiter, balancer 31
кашель *(m.)*	toux 92
квартира *(f.)*	appartement 81, 89
квитанция *(f.)*	reçu (un ~) 82
кенгуру *(inv.) (m.)*	kangourou 16
киви	kiwi 80
килограмм *(m.)*	kilo 80
кинематограф *(m.)*	cinéma 100
кино *(inv.) (n.)*	cinéma 22
кислый, -ая, -ое	acide 87
китаец *(m.)*, китаянка *(f.)*	Chinois, -e 47
класс *(m.)*	classe, groupe 55
классный *(fam.)*	chouette *(adj.)* 87
клиника *(f.)*	clinique 17
ключ *(m.)*	clé 95
книга *(f.)*	livre 10
кобура *(f.)*	étui (de pistolet) 88
когда	quand 36
код *(m.)*	code 5
колесо *(n.)*	roue 94
колбаса *(f.)*	saucisson 80
колготки *(pl.)*	collants 81
колено *(n.)*	genou 88
колыханье (колыхание) *(n.)*	ondulation, balancement 99
коляска *(f.)*	landau 31
командировка *(f.)*	mission (voyage d'affaires) 48
комета *(f.)*	comète 20
комната *(f.)*	chambre, pièce (dans un appartement) 89
компресс *(m.)*	compresse 26
компьютер *(m.)*	ordinateur 50

конв**е**рт *(m.)*	enveloppe 82
кондицион**е**р *(m.)*	climatisation 62
кон**е**ц *(m.)*	bout, extrémité, fin 17
кон**е**чно	bien sûr 7, 17
конс**е**рвная б**а**нка *(f.)*	boîte de conserve 97
констит**у**ция *(f.)*	constitution 25
контр**о**ль *(m.)*	contrôle 96
контр**о**льный, -ая, -ое	de contrôle *(adj.)* 94
конц**е**рт *(m.)*	concert 5
кор**а**бль *(m.)*	bateau 86
корз**и**на *(f.)*	corbeille 40
корид**о**р *(m.)*	corridor 20
кор**и**чневый, -ая, -ое	marron 72
кор**о**ва *(f.)*	vache 36
кор**о**че	bref *(adv.)* 83
корр**у**пция *(f.)*	corruption 26
корс**а**р *(m.)*	corsaire 27
кост**ю**м *(m.)*	costume 6
кот *(m.)*	chat 36
кот**о**рый	que *(pron. relatif)* 93
кот**о**рый, -ая, -ое *(f.)*	lequel 58
к**о**фе *(inv.) (m.)*	café (boisson) 4
кошел**ё**к *(m.)*	porte-monnaie 58
кошм**а**р *(m.)*	cauchemar 23
краб *(m.)*	crabe 4
кр**а**жа *(f.)*	vol (acte frauduleux) 95
крас**и**во	beau *(adv.)* 46
крас**и**вый, -ая, -ое	beau *(adj.)* 29
кр**а**сный свет *(m.)*	feu rouge 88
кр**а**сный, -ая, -ое	rouge 72
красть *(imperf.)*	voler (dérober) 90
кр**е**сло *(n.)*	fauteuil 81
крик *(m.)*	cri 61
крич**а**ть *(imperf.)*	crier 36
кровь *(f.)*	sang 99
кросс**о**вок *(m.) (pl. : -вки)*	basket (chaussure) 81
кр**у**глая д**а**та *(f.)*	anniversaire 83
кр**у**глый, -ая, -ое	rond 83
крыл**о** *(n.)*	aile 76
кр**ы**са *(f.)*	rat 23
кст**а**ти	à propos 76
кто	qui 2
кт**о**-нибудь	quelqu'un 29

кто-то	quelqu'un 56
куда	où (avec mouvement) 9
куда-нибудь	quelque part (avec mouvement) 79
куда-то	quelque part (avec mouvement) 53
кукареку	cocorico 36
кулинарный, -ая, -ое	culinaire 54
культура *(f.)*	culture (usages, art) 100
купе *(inv.) (n.)*	compartiment 17
купить *(perf.)*	acheter 29
купленный, -ая, -ое *(part. passé)*	acheté 99
курить *(imperf.)*	fumer 38, 59
курица *(f.)*	poule(t) 80
куртка *(f.)*	blouson 30
кусаться *(imperf.)*	mordre 30
кухня *(f.)*	cuisine 81

Л, л

ладно	d'accord 87, 89
лампочка *(f.)*	ampoule, voyant (lumineux) 94
ласковый, -ая, -ое	doux 97
лаять *(imperf.)*	aboyer 36
лёгкий, -ая, -ое	facile, léger 78
легко	facilement 78
лежать *(imperf.)*	être couché 60, 93
лекарство *(n.)*	médicament 23
лес *(m.)*	forêt 8
лестница *(f.)*	escalier 89
летать *(imperf., indét.)*	voler (dans les airs) 67
лететь *(imperf., dét.)*	voler (dans les airs) ; aller en avion 67
летний, -яя, -ее	d'été, estival 52
лето *(n.)*	été 51
летом	en été 51
лимон *(m.)*	citron 80
лира *(f.)*	lyre 18
лист *(m.)*	feuille 76
литература *(f.)*	littérature 100
лифт *(m.)*	ascenseur 89
лично	personnellement 60
лишь	ne… que, / seulement 81
лишь	seulement, uniquement 81
лобби *(inv.)*	lobby 19
лобовое стекло *(n.)*	pare-brise 88
ловить *(imperf.)*	attraper 61

логика *(f.)*	logique 53
лодка *(f.)*	barque 67
ложиться *(imperf.)*	se coucher 38
ложка *(f.)*	cuillère 72
ломаться *(imperf.)*	tomber en panne 89
Лондон	Londres 15
лошадь *(f.)*	cheval 79
лук *(m.)*	oignon 80
луна *(f.)*	lune 6
лучше	mieux 13 ; plutôt 95
лыжи *(f. pl.)*	ski (matériel) 51
лыжный спорт *(m.)*	ski (sport) 64
любимый, -ая, -ое	préféré, favori 16
любить *(imperf.)*	aimer 34
любоваться *(imperf.)*	admirer 79
любовь *(f.)*	amour 99
любой, -ая, -ое	tout *(adj.)* 93
любой, -ая, -ое	n'importe quel 73
люди *(pl.)*	gens, monde (gens) 60, 95

М, м

мавзолей *(m.)*	mausolée 25
маг *(m.)*	mage 22
магазин *(m.)*	magasin 29
май *(m.)*	mai 91
маленький, -ая, -ое	petit *(adj.)* 65
малина *(f.)*	framboise 92
мало	peu 69
малыш *(m.)*	petit (garçon) 65
мальчик *(m.)*	garçon 69
мама; мам	maman 16, 96
марка *(f.)*	timbre 82
маркиз *(m.)*	marquis 22
март *(m.)*	mars 91
масло *(n.)*	beurre 80
масса *(f.)*	masse 4
математика *(f.)*	mathématiques 9
матч *(m.)*	match 15
мать *(f.)*	mère 78
махать *(imperf.)*	faire signe, agiter (pour faire signe) 88
машина *(f.)*	voiture 61
мебель *(f.)*	meubles 20
мегаватт *(m.)*	mégawatt 18

мёд *(m.)*	miel 92
медицинский, -ая, -ое	médical 38
медленный, -ая, -ое	lent 99
между прочим	d'ailleurs, par ailleurs, entre autres 76
международный, -ая, -ое	international 43
меньше	moins, plus petit 78
местный, -ая, -ое	local (du coin) 73
место *(n.)*	place, endroit 39, 81
месяц *(m.)*	mois 82
метро *(n.) (inv.)*	métro 95
механик *(m.)*	mécanicien 94
мечта *(f.)*	rêve 43
мечтание *(n.)*	rêve, rêverie 99
мечтать *(imperf.)*	rêver 52
мешать *(imperf.)*	empêcher ; embêter ; déranger 60
милиционер/полицейский *(m.)*	policier 88
милиция/полиция *(f.)*	police 95
милый, -ая, -ое	aimable, gentil, agréable, plaisant 52
мимо	en passant devant 88
мимоза *(f.)*	mimosa 9
мимолётный, -ая, -ое	éphémère, passager *(adj.)* 52
минус *(m.)*	défaut ; inconvénient ; moins 20
минута *(f.)*	minute 41
мир *(m.)*	monde ; paix 10
мне нужно	j'ai besoin de 30, 94
многие	plusieurs, beaucoup 79
много	beaucoup 40
многовековой, -ая, -ое	séculaire 100
мобилизация *(f.)*	mobilisation 19
мобильник *(m.)*	portable (téléphone) (langage parlé) 87
мобильный, -ая, -ое	portable (téléphone) *(adj.)* 87
мода *(f.)*	mode 74
модельер *(m.)*	grand couturier 74
модный, -ая, -ое	à la mode 74
может быть	peut-être 20
можно	possible 17
мой, моя, моё	mon, ma ; (le) mien, (la) mienne 16, 35
молод, -а, -о, -ы *(adj. court)*	jeune 31
молодёжь *(f.)*	jeunesse (ensemble des jeunes) 75

молоде́ц!	bravo ! 36
молодо́й, -а́я, -о́е	jeune 31
молоко́ (n.)	lait 80
моло́чный, -ая, -ое	laitier (adj.) 80
молча́нье (молча́ние) (n.)	silence 99
монасты́рь (m.)	monastère 79
мо́ре (n.)	mer 8
морко́вь (f.)	carotte 80
моро́женое (n.)	glace (crème glacée) 24
моро́з (m.)	froid (nom) 92
моро́ка (f.)	tracas 95
морщи́на (f.)	ride 38
Москва́	Moscou 5, 17, 42
мост (m.)	pont 90
мотоци́кл (m.)	moto 67
мочь (imperf.)	pouvoir (v.) 22, 28
му!	meuh ! 36
мудрёный, -ая, -ое	compliqué 85, 90
муж (m.)	mari 43
мужчи́на (m.)	homme 61
музе́й (m.)	musée 22
му́зыка (f.)	musique 61
мука́ (f.)	farine 80
му́сор (m.)	ordure 40
му́чить (imperf.)	tourmenter, torturer 38
мы	nous 6
мы́ло (n.)	savon 71
мыть (imperf.)	laver 36
мыча́ть (imperf.)	meugler 36
мя́со (n.)	viande 15
мя́у	miaou 36
мяу́кать (imperf.)	miauler 36

Н, н

на	à / au, sur 4
наве́рно, наве́рное	probablement, sûrement 4, 45
наверняка́	sûrement 73
навесно́й, -а́я, -о́е	mural 93
навести́ поря́док (perf.)	ranger 71
наде́ть (perf.)	mettre (sur soi) 57
наде́яться (imperf.)	espérer 95
на́до	il faut 92
надое́сть (perf.)	ennuyer, embêter, en avoir assez/marre 79

нажима́ть на *(imperf.)*	appuyer sur 88
наза́д	en arrière (avec mouvement) 83
назва́ть *(perf.)*	appeler (nommer qqch.) 87
назло́	exprès (pour contrarier qqn) 62
называ́ться... *(imperf.)*	s'appeler 71
наилу́чший, -ая, -ее	le meilleur 100
найти́ *(perf.)*	trouver 29
найти́сь *(perf.)*	se trouver 86
наконе́ц, наконе́ц-то	finalement 67
нале́во	à gauche (avec mouvement) 13
намно́го *(+ adj. au comparatif)*	beaucoup plus 90
намно́го бо́льше	beaucoup plus 94
написа́ть *(perf.)*	écrire 48
напра́во	à droite (avec mouvement) 13
наприме́р	exemple (par ~) 40
напряжённый, -ая, -ое	serré, tendu 41
нарко́тик *(m.)*	drogue 64
наро́д *(m.)*	peuple 100
нару́шить *(perf.)*	enfreindre 88
наста́ивать *(imperf.)*	insister 18, 86
настоя́щий, -яя, -ее	véritable 64
находи́ться *(imperf.)*	se trouver 73
нача́ть *(perf.)*	commencer 83
нача́ться *(perf.)*	commencer 53
начина́ть *(v.t. imperf.)*	commencer 61
начина́ться *(v.i. imperf.)*	commencer 96
наш, -а, -е, -и	notre, le nôtre 35, 42
не	ne… pas 6
не *(+ gén.)*	pas un (seul) 97
не́ за что	de rien 73
не́бо *(n.)*	ciel 72
нева́жно *(adv., adj. court, n.)*	insignifiant, mal *(adv.)* 92
неве́ста	fiancée 90
неде́ля *(f.)*	semaine 22
недопусти́мо	inacceptable 71
недоразуме́ние *(n.)*	malentendu 31
недорого́й, -ая, -ое;	bon marché 30
недоуме́ние *(n.)*	perplexité 61
неинтере́сный, -ая, -ое	inintéressant 11
не́когда (мне ~)	je n'ai pas le temps 89
не́который, -ая, -ое	certain 61
некраси́вый, -ая, -ое	laid, pas beau 30
нелёгкий, -ая, -ое	difficile (pas facile) *(adj.)*100

неловко	maladroitement ; gênant 55
нельзя *(+ inf. imperf.)*	il ne faut pas / on ne peut pas 52
немец	Allemand *(nom)* 47
немного	peu 12
необходим, -а, -о, -ы *(adj. court)*	nécessaire 94
необычный, -ая, -ое	inhabituel 89
неожиданно	soudainement ; tout à coup 88
неприятно	désagréable (pas agréable) *(adv.)* 87
нерв *(m.)*	nerf 86
нервно	nerveusement 59
нервный, -ая, -ое	nerveux 37
несчастье *(n.)*	malheur 75
нет	non, il n'y a pas 2, 37
неудача *(f.)*	malchance 75
неудобно	gênant, incommode, inconfortable 81
нечаянно	par mégarde 75
нечего	rien 46
ни *(+ gén.)*	pas un seul 97
ни (ни... ни...)	ni (ni… ni…) 9
нижнее бельё *(n.)*	lingerie (sous-vêtements) 81
нижний, -яя, -ее	inférieur, bas *(adj.)* 17
низкий, -ая, -ое	bas *(adj.)* 68
низко	bas *(adv.)* 68
никакой, -ая, -ое	aucun 53
никогда	jamais 38
никто	personne *(pron.)* 45
ничего	rien 18
но	mais 10
новый, -ая, -ое	neuf, nouveau 29
нога *(f.)*	jambe, pied 39
нож *(m.)*	couteau 93
номер *(m.)*	numéro, chambre (d'hôtel) 19, 68
норма *(f.)*	norme 94
нормально	normal 94
норме (в ~)	normal 94
нос *(m.)*	nez 71
носить *(imperf., indét.)*	porter 40
носок *(m.)*	chaussette 81
нотариус *(m.)*	notaire 89
ночлег *(m.)*	gîte 99
ночь *(f.)*	nuit 6

ноя́брь *(m.)*	novembre 91
нра́виться *(imperf.)*	plaire 8
ну	eh bien, alors 6
ну так	eh bien, alors 20
ну́жен, нужна́, ну́жно *(adj. court)*	nécessaire 43
ну́жно	il faut 29
ну́жный, -ая, -ое	utile, nécessaire 40
ням-ня́м	miam-miam 15

О, о

о!	oh ! *(interjection)* 13
о́ба *(m.)* / о́бе *(f.)*	les deux 57
обе́д *(m.)*	déjeuner 41
оби́деться *(perf.)*	se vexer 90
о́блачко *(n.)*	petit nuage 97
обожа́ть *(imperf.)*	adorer 93
обо́чина *(f.)*	bas-côté 61
обра́тно	contrairement, inversement 17
обстано́вка *(f.)*	situation 43
обстоя́тельство *(n.)*	circonstance 95
о́бувь *(f., sing.)*	chaussures 29
общежи́тие *(n.)*	foyer (logement) 47
объе́хать *(perf.)*	faire le tour de (en véhicule) 79
объявля́ть *(imperf.)*	annoncer 96
объясни́ть *(perf.)*	expliquer 55
объясня́ть *(imperf.)*	expliquer 43
объясня́ться *(imperf.)*	s'expliquer 78
обыкнове́нный, -ая, -ое	ordinaire 93
обы́чный, -ая, -ое	ordinaire 30
обяза́тельно	obligatoirement, à coup sûr 85, 92
о́вощ *(m.)*	légume 74
овощно́й сала́т *(m.)*	salade de légumes 97
овощно́й, -а́я, -о́е	de/aux légumes 97
оглуши́тельно	assourdissant 88
ого́нь *(m.)*	feu 99
ограни́читься *(perf.)*	se borner à, se limiter à, se contenter de, se restreindre 80
огро́мный, -ая, -ое	immense, énorme 79, 87
огуре́ц *(m.)*	concombre 80
оде́жда *(f, sing.)*	vêtements 29
одея́ло *(n.)*	couverture 71
оди́н *(m.)*, одна́ *(f.)*, одно́ *(n.)*	un/une 4, 59, 69
оди́н и то́т же	le même 54
одина́ково	pareil, pareillement,

	même manière 54
одноместный, -ая, -ое	à une place 68
одноразовая тарелочка *(f.)*	assiette jetable 97
одноразовый стаканчик *(m.)*	verre jetable 97
одноразовый, -ая, -ое	jetable 97
одолжить *(perf.)*	prêter 75
ой!	oh ! *(interjection)* 19
оказаться *(perf.)*	se (re)trouver 58
окно *(n.)*	fenêtre, guichet 62, 82
около	près de, environ *(adv.)* 82
окрестности *(pl.)*	les environs 67
окрошка *(f.)*	okrochka (soupe froide) 15
октябрь *(m.)*	octobre 83
он	lui 2
он, оно *(n.)*	il 2
она	elle 5
они	ils, eux 4, 7, 12
опаздывать *(imperf.)*	être en retard 83
опера *(f.)*	opéra (œuvre) 1
оперный театр *(m.)*	opéra (lieu) 44
опоздание *(n.)*	retard 85
опоздать *(perf.)*	être en retard 53
оранжевый, -ая, -ое	orange *(adj.)* 72
осень *(f.)*	automne 51
осенью	en automne 51
осмотр *(m.)*	inspection 38
осмотр (медицинский ~)	examen médical 38
особняк *(m.)*	hôtel particulier 89
оставить *(perf.)*	laisser 76
оставлять *(imperf.)*	laisser 33
останавливать *(imperf.)*	arrêter (qqn, qqch.) 88
остановиться *(perf.)*	s'arrêter 87
остаться *(perf.)*	rester 97
осторожно!	attention ! 88
остров *(m.)*	île 79
острый, -ая, -ое	aigu 92
от	de (provenance) 46
отвезти *(perf.)*	transporter 62
отводить *(imperf.)*	amener 83
отдел *(m.)*	rayon 80
отделение *(n.)* милиции	poste de police 95
отдельный, -ая, ое	séparé, à part 93
отель *(m.)*	hôtel 68

отец *(m.)* — père 78, 80
отказать *(perf.)* — refuser 44
отказаться *(perf.)* — refuser 27
открывалка *(f.)* — ouvre-boîte 97
открытие *(n.)* — ouverture, découverte 100
открыть *(perf.)* — découvrir, ouvrir 76
откуда — d'où (provenance, origine) 44
отлично! — parfait ! 40
отличный, -ая, -ое — parfait, excellent 46, 78
отправитель *(m.)* — expéditeur 82
отправить *(perf.)* — envoyer 82
отправлять *(imperf.)* — envoyer 46
отправляться *(imperf.)* — partir, se rendre à 67
отпуск *(m.)* — congé 67
отрадный, -ая, -ое — agréable, plaisant 99
оттуда — de (provenance) ; de là... 67
отчизна *(f.)* — patrie 99
офис *(m.)* — bureau 53
официант *(m.)* — serveur, garçon de café 74
оформлять *(imperf.)* — légaliser (les documents) 89
охотник *(m.)* — chasseur 72
очевидный, -ая, -ое — évident 94
очень — très, beaucoup 3, 93
очень приятно! — enchanté ! 3
очередь *(f.)* — tour (succession) 90
очки *(pl.)* — lunettes 76
ошибиться *(perf.)* — se tromper 19
ошибка *(f.)* — erreur, faute 50
ощущение *(n.)* — sensation 74

П, п

падать *(imperf.)* — tomber 61
падать *(imperf.)* в обморок — s'évanouir, perdre connaissance 61
падать *(imperf.)* духом — désespérer, se décourager 87
пакет *(m.)* — sac en plastique 95
пальто *(inv.) (n.)* — manteau 16
памятник *(m.)* — monument 90
память *(f.)* — mémoire 94
паника *(f.)* — panique 62
паниковать *(imperf.)* — paniquer 31
папа *(m.)* — papa 16
парень *(m.)* — jeune homme 32
пара *(f.)* — deux, paire 80

парашют *(m.)*	parachute 86
Париж	Paris 3
парикмахер *(m.)*	coiffeur 74
парк *(m.)*	parc 46
пароход *(m.)*	paquebot 67
паспорт *(m.)*	passeport 17
паспортный контроль *(m.)*	contrôle des passeports 96
пассажир *(m.)*	passager *(nom)* 61
пауза *(f.)*	pause 55
пахнуть *(imperf.) (+ instr.)*	sentir (dégager une odeur) 96
певец / певица	chanteur/-euse 74
педаль *(f.)*	pédale 88
педаль тормоза	pédale de frein 88
пельмень *(m.)*	pelménis 80
первую (в~очередь)	en premier lieu 94
первый этаж	rez-de-chaussée 68
перебивать *(imperf.)*	interrompre (qqn qui parle) 43
перевес *(m.)*	excédent de poids 96
переводить *(imperf.)*	traduire 1
перед	devant 81
переезжать *(imperf.)*	déménager 89
переживать *(imperf.)*	s'inquiéter, se tourmenter 59
перейти *(perf.)*	traverser (à pied) 75
переключать *(imperf.)*	changer de chaîne 64
перекрёсток *(m.)*	carrefour 88
переносить *(imperf.)*	porter (en traversant qqch.) 90
переселить *(perf.)*	reloger, transférer 71
пересолить *(perf.)*	saler trop 97
перестараться *(imperf.)*	en faire trop 97
перестать *(perf.)*	arrêter (cesser de) 71
перо *(n.)*	plume 9
перчатка *(f.)*	gant 95
петух *(m.)*	coq 36
печаль *(f.)*	tristesse 48
печаль *(f.)*	chagrin 48
печальный, -ая, -ое	triste 99
печатать *(imperf.)*	imprimer, publier, taper (à l'ordinateur) 50
печатная буква *(f.)*	caractère d'imprimerie 82
печатный, -ая, -ое	d'imprimerie 82
пешком	à pied 89
пиво *(n.)*	bière 18, 97
пиджак *(m.)*	veste 81

пикник *(m.)*	pique-nique 97
пингвин *(m.)*	pingouin 62
пирог *(m.)*	tarte 93
пирожок *(m.)*	petit pâté (pirojok) 4
писатель *(m.)*	écrivain 40
писать *(imperf.)*	écrire 50
пистолет *(m.)*	pistolet 88
письмо *(n.)*	lettre (courrier) 46
Питер *(voir aussi* Санкт-Петербург)	Saint-Pétersbourg 33
пить *(imperf.)*	boire 24
пища *(f.)*	nourriture 38
пищеварение *(n.)*	digestion 37
плавание *(n.)*	natation 64
плавать *(imperf., indét.)*	nager 86
плакать *(imperf.)*	pleurer 31
пламя *(n.)*	flamme 97
план *(m.)*	projet 46
планировка *(f.)*	agencement 89
платить *(imperf.)*	payer 96
платье *(n.)*	robe 29
плацкарта (билет ~)	billet de train de 2ᵉ classe 17
плащ *(m.)*	imperméable *(nom)* 81
племянник *(m.)*	neveu 90
племянница *(f.)*	nièce 90
плечо *(n.)*	épaule 61
плохо	mal *(adv.)* 92
плохой, -ая, -ое	mauvais 5
плыть *(imperf., dét.)*	aller en bateau, à la nage 67
по	selon, sur, à travers 9, 61, 79
по-(моему)	quant à (moi) 30
победить *(perf.)*	vaincre 99
повезти *(perf.)*	avoir de la chance 39
повторение *(n.)*	révision 7
поговорить *(perf.)*	parler 79
погода *(f.)*	temps (météo) 5
под	sur (au son de, au rythme de) 61
под	sous 61
подарить *(perf.)*	offrir 25
подарок *(m.)*	cadeau 25
подвал *(m.)*	cave 89
подготовить *(perf.)*	préparer 94
поделать *(perf.)*	faire 34

пятьсот восемьдесят восемь • 588

поделиться с *(+ instr.) (perf.)*	partager avec 45
подниматься *(imperf.)*	monter, se lever 55
подобный, -ая, -ое	semblable 99
подозрение *(n.)*	suspicion 65
подозрительный, -ая, -ое	suspect 65
подойти *(perf.)*	arriver (s'approcher à pied) 100
подруга *(f.)*	copine 43
подруга *(f.) (m. :* друг*)*	amie 43
подсказать *(perf.)*	souffler (dire discrètement) 73
подумать *(perf.)*	réfléchir 50
подушка *(f.)*	oreiller 71
подходить *(imperf.)*	convenir 68
поезд *(m.)*	train 17
поехать *(perf.)*	aller/partir en véhicule 67, 79
пожалуйста	s'il te/vous plaît 4
пожелать *(perf.)*	souhaiter 100
пожениться *(perf.)*	se marier (pour un couple) 83
пожилой, -ая, -ое	âgé 75
позвать *(perf.)*	appeler qqn 34
позвать к *(perf.)*	inviter pour (une certaine heure) 83
позволить *(perf.)*	permettre 51
позвонить *(perf.)*	téléphoner, appeler (au téléphone) 34
поздно	tard 75
познакомить *(perf.)*	présenter (qqn) 32
познакомиться *(perf.)*	faire connaissance 32
познание *(n.)*	connaissance (processus) 100
поиск *(m.)*	recherche 93
поискать *(perf.)*	chercher un peu 29
пойти *(perf.)*	aller à pied 5
пока	pendant ce temps-là 97
пока не	jusqu'à ce que 87
показывать *(imperf.)*	montrer 64
покой *(m.)*	paix 99
покупать *(imperf.)*	acheter 48
покупки *(f. pl.)*	courses, achat 80
пол-	demi 80
пол *(m.)*	sol, plancher 81
полгода *(f.)*	six mois (demi-année) 52
полежать *(perf.)*	rester couché 92
полежать *(perf.)* в постели	rester au lit 92
полезен, -на, -но	utile 73
полезный, -ая, -ое	utile 74

полете́ть *(perf.)* — aller/partir en avion ; voler (dans les airs) 67, 85

полигло́т *(m.)* — polyglotte 78

по́лка *(f.)* — place, planche, tablette, étagère, rayon, 17, 93

полкило́ — livre (500 g) 80

по́лный, -ая, -ое — entier, complet, plein, empli ; fort *(adj.)* (corpulent, gros) 55, 90, 94, 99

полови́на *(f.)* — demie, moitié 41, 80

положе́ние *(n.)* — situation 87

положи́ть *(perf.)* — mettre horizontalement 96

полоте́нце *(n.)* — serviette de toilette 71, 85

полтора́ — un et demi 53

получи́ть *(perf.)* — recevoir 86

получи́ться *(perf.)* — réussir 100

полчаса́ — demi-heure 53

поля́нка *(f.)* — clairière 97

поменя́ть *(perf.)* — changer *(v. t.)* 71

помидо́р *(m.)* — tomate 80

по́мнить *(imperf.)* — se rappeler, se souvenir de 44

помога́ть *(imperf.)* — aider 36

по-мо́ему — à mon avis, d'après moi 30, 94

помо́чь *(perf.)* — aider 40

по́мощь *(f.)* — aide 62

пона́добиться *(imperf.)* — falloir 100

понеде́льник *(m.)* — lundi 22

понима́ть *(imperf.)* — comprendre 10

понра́виться *(perf.)* — plaire 44

поня́тно — compréhensible 78

поня́ть *(perf.)* — comprendre 55

попи́ть *(perf.)* — boire 53

поплы́ть *(perf.)* — aller en bateau, à la nage 67

попра́виться *(perf.)* — guérir, se remettre d'une maladie, se rétablir 92

по-пре́жнему — comme avant 71

попро́бовать *(perf.)* — essayer 73

попроси́ть *(perf.)* — demander 71

пора́ — il est temps 66

поре́зать *(perf.)* — couper 97

портати́вный компью́тер *(m.)* — ordinateur portable 96

портати́вный, -ая, -ое — portable *(adj.)* 96

поря́док *(m.)* — ordre 38

посид**е**ть *(perf.)*	rester assis 92
посид**е**ть д**о**ма	rester à la maison 92
поскор**е**е	vite 66
посл**а**ть *(perf.)*	envoyer 82
п**о**сле	après 13
посл**е**дний, -ая, -ое	dernier 61
послушать *(perf.)*	écouter 31
посмотр**е**ть *(perf.)*	regarder 30
посм**о**трим...	on verra… 85
поспеш**и**ть *(perf.)*	se dépêcher 95
пост**а**вить *(perf.)*	mettre/poser verticalement 94
пост**е**ль *(f.)*	lit 81
постир**а**ть *(perf.)*	faire la lessive 81
пост**о**йте! *(perf.)*	attendez ! (dans une conversation) 71
пост**о**янно	constamment 50
посто**я**ть *(perf.)*	rester debout/sur place 71
пос**у**да *(f.)*	vaisselle 36
пос**ы**лка *(f.)*	colis 82
пот**е**ря *(f.)*	perte 95
потол**о**к *(m.)*	plafond 89
пот**о**м	puis, après, ensuite 9, 13
потом**у** что	parce que 23
потребл**я**ть *(imperf.)*	consommer 94
потряс**а**юще	époustouflant 57
почем**у**	pourquoi (pour quelle raison) 11
поч**и**стить *(perf.)*	nettoyer 81
п**о**чта *(f.)*	poste *(nom f.)* 46
почт**а**мт *(m.)*	bureau de poste 73
почт**и**	presque 12
почт**и** не	pratiquement/presque pas 40
по**э**ма *(f.)*	poème 4
по**э**тому	c'est pourquoi 54
пр**а**вда *(f.)*	vérité, vraiment 15
пр**а**вило *(n.)*	règle 34
пр**а**вильно	correctement 64
пр**а**здник *(m.)*	fête 38
пр**а**здновать *(imperf.)*	fêter 83
пред**а**нье (пред**а**ние) *(n.)*	légende 99
предлож**и**ть *(perf.)*	proposer 22
предпочит**а**ть *(imperf.)*	préférer 51
презид**е**нт *(m.)*	président 13
прекр**а**сно	super 48
прекрат**и**ть *(perf.)*	arrêter (cesser de) 31

прекрати́ться *(perf.)*	cesser *(v. i.)* 23
преподава́тель *(m.)*	professeur (de l'enseignement supérieur) 74
при	devant, sous 95
прибо́р *(m.)*	couvert (vaisselle) 93
привести́ *(perf.)*	amener 58
приве́т	salut 1
пригласи́ть *(perf.)*	inviter 26
пригото́вить *(perf.)*	préparer 80
приду́мать *(imperf.)*	trouver (inventer) 87
приём *(m.)*	consultation (médecin) ; accueil, réception 37
прие́хать *(perf.)*	venir (en véhicule) 85
приземли́ться *(perf.)*	atterrir 85
прийти́сь *(perf.)*	falloir 95
прилете́ть *(perf.)*	arriver en avion 85
приме́рно	environ *(adv.)* 82
приме́та *(f.)*	présage, augure, signe 75
принести́ *(perf.)*	apporter 71
принима́ть *(imperf.)*	prendre 82
принима́ть ва́нну/душ	prendre un bain / une douche 81, 85
приноси́ть *(imperf.)*	apporter 81
приня́ть *(perf.)*	prendre 23
приро́да *(f.)*	nature 51
прихо́дится *(imperf.)*	être obligé de 89
приходи́ть *(imperf.)*	venir (à pied) 22
приходи́ть в себя́ *(imperf.)*	retrouver ses esprits, revenir à soi 61
прия́тель *(m.)*	copain 76
прия́тно *(adj. court, n.)*	agréablement 3
прия́тный, -ая, -ое	agréable, plaisant 16
пробле́ма *(f.)*	problème 23
прове́рить *(perf.)*	vérifier 45, 88
прове́рка *(f.)*	vérification 88
прогно́з *(m.)*	pronostic 20
прогно́з пого́ды	météo 20
прогре́ть *(perf.)* маши́ну	faire chauffer la voiture 94
продаве́ц / продавщи́ца	vendeur/-euse 74
продава́ть *(imperf.)*	vendre 74
прое́хать *(perf.)*	passer (en véhicule) 88
пройти́ *(perf.)*	passer (à pied) 13
пройти́ техосмо́тр *(perf.)*	passer un contrôle technique 94
пронза́ть *(imperf.)*	percer 99

пронзать *(imperf.)* взглядом	scruter 99
просёлочный, -ая, -ое	vicinal 99
проснуться *(perf.)*	se réveiller 87
проспать *(perf.)*	dormir trop longtemps 87
проспект *(m.)*	avenue 33
простить *(perf.)*	excuser, pardonner 13
просто	simple, simplement 13, 39
просто так	comme ça 79
простой, -ая, -ое	simple 78
простуда *(f.)*	refroidissement (maladie) 92
простыня *(f.)*	drap 71
просыпать *(perf.)*	renverser 75
просыпаться *(imperf.)*	se réveiller 51
против	contre 74
профессионально	professionnellement 66
профессия *(f.)*	profession 74
проходить *(imperf.)*	entrer/passer (à pied) chez qqn 33, 83
прохожий *(m.)*, -ая *(f.)*	passant 31
прочий, -ая, -ое	autre 93
прошлый, -ая, -ее	passé, dernier ; ancien (passé) 52
прощаться *(imperf.)*	dire adieu 100
пруд *(m.)*	étang 100
прямо	directement, carrément, tout droit 13
птица *(f.)*	oiseau 76
пульт *(f.)*	télécommande 64
пунктуация *(f.)*	ponctuation 27
пустой, -ая, -ое	vide 75
путешествие *(n.)*	voyage 67
путешествовать *(imperf.)*	voyager 78
путь *(m.)*	chemin 99
пух *(m.)*	duvet 9
пятница *(f.)*	vendredi 22

Р, р

работа *(f.)*	travail 40
работать *(imperf.)*	marcher (fonctionner) 87
работать *(imperf.)*	travailler, être (+ profession) 40, 94
равно	égal 74
рад, -а, -о, -ы	enchanté 73
ради	à cause de, pour, au nom de 71
радио *(n.)*	radio 11
радуга *(f.)*	arc-en-ciel 72

раз	fois ; alors ; puisque 18
раз так	dans ce cas 18
разбежа́ться *(perf.)*	courir dans toutes les directions 66
разби́ть *(perf.)*	casser 75
разбуди́ть *(perf.)*	réveiller 85
развести́сь с *(perf.)*	divorcer de 54
ра́зве	est-ce que (doute, incrédulité) 90
разгова́ривать *(imperf.)*	discuter 59
разгово́р *(m.)*	conversation 19
раздава́ть *(imperf.)*	distribuer 86
раздева́ться *(imperf.)*	se déshabiller 83
раздражённый, -ая, -ое	irrité 60
разли́в *(m.)*	débordement 99
ра́зница *(f.)*	différence 82
разносторо́нний, - яя, -ее	varié 43
ра́зный, -ая, -ое	différent ; toute sorte de 75
разочарова́ние *(n.)*	déception 34
разу́мный, -ая, -ое	raisonnable 59
разъясня́ть *(imperf.)*	expliquer (élucider) 43
ра́но	tôt 96
ра́ньше	avant, auparavant, plus tôt 33
расписа́ние *(n.)*	planning, emploi du temps, horaire 41, 85
рассказа́ть *(perf.)*	raconter 65
расска́зывать *(imperf.)*	raconter 43
расста́вить *(perf.)*	disposer, distribuer (en mettant debout) 96, 97
расстра́иваться *(imperf.)*	s'en faire 92
рассу́док *(m.)*	raison 99
рассчи́тан, -а, -о *(adj. court)*	prévu 54
рассчи́тывать на *(imperf.)*	compter sur 87
расте́ние *(n.)*	plante 76
расти́ *(imperf.)*	grandir 90
расша́танный, -ая, -ое	détraqué, ruiné 37
ребёнок *(m.)* (*pl.* : де́ти)	bébé, enfant 31, 8
ре́вность *(f.)*	jalousie 76
регистра́ция *(f.)*	enregistrement 96
ре́зко	brusquement 88
рейс *(m.)*	vol (en avion) 96
река́ *(f.)*	rivière, fleuve 67
ре́нта *(f.)*	rente 23
ре́плика *(f.)*	réplique 25
рестора́н *(m.)*	restaurant 18, 90

рецепт *(m.)*	recette 54
решение *(n.)*	décision 59
решить *(perf.)*	décider 74
рис *(m.)*	riz 80
ритм *(m.)*	rythme 15
родина *(f.)*	patrie 99
родитель *(m.)*	parent 78
родиться *(perf.)*	naître 78
родственник *(m.)*	parent 16
рождение *(n.)*	naissance 25
Рождество *(n.)*	Noël 48
роза *(f.)*	rose *(nom)* 2
розовый, -ая, -ое	rose *(adj.)* 72
роман *(m.)*	histoire, roman 52
Россия *(f.)*	Russie 3
рубашка *(f.)*	chemise 40
рубль *(m.)*	rouble 13
рука *(f.)*	main, bras 31
русский язык *(m.)*	russe (langue) 12, 47
русский, -ая	Russe 93
русский, -ая, -ое	russe 12
ручка *(f.)*	stylo 50
ручная кладь *(f.)*	bagage à main 96
ручной, -ая, -ое	à main 96
рыба *(f.)*	poisson 80
рыбка *(f.)*	petit poisson 100
рынок *(m.)*	marché 80
рюкзак *(m.)*	sac à dos 95
рюмка *(f.)*	verre à pied 93
рюмочка *(f.)*	petit verre à pied 83
рядом	côte à côte 33
рядом (с + *inst.*)	près de 33
рядом с	à côté de 33
С, с	
с	à partir de 41
с(о)	avec 6, 46
сад *(m.)*	jardin 76
салат *(m.)*	salade 15
сам	soi-même 50
самовар *(m.)*	samovar 93
самое главное	le plus important 10
самолёт *(m.)*	avion 67
самый раз (в ~)	impeccable 97

самый центр *(m.)*	plein centre 33
самый, -ая, -ое	le plus *(+ adj.)* 16
Санкт-Петербург	Saint-Pétersbourg 33
сапог *(m.)*	botte (chaussure) 30
сардина *(f.)*	sardine 19
сардонический, -ая, -ое	sardonique 27
сарказм *(m.)*	sarcasme 18
саркофаг *(m.)*	sarcophage 22
сатир *(m.)*	satyre 20
сахар *(m.)*	sucre 4
сбегать *(perf.)* за *(fam.)*	courir chercher 92
сборы *(m. pl.)*	préparatifs 57
св (бизнес-класс)	billet de train de 1re classe 17
свадьба *(f.)*	mariage, noce 83, 90
сверху	d'en haut 60
свет *(m.)*	lumière, monde 85
светло-	clair 72
светло-зелёный	vert clair 72
светофор *(m.)*	feu (de signalisation) 13
свидетель *(m.)*	témoin 58
свинина *(f.)*	porc (viande) 80
свистеть *(imperf.)*	siffler 88
свитер *(m.)*	pull 29
свободный, -ая, -ое	libre 41
свой, своя, своё	son, sa, (le) sien, (la) sienne (le ~, la ~) 26
связаться *(perf.)*	contacter 73
сгореть *(perf.)*	brûler *(v.i.)* 97
сдавать экзамен *(imperf.)*	passer un examen 9
сдать экзамен *(perf.)*	réussir (à un examen) 79
сделать *(perf.)*	faire 73
сегодня	aujourd'hui 5
сейчас	maintenant, tout de suite 9, 85
секрет *(m.)*	secret 69
секция *(f.)*	rayon 93
семья *(f.)*	famille 16
сентябрь *(m.)*	septembre 91
сервис *(m.)*	service (prestation) 71
серебряный, -ая, -ое	argenté, en argent 72
серый, -ая, -ое	gris 72
сестра *(f.)*	sœur 16
сибирский, -ая, -ое	sibérien 80
Сибирь *(f.)*	Sibérie 20

сигаре́та *(f.)*	cigarette 45
сиде́ние *(n.)*	siège 61
сиде́ть *(imperf.)*	être assis 58
си́льно	fortement 39
симме́трия *(f.)*	symétrie 26
си́ний, -яя, -ее	bleu (foncé) 30
систе́ма *(f.)*	système 37
ситуа́ция *(f.)*	situation 24
сказа́ть *(perf.)*	dire 32
скака́ть *(imperf.)*	galoper 99
сканда́л *(m.)*	scandale 71
сковоро́дка *(f.)*	poêle 93
ско́лько	combien 30
скоре́е	plutôt, vite 44, 89
ско́ро	bientôt 48
скорогово́рка *(f.)*	vire-langue 72
ско́рый, -ая, -ое	rapide 79
скро́мный, -ая, -ое	modeste 67
ску́ка *(f.)*	ennui 38
ску́чный, -ая, -ое	ennuyeux 26
сла́бый, -ая, -ое	faible, fragile 37
сла́ва *(f.)*	gloire 99
сле́ва от	à gauche (sans mouvement) 47
сле́дующий, -ая, -ее	prochain, suivant 48
сли́шком	trop 34
сли́шком мно́го	trop 96
слова́рь *(m.)*	dictionnaire 45
сло́во *(n.)*	mot 60
сло́жный, -ая, -ое	compliqué 90
слома́ться *(perf.)*	tomber en panne 62
слу́чай *(m.)*	cas, occasion 43
случа́йно	par hasard 47
случи́ться *(perf.)*	arriver (se produire, survenir) 62
слу́шать *(imperf.)*	écouter 89
слу́шаться *(imperf.)*	obéir 39
слы́шать *(imperf.)*	entendre 19, 21, 28, 87
смешно́ *(adv., adj. court, n.)*	drôle (risible) ; ridicule 76
смея́ться *(imperf.)*	rire 38
смея́ться над (+ instr.)	se moquer de 76
смотре́ть *(imperf.)*	regarder 11
смотре́ть за *(+ instr.)*	surveiller 97
смотре́ть на *(imperf.)*	regarder intensément, dévisager 76

смотреть телевизор	regarder la télévision 38
смотри не (+ impératif)	attention de ne pas... (+ inf.) 97
смочь (perf.)	pouvoir (v.) 27
сначала	d'abord 9
снежок (m.), (pl. : снежки)	boule de neige 34
снимать (imperf.)	louer (prendre en location) 89
сниться, (imperf.)	rêver 23
снять (perf.)	enlever 81
собака (f.)	chien 16
собственный, -ая, -ое	propre (à soi) 79
совершенно	absolument, totalement, entièrement, parfaitement 41
совет (m.)	conseil 94
совещание (n.)	réunion 48
совпадение (n.)	coïncidence 61
совсем	vraiment 55
сойти (perf.)	descendre 71
солидарность (f.)	solidarité 55
солнце (n.)	soleil 97
соль (f.)	sel 15
сон (m.)	rêve 23
сосед (m.)/-ка (f.)	voisin/-e 33
сосиска (f.)	saucisse 80
состояние (n.)	état 65
спасательный круг (m.)	bouée de sauvetage 86
спасибо	merci 1, 25
спать (imperf.)	dormir 6, 38
специальный, -ая, -ое	spécial 93
спешить (imperf.)	se presser 6, 38
спичка (f.)	allumette 45
спокойно	calmement, tranquillement 51
спокойно, тихо	paisible(ment) 51
спокойный, -ая, -ое	tranquille, calme 6
спорить (imperf.)	disputer, débattre 74
спорт (m.)	sport 4
спортсмен (m.)	sportif 64
способ (m.)	moyen 100
способный, -ая, -ое	doué 76
справа	à droite (sans mouvement) 47
спрашивать (imperf.)	demander 57
спросить (perf.)	demander 13
сразу	immédiatement, tout de suite 26, 95

сразу после	juste après 26
среда *(f.)*	mercredi 22
срочно	d'urgence 73
срочный, -ая, -ое	urgent 82
ссора *(f.)*	dispute 75
ставить *(imperf.)*	poser/mettre verticalement 75
стадион *(m.)*	stade 64
стакан *(m.)*	verre (pour boire) 18
станция *(f.)*	station 94
станция техобслуживания	garage (de réparation) 94
старина *(f.)*	les temps anciens 99
старинный, -ая, -ое	ancien (vieux) 79
старинный, -ая, -ое	vieux 93
старый, -ая, -ое	vieux 29
стать *(imperf.)*	devenir 74
стекло *(n.)*	vitre 88, 92
стена *(f.)*	mur 89
степь *(f.)*	steppe 99
стирать *(imperf.)*	laver (du linge) 81
стирать *(imperf.)*	faire la lessive 81
стих *(m.)*, -и *(pl.)*	poème (des vers) 66
сто	cent 58
стоить *(imperf.)*	coûter 30
стол *(m.)*	table 15
столовая *(f.)*	salle à manger, cantine 54
столовая ложка *(f.)*	cuillère à soupe 93
столовый, -ая, -ое	de table 93
столько	tellement 64
стоп *(m.)*	stop 1
сторона *(f.)*	côté 95
стоять *(imperf.)*	être debout 55, 56, 93
страна *(f.)*	pays 78
странно *(adj. court, n.)*	étrange 79
странный, -ая, -ое;	étrange 99
страшно	cela fait peur 95
страшный, -ая, -ое	effrayant, épouvantable, horrible 19
стройный, -ая, -ое	élancé, svelte 90
студент/-ка	étudiant/-e 2
ступенька *(f.)*	marche (d'escalier) 89
стюардесса *(f.)*	hôtesse de l'air 86
суббота *(f.)*	samedi 22
суд *(m.)*	tribunal 58
суеверный, -ая, -ое	superstitieux 75

сумка *(f.)*	sac 95
сходить *(perf.)*	aller à pied (et revenir) 92
сцепление *(n.)*	embrayage 94
счастлив, -а, -ы *(adj. court)*	heureux 85
счастливого пути!	bonne route! 100
счастливый, -ая, -ое	heureux 44
счастье *(n.)*	bonheur 89
считать *(imperf.)*	trouver, compter 30, 69
считать (что)	considérer (que) 30
съесть *(perf.)*	manger 24
сын *(diminutif* сынок) *(m.)*	fils 34
сыр *(m.)*	fromage 80
сюрприз *(m.)*	surprise 85

Т, т

таблетка *(f.)*	comprimé 92
тайга *(f.)*	taïga 20
так	tant, alors, comme ça 15, 50, 96
так и быть	d'accord, soit ! 87
так как	car (parce que) 22
также	également 93
такой же	le même 88
такой, -ая, -ое	tel 43
таком случае (в ~)	dans ce cas 43
такси *(inv.) (n.)*	taxi 13
тактично	avec tact 90
там	là-bas (sans mouvement) 5
танцевать *(imperf.)*	danser 26
тапочка *(f.)*	pantoufle 54, 81
тарелочка *(f.)*	assiette (petite) 97
тариф *(m.)*	tarif 68
твой, твоя, твоё	ton (ta, le tien, la tienne) 35
театр *(m.)*	théâtre 6
текст *(m.)*	texte 1
телевизор *(m.)*	télé (téléviseur) 20
телега *(f.)*	télègue (voiture à cheval) 99
телеграмма *(f.)*	télégramme 82
телефон *(m.)*	téléphone 19
телефон-автомат *(m.)*	cabine téléphonique 73
телефонная карта *(f.)*	carte téléphonique 73
телефонный, -ая, -ое	téléphonique 19
тёмно-	foncé (dans les mots composés) 72
тёмный, -ая, -ое	sombre 99
температура *(f.)*	fièvre, température 92

тень *(f.)*	ombre 99
теорема *(f.)*	théorème 55
теория *(f.)*	théorie 24
теперь	maintenant, à présent 33, 99
тепло	bon (chaud) 5
тёплый, -ая, -ое	chaud *(adj.)* 29
терпение *(n.)*	patience 100
терпеть *(imperf.)*	supporter 66
терраса *(f.)*	terrasse 89
тетрадь *(f.)*	cahier 34
техобслуживание *(n.)*	service technique 94
техосмотр *(m.)*	contrôle/visite techique 94
тип *(m.)*	type 3
тихий, -ая, -ое	calme 61
тихо	doucement, calmement, tranquillement 51
то	alors 22
то есть	c'est-à-dire 41
товарищ *(m.)*	camarade 51
тогда	alors 5
тоже	aussi 2
Токио	Tokyo 17
толкать *(imperf.)*	pousser 95
толком	clairement 71
только	seulement, uniquement 38
тормоз *(m.)*	frein 88
торчать *(imperf.)*	dépasser 62
тот *(m.)*, та *(f.)*, то *(n.)*	celui-là, celle-là 57, 63
тот, кто	celui qui 86
точно	fidèlement, précisément, exactement 18
традиция *(f.)*	tradition 100
транспорт *(m.)*	transport(s) 75
тратить *(imperf.)*	dépenser, gaspiller, perdre du temps/de l'argent 93
труд *(m.)*	labeur 100
трудно *(adj. court)*	difficile *(adj.)*95
трудолюбие *(n.)*	assiduité 100
туда	là-bas (avec mouvement) 17
туда-обратно	aller-retour 17
Тунис *(m.)*	Tunisie 78
тупица	imbécile 55
турист *(m.)*	touriste 86

ту́фля *(f.)*	chaussure, soulier 81
ты	tu 5
ты прав/-**а** *(adj. court)*	tu as raison *(m./f.)* 34

У, у

у	chez (sans mouvement) 1
у *(+ gén.)*	près de 1
убира́ть *(imperf.)*	ranger 81
уве́рен, -а, -о	sûr/-e 24
увы́	hélas 71
уговори́ть *(perf.)*	convaincre 87
угоща́ть *(imperf.)*	offrir, inviter, servir (un mets) 18
уда́ча *(f.)*	chance 73, 100
удивля́ться *(imperf.)*	s'étonner 47
удово́льствие *(n.)*	plaisir 12
уезжа́ть *(imperf.)*	partir (en véhicule) 22
уе́хать *(perf.)*	partir (en véhicule) 62
у́жас *(m.)*	horreur 48
уже́	déjà 22
у́жин *(m.)*	dîner 41
узнава́ть *(imperf.)*	reconnaître 33
узна́ть *(perf.)*	reconnaître 76
укра́сть *(perf.)*	voler (dérober) 58
у́лица *(f.)*	rue 13
ум *(m.)*	esprit 65
умере́ть *(perf.)*	mourir 38
уме́ть *(imperf.) (+ infinitif)*	savoir faire qqch. 50
университе́т *(m.)*	université 62
упражне́ние *(n.)*	exercice 1
упря́мство *(n.)*	entêtement 11
ура́!	Hourra ! 67
уравне́ние *(n.)*	équation 34
уро́к *(m.)*	leçon 1
урони́ть *(perf.)*	faire tomber 90
успева́ть *(imperf.)*	avoir le temps 64
успе́х *(m.)*	succès 83
успоко́иться *(perf.)*	se calmer 31
уста́ть *(perf.)*	se fatiguer 6
устра́иваться *(imperf.)*	s'installer 61
утвержда́ть *(imperf.)*	affirmer 58
у́тро *(n.)*	matin 85
ух ты!	ouahou ! (contentement) 97
уче́бник *(m.)*	manuel (livre) 34
учени́к *(m.)*	élève 55

учитель *(m.)*	professeur (du primaire, du secondaire), maître d'école 55
учить *(imperf.)*	apprendre 78
учиться *(imperf.)*	étudier (qq. part) 78

Ф, ф

фаза *(f.)*	phase 22
фазан *(m.)*	faisan 25
фамилия *(f.)*	nom de famille 82
фара *(f.)*	phare 12
фараон *(m.)*	pharaon 24
февраль *(m.)*	février 91
фигурное катание *(n.)*	patinage artistique 64
физика *(f.)*	physique 9
фильм *(m.)*	film 11
финал *(m.)*	finale *(nom)* 23
фиолетовый, -ая, -ое	violet 72
фонтан *(m.)*	fontaine 46
фотография *(f.)*	photographie 12
фраза *(f.)*	phrase 10
француз, француженка	Français, -e 47
французский, -ая, -ое;	français 10
фрукт *(m.)*	fruit 80
футбол *(m.)*	football 5, 23

Х, х

халат *(m.)*	peignoir 81
хамелеон *(m.)*	caméléon 27
хватать *(imperf.)*	suffire 74
хватить *(perf.)*	suffire 75
химический, -ая, -ое	chimique 81
химия *(f.)*	chimie 23
химчистка *(f.)*	pressing 81
хитрец *(m.)*	malin 66
хитрость *(f.)*	ruse, astuce 50
хлопать *(imperf.)*	taper (sur qqch., dans les mains) 61
ходить *(imperf.)*	aller à pied (sans direction précise) 44 ; fonctionner 75
хозяйка *(f.)*	maîtresse de maison 93
хоккей *(m.)*	hockey 64
холод *(m.)*	froid *(nom)* 20
холодильник *(m.)*	réfrigérateur 62
холодно *(adj. court)*	froid *(adj.)* 34
холодный, -ая, -ое	froid *(adj.)* 80

холост**я**к *(m.)*	célibataire 54
хор**о**ший, -ая, -ее	bon *(adj.)* 5
хорош**о**	bien 1
хот**е**ть *(imperf.)*	vouloir 4
хот**е**ть *(imperf.)* есть	avoir faim 15
хот**е**ть *(imperf.)* спать	avoir sommeil 6
хот**е**ться (мне ~) *(imperf.)*	j'ai envie 24
хоть	au moins 73
хот**я**	bien que, quoique 44, 49
хот**я** бы	au moins 89, 92
х**о**чется (мне ~) *(imperf.)*	j'ai envie 100
х**о**чется пить (мне ~) *(imperf.)*	j'ai soif 24
х**у**денький, -ая, -ое	menu (svelte) 90

Ц, ц

царь *(m.)*	tsar 9
цвет *(m.)*	couleur 51
цветн**о**й, -**ая**, -**о**е	en/de couleur 72
цвет**о**к *(m.)*	fleur 25
ц**е**лый, -ая, -ое	entier 29
цен**а** *(f.)*	prix 30
ц**е**нный, -ая, -ое	précieux 62
центр *(m.)*	centre 33
ц**е**рковь *(f.)*	église 79

Ч, ч

чай *(m.)*	thé 4, 92
час *(m.)*	heure 41
час пик *(m.)*	heure de pointe 95
ч**а**сто	souvent 37
час**ы** *(pl.)*	montre *(nom)* 87
ч**а**шка *(f.)*	tasse 93
челов**е**к *(m.)*	homme 52
челов**е**к *(m.)*	personne *(nom)* 54
чемод**а**н *(m.)*	valise 96
черд**а**к *(m.)*	grenier 89
ч**е**рез	à travers, sur 88, 90
ч**е**рез *(temporel)*	dans 41
черн**и**ла *(pl.)*	encre 72
чёрно-б**е**лый, -ая, -ое	noir et blanc 72
чёрный, -ая, -ое	noir 72
чёрт *(m.)*	diable 9
чертёнок *(m.)*	diablotin 72
черт**и**ть *(imperf.)*	tracer 72

чесно́к *(m.)*	ail 80
четве́рг *(m.)*	jeudi 22
че́тверть *(f.)*	quart 53
че́тверть *(f.)*	trimestre 53
чи́псы *(pl.)*	chips 18
число́ *(n.)*	date, nombre 83
чи́стить *(imperf.)*	nettoyer 81
чи́стка *(f.)*	nettoyage 81
чи́сто	proprement 72
чистота́ *(f.)*	propreté 93
чи́стый, -ая, -ое	propre (non souillé) 54
чита́ть *(imperf.)*	lire 6
чита́ть (стихи́) *(imperf.)*	réciter (des vers) 66
чрезвыча́йно	extraordinairement, extrêmement 72
что	quoi , que *(conj. de subordination)* 6
что за вопро́с!	question (quelle ~ !) 85
что́бы	que *(conj. de subordination)*, pour que 66
что́-нибудь	n'importe quoi, quelque chose 29
что́-то	quelque chose 61
чу́вствовать *(imperf.)*	sentir (par intuition) 83
чуде́сный, -ая, -ое	merveilleux 97
чу́до *(n.)*	merveille, miracle 44
чума́зый, -ая, -ое	sale 72
чуть не *(+verbe perfectif)*	faillir *(+ inf.)*, manquer *(+ inf.)* 44, 88
чуть-чу́ть	un peu (à peine) 15

Ш, ш

шака́л *(m.)*	chacal 20
шампа́нское *(n.)*	champagne 26, 90
шампу́нь *(m.)*	shampoing 85
шанс *(m.)*	chance 6
шанта́ж *(m.)*	chantage 23
ша́рик *(m.)*	ballon (gonflable) 62
шасси́ *(inv.) (n.)*	châssis 17
шашлы́к *(m.)*	chachlyk (brochette) 96, 97
шевели́ть *(imperf.)*	remuer 99
шика́рный, -ая, -ое	chic, magnifique 83
шимпанзе́ *(m.) (inv.)*	chimpanzé 15
ши́на *(f.)*	pneu 94
шкаф *(m.)*	armoire, placard 29, 93
шка́фчик *(m.)*	placard (petit) 93

Lexique

Français – Russe

Voir "Mode d'emploi" p. 562

A

à / au	в 6 ; на 4 ; за 15
abord (d'~)	снача́ла 9
abordable	досту́пно *(adj. court, n.)* 78
aboyer	га́вкать *(imperf.)* ; ла́ять *(imperf.)* 36
abricot	абрико́с 80
absolument	соверше́нно 41
absurdité	ерунда́ 75
accessible	досту́пно *(adj. court, n.)* 78
accueil	приём 37
accumulateur	аккумуля́тор 94
achat	*voir* courses 80
acheté	ку́пленный, -ая, -ое *(part. passé)* 99
acheter	покупа́ть *(imperf.)* 48 / купи́ть *(perf.)* 29
acide	ки́слый, -ая, -ое 87
acte	акт 26
acteur, actrice	актёр, актри́са 74
adieu (dire ~)	проща́ться *(imperf.)* 100
admirable	*voir* ravissant 89
admirer	любова́ться *(imperf.)* 79
adorer	обожа́ть *(imperf.)* 93
adresse	а́дрес 28, 33
adulte	взро́слый, -ая, -ое 76
aéroport	аэропо́рт 85
affaire	де́ло 1 ; вещь 81
affirmer	утвержда́ть *(imperf.)* 58
Afrique	А́фрика 79
âgé	пожило́й, -ая, -ое 75
agencement	плани́ровка 89
agiter	кача́ть *(imperf.)* 31
agiter (pour faire signe)	маха́ть *(imperf.)* 88
agréable	прия́тный, -ая, -ое 16 ; ми́лый, -ая, -ое 52 ; отра́дный, -ая, -ое 99
agréablement	прия́тно *(adj. court, n.)* 3
aide	по́мощь 62

aider	помога́ть *(imperf.)* 36 / помо́чь *(perf.)* 40
aigu	о́стрый, -ая, -ое 92
ail	чесно́к 80
aile	крыло́ 76
ailleurs (d'~, par~)	ме́жду про́чим 76
aimable	ми́лый, -ая, -ое 52
aimer	люби́ть *(imperf.)* 34
air (ne pas avoir l'~)	вро́де не 94
ajouter	доба́вить *(perf.)* 97
ajouter (un liquide)	доли́ть *(perf.)* 94
Allemagne	Герма́ния 47
Allemand *(nom)*	не́мец 47
aller à pied	идти́ *(imperf.)* 6 / пойти́ *(perf.)* 5 ;
aller à pied (et revenir)	сходи́ть *(perf.)* 92
aller à pied (sans direction précise)	ходи́ть *(imperf.)* 44
aller en avion	лете́ть *(imperf., dét.)* 67 / полете́ть *(perf.)* 67
aller en bateau, à la nage	плыть *(imperf., dét.)* 67 / поплы́ть *(perf.)* 67
aller en véhicule	е́здить *(imperf., indét.)* 51 ; е́хать *(imperf., dét.)* 62 / пое́хать *(perf.)* 67
aller simple (billet ~)	биле́т в оди́н коне́ц 17
aller-retour	туда́-обра́тно 17
allô	алло́ 19
allumage	зажига́ние 94
allumette	спи́чка 45
alors	тогда́ 5 ; ну 6 ; раз 18 ; ну так 20 ; то 22 ; же 48 ; зна́чит 50 ; так 50
amener	привести́ *(perf.)* 58 / отводи́ть *(imperf.)* 83
Américain *(nom)*	америка́нец 47
Amérique	Аме́рика 79
ami/e	друг 26 ; подру́га 43
amour	любо́вь 99
amoureux	влюблён, влюблена́, -о, -ы 76
ampoule	ла́мпочка 94
an	год 39
ananas	анана́с 3
ancien (passé)	про́шлый, -ая, -ое 52 ; бы́вший, -ая, -ее 89

ancien (vieux)	старинный, -ая -ое 79
Anglais/e *(nom)*	англичанин 47, англичанка 78
anglais/e *(adj.)*	английский, -ая, -ое 78
Angleterre	Англия 47
animal	животное 43
anniversaire	день рождения 21, 25 ; круглая дата 83
annoncer	объявлять *(imperf.)* 96
antagonisme	антагонизм 17
antenne	антенна 18
antigel	антифриз 94
anxiété	беспокойство 85
août	август 91
apercevoir	*voir* remarquer
apparemment	вроде (бы) 57, 94
appartement	квартира 81, 89
appeler (au téléphone)	звонить *(imperf.)* 87
appeler (nommer qqch.)	назвать 87
appeler (s'~)	меня зовут… 3, 16 ; это называется... *(imperf.)* 71
appeler qqn	звать *(imperf.)* 3 / позвать *(perf.)* 34
applaudir (se mettre à ~)	зааплодировать *(perf.)* 44
apporter	принести *(perf.)* 71 / приносить *(imperf.)* 81
appréhender	бояться *(imperf.)* 22
apprendre	учить *(imperf.)* 78
appuyer sur	нажимать на 88
après	потом 9 ; после 13 ; за 48, 49
arabe	арабский, -ая, -ое 78
arbre	дерево 76
arc-en-ciel	радуга 72
architecte	архитектор 89
argent (monnaie)	деньги *(pl.)* 75
argenté, en argent	серебряный, -ая, -ое 72
armoire	шкаф 29
arracher	выхватывать *(imperf.)* 88
arrêter (cesser de)	прекратить *(perf.)* 31 ; бросить *(perf.)* 59 ; перестать *(perf.)* 71
arrêter (qqn, qqch.)	останавливать *(imperf.)* 88
arrêter (s' ~)	остановиться 87
arrière	задний, -яя, -ее 61
arrière (en ~) (avec mouvement)	назад 83

arriver (s'approcher à pied)	подойти *(perf.)* 100
arriver (se produire, survenir)	случиться *(perf.)* 62
arriver à pied	дойти *(perf.)* 82
arriver en avion	прилететь *(perf.)* 85
ascenseur	лифт 89
Asie	Азия 79
aspirine	аспирин 92
assez (en avoir ~)	надоесть *(perf.)* 79
assiduité	трудолюбие 100
assiette	тарелка 54
assiette (petite)	тарелочка 97
assiette jetable	одноразовая тарелочка 97
assis (être ~)	сидеть *(imperf.)* 58
assis (rester ~)	посидеть *(perf.)* 92
assourdissant	оглушительно 88
assurance (*confiance*)	доверие 99
astuce	*voir* ruse
attendez ! (dans une conversation)	постойте! *(perf.)* 71
attendre	ждать *(imperf.)* 74
attention	осторожно 88
attention de ne pas... (+ inf.)	смотри не *(+ impératif)* 97
atterrir	приземлиться *(perf.)* 85
attraper	ловить *(imperf.)* 61
au revoir	до свидания 100
aucun	никакой, -ая, -ое 53
augure	*voir* présage
aujourd'hui	сегодня 5
auparavant	раньше 33
aussi	тоже 2 ; ещё 92
Australie	Австралия 79
automne	осень 51
automne (en ~)	осенью 51
autre	другой, -ая, -ое 22 ; прочий, -ая, -ее 93
avant	раньше 33
avant (comme ~)	по-прежнему 71
avant (x heures ~)	за … часа до 41, 96
avare	жадный, -ая, -ое 45

bien	хорош**о** 1
bien plus	*voir* beaucoup plus 86
bien que	хот**я** 44
bien sûr	кон**е**чно 7, 17
bientôt	ск**о**ро 48
bienvenue	добр**о** пожаловать 85
bière	п**и**во 18, 97
billet	бил**е**т 17
billet de train de 1ʳᵉ classe	св (б**и**знес-класс) 17
billet de train de 2ᵉ classe	плацк**а**рта 17
blague	анекд**о**т 80
blanc	б**е**лый, -ая, -ое 30
blanc (tout ~ / ~ comme neige)	белосн**е**жный, -ая, -ое 89
bleu	голуб**о**й, -**а**я, -**о**е 72 ;
bleu (foncé)	с**и**ний, -яя, -ее 30
blouson	к**у**ртка 30
bobine	боб**и**на 18
bœuf (viande)	гов**я**дина 80
boire	пить *(imperf.)* 24 / поп**и**ть *(perf.)* 53
boîte (de conserve)	(конс**е**рвная) б**а**нка 96
bon *(adj.)*	хор**о**ший, -ая, -ее 5 ; д**о**брый, -ая, -ое 1
bon (au goût)	вк**у**сный, -ая, -ое 15
bon (chaud)	тепл**о** 5
bon marché	недорог**о**й, -ая, -ое 30 ; деш**ё**вый, -ая, -ое 82
bon marché *(adv.)*	д**ё**шево 30
bonheur	сч**а**стье 89
bonjour	д**о**брый день 1 ; здр**а**вствуй(те) 2
bonsoir	д**о**брый в**е**чер 19
borchtch	борщ 5, 18
borner (se ~ à)	огран**и**читься *(perf.)* 80
botanique	ботан**и**ческий, -ая, -ое 76
botaniste	бот**а**ник 76
botte (chaussure)	сап**о**г 30
bouée de sauvetage	спас**а**тельный круг 86
boule de neige	снеж**о**к *(m.)*, *(pl. :* снежк**и**) 34
bouquet	бук**е**т 90
bout	кон**е**ц 17
bouteille	бут**ы**лка 75 ; бут**ы**лочка 97
boutique	бут**и**к 74

bras	рука 31
bravo !	молодец! 36
bref *(adv.)*	короче 83
bref (en ~)	вкратце 89
brièvement	вкратце 89
brochette	шашлык 96
brûler *(v.i.)*	сгореть *(perf.)* 97
brusquement	резко 88
buffet	буфет 93
bureau	офис 53
bureau de poste	почтамт 73
but (dans quel ~)	зачем 11

C

c'est pourquoi	поэтому 54
c'est que…	вот 88 ; ведь 93
c'est…	это 2 ; вот 90
c'est-à-dire	то есть 41
cabine	кабина 73
cabine téléphonique	телефон-автомат 73
cadeau	подарок 25
café (boisson)	кофе inv. 4
cahier	тетрадь 34
caler (moteur)	заглохнуть *(perf.)* 94
calme	спокойный, -ая, -ое 6 ; тихий, -ая, -ое 61
calmement	спокойно 51 ; тихо 51
calmer (se ~)	успокоиться *(perf.)* 31
camarade	товарищ 51
caméléon	хамелеон 27
campagne (aller à la ~)	выезжать загород 97
canal	канал 64
cantine	столовая 54
car (parce que)	так как 22 ; ведь 87; а то 97
caractère (lettre)	буква 82;
caractère d'imprimerie	печатная буква 82
carotte	морковь 80
carrefour	перекрёсток 88
carrément	прямо 13
carte téléphonique	телефонная карта 73
cas	случай 43
cas (dans ce ~)	в таком случае 43, раз так 18

cas (en aucun ~)	ни в коем случае 75
casanier	домосед 79
casser	разбить *(perf.)* 75
casserole	кастрюля 93
Caucase	Кавказ 8
cauchemar	кошмар 23
cause (à ~ de)	из-за 54 ; ради 71
cave	подвал 89
caviar	икра 15
célibataire	холостяк 54
celui qui	тот, кто 86
celui-ci, celle-ci	этот, эта, это 23, 57
celui-là, celle-la	тот, та, то 57
cent	сто 58
centre	центр 33
centre (plein ~)	самый центр 33
certain	некоторый, -ая, -ое 61 ; какой-то, -ая, -ое 74
cesser	прекратиться *(perf.)* 23
chacal	шакал 20
chachlyk (brochette)	шашлык 97
chacun	каждый, -ая, -ое 23
chagrin	печаль 48 ; горе 54
chaîne	канал 64
chaleur	жара 24
chambre	комната 89
chambre (d'hôtel)	номер 68
champagne	шампанское 26, 90
chance	шанс 6 ; удача 73, 100
chance (avoir de la ~)	повезти *(perf.)* 39
changer *(v.i.)*	измениться *(perf.)* 71 ; поменять *(perf.)* 71
changer de chaîne	переключать *(imperf.)* 64
chantage	шантаж 23
chanteur/-euse	певец / певица 74
chapeau	шляпа 81
chaque	каждый, -ая, -ое 23
chasseur	охотник 72
châssis	шасси *(inv.)* 17
chat	кот 36
chaud *(adj.)*	тёплый, -ая, -ое 29

chaud *(adv.)*	жарко 24
chauffer	прогреть *(perf.)* машину 94
(faire ~ la voiture)	
chauffeur	шофёр 12 ; водитель 61
chaussette	носок 81
chaussure	туфля 81
chaussures	обувь *(f., sing.)* 29
chemin	путь 99
chemise	рубашка 40
chemisette	блузка 81
cher	дорогой, -ая, -ое 57
chercher (courir ~)	сбегать *(perf.)* за 92
chercher un peu	поискать *(perf.)* 29
cheval	лошадь 79
cheveu	волос 39
chez (avec mouvement)	к 9
chez (sans mouvement)	у 1
chic	шикарный, -ая, -ое 83
chien	собака 16
chimie	химия 23
chimique	химический, -ая, -ое 81
chimpanzé	шимпанзе 15
Chinois/e	китаец *(m.)*, китаянка *(f.)* 47
chips	чипсы 18
choc	шок 2
choisir	выбрать *(perf.)* 48
chose	вещь 81
chouette	здорово 73
chouette *(adj.)*	классный *(fam.)* 87
ciel	небо 72
cigarette	сигарета 45
cinéma	кино *(inv.)* 22 ; кинематограф 100
circonstance	обстоятельство 95
circulation	езда 94
citron	лимон 80
clair	ясно 25
clair-	светло- 72
clairement	толком 71
clairière	полянка 97
classe	класс 55
clé	ключ 95

climatisation	кондиционер 62
clinique	клиника 17
cocorico	кукареку 36
code	код 5
coffre (voiture)	багажник 97
coiffeur	парикмахер 74
coïncidence	совпадение 61
colis	посылка 82
collants	колготки 81
combien	сколько 30
comète	комета 20
commande	заказ 82
comme	как 2, 10 ; вроде 57
comme ça	просто так 79; так 96
commencer	начинаться *(v.i. imperf.)* 96 / начаться *(perf.)* 53 ; начинать *(v.t. imperf.)* 61 / начать *(perf.)* 83
comment	как 1
compartiment	купе *(inv.)* 17
complet	полный, -ая, -ое 55
complètement	*voir* entièrement ; *voir* vraiment
compliqué	мудрёный 85, 90 ; сложный, -ая, -ое 90
comporter (se ~)	вести себя *(imperf.)* 76
compréhensible	понятно 78
comprendre	понимать *(imperf.)* 10 / понять *(perf.)* 55
compresse	компресс 26
comprimé	таблетка 92
compter	считать *(imperf.)* 69
compter sur	рассчитывать на 87
concert	концерт 5
concombre	огурец 80
conducteur	водитель 61
conduire (voiture, bateau, etc.)	водить *(imperf.)* 61
confiance	доверие 99
confiance (avoir ~ en)	доверять *(imperf.)* 52
confiture	варенье 93
congé	отпуск 67
connaissance (faire ~)	знакомиться *(imperf.)* 3 / познакомиться *(perf.)* 32
connaissance (perdre ~)	*voir* s'évanouir

connaissance (processus)	познание 100
connaître	знать *(imperf.)* 19, 21
conseil	совет 94
conserver	*voir* préserver
considérer (que)	считать (что) 30
consommer	потреблять *(imperf.)* 94
constamment	постоянно 50
constitution	конституция 25
consultation (médecin)	приём 37
contacter	связаться *(perf.)* 73
contenter (se ~ de)	ограничиться *(perf.)* 80
contrairement	обратно 17
contre	против 74
contrôle	контроль 96
contrôle (de ~) *(adj.)*	контрольный, -ая, -ое 94
contrôle des passeports	паспортный контроль 96
contrôle techique	техосмотр 94
convaincre	уговорить *(perf.)* 87
convenir	подходить *(imperf.)* 68
conversation	разговор 19
copain	приятель 76
copine	подруга 43
coq	петух 36
corbeille	корзина 40
corbillard	катафалк 61
correctement	правильно 64
corridor	коридор 20
corruption	коррупция 26
corsaire	корсар 27
costume	костюм 6
côté	сторона 95
côté (à ~ de)	рядом с 33
côte à côte	рядом 33
coton (en ~)	ватный, -ая, -ое 88
couché (être ~)	лежать *(imperf.)* 60
couché (rester ~)	полежать *(perf.)* 92
coucher (se ~)	ложиться *(imperf.)* 38
couleur	цвет 51
couleur (en ~, de ~)	цветной, -ая, -ое 72
coup (à ~ sûr)	обязательно 92
coup (tout à ~)	вдруг 60

de (provenance)	из 16 ; от 46 ; оттуда 67
débattre	*voir* disputer
débordement	разлив 99
debout (être ~)	стоять *(imperf.)* 55, 56
debout (rester ~)	постоять *(perf.)* 71
décembre	декабрь 91
déception	разочарование 34
déchirant	*voir* terrible
décider	решить *(perf.)* 74
décision	решение 59
déclarer	заявить *(perf.)* 95
décourager (se ~)	*voir* désespérer
découverte	открытие 100
découvrir	открыть *(perf.)* 76
défaut (inconvénient)	минус 20
déjà	уже 22
déjeuner	обед 41
délicat (mets ~)	деликатес 93
délicieux	вкусный, -ая, -ое 15
demain	завтра 23
demander	спрашивать *(imperf.)* 57 / спросить *(perf.)* 13 ; попросить *(perf.)* 71
démarrer	заводиться *(imperf.)* 94
déménager	переезжать *(imperf.)* 89
demi	пол- 80
demie	половина 41
demi-heure	полчаса 53
demoiselle	*voir* Mademoiselle
dent	зуб 39
dentifrice (pâte ~)	зубная паста 71
dépanner (venir en aide à qqn)	выручить *(perf.)* 62
départ (en avion)	вылет 96
dépasser	торчать *(imperf.)* 62
dépêcher (se ~)	поспешить *(perf.)* 95
dépenser	тратить *(imperf.)* 93
déposer	возложить *(perf.)* 90
dépression	депрессия 37
député	депутат 74
dérangement	беспокойство 85

déranger	беспокоить *(imperf.)* 38 ; мешать *(imperf.)* 60
dernier	прошлый, -ая, -ое 52 ; последний, -яя, -ее 61
derrière	за 48
désagréable (pas agréable) *(adv.)*	неприятно 87
descendre	сойти *(perf.)* 71
désespérer	падать *(imperf.)* духом 87
déshabiller (se ~)	раздеваться *(imperf.)* 83
désirer	желать *(imperf.)* 72
désolé (je suis ~)	мне жаль 34
détraqué	расшатанный, -ая, -ое 37
dette	долг 75
deux	два 1 ; пара 80
deux (les ~)	оба, обе 57
deux-pièces (appartement)	двухкомнатная *(adj.)* 89
devant	перед 81 ; при 95
devant (en passant ~)	мимо 88
devenir	стать *(imperf.)* 74
dévisager	смотреть на *(imperf.)* 76
devoir *(adj. en russe)*	должен (m), должна (f), должны (pl) 43
devoir *(nom)*	задание 50
diable	чёрт 9
diablotin	чертёнок 72
dictionnaire	словарь 45
Dieu	Бог 47, 83
Dieu (mon ~ !)	господи! 90
différence	разница 82
différent	разный, -ая, -ое 75
difficile *(adj.)*	трудно *(adj. court)* 95 ; *voir aussi* pas facile
digestion	пищеварение 37
dilemme	дилемма 60
dimanche	воскресенье 22
dîner	ужин 41
dire	говорить *(imperf.)* 12 / сказать *(perf.)* 32
dire (se ~)	говориться *(imperf.)* 100
directement	прямо 13
discothèque	дискотека 12

discuter	разгова́ривать *(imperf.)* 59
disposer	расста́вить *(perf.)* 96
dispute	ссо́ра 75
disputer	спо́рить *(imperf.)* 74
disquette	диске́та 5
distribuer	раздава́ть 86 ; расста́вить *(perf.)* 97
(en mettant debout)	
divorcer de	развести́сь с *(perf.)* 54
docteur	до́ктор 23
document	докуме́нт 89
domestique *(adj.)*	дома́шний, -яя, -ее 50
domestique (adj.)	дома́шний, -яя, -ее 50
(de maison)	
dommage	жаль 22
donc	же 41 ; зна́чит 50
donner	дава́ть *(imperf.)* 3, 12 / дать *(perf.)* 27
doré	золото́й, -а́я, -о́е 72
dormir	спать *(imperf.)* 6, 38
dormir trop longtemps	проспа́ть *(perf.)* 87
doucement	ти́хо 51
douche	душ 68
doué	спосо́бный, -ая, -ое 76
douleur	боль 92
doux	ла́сковый, -ая, -ое 96
drap	простыня́ 71
drogue	нарко́тик 64
droit (tout ~)	пря́мо 13
droite (à ~)	напра́во 13
(avec mouvement)	
droite (à ~)	спра́ва 47
(sans mouvement)	
drôle (amusant)	заба́вный, -ая, -ое 43
drôle (risible)	смешно́ *(adj. court, n.)* 76
duvet	пух 9

E

eau	вода́ 18
école	шко́ла 34
économie	эконо́мика 26
écouter	слу́шать *(imperf.)* 89 / послу́шать *(perf.)* 31
écran	экра́н 23

écrire	писать *(imperf.)* 50 / написать *(perf.)* 48
écrivain	писатель 40
effectivement	действительно 94
effrayant	страшный, -ая, -ое 19
égal	равно 74
également	также 93
église	церковь 79
égoïste	эгоист 24
eh bien	ну 6 ; ну так 20
élancé (svelte)	стройный, -ая, -ое 90
élève	ученик 55
élixir	эликсир 16
elle	она 5
embêter	мешать *(imperf.)* 60, надоесть *(perf.)* 79
embrayage	сцепление 94
emmener (en transport)	везти *(imperf.)* 62 / довезти *(perf.)* 62 ; отвезти *(perf.)* 62
émotion	эмоция 27
émouvoir	волновать *(imperf.)* 65
empêcher	мешать *(imperf.)* 60
empli	полный, -ая, -ое 99
emploi (d'un acteur)	амплуа inv 17
emploi du temps	расписание 41
en	в 6 ; за 76
enchanté	рад, -а, -о, -ы 73
enchanté !	очень приятно! 3
encore	ещё 13
encre	чернила *(pl.)* 72
endormir (s'~)	заснуть *(perf.)* 26
endroit	место 81
endurci (invétéré)	закоренелый, -ая, -ое 54
enfant	ребёнок 31 (*pl.* : дети) 8
enfermer	закрыть *(perf.)* 76
enfreindre	нарушить *(perf.)* 88
enlever	снять *(perf.)* 81
ennui	скука 38
ennuyer	надоесть 79
ennuyeux	скучный, -ая, -ое 26
énorme	огромный, -ая, ое 87

enregistrement	регистра́ция 96
ensemble	вме́сте 46
ensuite	пото́м 13
entendre	слы́шать *(imperf.)* 19, 21, 28, 87
entêtement	упря́мство 11
entier	це́лый, -ая, -ое 29 ; по́лный, -ая, -ое 55
entièrement	соверше́нно 41
entre (chacun d'~ nous)	ка́ждый из нас 89
entre autres	ме́жду про́чим 76
entrer	заходи́ть *(imperf.)* 33; проходи́ть *(imperf.)* 83
enveloppe	конве́рт 82
envie (j'ai ~)	мне хо́чется *(imperf.)* : хоте́ться 24 / захоте́ться *(perf.)* 100
envier	зави́довать *(imperf.)* 76
environ *(adv.)*	о́коло 82 ; приме́рно 82
environs (*fam.* "dans les ~")	где́-то 82
environs (les ~)	окре́стности 67
envoyer	отправля́ть *(imperf.)* 46 / отпра́вить *(perf.)* 82 ; посла́ть *(perf.)* 82
épaule	плечо́ 61
éphémère	мимолётный, -ая, -ое 52
épouse	жена́ 54
époustouflant	потряса́юще 57
épouvantable	стра́шный, -ая, -ое 19
équation	уравне́ние 34
erreur	оши́бка 50
escalier	ле́стница 89
Espagne	Испа́ния 78
Espagnol *(nom)*	испа́нец 47
espagnol/e *(adj.)*	испа́нский, -ая, -ое 78
espérer	наде́яться *(imperf.)* 95
esprit	ум 65
essayer	попро́бовать *(perf.)* 73
essence	бензи́н 94
essentiel (l'~) *(nom)*	гла́вное 10
est-ce que (*doute, incrédulité*)	ра́зве 90
estomac	желу́док 37
et	а 1 ; и 2

expliquer (s'~)	объясня́ться *(imperf.)* 78
exprès (pour contrarier qqn)	назло́ 62
extraordinairement	чрезвыча́йно 72
extrêmement	*voir* extraordinairement
extrémité	коне́ц 17

facilement	легко́ 78
faible	сла́бый, -ая, -ое 37
faillir *(+ inf.)*	чуть не *(+verbe perfectif)* 44
faim (avoir ~)	хоте́ть есть 15
faire	де́лать *(imperf.)* 6, 21, 28 / сде́лать *(perf.)* 73 ; поде́лать *(perf.)* 34
faire (en ~ trop)	перестара́ться *(imperf.)* 97
faire (s'en ~)	расстра́иваться 92
faire faire (obliger à)	заставля́ть *(+ inf.) (imperf.)* 66
faire tomber	урони́ть *(perf.)* 90
faisan	фаза́н 25
falloir	понадо́биться *(imperf.)* 100 / прийти́сь *(perf.)* 95
familial	дома́шний, -яя, -ее 50
famille	семья́ 16
farine	мука́ 80
fatiguer (se ~)	уста́ть *(perf.)* 6
faut (il ~)	ну́жно 29 ; на́до 92
faut (il ne ~ pas)	нельзя́ *(+ inf. imperf.)* 52
faute	оши́бка 50
fauteuil	кре́сло 81
favori	люби́мый, -ая, -ое 16
feindre d'être	изобража́ть *(imperf.)* из себя́ 65
femme	же́нщина 43
femme (épouse)	жена́ 54
fenêtre	окно́ 62
fer (en/de ~)	желе́зный, -ая, -ое 53
fermé	закры́т, -а, -о, -ы 73
fermer	закры́ть *(perf.)* 76
fête	пра́здник 38
fêter	пра́здновать *(imperf.)* 83
feu	ого́нь 99
feu (de signalisation)	светофо́р 13

feu rouge	красный свет 88
feuille	лист 76
février	февраль 91
fiancé/e	жених 32, невеста 90
fidèlement	точно 18
fier (se ~)	доверять *(imperf.)* 52
fièvre	температура 92
fille	девочка 27
film	фильм 11
fils	сын *(diminutif* сынок) 34
fin	конец 17
final *(adj.)*	заключительный, -ая, -ое 7
finale *(nom)*	финал 23
finalement	наконец, наконец-то 67
finir (se terminer)	закончиться *(perf.)* 53
flamme	пламя 97
fleur	цветок 25
fleuve	*voir* rivière
foi	вера 60
fois	раз 18
fois (deux ~)	дважды 94
fois (pour la première ~)	впервые 81
foncé (dans les mots composés)	тёмно- 72
fonctionner	ходить *(imperf.)* 75
fonctionner mal	барахлить *(imperf.) (fam.)* 94
fontaine	фонтан 46
football	футбол 5, 23
forcer (à faire qqch.)	заставлять *(imperf.)* 66
forêt	лес 8
formulaire	бланк 82
fort *(adj.)* (corpulent)	полный, -ая, -ое 90
fortement	сильно 39
fourchette	вилка 93
foyer (logement)	общежитие 47
fragile	*voir* faible
framboise	малина 92
français	французский, -ая, -ое 10 ;
Français/e	француз, француженка 47
frein	тормоз 88
frère	брат 16

froid *(adj.)*	холодный, -ая, -ое 80 ; холодно *(forme courte)* 34
froid *(nom)*	холод 20 ; мороз 92
fromage	сыр 80
fruit	фрукт 80
fumer	курить *(imperf.)* 38, 59

G

gabarit	габарит 19
gai (gaiement)	весело *(adj. court, n.)* 26
galoper	скакать *(imperf.)* 99
gant	перчатка 95
garage (de réparation)	станция техобслуживания 94
garçon	мальчик 69
garçon (de café)	*voir* serveur
gaspiller	*voir* dépenser
gauche (à ~) (avec mouvement)	налево 13
gauche (à ~) (sans mouvement)	слева от 47
gaz	газ 1
gel	гель 85
gel douche	гель для душа 85
gênant	неловко 55 ; неудобно 81
général (en ~)	*voir* généralement
généralement	вообще 30
généreux	добрый, -ая, -ое 16
genou	колено 88
gens	люди 60
gentil	милый, -ая, -ое 52
girafe	жираф 1
gîte	ночлег 99
glace (crème glacée)	мороженое 24
gloire	слава 99
Goethe	Гёте 16
gorge	горло 92
goût	вкус 48
grand	большой, -ая, -ое 25 ; великий, -ая, -ое 100
grandir	расти *(imperf.)* 90
grand-mère	бабушка 36

grand-père	дедушка 36, дед 48
Grèce	Греция 82
grenier	чердак 89
grippe	грипп 92
gris	серый, -ая, -ое 72
gros (corpulent)	*voir* fort (corpulent)
groupe	класс 55
guérir	выздоравливать *(imperf.)* 92 / поправиться *(perf.)* 92
guerre	война 10
guichet	окно 82
gymnastique	гимнастика 64

H

habiter	жить 33
hasard (par ~)	случайно 47 ; *voir* par mégarde
haut	высокий, -ая, -ое 68
haut (d'en ~)	сверху 60
hauteur	высота 71
hélas	увы 71
heure	час 41
heure de pointe	час пик 95
heureux	счастливый, -ая, -ое 44 ; счастлив, -а, -ы *(adj. court)* 85
hier	вчера 26
histoire	история 43
hiver	зима 51
hiver (d'~)	зимний, -яя, -ее 29
hiver (en ~)	зимой 51
hockey	хоккей 64
homme	человек 52 ; мужчина
homme (jeune ~)	парень 32
horaire	расписание 85
horreur	ужас 48
horrible	страшный, -ая, -ое 19
hôtel	гостиница 68 ; отель 68
hôtel particulier	особняк 89
hôtesse de l'air	стюардесса 86
Hourra !	ура! 67

Hugo	Гюг**о** 12
humour	**ю**мор 26

I

ici	здесь 8
icône	ик**о**на 13
idéal	иде**а**льный, -ая, -ое 40
idée	ид**е**я 5
il	он 2, он**о** (n) 2
il n'y a pas	нет 37
il y a	есть 8
île	**о**стров 79
illimité (immense)	безбр**е**жный, -ая, -ое 99
ils	он**и** 12
imbécile	туп**и**ца 55
immédiatement	ср**а**зу 26
immense	огр**о**мный, -ая, -ое 79
immeuble	дом 89
immunité	иммунит**е**т 24
impeccable	в с**а**мый раз 97
imperméable *(nom)*	плащ 81
implacable	жел**е**зный, -ая, -ое 53
importance	знач**е**ние 53
important *(adj.)*	в**а**жен, важн**а**, -**о**, -**ы** 74
important (le plus ~)	(с**а**мое) гл**а**вное 10
impression	впечатл**е**ние 52
impression (avoir l'~)	каз**а**ться *(imperf.)* 65
impressionnisme	импрессион**и**зм 22
imprimer	печ**а**тать *(imperf.)* 50
imprimerie (d'~)	печ**а**тный, -ая, -ое 82
inacceptable	недопуст**и**мо 71
incommode	неуд**о**бно 81
inconfortable	неуд**о**бно 81
inconvénient	м**и**нус 20
inférieur	н**и**жний, -яя, -ее 17
inhabituel	необ**ы**чный, -ая, -ое 89
inintéressant	неинтер**е**сный, -ая, -ое 11
initiales	иници**а**лы 23
inquiéter	волнов**а**ть *(imperf.)* 65 ; *voir aussi* déranger

inquiéter (s'~)	беспокоиться *(imperf.)* 96 ; волноваться *(imperf.)* 59 ; переживать *(imperf.)* 59
insignifiant	неважно *(adv., adj. court, n.)* 92
insister	настаивать *(imperf.)* 18, 86
insomnie	бессонница 38
inspection	осмотр 38
installer (s'~)	устраиваться 61
instituteur	*voir* professeur
intéressant	интересный, -ая, -ое 10 ; интересно *(forme courte, adv.)* 10
intérêt	интерес 43
international	международный, -ая, -ое 43
internet	интернет 73
interrompre (qqn qui parle)	перебивать *(imperf.)* 43
inutile de	бесполезно *(+ inf.)* 86
inversement	обратно 17
invétéré	закоренелый 54
invité	гость
invité (être ~)	быть в гостях 66
inviter	угощать *(imperf.)* 18 / пригласить *(perf.)* 26
inviter pour/à (une certaine heure)	позвать к 83
irrité	раздражённый, -ая, -ое 60
issue	выход 87
Italie	Италия 78
Italien *(nom)*	итальянец 47
italien/ne	итальянский, -ая, -ое 78

J

jalousie	ревность 76
jamais	никогда 38
jambe	нога 39
janvier	январь 91
Japonais *(nom)*	японец 47
jardin	сад 76
jaune	жёлтый, -ая, -ое 72
je	я 3
jean (vêtement)	джинсы *(m. pl.)* 30
jeep	джип 62

jetable	одноразовый, -ая, -ое 97
jeter	бросить *(perf.)* 59
jeter (se ~)	бросаться *(imperf.)* 88
jeudi	четверг 22
jeune	молодой, -ая, -ое 31 ; молод, -а, -о, -ы *(adj. court)* 31
jeune fille	девушка 40
jeune homme	парень 32
jeunesse (ensemble des jeunes)	молодёжь 75
jouer	играть *(imperf.)* 23
jour	день 1, 22
journaliste	журналист 2
joyeusement	*voir* gaiement
juillet	июль 91
juin	июнь 91
jupe	юбка 30
juriste	юрист 74
jury	жюри *(inv.)* 19
jusqu'à ce que	пока не 87
jusque	до 17 ;
juste après	сразу после 26
justement	именно 50

K

kangourou	кенгуру *(inv.)* 16
kilo	килограмм 80
kiosque à journaux	газетный киоск 73
kiwi	киви 80

L

là (de ~) (provenance)	оттуда 67
là-bas (avec mouvement)	туда 17
là-bas (sans mouvement)	там 5
labeur	труд 100
laid	*voir* pas beau
laisser	оставлять *(imperf.)* 33 / оставить *(perf.)* 76
lait	молоко 80
laitier *(adj.)*	молочный, -ая, -ое 80
landau	коляска 31
langue	язык 10

laver	мыть *(imperf.)* 36
laver (du linge)	стирать 81
leçon	урок 1
légaliser (les documents)	оформлять 89
légende	преданье (предание) 99
légume	овощ 74 ;
légumes (de/aux ~)	овощной, -ая, -ое 97
lent	медленный, -ая, -ое 99
lequel	который, -ая, -ое 58
lessive (faire la ~)	стирать *(imperf.)* 81 / постирать *(perf.)* 81
lettre (courrier)	письмо 46
lettre (de l'alphabet)	буква 82
leur	их 42
lever (se ~)	вставать *(imperf.)* 38 / встать *(perf.)* 55 ; подниматься *(imperf.)* 55
libre	свободный, -ая, -ое 41
lieu (en premier ~)	в первую очередь 94
limiter (se ~)	*voir* se borner
linge	бельё 81
lingerie (sous-vêtements)	нижнее бельё 81
lire	читать *(imperf.)* 6
lit	постель 81 ;
lit (rester au ~)	полежать *(perf.)* в постели 92
littérature	литература 100
livre	книга 10
livre (500 g)	полкило 80
lobby	лобби *(inv.)* 19
local (du coin)	местный, -ая, -ое 73
logique	логика 53
loin	далеко 67
loin (plus ~)	дальше 100
lointain	дальний, - яя, -ее 93
Londres	Лондон 15
long (dans l'espace)	длинный, -ая, -ое 67
long (dans le temps)	долгий, ая, -ое 55
long (le ~ de)	вдоль 73
longtemps	долго 38
longtemps (cela fait ~ que)	давно 90 ; 97
longtemps (depuis ~)	давно 90 ; 97
louer (prendre en location)	снимать *(imperf.)* 89

lui	он 2
lumière	свет 85
lundi	понед**е**льник 22
lune	лун**а** 6
lunettes	оч**ки** *(pl.)* 76
lyre	л**и**ра 18

M

mademoiselle	д**е**вушка 40
magasin	магаз**и**н 29
mage	маг 22
magicien	волш**е**бник 65
magnifique	шик**а**рный, -ая, -ое 83
mai	май 91
main	рук**а** 31
main (à ~)	ручн**о**й, -**а**я, -**о**е 96
maintenant	сейч**а**с 9 ; теп**е**рь 33 ; 99
mais	а 1 ; но 10 ; же 41
mais non !	да нет ! 78
maison	дом 89
maison (à la ~) (avec mouvement)	дом**о**й 73
maison (à la ~) (sans mouvement)	д**о**ма 66
maison de campagne	д**а**ча 52
maître d'école	*voir* professeur
maîtresse de maison	хоз**я**йка 93
mal *(adv.)*	пл**о**хо 92 ; нев**а**жно 92
mal (faire ~)	бол**е**ть *(imperf.)* / забол**е**ть *(perf.)* 27
malade (être ~)	бол**е**ть 37
malade (tomber ~)	забол**е**ть *(perf.)* 27
maladie	бол**е**знь 92
maladroitement	нел**о**вко 55
malchance	неуд**а**ча 75
malentendu	недоразум**е**ние 31
malheur	г**о**ре 54 ; несч**а**стье 75
malin	хитр**е**ц 66
maman	м**а**ма 16 ; мам 96
manger	есть *(imperf.)* 15 / съесть *(perf.)* 24
manière (même ~)	один**а**ково 54
manquer *(+ inf.)*	чуть не 88
manteau	пальт**о** *(inv.)* 16

manuel (livre)	уче́бник 34
marché	ры́нок 80
marche (d'escalier)	ступе́нька 89
marcher (fonctionner)	ходи́ть 75 ; рабо́тать 87
mardi	вто́рник 22
mari	муж 43
mariage	сва́дьба 83, 90
marier (se ~) (pour un couple)	пожени́ться *(perf.)* 83
marier (se ~) (pour un homme)	жени́ться *(imperf. et perf.)* 90
marier (se ~) (pour une femme)	выходи́ть за́муж *(imperf.)* 90 / вы́йти за́муж *(perf.)* 90
marquis	марки́з 22
marre (en avoir ~)	надое́сть 79
marron	кори́чневый, -ая, -ое 72
mars	март 91
masse	ма́сса 4
match	матч 15
mathématiques	матема́тика 9
matin	у́тро 85
mausolée	мавзоле́й 25
mauvais	плохо́й, -ая, -ое 5
mécanicien	меха́ник 94
méchamment	зло 36
médecin	врач 37
médical	медици́нский, -ая, -ее 38
médicament	лека́рство 23
mégarde (par ~)	неча́янно 75
mégawatt	мегава́тт 18
meilleur (le ~)	наилу́чший, -ая, -ее 100
melon	ды́ня 27
même *(adv.)*	да́же 30
même (le ~)	оди́н и тот же 54 ; тако́й же 88
mémoire	па́мять 94
mener	води́ть 71
mener en bateau	води́ть за́ нос *(imperf.)* 71
menu (svelte)	худе́нький 90
mer	мо́ре 8
merci	спаси́бо 1, 25
mercredi	среда́ 22

mère	мать 78
merveille	чудо 44
merveilleux	чудесный, -ая, -ое 97
météo	прогноз погоды 20
métro	метро 95
mets délicat	деликатес 93
mettre (disposer, par ex. des assiettes)	расставить *(perf.)* 96
mettre (sur soi)	надеть *(perf.)* 57
mettre horizontalement	положить *(perf.)* 96
mettre verticalement	ставить *(imperf.)* 75 / поставить *(perf.)* 94
meubles	мебель 20
meugler	мычать *(imperf.)* 36
meuh !	му! 36
miam-miam	ням-ням 15
miaou	мяу 36
miauler	мяукать *(imperf.)* 36
miel	мёд 92
mieux	лучше 13
mimosa	мимоза 9
minute	минута 41
miracle	чудо 44
miroir	зеркало 75
mission	задание 50
mission (voyage d'affaires)	командировка 48
mobilisation	мобилизация 19
mode	мода 74
mode (à la ~)	модный, -ая, -ое 74
modeste	скромный, -ая, -ое 67
moi	я 3
moi (d'après ~)	по-моему 94
moins	минус 20 ; без 41 ; меньше 78
moins (au ~)	хоть 73 ; хотя бы 89, 92
mois	месяц 82
mois (six ~)	полгода 52
moitié	половина 80
mon, ma ; (le) mien, (la) mienne	мой, моя, моё 16, 35
monastère	монастырь 79
monde	мир 10 ; свет 85

monde (gens)	люди 95
monde (tout le ~)	все 15
monsieur	господин 58
monter	подниматься *(imperf.)* 55
montre *(nom)*	часы *(pl.)* 87
montrer	показывать *(imperf.)* 64
monument	памятник 90
moquer (se ~ de)	смеяться над (+ instr.) 76
mordre	кусаться *(imperf.)* 30
Moscou	Москва 5, 17, 42
mot	слово 60
moto	мотоцикл 67
mourir	умереть *(perf.)* 38
mouton (viande)	баранина 80
moyen	способ 100
mur	стена 89
mural	навесной, -ая, -ое 93
musée	музей 22
musique	музыка 61

N

n'importe quel	любой, -ая, -ое 73
n'importe quoi	что-нибудь 29 ;
nager	плавать *(imperf., indét.)* 86
naissance	рождение 25
naître	родиться *(perf.)* 78
nana	девчонка *(fam.)* 87
natation	плавание 64
nature	природа 51
naturellement	естественно 93
ne… pas	не 6
ne… que	лишь 81
nécessaire	нужный, -ая, -ое 40, нужен *(adj. court)* 43 ; необходим, -а, -о, -ы 94
nerf	нерв 86
nerveusement	нервно 59
nerveux	нервный, -ая, -ое 37
nettoyage	чистка 81
nettoyer	чистить *(imperf.)* 81 / почистить *(perf.)* 81
neuf	новый, -ая, -ое 29

neveu	племя́нник 90
nez	нос 71
ni (ni… ni…)	ни (ни... ни...) 9
nièce	племя́нница 90
Noël	Рождество́ 48
noir	чёрный, -ая, -ое 72
noir et blanc	чёрно-бе́лый, -ая, -ое 72
nom de famille	фами́лия 82
nombre	число́ 83
non	нет 2
normal	в но́рме 94 ; норма́льно 94
norme	но́рма 94
notaire	нота́риус 89
notre, le nôtre	наш 35, 42
nourriture	пи́ща 38, еда́ 54
nous	мы 6
nouveau	но́вый, -ая, -ое 29
novembre	ноя́брь 91
nuage (petit ~)	о́блачко 96
nuit	ночь 6
numéro	но́мер 19

O

obéir	слу́шаться *(imperf.)* 39
obligatoirement	обяза́тельно 85
obligé (être ~ de)	прихо́дится 89
obliger (à faire qqch.)	заставля́ть *(imperf.)* 66
occasion	слу́чай 43
occupé	за́нят, -а, -о 41
occuper (s'~ de)	заня́ться *(perf.)* 46 / занима́ться *(imperf.)* 64
octobre	октя́брь 83
œil	глаз 72
œuf	яйцо́ 80
offrir	угоща́ть *(imperf.)* 18 / подари́ть *(perf.)* 25
oh ! (interjection)	о! 13 ой! 19 ах! 33, эх! 48
oignon	лук 80
oiseau	пти́ца 76
okrochka (soupe froide)	окро́шка 15
ombre	тень 99

on verra…	посмотрим… 85
oncle	дядя 66
ondulation	колыханье (колыхание) 99
opéra *(lieu)*	оперный театр 44
opéra *(œuvre)*	опера 1
or	золото 81
or (en ~)	золотой, -ая, -ое 72
orange *(adj.)*	оранжевый, -ая, -ое 72
orange *(nom)*	апельсин 27
ordinaire	обычный, -ая, -ое 30 ; обыкновенный, -ая, -ое 93
ordinateur	компьютер 50
ordintateur portable	портативный компьютер 96
ordre	порядок 38
ordure	мусор 40
oreiller	подушка 71
orgueilleux	гордый, -ая, -ое 99
ou	или 15
où (avec mouvement)	куда 9
où (d'~) (provenance, origine)	откуда 44
où (sans mouvement)	где 13
ouahou ! (contentement)	ух ты! 97
ouah-ouah !	гав-гав! 36
oublié	забытый, -ая, -ое 29
oublier	забыть *(perf.)* 94
oui	да 4
ouverture	открытие 100
ouvre-boîte	открывалка 97
ouvrir	открыть *(perf.)* 76

P

paire	пара 80
paisible(ment)	спокойно, тихо 51
paix	мир 10 ; покой 99
pâle	бледный, -ая, -ое 88
panique	паника 62
paniquer	паниковать *(imperf.)* 31
panne (tomber en ~)	ломаться *(imperf.)* 89 / сломаться *(perf.)* 62
panneau routier	дорожный знак 88

pantalon	брюки (pl.) 29
pantoufle	тапочка 81
papa	папа 16
papiers (d'identité)	документы 95
papillon	бабочка 76
paquebot	пароход 67
parachute	парашют 86
paraître	**вы**глядеть *(imperf.)* 57
parapluie	зонт 95
parc	парк 46
parce que	потом**у** что 23 ; *voir aussi* car
pardonner	*voir* excuser
pare-brise	лобов**о**е стекл**о** 88
pareil	один**а**ково 54
pareillement	*voir* pareil
parent	р**о**дственник 16 ; род**и**тель 78
parfait	отл**и**чный, -ая, -ое 46
parfait !	отл**и**чно! 40 ; великол**е**пный, -ая, -ое 94
parfaitement	сов**е**ршенно 41
parfois	иногд**а** 81
Paris	Пар**и**ж 3
parler	говор**и**ть *(imperf.)* 12, 21, 28 / поговор**и**ть *(perf.)* 79 ; *voir aussi* discuter
part (à ~)	отд**е**льный, -ая, ое 93
partager avec	подел**и**ться с *(+ instr.)* *(perf.)* 45
partir	отправл**я**ться *(imperf.)* 67
partir (à ~ de)	с 41
partir (en véhicule)	уезж**а**ть *(imperf.)* 22 / у**е**хать *(perf.)* 62 ; выезж**а**ть *(imperf.)* 61 / по**е**хать *(perf.)* 79
partir en avion	вылет**а**ть *(imperf.)* 88 / в**ы**лететь *(perf.)* 85 ; полет**е**ть *(perf.)* 85
partout	везд**е** 79
pas beau	некрас**и**вый, -ая, -ое 30
pas facile *(adj.)*	нел**ё**гкий, -ая, -ое 100
pas un (seul)	не *(+ gén.)* 97
passager *(adj.)*	мимол**ё**тный, -ая, -ое 52
passager *(nom)*	пассаж**и**р 61
passant	прох**о**жий *(m.)*, -ая *(f.)* 31

passé	прошлый, -ая, -ое 52
passeport	паспорт 17
passer (à pied)	проходить *(imperf.)* 83 / пройти *(perf.)* 13
passer (en véhicule)	проехать *(perf.)* 88
passer à travers (faire un vol plané)	вылетать *(imperf.)* через 88
passer chez qqn	заходить *(imperf.)* 33
passer pour	изображать *(imperf.)* из себя 65
passer un contrôle technique	пройти техосмотр *(perf.)* 94
passer un examen	сдавать экзамен *(imperf.)* 9
patate	картошка 80
pâte dentifrice	зубная паста 71
pâté (petit ~, pirojok)	пирожок 4
patience	терпение 100
patinage artistique	фигурное катание 64
patinoire	каток 64
patrie	отчизна 99 ; родина 99
pause	пауза 55
pauvre	бедный, -ая, -ое 34
payer	платить *(imperf.)* 96
pays	страна 78
pédale	педаль 88
pédale de frein	педаль тормоза 88
peignoir	халат 81
pelménis	пельмень 80
pendant	во время 92
pendant ce temps-là	пока 97
penser	думать *(imperf.)* 11 ; *voir aussi* réfléchir
pensivement	задумчиво 88
percer	пронзать *(imperf.)* 99
perdre (du temps, de l'argent)	*voir* dépenser
père	отец 78, 80
Père Noël	дед мороз 48
permettre	позволить *(perf.)* 51
permis de conduire	водительское удостоверение 95
perplexité	недоумение 61
personne *(nom)*	человек 54
personne *(pron.)*	никто 45

personnellement	лично 60
perte	потеря 95
peser (qqch.)	взвесить *(perf.)* 80
peser (une personne/ un animal/un objet)	весить *(imperf.)* 96
petit *(adj.)*	маленький, -ая, -ое 65
petit (garçon)	малыш 65
petit (plus ~)	меньше 78
petit déjeuner	завтрак 4
petit-déjeuner (prendre le ~)	завтракать *(imperf.)* 41
peu	немного 12 ; мало 69
peu (un ~) (à peine)	чуть-чуть 15
peuple	народ 100
peur (avoir ~)	бояться *(imperf.)* 22
peur (cela fait ~)	страшно 95
peut (on ne ~ pas)	нельзя 52
peut-être	может быть 20
pharaon	фараон 24
phare	фара 12
pharmacie	аптека 74
phase	фаза 22
photographie	фотография 12
phrase	фраза 10
physique	физика 9
pièce (dans un appartement)	комната *(f.)*, 89
pied	нога 39
pied (à ~)	пешком 89
pingouin	пингвин 62
pingre	жадина *(m., f.)* 45
pique-nique	пикник 97
pirojok (petit pâté)	пирожок 4
piscine	бассейн 64
pistolet	пистолет 88
placard	шкаф 29, 93
placard (petit)	шкафчик 93
place	место 39, полка 17
place (à une ~)	одноместный, -ая, -ое 68
places (à deux ~)	двухместный, -ая, -ое 68
plafond	потолок 89

plaindre (se ~)	жаловаться *(imperf.)* 37
plainte	жалоба 71
plaire	нравиться *(imperf.)* 8 / понравиться *(perf.)* 44
plaisant	*voir* agréable
plaisanter	шутить *(imperf.)* 5
plaisir	удовольствие 12
plaît (s'il te/vous ~)	пожалуйста 4
planche	полка 17
plancher	*voir* sol
planning	график, расписание 41
plante	растение 76
plat (cuisine)	блюдо 54
plein *(adj.)*	полный, -ая, -ое 94
plein (faire le ~ d'essence)	заправить полный бак 94
pleurer	плакать *(imperf.)* 31 / заплакать *(perf.)* 39
pluie	дождь 5
plume	перо 9
plus	больше 18
plus (de ~ en ~)	к тому же 10 ; более 67
plus (le ~) *(+ adj.)*	самый, -ая, -ое 16
plusieurs	многие 79
plutôt	скорее 44 ; лучше 95
pneu	шина 94
poche	карман 58
poêle	сковородка 93
poème	поэма 4
poème (des vers)	стих *(m.)*, -и *(pl.)* 66
poids (excédent de ~)	перевес 96
poire	груша 80
poisson	рыба 80
poisson (petit ~)	рыбка 100
poli	вежливый, -ая, -ое 27
police	милиция/полиция 95
policier	милиционер/полицейский 88
polyglotte	полиглот 78
pomme	яблоко 27
pomme de terre	картошка 80 ; картофель 80
ponctuation	пунктуация 27
pont	мост 90

porc (viande)	свинина 80
portable *(adj.)*	портативный, -ая, -ое 96
portable *(nom)*	мобильник 87
portable (téléphone)	мобильный, -ая, -ое 87 ;
porte-monnaie	кошелёк 58
porter	носить *(imperf., indét.)* 40
porter (en traversant qqch.)	переносить *(imperf.)* 90
poser (verticalement)	ставить *(imperf.)* 75 / поставить *(perf.)* 94
possible	можно 17
poste *(nom f.)*	почта 46
poste de police	отделение милиции 95
poule(t)	курица 80
pour	для 40 ; за 59
pour (au nom de)	ради 71
pour que	чтобы 66
pourquoi (à quoi bon ; pour quoi faire)	зачем 11
pourquoi (c'est ~)	поэтому 54
pourquoi (pour quelle raison)	почему 11
pourtant	ведь 16
pousser	толкать *(imperf.)* 95
pouvoir *(v.)*	мочь *(imperf.)* 22, 28 / смочь *(perf.)* 27
pratiquement pas	почти не 40
précieux	ценный, -ая, -ое 62
précipiter (se)	бросаться *(imperf.)* 88
précisément	точно 18
préféré	любимый, -ая, -ое 16
préférer	предпочитать *(imperf.)* 51
prendre	взять *(perf.)* 13 /брать *(imperf.)* 64 ; принять *(perf.)* 23 / принимать *(imperf.)* 82
prendre (se ~ en main)	взять *(imperf.)* себя в руки 31
prendre le petit déjeuner	завтракать *(imperf.)* 41
prendre un bain	принимать ванну 81
prendre une douche	принимать душ 85
préparatifs	сборы 57
préparer	готовить *(imperf.)* 54 / приготовить *(perf.)* 80 ; подготовить *(perf.)* 94

près de	y *(+ gén.)* 1 ; **ря**дом (с + *inst.*) 33 ; **о**коло 82
près de (dans les... / vers les...)	гд**е**-то *(fam.)* 82
présage	прим**е**та 75
présent (à ~)	теп**е**рь 33
présenter (qqn)	познак**о**мить *(perf.)* 32
préserver	бер**е**чь *(imperf.)* 38
président	презид**е**нт 13
presque	почт**и** 12
presser (se ~)	спеш**и**ть *(imperf.)* 53
pressing	химч**и**стка 81
prêt	гот**о**в, -а, -о, -ы 82
prêter	одолж**и**ть *(perf.)* 75
prévu	рассч**и**тан, -а, -о *(adj. court)* 54
principal (le ~) (l'essentiel)	гл**а**вное 10
printemps	весн**а** 51
printemps (au ~)	весн**о**й 51
prix	цен**а** 30
probablement	нав**е**рно, нав**е**рное 4, 45
problème	пробл**е**ма *(f.)* 23
prochain	сл**е**дующий, -ая, -ее 48
proche (le plus ~)	ближ**а**йший, -ая, -ее 73
professeur (de l'enseignement supérieur)	преподав**а**тель 74
professeur (du primaire, du secondaire)	уч**и**тель 55
profession	профе**с**сия 74
professionnellement	профессион**а**льно 66
profiter de	воспольз**о**ваться *(+ instr.) (perf.)* 73
projet	пл**а**н 46
promener (se ~)	гул**я**ть *(imperf.)* 5
pronostic	прогн**о**з 20
propos (à ~)	кст**а**ти 76
proposer	предлож**и**ть *(perf.)* 22
propre (à soi)	с**о**бственный, -ая, -ое 79
propre (non souillé)	ч**и**стый, -ая, -ое 54
proprement	ч**и**сто 72
propreté	чистот**а** 93
propriétaire	влад**е**лец 89
protéger	бер**е**чь *(imperf.)* 38

publier	печа́тать *(imperf.)* 50
puis	пото́м 9
puis (et ~)	и вообще́ 30
puisque	раз 18 ; так как 22 ; ведь 87
pull	сви́тер 29

Q

quand	когда́ 36
quant à (moi)	по-(моему) 30
quart	че́тверть 53
que *(conj. de subordination)*	что 6 ; что́бы 66 ;
que (ne ... ~ / seulement)	лишь 81
que *(pron. relatif)*	кото́рый 93
quel	како́й, -а́я, -о́е 9
quelqu'un	кто́-то 56 ; кто́-нибудь 29
quelque chose	что́-нибудь 29 ; что́-то 61
quelque part (avec mouvement)	куда́-то 53 ; куда́-нибудь 79
quelque part (sans mouvement)	где́-нибудь 29
question	вопро́с 85
question (quelle ~ !)	что за вопро́с! 85
qui	кто 2
quoi	что 6
quoique	хотя́ 49

R

raconter	расска́зывать *(imperf.)* 43 / рассказа́ть *(perf.)* 65
radio	ра́дио 11
raisin	виногра́д 80
raison	рассу́док 99
raison (tu as ~)	ты прав *(adj. court)* 34
raisonnable	разу́мный, -ая, -ое 59
ranger	навести́ поря́док *(perf.)* 71 / убира́ть *(imperf.)* 81
rapide	ско́рый, -ая, -ое 79
rappeler (se ~)	по́мнить *(imperf.)* 44
rat	кры́са 23
ravissant	восхити́тельный, -ая, -ое 89

rayon	полка 17 ; отдел 80 ; секция 93
réception	приём 37
recette	рецепт 54
recevoir	получить *(perf.)* 86
recherche	поиск 93
réciter (des vers)	читать (стихи) *(imperf.)* 66
recommandé (courrier)	заказной, -ая, -ое 82
reconnaître	узнавать *(imperf.)* 33 / узнать *(perf.)* 76
reçu	квитанция 82
refaire (un papier d'identité)	восстанавливать *(imperf.)* 95
réfléchir	думать *(imperf.)* 11 / подумать *(perf.)* 50
réfrigérateur	холодильник 62
refroidissement (maladie)	простуда 92
refuser	отказаться *(perf.)* 27, отказать *(perf.)* 44
regard	взор 99
regarder	смотреть *(imperf.)* 11 / посмотреть *(perf.)* 30
regarder intensément (dévisager)	смотреть на *(imperf.)* 76
regarder la télé	смотреть телевизор 38
régime	диета 4
règle	правило 34
reloger	переселить *(perf.)* 71
remarquable	замечательный, -ая, -ое 26
remarquer	замечать *(imperf.)* 54 / заметить *(perf.)* 65
remettre (se ~ d'une maladie)	*voir* guérir
remettre (liquide)	долить *(perf.)* 94
remplir	заполнить *(perf.)* 82
remuer	шевелить *(imperf.)* 99
renaître	возрождаться *(imperf.)* 51
rencontre	встреча 87
rencontrer	встретить *(perf.)* 87 / встречать *(imperf.)* 99
rencontrer (se ~)	встречаться *(imperf.)* 52 / встретиться *(perf.)* 41
rendez-vous	встреча 87

rendre (se ~)	отправляться *(imperf.)* 67
rente	рента 23
renverser	просыпать *(perf.)* 75
repas	еда 54
réplique	реплика 25
réservoir	бак 94
ressaisir (se ~)	взять *(perf.)* себя в руки 31
restaurant	ресторан 18, 90
rester	остаться *(perf.)* 97
rester à la maison	посидеть дома 92
rester debout	постоять *(perf.)* 71
rester sur place	постоять *(perf.)* 71
restreindre (se ~)	ограничиться *(perf.)* 80
rétablir (se ~)	выздоравливать *(imperf.)* 92
retard	опоздание 85
retard (être en ~)	опоздать *(perf.)* 53 / опаздывать *(imperf.)* 83
retrouver (se ~)	оказаться *(perf.)* 58
retrouver ses esprits	приходить в себя 61
réunion	совещание 48
réussir	получиться *(perf.)* 100
réussir (à un examen)	сдать экзамен 79
rêve	сон 23, мечта 43 ; мечтание 99
réveiller	разбудить *(perf.)* 85 ;
réveiller (se ~)	просыпаться *(imperf.)* 51 / проснуться *(perf.)* 87
réveil-matin	будильник 87
revenir (en transport)	ехать обратно *(imperf. défini)* 62
revenir à soi	приходить в себя 61
rêver	сниться, *(imperf.)* 23; мечтать *(imperf.)* 52
rêverie	мечтание 99
révision	повторение 7
rez-de-chaussée	первый этаж 68
riche	богатый, -ая, -ое 32
ride	морщина 38
ridicule	смешно (adv.) 76
rien	ничего 18 ; нечего 46
rien (de ~)	не за что 73
rire	смеяться *(imperf.)* 38
rivière	река 67

riz	рис 80
robe	платье 29
roman	роман 52
rond	круглый, -ая, -ое 83
rose *(adj.)*	розовый, -ая, -ое 72
rose *(nom)*	роза 2
rouble	рубль 13
roue	колесо 94
rouge	красный, -ая, -ое 72
rouler (en voiture)	ехать *(imperf.)* 94
route	дорога 62
route (bonne ~ !)	счастливого пути! 100
rue	улица 13
ruiné	*voir* détraqué
ruse	хитрость 50
Russe *(nom)*	русский, -ая 93 ;
russe *(adj.)*	русский, -ая, -ое 12
russe (langue)	русский язык 12, 47
Russie	Россия 3
rythme	ритм 15

S

sa, son	его, её 35; свой 26
sac	сумка 95
sac à dos	рюкзак 95
sac en plastique	пакет 95
sacré	заветный, -ая, -ое 99
sain	здоровый, -ая, -ое 38
Saint-Pétersbourg	Санкт-Петербург, Питер 33
saison de l'année	время года 51
salade	салат 15
salade de légumes	овощной салат 97
sale	чумазый, -ая, -ое 72
saler (trop ~)	пересолить *(perf.)* 97
salle	зал 44
salle à manger	столовая 54
salle de bain	ванная 85
salon	*voir* salle
salut	привет 1
samedi	суббота 22
samovar	самовар 93

sang	кровь 99
sans	без 41
santé	здоровье 38
sarcasme	сарказм 18
sarcophage	саркофаг 22
sardine	сардина 19
sardonique	сардонический, -ая, -ое 27
satyre	сатир 20
saucisse	сосиска 80
saucisson	колбаса 80
savoir	знать *(imperf.)* 19
savoir faire qqch.	уметь *(imperf.) (+ infinitif)* 50
savon	мыло 71
scandale	скандал 71
scruter	пронзать *(imperf.)* взглядом 99
seau	ведро 75
secret	секрет 69
séculaire	многовековой, -ая, -ое 100
Seigneur !	*voir* Mon Dieu !
sel	соль 15
selon	по 9
semaine	неделя 22
semblable	подобный, -ая, -ое 99
sembler	казаться *(imperf.)* 65
sens	значение 53
sensation	ощущение 74
sentir (dégager une odeur)	пахнуть *(imperf.) (+ instr.)* 96
sentir (par intuition)	чувствовать *(imperf.)* 83
séparé	отдельный, -ая, ое 93
septembre	сентябрь 91
serré	напряжённый, -ая, -ое 41
serveur	официант 74
service (prestation)	сервис 71
service technique	техобслуживание 94
serviette de toilette	полотенце 71, 85
servir (un mets)	угощать *(imperf.)* 93
seul (pas un ~)	ни *(+ gén.)* 97
seulement	только 38 ; лишь 81
shampoing	шампунь 85
si	если 17 ; вдруг 96
Sibérie	Сибирь 20

sibérien	сиби́рский, -ая, -ое 80
siège	сиде́ние 61
sien, sienne (le ~, la ~)	его́, её 35 ; свой 26
siffler	свисте́ть 88
signe	знак 88
signe (faire ~)	маха́ть *(imperf.)* 88
signe (présage)	приме́та 75
signification	значе́ние 53
signifier	зна́чить *(imperf.)* 93
s'il vous plaît	пожа́луйста 4
silence	молча́нье (молча́ние) 99
simple	про́сто 13 ; просто́й, -а́я, -о́е 78
simplement	про́сто 39
sinon	а то 94
situation	ситуа́ция 24 ; обстано́вка 43 ; положе́ние 87
ski	лы́жи (pl) 51
ski (faire du ~)	ката́ться *(imperf.)* на лы́жах 51
ski (sport)	лы́жный спорт 64
sœur	сестра́ 16
soif (j'ai ~)	мне хо́чется пить 24
soi-même	сам 50
soin	забо́та 92
soir/soirée	ве́чер 19, 26
soirée (de ~) (pour le soir)	вече́рний, -яя, -ее 29
soirée (fête)	вече́ринка 32
soit !	так и быть! 87
sol	пол 81
soleil	со́лнце 97
solidarité	солида́рность 55
solution	вы́ход 87
sombre	тёмный, -ая, -ое 99
sommeil (avoir ~)	хоте́ть *(imperf.)* спать 6
somnoler	дрема́ть *(imperf.)* 61
son, sa *(possessif)*	его́, её 35 ; свой 26
sonnerie	звоно́к 87
sortie	вы́ход 87
sortir (à pied) *(v.i.)*	выходи́ть *(imperf.)* 88
sortir (en transport) *(v.i.)*	выезжа́ть *(imperf.)* 61
sortir (tirer)	достава́ть *(imperf.)* 93 / доста́ть *(perf.)* 97

sortir (tirer, arracher)	выхва́тывать *(imperf.)* 88
sortir (tirer, extraire)	вы́нуть *(perf.)* 100
sortir avec peine *(v.i.)*	вы́браться *(perf.)* 97
sortir ensemble	встреча́ться *(imperf.)* 52
soucoupe	блю́дце 93
soudainement	неожи́данно 88 ; *voir aussi* tout à coup ;
souffler (dire discrètement)	подсказа́ть *(perf.)* 73
souhaiter	жела́ть *(imperf.)* 83 / пожела́ть *(perf.)* 100
soulier	*voir* chaussure
soupirer	вздыха́ть *(imperf.)* 99
sous	под 61 ; при 95
souvenir (se ~)	*voir* se rappeler
souvent	ча́сто 37
spécial	специа́льный, -ая, -ое 93
sport	спорт 4
sportif	спортсме́н 64
stade	стадио́н 64
station	ста́нция 94
steppe	степь 99
stop	стоп 1
stylo	ру́чка 50
succès	успе́х 83
sucre	са́хар 4
suffire	хвата́ть *(imperf.)* 74 / хвати́ть *(perf.)* 75
suivant	*voir* prochain
super	прекра́сно 48
superstitieux	суеве́рный, -ая, -ое 75
supporter	терпе́ть *(imperf.)* 66
sur	на 4 ; по 61
sûr	уве́рен 24
sur (à travers)	че́рез 90
sur (au son de, au rythme de)	под 61
sûrement	наверняка́ 73 ; *voir aussi* probablement ;
surprise	сюрпри́з 85
surveiller	смотре́ть за *(+ instr.)* 97
suspect	подозри́тельный, -ая, -ое 65

tendu	напряжённый, -ая, -ое 41
tenir	держать *(imperf.)* 39
terminer (de faire qqch.)	заканчивать *(imperf.)* 41
terminer (se ~)	закончиться *(perf.)* 53
terrasse	терраса 89
terrible	дикий, -ая, -ое
tête	голова 37
texte	текст 1
thé	чай 4, 92
théâtre	театр 6
théorème	теорема 55
théorie	теория 24
timbre	марка 82
tire-bouchon	штопор 97
tiroir	ящик 93
Tokyo	Токио 17
tomate	помидор 80
tomber	падать *(imperf.)* 61
tomber (en, dans)	впадать *(imperf.)* 37 ;
tomber (faire ~)	уронить *(perf.)* 90
ton (ta ; le tien, la tienne)	твой, твоя, твоё 35
torturer	*voir* tourmenter
tôt	рано 96
tôt (plus ~)	раньше 33
totalement	*voir* absolument
toujours	всегда 74
tour (faire le ~ de) (en véhicule)	объехать 79
tour (succession)	очередь 90
touriste	турист 86
tourmenter	мучить *(imperf.)* 38
tourmenter (se ~)	переживать *(imperf.)* 59
tout *(adj.)*	весь (*f.* вся) 54 ; любой, -ая, -ое 93
tout *(pron.)*	всё 1, 8
tout de même	как-то 55 ; всё-таки 60
tout de suite	сейчас 85 ; сразу 95
tout de suite (pas pour ~)	ещё не скоро 96
tout le monde	все 12
toute sorte de	разный, -ая, -ое 75
toux	кашель 92
tracas	морока 95

tracasser (se ~)	беспокоиться *(imperf.)* 96
tracer	чертить *(imperf.)* 72
tradition	традиция 100
traduire	переводить *(imperf.)* 1
train	поезд 17
tranquille	спокойный, -ая, -ое 6
tranquillement	спокойно 51 ; тихо 51
transférer	переселить *(perf.)* 71
transport(s)	транспорт 75
transporter	везти *(imperf.)* 62 / отвезти *(perf.)* 62 ; довезти *(perf.)* 62
travail	работа 40
travailler	работать *(imperf.)* 40
travers (à ~)	по 79; через 88
traverser (à pied)	перейти *(perf.)* 75
tremblant	дрожащий, -ая, -ее 99
très	очень 3
tribunal	суд 58
trimestre	четверть 53
triste	грустный, -ая, -ое 44 ; печальный, -ая, -ое 99
tristesse	печаль 48
tromper	изменять *(imperf.)* 94
tromper (se ~)	ошибиться *(perf.)* 19
trop	слишком 34; слишком много 96
trop (en faire ~)	перестараться *(perf.)* 97
trouver	найти *(perf.)* 29 / считать *(imperf.)* 30
trouver (inventer)	придумать *(imperf.)* 87
trouver (se ~)	находиться *(imperf.)*73 / найтись *(perf.)* 86 ; оказаться *(perf.)* 58
tsar	царь 9
tu	ты 5
Tunisie	Тунис 78
type	тип 3
U	
un	один 4 ; какой-нибудь, -ая, -ое *(indéfini)* 76 ; какой-то, -ая, -ое *(indéfini)* 74
un et demi	полтора 53

une	одна 59 ; одно 69 ;
uniquement	*voir* seulement
université	университет 62
urgence (d'~)	срочно 73
urgent	срочный, -ая, -ое 82
utile	нужный, -ая, -ое 40 ; полезный, -ая, -ое 74 ; полезен, -на 73
utiliser	использовать *(imperf.)* 87

V

vacances	каникулы 67
vache	корова 36
vaincre	победить *(perf.)* 99
vaisselle	посуда 36
valise	чемодан 96
varié	разносторонний, - яя, -ее 43
Vatican	Ватикан 13
vélo	велосипед 67
vendeur/-euse	продавец 74, продавщица 74
vendre	продавать *(imperf.)* 74
vendredi	пятница 22
venir (à pied)	приходить *(imperf.)* 22
venir (en véhicule)	приехать *(perf.)* 85
vent	ветер 5
ventre	живот 27
vérification	проверка 88
vérifier	проверить *(perf.)* 45, 88
véritable	настоящий, -яя, -ее 64
vérité	правда 15
verre (pour boire)	стакан 18
verre à pied	рюмка 93
verre à pied (petit)	рюмочка 83
verre jetable	одноразовый стаканчик 97
vert	зелёный, -ая, -ое 72
vert clair	светло-зелёный 72
veste	пиджак 81
vêtements	одежда *(f, sing.)* 29
vexer (se ~)	обидеться *(perf.)* 90
viande	мясо 15
vicinal	просёлочный, -ая, -ое 99
vide	пустой, -ая, -ое 75
vie	жизнь 51
vieux	старый, -ая, -ое 29 ; старинный, -ая, -ое 93

village	деревня 99
ville	город 68
vin	вино 97
violet	фиолетовый, -ая, -ое 72
vire-langue	скороговорка 72
visa	виза 6
visite (en ~ chez qqn)	в гостях 66
visite technique	техосмотр 94
vite	быстро 90 ; скорее 89 ; поскорее 66
vitre	стекло 88, 92
vivre	жить *(imperf.)* 33
vodka	водка 15
voici	вот 23
voilà	*voir* voici
voir	видеть *(imperf.)* 11
voir (se ~) (se rencontrer)	встречаться *(imperf.)* 52
voisin/e	сосед *(m.)*, -ка *(f.)* 33
voiture	машина 61
voix	голос 60
vol (acte frauduleux)	кража 95
vol (en avion)	рейс 96
voler (dans les airs)	летать *(imperf., indét.)* ; лететь *(imperf., dét.)* 67 / полететь *(perf.)* 67
voler (dérober)	красть *(imperf.)* 90 / украсть *(perf.)* 58
voleur	вор 58
votre	ваш 17
vouloir	хотеть *(imperf.)* 4
vous	вы 7
voyage	путешествие 67
voyage d'affaires	*voir* mission (voyage d'affaires)
voyager	путешествовать *(imperf.)* 78
voyant (lumineux)	лампочка 94
vraiment	правда 15 ; совсем 55 ; действительно 81
vue (yeux)	зрение 38

W

week-end	выходные 22

Z

zoo	зоопарк 62

Le Russe

chez Assimil, c'est également :

Le Russe de poche
Kit de conversation Russe
Dictionnaire russe-français français-russe
J'apprends le russe en chantant (3 - 6 ans)

N° édition 3187

Achevé d'imprimer par Corlet, Imprimeur, S.A. - 14110 Condé-sur-Noireau
N° d'Imprimeur : 152161 - Dépôt légal : février 2013 - *Imprimé en France*